coleção fábula

FRIEDRICH NIETZSCHE
OBRAS INCOMPLETAS

GÉRARD LEBRUN
SELEÇÃO E ENSAIO

RUBENS RODRIGUES TORRES FILHO
TRADUÇÃO E NOTAS

editora■34

SUMÁRIO

MÁRCIO SUZUKI
Nietzsche e seus leitores — 7

GÉRARD LEBRUN
Por que ler Nietzsche, hoje? — 11

FRIEDRICH NIETZSCHE
O nascimento da tragédia no espírito da música — 21
A filosofia na época trágica dos gregos — 47
Sobre verdade e mentira no sentido extramoral — 61
Considerações extemporâneas — 71
Humano, demasiado humano I — 101
Humano, demasiado humano II — 137
Aurora — 169
A gaia ciência — 199
Assim falou Zaratustra — 233
Para além de bem e mal — 273
Para a genealogia da moral — 301
Crepúsculo dos ídolos — 335
O Anticristo — 355
Ecce homo — 373
Sobre o niilismo e o eterno retorno — 387
Quatro poemas — 409

ANTONIO CANDIDO
O portador — 419

NIETZSCHE E SEUS LEITORES
MÁRCIO SUZUKI

Por que republicar estas *Obras incompletas* quarenta anos depois de sua primeira edição? Nietzsche talvez seja um dos filósofos mais rentáveis do mercado editorial, figurando em todas as listas de mais vendidos, em edições que vão desde as obras mais filologicamente sofisticadas às mais simples compilações de aforismos. Mas certamente não é isso que o leitor encontrará aqui.

Por que voltar a publicar esta mesma coletânea de partes das obras, quando no mercado brasileiro já existem excelentes traduções dos mesmos títulos em versão integral? Sem dúvida, o livro que aqui se relança não substitui a leitura dessas obras: ao contrário, ele deve ser visto como mais um estímulo a que se recorra a elas, nas traduções bastante confiáveis atualmente à disposição do público no Brasil.

Mas por que então voltar a estas *Obras incompletas*? A resposta é bastante simples, leitor: é que você está diante de um livro produzido por uma conjunção absolutamente venturosa de leitores de espírito livre.

A começar pelo organizador deste conjunto de textos, Gérard Lebrun, que com sua seleção torna possível uma introdução geral ao pensamento de Nietzsche, guiando-nos pela sua complexidade e pelos seus desenvolvimentos, sem cair na escolha fácil dos aforismos mais chamativos, das frases *prêt-à-porter*. Como se poderá constatar, Lebrun aposta justamente no oposto: sua preferência são os textos mais longos, armados como pequenas dissertações altamente densas sobre temas polêmicos, nas quais o autor sabe aliar a força vibrante do seu discurso ao acabamento inigualável da forma aforística. O organizador tampouco hesitou em fazer uma escolha entre os fragmentos póstumos daquele livro, *A vontade de potência*, que, segundo a versão de alguns — condenada por outros mais abalizados —, Nietzsche pretendia escrever quando foi acometido por sua grave doença. Pode-se perguntar por que razão Lebrun se baseia em edições mais antigas, quando já havia sido publicada a edição crítica de Colli e Montinari. A opção é devidamente explicitada por ele: sem diminuir a relevância do trabalho filológico, o mais importante de tudo, ao ler Nietzsche, *é como ler Nietzsche*. E é assim que esse grande leitor, não só deste como de inúmeros outros filósofos, nos sugere que leiamos Nietzsche sem *parti pris* teórico, sem preconceitos de qualquer espécie e, sobretudo, sem esperar encontrar nele um ensinamento de vida, uma *doutrina*. No fundo, como sugere o texto sobre "Por que ler Nietzsche, hoje?", podemos ser antinietzschianos (e não são poucos os que ainda hoje ficam de cabelo em pé à mera menção do nome do filósofo), mas jamais nietzschianos. Pois o fundamental não está na doutrina, que talvez não seja sequer uma, mas no "método", que é sempre uma interpretação, uma maneira de ler.

Não menos feliz foi a conjuntura quando Rubens Rodrigues Torres Filho aceitou a empreitada de traduzir estes textos selecionados. É que o estudioso da filosofia idealista, poeta e tradutor tem desde sempre um interesse particular pela questão da *leitura*, interesse que se mostra na maneira inteiramente sua de traduzir textos de filosofia ou de poesia: perto do limite daquilo que pode ser tolerável pelo vernáculo, sua escolha se pauta quase sempre por manter o sentido o mais próximo do literal, mesmo que isso implique certa estranheza em português, forçando o leitor a uma leitura mais detida, bem longe da fluência demasiado fluente das traduções copidescadas hoje cada vez mais em voga. Há nessa sua opção uma afinidade eletiva com o pensamento nietzschiano: o texto traduzido deve recuperar o que está dito e como está dito, deve propiciar a releitura a mais literal possível do texto de origem, numa reiteração do mesmo, como na hermenêutica filológica nietzschiana, que se quer um retorno exato de tudo aquilo que se viveu.

De fato, num de seus textos mais instigantes, Rubens Rodrigues Torres Filho procura fazer uma curiosa genealogia da noção de eterno retorno, como método de interpretação e leitura. Numa crítica à filosofia kantiana, Nietzsche teria indicado que a tábua de conceitos e o sistema das faculdades em Kant não passariam de um raciocínio tautológico (*Para além de bem e mal*, § 11). Mostrando a pertinência dessa leitura, Torres Filho inverte magistralmente o argumento para explicar como a hermenêutica do eterno retorno *do mesmo* é inteiramente compatível e mesmo devedora dessa *tautologia* transcendental.[1] O movimento é semelhante ao de Lebrun: é possível pensar *com* Nietzsche (e até certo ponto *contra* ele) sem adesão ao seu pensamento.

O terceiro leitor que faz a fortuna deste livro é Antonio Candido, que, em texto publicado pela primeira vez logo depois do fim da Segunda Grande Guerra, defende Nietzsche das acusações de nazismo e mostra a coerência de sua atitude como a de um *portador*, isto é, alguém que anuncia valores novos capazes de sacudir os "valores rotinizados da civilização cristã e burguesa". Num ensaio sobre os "Movimentos de um leitor", dedicado ao crítico, Davi Arrigucci Jr. examina de forma surpreendente como a influência de Nietzsche continua presente bem além dos anos de juventude de Antonio

---

[1] O texto aqui referido é "A *virtus dormitiva* de Kant", publicado nos *Ensaios de filosofia ilustrada* (São Paulo: Iluminuras, 2004).

Candido, naquela "sinuosa mobilidade do espírito" imprescindível para a liberdade intelectual, que no autor de *Formação da literatura brasileira* viria a se combinar com a análise das antíteses do concreto.[2]

Se essa conjunção de leitores livres basta para justificar o relançamento deste livro, só cabe a você, leitor, julgar. Você, leitor de espírito livre?

---

[2] O ensaio se encontra em *Outros achados e perdidos* (São Paulo: Companhia das Letras, 1999).

POR QUE LER NIETZSCHE, HOJE?
GÉRARD LEBRUN

Marx gostava de dizer que não era "marxista", mas não detestava que outros o fossem. Nietzsche, ao que parece, não teria gostado que houvesse nietzschianos: "Apliquei o ouvido para escutar um eco, e só recolhi elogios" (*Para além de bem e mal*, 99). "*Mihi ipsi scripsi*" [escrevi para mim mesmo], dizia após concluir um livro, e Lou Salomé garante-nos que nessa expressão não havia nenhuma afetação de esteta. Sem dúvida, acontece que Nietzsche exclame: "Vós, os aventureiros do espírito... Nós outros, espíritos livres...". Mas essa interpelação fraternal é apenas retórica: a comunidade que invoca ainda está para nascer. Os únicos amigos de Zaratustra são seus animais — e, sobre os "homens superiores" que vieram homenageá-lo, Zaratustra diz, no fim do livro: "Não são eles que eu aguardo na minha montanha". De onde vem essa complacência na solidão? O que a justifica é o episódio inaugural do livro, pastiche da cena de Jesus e Barrabás. A Zaratustra, ainda ingênuo, que apresenta ao povo o mais desprezível dos demagogos, para melhor valorizar o Super-Homem, a multidão responde em coro: "Dá-nos o Último Homem, Zaratustra [...] e guarda para ti o teu Super-Homem". É tirando as consequências desse fracasso que Zaratustra opta pelo afastamento. "Não falarei mais ao povo [...]. É para os solitários que reservarei o meu canto [...]. Homens superiores, mantende-vos longe da praça pública."

Não é tanto que o povo seja tão tolo que não saiba ouvir a mensagem de Zaratustra; melhor dizendo, é que seria inevitável ele considerar a palavra deste como a expressão de uma *doutrina*, como o convite a um novo "Credo". Quando não é nada disso. "Aqui, não é um profeta que fala... Não é um fanático que fala: aqui, não se *prega*, aqui não se exige a *crença*" (*Ecce homo*); "O discípulo respondeu: Eu creio em Zaratustra. — Mas Zaratustra sacudiu a cabeça e sorriu: a fé não me traz nenhuma felicidade, sobretudo a fé em mim." Ninguém entre aqui, se procura uma crença: eis o que Nietzsche, penso eu, poderia haver gravado no pórtico de uma Academia. Pois "a necessidade de crer é o maior obstáculo para a veracidade" (*A vontade de potência*, 377). E vale a pena sublinhar esse ponto, contra os que tentam a todo custo repor Nietzsche na linhagem cristã ou, pelo menos, fazer dele um espírito religioso. Duvido que possa realmente simpatizar com Nietzsche quem não considere o cristianismo como a mais interessante das neuroses que afligiram o espírito ocidental — quem não reconheça que não há crença (religiosa ou metafísica) que não seja mórbida, e que por isso "Dioniso" não podia ser candidato à sucessão do "Crucificado".

Ler Nietzsche hoje, para consagrar-se ao ceticismo? Não. "Zaratustra é um cético", mas este "ceticismo" não tem nada de uma "paralisia do querer". Zaratustra não saberia o que fazer desta "doce encantadora papoula que entorpece as nossas inquietações" (*Para além de bem e mal*, 299), ele que é incansável *afirmador* de toda vida a todo instante, o alegre cozinheiro de todos os acasos. O seu "ceticismo" vem somente do fato de tratar as "convicções" como simples instrumentos para a ação. Que o espírito de seriedade as transforme em regras de vida, e "as convicções [se tornam] prisões" (*Anticristo*, 54). É o caso do "crente" que, para sobreviver, é obrigado a confiar-se a uma "convicção". Um pouco como o louco que declarava: "Fiz vinte anos, uma bela idade; e decidi conservá-la", o crente também resolveu seguir para sempre *esse partido*, e mais nenhum outro, percorrer para sempre *esse caminho*...

Que suprema "imodéstia", se refletimos bem; é "decretar que só serão válidas as perspectivas tomadas de nosso ângulo" (*Gaia ciência*, 374)! Supremo pecado contra o espírito, também, é *renunciar à curiosidade*.

Sem dúvida, desde Platão, os sábios facilmente desprezam a curiosidade dos caçadores de imagens, o diletantismo dos "amadores de espetáculos"—assim como os sedentários desconfiam dos nômades. Mas não esqueçamos que o platonismo foi uma *reação decadente* contra uma crise de civilização: contra a aterrorizadora ascensão das pulsões, restabelecer a ordem na Cidade, começando pela alma... O platonismo é o ópio dos "fracos". E é por isso que ele só pode conceber o pensamento sob o signo de uma *parada*, como o contrário de uma viagem. Há, dizem-nos, a grande vaga das "opiniões", a flutuação da dúvida—depois o advento do saber, isto é, do *repouso*, que reprime o mal-estar. Pensar é encontrar a calma. Insensatos que acreditais que "tudo se move"; poderíamos sequer falar, poderíamos viver, meu Teeteto, se essa gente tivesse razão?... Insensatos, replica Nietzsche, que pretendeis que tudo se imobilize. "*No fundo, tudo está imobilizado* [*in Grund steht alles still*], eis uma verdadeira crença de inverno; contra ela prega o vento do degelo." Pensar é *mudar*: "A serpente que não pode trocar de pele perece. O mesmo acontece com os espíritos aos quais se impede de mudar de opinião: deixam de ser espírito" (*Aurora*, 573).

Ler Nietzsche, então, para chafurdar no diletantismo... Mas quanto vale essa censura?—Compreender Nietzsche consiste, quase sempre, em refutar impressão após impressão de leitura, deixá-lo desemaranhar o falso sentido que acaba de sugerir ao leitor apressado, arrancar a máscara que, sem o percebermos, ainda se ocultava por baixo daquela que caiu há um instante. Se alguém, lendo um aforismo, acredita haver somente recolhido uma ou duas "verdades", é que negligencia o fragor das ideias, e as miríades de centelhas que elas deixam...

Nietzsche diletante? Sem dúvida: aos olhos dos "bons e dos justos", dos que se fiam na fixidez dos valores. "Diletantismo": Nietzsche começaria pondo esta palavra entre aspas (nada mais importante do que o uso das aspas para esse filólogo) e perguntaria: quem é você para fazer essa acusação? Esta é uma das questões nietzschianas fundamentais: quem fala? E essa opinião, é encarregada de privilegiar que gênero de vida? Qual é, então, a "avaliação" (*Wertschätzung*) que sorrateiramente inflete o sentido da palavra? Ora, quando "os bons e os justos", orgulhosos de suas "convicções" e confiantes em seus "valores", censuram o diletantismo (ou o ceticismo, ou o moralismo...), eles não atendem à palavra que empregam, não suspeitam que essa palavra pejorativa implica todo o sistema de valorizações que é o seu próprio. Como poderiam ter ideia de que o seu discurso, antes de tudo, é uma confissão, a sua palavra um sintoma? Não descobrem que eles próprios pensam e falam sem parar devido a exigências vitais estreitamente determinadas.

O que os homens mais facilmente esquecem é que, a todo instante, defendem o seu "território" animal. Quer se fale profissional, filosófica, sentimental, cientificamente — sempre se acredita, em algum momento, fazer referência a normas que valem *para todos, a conceitos que têm o mesmo sentido para todos* (e os nossos ideais "democráticos", "igualitários", assim como a nossa civilização burocratizada, levaram esta ilusão grega ao auge). Acredita-se que, na raiz de nosso discurso, existe afinal de contas alguma coisa — "razão pura", "sujeito universal" — que é capaz de penetrar todas as mentiras, de denunciar as ilusões, de proferir a *última palavra*. Em suma, acredita-se que o homem é um animal capaz de *conhecer o Ser*, e de dizê-lo *em nome de todos*. Como se esta palavra "Ser" já não fosse uma noção forjada por uma certa "raça", para a sua segurança e, por conseguinte, um documento etimológico à disposição do bom filólogo. Como se *compreender, intelligere*, fosse "algo conciliador, justo, bom, algo essencialmente oposto às pulsões: quando se trata, apenas, de um certo comportamento das pulsões entre si" (*Gaia ciência*, 333).

Então, ler Nietzsche para perder toda esperança acerca da Verdade, do Belo, do Bem? Cuidado aqui. Recusar cair, como um "fraco", na armadilha das "crenças", não é, não pode ser tornar-se incapaz de toda crença... por exemplo, de "fraqueza". E cuidado, sobretudo, com o verbo "desesperar". Zaratustra, o bom "dançarino", zomba das jeremiadas do pessimista, assim como despreza as fanfarronices do niilista. Niilista, é verdade que Zaratustra o foi por muito tempo, em segredo: pouco faltou para que ele morresse de "grande desgosto com o homem". Mas ele cura-se, afirma a vida *sem reservas*, finalmente capacitado a ensinar sem medo "a volta de *tudo o que foi*". Essa travessia do desespero é eixo do livro — e a vitória sobre o niilismo constitui o teste supremo que "o espírito livre" faz da sua "força", assegurada desde então.

O que é niilismo, na verdade? É o estágio da "crença" infeliz. No princípio, foi a "impotência da vontade de criar" que fez nascer a "vontade de Verdade"; em vez de *criarem* um mundo conforme a seus votos, os homens — religiosos, depois metafísicos, depois "científicos" — preferiram *imaginar* um consolador "mundo-verdadeiro"; a sua força criativa investiu-se numa *ficção*. Depois, "essa mesma espécie, empobrecida ainda de mais um grau, perde a força de criar ficções: *é então que ela produz o niilista*. Um niilista é o homem que acha que o mundo tal como é não deveria ser, e julga que o mundo que deveria ser não existe" (*Vontade de potência*, 585). Concluir que é vão criar sentido, qualquer sentido: é esta, paradoxalmente, a derradeira estratégia que permite exercer-se a "vontade de Verdade". Pois o niilista continua vivendo no orbe dos valores que ele denigre, e a sua crítica é radical apenas na aparência. Não perdeu a necessidade de *manter confiança* na vida, a que satisfazia a "Verdade". Mas não consegue mais encontrar qualquer significação consoladora que seja; e a sua educação dogmática paralisou-o tão bem que só lhe resta viver a incapacidade de criar, e a ela converter a sua natureza. "Nada mais vale a pena"; nunca mais haverá *sentido* para devolver aos homens confiança em seu destino...

Uma outra Cidade celeste, um outro sonho de reconciliação, um *novo sentido*... Mas por que diabos vocês precisariam dele? Falsamente lúcido, o niilista resigna-se a constatar uma ausência de sentido, em vez de atacar essa necessidade, inveterada nos "sofredores", de *acreditar num sentido*. Proclama que "não há Verdade", mas evita cuidadosamente questionar o ideal que tornava necessária a crença numa "Verdade". Assim é tão incapaz quanto todos os "homens pios" de compreender a boa nova que Zaratustra lança a todos os ecos: "Em verdade vos digo... com vossos valores e vossas palavras *bem* e *mal*, vocês exercem sua *potência*, vocês são *avaliadores*...". Por mais "objetivo" que alguém se acredite, nunca fará mais que exercer a sua vontade de potência. A questão é apenas saber de que grau de vitalidade ou degenerescência esta é índice. Mostra-me como exerces a tua "potência", dir-te-ei quem és: se tens *boa saúde* ou *és doente*.

E então? Ler Nietzsche para reatar com o "biologismo"? Mas é curioso, afinal de contas, que "biologismo" seja uma injúria, e "espiritualismo" não o seja. Admire-se aqui a força do platonismo e de seu substituto cristão: o corpo é logo suspeitado de "fascismo", e é à Juventude Hitlerista que associamos os jogos do estádio. Contudo, o que temos mais precioso que nossa saúde? E por que estranhar que Nietzsche considere decisiva a experiência da doença e da cura?

No aforismo 114 de *Aurora*, ele nos conta o ensinamento que tirou dessa experiência. Em vez de ceder às sugestões do sofrimento, o doente "forte" repudia toda atitude que seja "consequência do sofrimento", todo compromisso com ela que a torne mais tolerável. Recusando "testemunhar contra a vida", desdenhando todo anestésico, simplesmente considera "altamente desejável continuar a viver". Inversamente, o doente "fraco" vai redefinir a sua existência inteira relativamente à doença que o obseda; disposto a todas as capitulações para viver *a sua vida* ao menor preço, pouco despreocupado em afirmar a vida, pouco lhe custa confessar que esta é "má". É a partir daí que, no espírito do "forte", cresce "a grande suspeita" quanto à natureza dos *optima* que reinam em nossa civilização: qual é essa raça de avaliadores que, no limite, chega a achar vantajoso depreciar a vida? E que valor atribuir ao que eles chamam de "são", "normal" ou "justo"?

Contrastando, assumiremos então o direito de imaginar "uma espécie *inversa* de homem (*umgekehrte Art*)". Uma espécie que seja capaz "de excluir toda confiança, toda bonomia, toda atenuação, toda ternura", que se entregue ao devir sem se preocupar com garantias nem seguranças, e para a qual dor e perigo sejam meros estimulantes... Sei que esses "leões ridentes que virão" continuam a inquietar hoje certos leitores de Nietzsche, embora esses "fortes", altivos e *isolados*, na verdade não prefigurem em nada uma divisão SS. Não representam nada mais do que a Ideia de uma *regulação* (*Einstellung*) avaliadora inteiramente diversa; o seu único papel é advertir-nos contra os valores que a "cultura" dos "fracos" acabou impondo: circunspecção, desconfiança das pulsões, aptidão a agrupar-se e unir-se... Não tomemos por um novo "ideal" o que é apenas um ponto de fuga metodológico. Por não se haver compreendido que Nietzsche visava acima de tudo desvendar a precariedade de nossas coordenadas "morais" e "culturais", converteu-se num ideal satânico uma estratégia que objetivava arruinar *toda noção de "ideal"*.

"A palavra *super-homem*, que designa o tipo superior do bem-vindo, em oposição aos homens 'modernos', aos homens 'bons', aos cristãos e demais niilistas, uma palavra que dá o que pensar, pronunciada por Zaratustra, o negador da moral —, quase sempre foi compreendida, com toda inocência, a partir do sentido desses mesmos valores cujo oposto eu representei na figura de Zaratustra. Ele significaria: tipo 'idealizado' de uma espécie de homens mais elevada, meio 'santos', meio 'gênios'..." (*Ecce homo*).

A *vontade de potência*, poderia acrescentar-se, quase sempre foi compreendida como uma última instância metafísica, quando ela é o instrumento que serve a Nietzsche para balizar e medir o *que vale* uma atitude, *quanto pesa* um conceito. É verdade que Nietzsche chama à vontade de potência *a essência da vida*. Mas, nomeando-a assim, apenas entende advertir o seu leitor contra os avaliadores ingênuos que se apressaram demais em determinar uma "essência da vida". Assim, a Spencer, que define a vida pela adaptação às circunstâncias, Nietzsche não pretende absolutamente opor uma definição melhor *no mesmo terreno*. Observa — o que é muito diferente — que a "adaptação", longe de ser a palavra final, deve ainda ser considerada como um dos investimentos da vontade de potência, uma das direções que esta tomou. A vontade de potência não é, pois, uma designação do Absoluto — como a Ideia hegeliana — ; ela é, mais propriamente, esse fundo obscuro do qual todos os conceitos exprimem uma modulação, um arranjo novo.

Para quem encarasse a vontade de potência como "exercendo-se em tudo e incondicionalmente", "quase toda palavra [...] pareceria inútil em última análise [...] apareceria como uma metáfora enfraquecedora, edulcorada, humana demais". E este aforismo 22 de *Para além de bem e mal* encerra-se com uma acrobacia bem significativa: "E ainda que isto seja apenas uma interpretação — e você se apressará em fazer-me essa objeção — pois bem, melhor assim". *Melhor assim*, pois significa que penetrei tão bem a atitude interpretativa *que é característica de você* (crença na "Verdade", nas definições "unívocas" etc.) que não me preocupo mais em prestar-lhe contas em termos de "Verdade" e já não me vanglorio de proferir a "Verdade", no sentido em que você espera. A minha superioridade consiste em saber que o seu discurso, assim como o meu, apenas são sintomáticos de um grau determinável de *força*.

Assim, os conceitos de Nietzsche nunca designam "realidade", entidades estáveis: são grades hermenêuticas. Nietzsche nunca descreve o que é *o mundo* ou como *o Ser se oferece*, como se "o mundo" e "o Ser" fossem espetáculos pacificamente prodigados à minha contemplação. "Quer saber o que é o mundo para mim?": o fluxo e o refluxo do devir, o remanejamento incessante das figuras de forças — um caos que nenhum olhar apolíneo jamais exorcizará e onde só podemos pretender orientar-nos mui modestamente e localmente. Em vez de uma teoria do conhecimento e de uma ontologia, é-nos proposta uma *estratégia de interpretação*.

Mas que outra coisa pretender quando nos propomos a ler Nietzsche hoje? Muito se enganaria que pretendesse travar conhecimento com um filósofo a mais. Nietzsche não é um sistema: é um instrumento de trabalho — insubstituível. Em vez de pensar *o que ele disse*, importa acima de tudo pensar *com ele*. Ler Nietzsche não é entrar num palácio de ideias, porém iniciar-se num *questionário*, habituar-se com *uma tópica* cuja riqueza e sutileza logo tornam irrisórias as "convicções" que satisfazem as ideologias correntes.

Um único exemplo. De alguns anos para cá, tentou-se alistar Nietzsche no pelotão dos críticos do "ideológico", no sentido marxiano da palavra, e mesmo incluí-lo entre os precursores da psicanálise. Ora, parece-me que tais aproximações só podem dissimular a especificidade de Nietzsche e edulcorar a sua "grande suspeita".

Pensar, segundo Nietzsche, é sempre *interpretar*, é sempre *falsificar*: "A falsidade de um julgamento não constitui, para nós, uma objeção a este julgamento". De que serviria, então, isolarmos representações *falsas* para argumentarmos sob qual pressão ou por instigação de quem essas "bobagens" puderam infiltrar-se nos espíritos? Com Nietzsche, estamos protegidos dessa problemática que, no fundo, é ingenuamente intelectualista: os analisadores *saúde, vitalidade, morbidez* pelo menos têm o mérito de conferir ao discurso "ideológico" uma autonomia e, sobretudo, uma positividade que a redução marxista sempre lhe recusou. Pouco importa que tal discurso seja mentiroso. O interessante é saber por que ele corresponde à *demanda* silenciosa dos que o adotam — como ele propicia a uma espécie inteira o "contentamento" de ser ela mesma e de viver em tais condições. O animal "ideológico" não é mais um néscio desarmado, cego ao seu interesse (o pobre do *Discurso sobre a desigualdade* iludido pelo discurso do rico, o camponês do *Dezoito Brumário* enganado por Luís Napoleão), mas um vivo calculador que, instintivamente, visa a adequar o seu ambiente ótimo, delimitar um "território" que esteja à altura de seus desempenhos. Ninguém nos afasta tão bem quanto Nietzsche, da desastrosa assimilação de *ideologia* e *enganação*. Não há mais enganados: há, apenas, os que procuram interpretações satisfatórias. E na origem das religiões — que alguns apressadamente caracterizam como "mistificações" — há uma espécie de estudo de mercado bem feito.

Quem se interessa em enganar? De onde provém a falsa consciência? Qual é o mecanismo da impostura? Essas questões não apresentam mais quase nenhum interesse desde que decidimos que a ficção vale de direito e que todo fornecedor de "ideias" nunca pode propor mais do que uma "perspectiva" justificadora. "A essência de uma ideologia é ser justificadora: não é constituir um erro ou uma mentira", escreveu Paul Veyne. Um nietzschiano não se exprimiria melhor. Que a ideologia seja um discurso aberrante, esse traço já não basta para especificá-la... Assim, a crítica nietzschiana nunca espancará o *erro* enquanto afastamento frente a uma representação "justa", a uma consciência "certa": o que ela fustiga é a ficção *que desconhece que é uma ficção* porque se investiu enquanto "crença". Nietzsche não condena os filósofos por terem exprimido os seus "preconceitos": censura-os por haverem montado uma ficção suplementar para esconderem, dos outros e de si próprios, que o seu discurso só pode ser o comentário dos seus "preconceitos" — entenda-se, de suas *avaliações*. A ideologia nociva é a que acredita constituir uma exceção ao ideológico.

Isto foi apenas um exemplo de uma pista, entre as mil que Nietzsche, ainda hoje, continua abrindo — para quem sabe "ruminá-lo", para quem espera dele novas iluminações, ângulos inéditos de visão... Sem dúvida, me dirão, há também a voz inimitável, a frase tensa como um arco, a arte de ricochetear o repente e o enigma — tudo o que fez dele o renovador da prosa alemã. Mas seria um perigo — mais um — escutar apenas esse canto de sereia e vir a desconhecer a perfeição da relojoaria conceitual que monta cada aforismo. Zaratustra, afinal, não apreciava os enfeitiçadores — e Nietzsche deseja um leitor atento, e não entusiasta. Gostaria que me lessem como se lê Aristóteles, diz ele.

É possível que tenha chegado a hora desses bons leitores. Nietzsche terminou de atravessar o seu "inferno" póstumo (guru de Lafcadio, confessor pagão de belos paraquedistas musculosos, sei lá o que mais...) — e o absurdo contrassenso que, por tanto tempo, fez dele um "precursor do nazismo" começa, finalmente, a desvanecer-se. Acredito que agora os nossos amigos alemães possam encontrar nele, sem reticências, o seu segundo Goethe — e "nós outros, bons europeus", o nosso segundo Aristóteles.

Publicado originalmente n'*O Estado de S. Paulo* em 24.08.1980, e recolhido em *Passeios ao léu*, tradução de Renato Janine Ribeiro (São Paulo: Brasiliense, 1983).

OBRAS
INCOMPLETAS

> O pensador: este é agora o ser em que o impulso à verdade
> e aqueles erros conservadores da vida combatem
> seu primeiro combate, depois que o impulso à verdade se
> demonstrou como uma potência conservadora da vida.
> A GAIA CIÊNCIA

NOTA

A seleção e a tradução dos textos foram feitas com base na edição Kröner em cinco volumes (Friedrich Nietzsche, *Werke*, herausgegeben von Nietzsche--Archiv, Leipzig, Alfred Kröner Verlag, s/d, anterior à edição em doze volumes da mesma editora, Stuttgart, 1964-1965), cada um desses volumes enfeixando dois dos dez primeiros volumes da edição anterior dessa mesma editora (1920-1930) e conservando a paginação respectiva. Os textos de 1881 sobre o eterno retorno encontram-se no volume 3 (parte 2), sob o título: *Die ewige Wiederkunft*; os outros textos sobre niilismo e eterno retorno foram colhidos dentre os textos póstumos de 1884-1888, que se encontram no volume 5 (parte 2), sob o título geral: *Der Wille zur Macht*; a numeração destes últimos aforismos não é de Nietzsche, costumando variar de edição para edição. Os demais textos são facilmente localizáveis pelos títulos.

O NASCIMENTO DA TRAGÉDIA NO ESPÍRITO DA MÚSICA
1872[1]

---

[1] A partir da edição de 1878, Nietzsche acrescentou o subtítulo *Ou: helenidade e pessimismo*. (N.E.)

3

[...] Agora como que se abre diante de nós a montanha mágica do Olimpo, e mostra-nos suas raízes. O grego conhecia e sentia os pavores e os sustos da existência: simplesmente para poder viver, tinha de estender à frente deles a resplandecente miragem dos habitantes do Olimpo. Aquela monstruosa desconfiança diante das potências titânicas da natureza, aquela Moira reinando inexorável sobre todos os conhecimentos, aquele abutre do grande amigo da humanidade, Prometeu, a sorte pavorosa do sábio Édipo, a maldição hereditária dos Atridas, que força Orestes ao matricídio, em suma, toda aquela filosofia do deus silvestre, acompanhada de suas ilustrações míticas, que levou os soturnos Etruscos à ruína — tudo isso era constantemente superado pelos gregos graças àquele artístico *mundo intermediário* dos Olímpicos, ou, em todo caso, encoberto e afastado do olhar. Para poderem viver, os gregos tinham de criar esses deuses, pela mais profunda das necessidades: processo este que bem poderíamos representar-nos como se, a partir da ordem divina primitiva, titânica, do pavor tivesse sido desenvolvida, em lenta transição, por aquele impulso apolíneo à beleza, a ordem divina, olímpica, da alegria: como rosas irrompem de um arbusto espinhoso. De que outro modo aquele povo, tão excitável em sua sensibilidade, tão impetuoso em seus desejos, o único tão apto para o sofrimento, teria podido suportar a existência, se esta, banhada em uma glória superior, não lhe tivesse sido mostrada em seus deuses? O mesmo impulso que chama a arte para a vida, como a complementação e a perfeição da existência que induz a continuar a viver, fez também surgir o mundo olímpico, que a "vontade" helênica mantinha diante de si como um espelho transfigurador. Assim os deuses legitimam a vida humana, vivendo-a eles mesmos — a única teodiceia satisfatória! A existência sob a clara luz solar de tais deuses é sentida como o desejável em si mesmo, e o que é propriamente *dor* para os homens homéricos refere-se a deixá-la e, sobretudo, a deixá-la logo: de tal modo que agora se poderia dizer deles, invertendo a sabedoria de Sileno, "o pior de tudo é para eles morrer logo, em segundo lugar simplesmente morrer". Se alguma vez o lamento soa, é mais uma vez pela curta vida de Aquiles, pela transitoriedade e inconstância da espécie humana, semelhante à das folhas, pelo declínio do tempo dos heróis. Não é indigno do maior dos heróis aspirar à continuação da vida, mesmo que seja como tarefeiro. Tão impetuosamente a "vontade", no estágio apolíneo, anseia por essa existência, tão identificado a ela se sente o homem homérico, que o próprio lamento se torna um hino em seu louvor.

E aqui é preciso que se diga que essa harmonia e mesmo unidade do homem com a natureza, vista com tanta nostalgia pelo homem moderno, e que levou Schiller a pôr em circulação o neologismo *naif* (ingênuo), não é, em caso nenhum, um estado tão simples, que resulta por si mesmo, como que inevitável, que *tivéssemos* de encontrar no umbral de toda cultura como um paraíso da humanidade: nisto só podia acreditar um tempo que tentava pensar o Emílio de Rousseau também como artista e acreditava ter encontrado em Homero esse Emílio artista educado no coração da natureza. Onde encontramos o "ingênuo" na arte, temos de reconhecer o efeito supremo da civilização apolínea: que sempre tem antes um reino de Titãs para demolir e monstros para matar, e precisa, através de poderosas alucinações e alegres ilusões, triunfar sobre uma pavorosa profundeza da visão do mundo e sobre a mais excitável sensibilidade ao sofrimento. Mas quão raramente o ingênuo, esse completo enleio na beleza da aparência, é alcançado! Quão indivisivelmente sublime é, por isso, Homero, que como indivíduo está para aquela cultura apolínea do povo assim como o artista individual do sonho está para a aptidão ao sonho desse povo e da cultura em geral! A "ingenuidade" homérica só se concebe com a vitória completa da ilusão apolínea: é uma ilusão tal como a que a natureza, para alcançar seus propósitos, tantas vezes emprega. O verdadeiro alvo é encoberto por uma imagem falsa: em direção a esta estendemos as mãos, e a natureza alcança aquele através de nosso engano. Nos gregos, a "vontade" queria intuir a si mesma na transfiguração do gênio e do mundo da arte: para se glorificar, suas criaturas tinham de sentir--se dignas de glorificação, tinham de ver-se refletidas em uma esfera superior, sem que esse mundo perfeito da intuição atuasse como imperativo ou como censura. Tal é a esfera da beleza, em que os Olímpicos viam suas imagens em espelho. Com esse espelhamento de beleza, a "vontade" helênica lutava contra o talento, correlativo ao artístico, para o sofrimento e para a sabedoria do sofrimento: e como monumento de sua vitória temos diante de nós Homero, o artista ingênuo.

7

[...] O consolo metafísico — em que nos deixa, como já indico aqui, toda verdadeira tragédia — de que a vida no fundo das coisas, a despeito de toda mudança dos fenômenos, é indestrutivelmente poderosa e alegre, esse consolo aparece com nitidez corporal como coro de sátiros, como coro de seres naturais que vivem inextinguivelmente como que por trás de toda a civilização e que, a despeito da mudança das gerações e da história dos povos, permanecem eternamente os mesmos.

Com esse coro, consola-se o heleno profundo, o único apto ao mais brando e ao mais pesado sofrimento, que penetrou com olhar afiado até o fundo da terrível tendência ao aniquilamento que move a assim chamada história universal, assim como viu o horror da natureza, e está em perigo de aspirar por uma negação budista da existência. Salva-o a arte, e pela arte salva-o para si — a vida.

O embevecimento do estado dionisíaco, com seu aniquilamento das fronteiras e dos limites habituais da existência, contém, com efeito, enquanto dura, um elemento *letárgico*, em que submerge tudo o que foi pessoalmente vivido no passado. Assim, por esse abismo de esquecimento, o mundo do cotidiano e a efetividade dionisíaca separam-se um do outro. Mas tão logo aquela efetividade cotidiana retorna à consciência, ela é sentida, como tal, com nojo; uma disposição ascética, de negação da vontade, é o fruto desses estados. Nesse sentido, o homem dionisíaco tem semelhança com Hamlet: ambos lançaram uma vez um olhar verdadeiro na essência das coisas, *conheceram*, e repugna-lhes agir; pois sua ação não pode alterar nada na essência eterna das coisas, eles sentem como ridículo ou humilhante esperarem deles que recomponham o mundo que saiu dos gonzos. O conhecimento mata o agir, o agir requer que se esteja envolto no véu da ilusão — esse é o ensinamento de Hamlet, não aquela sabedoria barata de Hans, o Sonhador, que por refletir demais, como que por um excesso de possibilidades, não chega a agir; não é a reflexão, não! — é o verdadeiro conhecimento, a visão da horrível verdade, que sobrepuja todo motivo que impeliria a agir, tanto em Hamlet quanto no homem dionisíaco. Agora não prevalece nenhum consolo mais, a aspiração vai além de um mundo depois da morte, além dos próprios deuses; a existência, juntamente com seu reluzente espelhamento nos deuses ou em um Além imortal, é negada. Na consciência da verdade contemplada uma vez, o homem vê agora, por toda parte, apenas o pavor ou absurdo do ser, entende agora o que há de simbólico no destino de Ofélia, conhece agora a sabedoria do deus silvestre Sileno: sente nojo.

Aqui, neste supremo perigo da vontade, aproxima-se, como uma feiticeira salvadora, com seus bálsamos, a *arte*; só ela é capaz de converter aqueles pensamentos de nojo sobre o pavor e o absurdo da existência em representações com as quais se pode viver: o *sublime* como domesticação *artística* do pavor e o *cômico* como alívio artístico do nojo diante do absurdo. O coro de sátiros do ditirambo é o ato de salvação da arte grega; no mundo intermediário desses acompanhantes de Dioniso, esgotavam-se as crises descritas acima.

10

É uma tradição incontestável que a tragédia grega em sua configuração mais antiga tinha por objeto somente a paixão de Dioniso e que, por muito tempo, o único herói cênico que houve foi justamente Dioniso. Mas com a mesma segurança poderia ser afirmado que nunca, até Eurípides, Dioniso deixou de ser o herói trágico, e que todas as figuras célebres do palco grego, Prometeu,

Édipo e assim por diante, são apenas máscaras desse herói primordial, Dioniso. Haver uma divindade por trás de todas essas máscaras é o único fundamento essencial para a "idealidade" típica dessas figuras célebres, tantas vezes notada com espanto. Não sei quem afirmou que todos os indivíduos, como indivíduos, são cômicos e, por isso, não trágicos: de onde se poderia concluir que os gregos simplesmente não *podiam* suportar indivíduos sobre o palco trágico. De fato, eles parecem ter sentido assim; do mesmo modo que, em geral, a distinção e a valorização platônicas da "ideia" em contraposição ao "ídolo", à cópia, estão profundamente entranhadas na essência helênica. Para servir-nos da terminologia de Platão, poderíamos dizer, das figuras trágicas do palco helênico, mais ou menos isto: o único Dioniso verdadeiramente real aparece em uma pluralidade de figuras, sob a máscara de um herói combatente e como que emaranhado na rede da vontade individual. E assim que o deus, ao aparecer, fala e age, ele se assemelha a um indivíduo que erra, se esforça e sofre: esse, em geral, *aparece* com essa precisão e nitidez épicas, isso é o efeito de Apolo, esse decifrador de sonhos, que evidencia ao coro seu estado dionisíaco por meio dessa aparição alegórica. Em verdade, porém, esse herói é o Dioniso sofredor dos Mistérios, aquele deus que experimenta em si o sofrimento da individuação, do qual mitos maravilhosos contam que, quando rapaz, foi despedaçado pelos Titãs e nesse estado é venerado como Zagreu: o que sugere que esse despedaçamento, em que consiste propriamente a *paixão* dionisíaca, equivale a uma transformação em ar, água, terra e fogo, e que portanto temos de considerar o estado da individuação como a fonte e o primeiro fundamento de todo sofrimento, como algo repudiável em si mesmo. Do sorriso desse Dioniso nasceram os deuses olímpicos, de suas lágrimas, os homens. Nessa existência como deus despedaçado, Dioniso tem a dupla natureza de um demônio horripilante e selvagem e de um soberano brando e benevolente. Mas a esperança dos *epoptes* era um renascimento de Dioniso, que agora pressentimos como o fim da individuação: era para esse terceiro Dioniso vindouro que soava o fervoroso canto de júbilo dos *epoptes*. E somente nessa esperança há um clarão de alegria no semblante do mundo dilacerado, destroçado em indivíduos: assim como o mito o mostra na imagem de Deméter mergulhada em eterno luto, que pela primeira vez se *alegra* ao lhe dizerem que pode dar à luz Dioniso *mais uma vez*. Nas intuições mencionadas, temos já todos os componentes de uma visão do mundo profunda e pessimista e, com eles, ao mesmo tempo, a *doutrina da tragédia que está nos Mistérios*: o conhecimento fundamental da unidade de tudo que existe, a consideração da individuação como o primeiro fundamento do mal, a arte como a alegre esperança de que o exílio da individuação pode ser rompido, como o pressentimento de uma unidade restaurada.

Foi sugerido acima que a epopeia homérica é a *poesia* da cultura olímpica, em que ela entoou seu próprio canto de vitória sobre os pavores do combate dos titãs. Agora, sob a influência predominante da poesia trágica, os mitos homéricos renascem transformados e mostram nessa metempsicose que, no meio tempo, também a cultura olímpica foi vencida por uma visão do mundo ainda mais profunda. O arrogante titã Prometeu anunciou a seu carrasco olímpico que sua soberania estará algum dia ameaçada do perigo extremo, caso não se alie a tempo com ele. Em Ésquilo, reconhecemos o pacto do apavorado Zeus, temeroso de seu fim, com o titã. Assim, a época primitiva dos titãs é pouco a pouco trazida do Tártaro de volta para a luz. A filosofia da natureza selvagem e nua vê com o olhar aberto da verdade os mitos do mundo homérico que dançam à sua frente: eles empalidecem, estremecem diante do olho fulgurante dessa deusa — até que o punho poderoso do artista dionisíaco os force a servirem à nova divindade. A verdade dionisíaca toma para si todo o reino do mito como simbolismo de *seu* conhecimento e enuncia este conhecimento, em parte no culto público da tragédia, em parte nas práticas secretas das celebrações dramáticas dos Mistérios, mas sempre sob o antigo invólucro mítico. Que força era essa, que libertava Prometeu de seu abutre e transformava o mito em veículo de sabedoria dionisíaca? É a força heracliana da música: a qual, chegada na tragédia a sua manifestação suprema, sabe interpretar o mito com nova, com a mais profunda significação; já tivemos ocasião de caracterizar isso como a mais poderosa das faculdades da música. Pois é o destino de todo mito ter de entrar pouco a pouco na estreiteza de uma pretensa efetividade histórica e ser tratado com pretensões históricas, por algum tempo mais tardio, como fato singular: e os gregos já estavam a caminho de remodelar, com perspicácia e arbítrio, todo o sonho mítico de sua juventude em uma *história* pragmática de juventude. Pois este é o modo como as religiões costumam morrer: ou seja, quando os pressupostos míticos de uma religião, sob os olhos rigorosos, razoáveis, de um dogmatismo bem-pensante, são sistematizados como uma soma acabada de acontecimentos históricos e se começa angustiosamente a defender a credibilidade dos mitos, mas a rebelar-se contra toda sobrevivência e propagação deles, quando, portanto, o sentimento pelo mito morre, e em seu lugar se introduz a pretensão da religião a ter bases históricas. Desse mito moribundo lançava mão agora o gênio recém-nascido da música dionisíaca: e em sua mão ele florescia mais uma vez, com cores como nunca antes mostrou, com um aroma que despertava um nostálgico pressentimento de um mundo metafísico. Depois desse último resplandecimento, ele definha, suas folhas murcham, e logo os sarcásticos Lucianos da Antiguidade se põem à cata das flores espalhadas por todos os ventos, descoradas e secas. Pela tragédia, o mito chega a seu conteúdo mais profundo, a sua forma mais expressiva; mais uma vez ele se levanta, como um herói ferido, e todo o excedente de força, ao lado da sábia tranquilidade do moribundo, queima em seu olho com última, poderosa luminosidade.

Que querias tu, sacrílego Eurípides, ao tentares forçar esse moribundo, mais uma vez, a teu serviço? Ele morreu entre tuas mãos violentas: e precisaste então de um mito imitado, mascarado, que como o macaco de Héracles só sabia enfeitar-se com a antiga pompa. E assim como para ti o mito morreu, morreu também para ti o gênio da música: podias até mesmo saquear com avidez todos os jardins da música, mesmo assim só conseguiste uma música imitada e mascarada. E, porque abandonaste Dioniso, assim também te abandonou Apolo; expulsa todas as paixões de seus jazigos e confina-as em teus domínios, afia e lima uma dialética sofística para as falas de teus heróis — até mesmo teus heróis têm apenas paixões postiças e mascaradas e dizem apenas falas postiças e mascaradas.

13

[...] Mas a palavra mais penetrante desse culto novo e inaudito ao saber e ao entendimento foi Sócrates quem a disse, quando constatou ser o único que confessava *nada saber*, enquanto, em sua perambulação crítica por Atenas, visitando os grandes estadistas, oradores, poetas e artistas, encontrava por toda parte a fantasia do saber. Com espanto, reconheceu que todas aquelas celebridades não tinham um entendimento correto e seguro nem mesmo sobre sua profissão e a exerciam apenas por instinto. "Apenas por instinto": com esta expressão, tocamos o coração e o centro da tendência socrática. Com ela, o socratismo condena tanto a arte vigente quanto a ética vigente: para onde dirige seu olhar inquisidor, lá ele vê a falta de entendimento e a força da ilusão, e conclui dessa falta que o que existe é intrinsecamente pervertido e repudiável. A partir desse único ponto, acreditava Sócrates ter de corrigir a existência: ele, sozinho, trazendo no rosto a expressão do desdém e da altivez, faz sua aparição, como o precursor de uma cultura, arte e moral de espécie totalmente outra, em um mundo que, para nós, haveria de ser a maior das felicidades simplesmente vislumbrar, com respeito e terror.

Essa é a monstruosa perplexidade que toda vez, em face de Sócrates, nos assalta, e que sempre e sempre nos incita de novo a conhecer o sentido e o propósito desse fenômeno, o mais problemático da Antiguidade. Quem é esse que pode ousar, sozinho, negar a essência grega, essa essência que, em Homero, Píndaro e Ésquilo, em Fídias, em Péricles, em Pítia e Dioniso, como o mais profundo dos abismos e a mais alta das alturas, está segura de nossa admiração assombrada? Que força demoníaca é essa, que pode atrever-se a despejar essa poção mágica no pó? Que semideus é esse, ao qual o coro espiritual dos mais nobres da humanidade tem de clamar "Ai de nós! Ai de nós! Tu o destruíste, o mundo da beleza, com teu punho poderoso; ele desmorona, ele se desfaz!".

Uma chave para a essência de Sócrates nos é oferecida por aquele maravilhoso fenômeno, que é designado como "demônio de Sócrates". Em situações particulares, em que seu descomunal entendimento cambaleava, ele ganhava um firme ponto de apoio graças a uma voz divina que se manifestava em tais momentos. Essa voz, quando vem, sempre *dissuade*. A sabedoria instintiva só se mostra, nessa natureza inteiramente anormal, para contrapor-se aqui e ali ao conhecer consciente, *impedindo-o*. Enquanto em todos os homens produtivos o instinto é precisamente a força criadora-afirmativa, e a consciência se porta como crítica e dissuasiva, em Sócrates, é o instinto que se torna crítico, e a consciência, criadora — uma verdadeira monstruosidade *per defectum!* E aliás percebemos aqui um monstruoso *defectus* de toda disposição mística, de tal modo que Sócrates poderia ser designado como o específico *não místico*, em que a natureza lógica, por uma superfetação, é tão excessivamente desenvolvida quanto ao místico aquela sabedoria instintiva. Mas, por outro lado, era totalmente negado àquele impulso lógico que aparece em Sócrates voltar-se contra si mesmo; nessa torrente desenfreada, ele mostra uma violência natural, tal como a encontramos somente nas maiores de todas as forças instintivas, para nossa arrepiante surpresa. Quem adivinhou apenas um sopro daquela divina ingenuidade e segurança da orientação socrática de vida, nos escritos platônicos, sentiu também como a descomunal roda propulsora do socratismo lógico está em movimento como que *por trás* de Sócrates, e como isso tem de ser intuído por Sócrates como através de uma sombra. Mas que ele mesmo tinha um pressentimento dessa relação, é o que se exprime na digna seriedade com que fazia valer sua vocação divina por toda parte, e ainda diante de seus juízes. Refutá-lo nisso era no fundo tão impossível quanto aprovar sua influência de dissolução dos instintos. Dado esse conflito insolúvel, uma vez que ele teve de comparecer diante do foro do Estado grego, a única forma de condenação indicada era o exílio; teriam podido enviá-lo para além da fronteira, como algo totalmente enigmático, irrubricável, inexplicável, sem que alguma posteridade tivesse tido o direito de acusar os atenienses de um ato infame. Se entretanto a sentença pronunciada contra ele foi a morte, e não o exílio, esse veredito parece ter sido provocado pelo próprio Sócrates, com toda lucidez e sem o arrepio natural diante da morte: ele foi para a morte com a mesma calma com que, na descrição de Platão, ele, o último dos convivas, deixa o banquete ao despontar da madrugada para começar um novo dia; enquanto atrás dele, sobre os bancos ou no chão, ficam para trás os adormecidos companheiros de mesa para sonhar com Sócrates, o verdadeiro erótico. *Sócrates morrendo* tornou-se o novo ideal, nunca antes contemplado, da nobre juventude grega: e o típico jovem heleno, Platão, foi o primeiro a lançar-se, com toda a ardente devoção de sua alma arrebatada, aos pés dessa imagem.

14

[...] Aqui o *pensamento filosófico* cresce com mais viço do que a arte e obriga-a a se agarrar ao caule da dialética. No esquematismo lógico, a tendência *apolínea* transformou-se em crisálida: assim como em Eurípides podíamos perceber algo correspondente e, além disso, uma transposição do *dionisíaco* em sentimento natural, Sócrates, o herói dialético do drama platônico, lembra-nos, por afinidade de natureza, o herói euripidiano, que tem de defender suas ações com argumentos e contra-argumentos e, por isso, tantas vezes corre o perigo de perder nossa compaixão trágica: pois quem seria capaz de desconhecer o elemento *otimista* na essência da dialética, que em cada conclusão comemora seu jubileu e somente em fria clareza e consciência pode respirar: o elemento otimista que, uma vez inoculado na tragédia, há de infeccionar pouco a pouco suas regiões dionisíacas e levá-la necessariamente à autodestruição—até o salto mortal no espetáculo burguês. Basta ter em mente as consequências das proposições socráticas: "Virtude é saber; só se peca por ignorância; o virtuoso é o feliz": nessas três fórmulas básicas do otimismo, está contida a morte da tragédia. Pois agora o herói virtuoso tem de ser dialético, agora é preciso que haja entre virtude e saber, fé e moral, um vínculo necessário e visível, agora a justiça transcendental de Ésquilo se rebaixa ao princípio raso e insolente da "justiça poética", com seu costumeiro *deus ex machina*.

Como aparece agora, contraposto a esse novo mundo cênico socrático-otimista, o coro e em geral todo o pano de fundo musical-dionisíaco da tragédia? Como algo contingente, como uma reminiscência, aliás bem prescindível, da origem da tragédia; enquanto vimos que o coro só pode ser entendido como *causa* da tragédia e do trágico. Em Sófocles, já aparece aquela hesitação quanto ao coro—um sinal importante de que nele o solo dionisíaco da tragédia já começa a esboroar. Ele não ousa mais confiar ao coro a parte principal do efeito, mas restringe seu âmbito a tal ponto que ele aparece agora quase coordenado com os atores, como se fosse trazido da orquestra para o palco: com isto, sem dúvida, sua essência é totalmente destruída, mesmo se Aristóteles dá seu assentimento a essa concepção do coro. Esse deslocamento da posição do coro, que Sófocles recomendou, em todo caso, por sua prática e, segundo a tradição, até mesmo por um escrito, é o primeiro passo para o *aniquilamento* do coro, que prossegue em Eurípides, em Agatão e na comédia nova, em fases que se sucedem com rapidez aterrorizante. A *dialética* otimista, com o açoite de seus silogismos, expulsa a *música* da tragédia: isto é, destrói a essência da tragédia, que só se deixa interpretar como uma manifestação e figuração de estados dionisíacos, como simbolização visível da música, como o mundo sonhado por uma embriaguez dionisíaca.

Mesmo se temos de admitir, portanto, uma tendência antidionisíaca atuando já antes de Sócrates, e que somente neste ganha uma expressão de inaudita grandeza, não podemos recuar diante da questão para a qual aponta um fenômeno como o de Sócrates, que, diante dos diálogos platônicos, não estamos em condições de conceber apenas como uma potência negativa de dissolução. E se é certo que o efeito mais imediato do impulso socrático levava a uma desagregação da tragédia dionisíaca, há uma profunda experiência de vida do próprio Sócrates que nos obriga a perguntar se, entre o socratismo e a arte, há *necessariamente* apenas uma relação de antípodas e se o nascimento de um "Sócrates artista" é em si mesmo uma contradição.

Esse lógico despótico tinha, com efeito, aqui e ali, para com a arte, o sentimento de uma lacuna, de um vazio, de uma meia censura, de um dever talvez negligenciado. Muitas vezes lhe vinha, como ele conta na prisão a seus amigos, uma mesma visão de sonho, que sempre lhe dizia: "Sócrates, pratica a música!". Ele se tranquiliza até seus últimos dias com a opinião de que seu filosofar é a suprema arte das Musas e não consegue acreditar que uma divindade viesse lhe falar daquela "música comum, popular". Finalmente, na prisão, ele se decide, para aliviar inteiramente sua consciência, a praticar até mesmo aquela música que menosprezava. E nessa intenção compõe um hino a Apolo e põe em versos algumas fábulas de Esopo. Foi algo semelhante à voz de advertência do demônio que lhe impôs esses exercícios: foi sua compreensão apolínea de que ele, como um rei bárbaro, não entendia uma nobre imagem divina e estava em perigo de pecar contra a divindade — por desentendimento. Aquela palavra da visão socrática é o único indício de uma perplexidade quanto aos limites da natureza lógica: será — assim devia ele se perguntar — que o que eu não entendo nem por isso é ininteligível? Será que há um reino da verdade, de que o lógico está banido? Será que a arte é até mesmo um correlato e suplemento necessário da ciência?

16

[...] Como está a música para a imagem e o conceito? — Schopenhauer, em quem Richard Wagner reconhece, precisamente quanto a este ponto, uma clareza e transparência de expressão insuperáveis, manifesta-se sobre isso da maneira mais exaustiva na seguinte passagem, que aqui reproduzirei em toda a sua extensão (*Mundo como vontade e representação*, vol. I, p. 309):

"Em decorrência de tudo isso, podemos considerar o mundo fenomênico, ou a natureza, e a música, como duas expressões diferentes da mesma coisa, a qual, por sua vez, é portanto o único mediador da analogia de ambos, cujo conhecimento é requerido para ver aquela analogia. A música é, portanto, se considerada como expressão do mundo, uma linguagem universal em sumo grau, que até mesmo para a universalidade dos conceitos está mais ou menos como esta está para as coisas singulares. Sua universalidade, porém, não é de modo algum aquela universalidade vazia da abstração, mas é de espécie inteiramente outra, e está ligada a uma completa e clara determinidade. Equipara-se isto às figuras geométricas e aos números, que, como formas universais de todos os objetos possíveis da experiência e aplicáveis *a priori* a todos, não são no entanto abstratos, mas intuitivos e completamente determinados. Todos os possíveis esforços, emoções da vontade, tudo aquilo que se passa no interior do homem, e que a razão lança no amplo conceito negativo de sentimento, pode exprimir-se pelas infinitas melodias possíveis, mas sempre na universalidade da mera forma, sem o conteúdo, sempre segundo o em-si, nunca segundo o fenômeno, como que sua alma mais íntima, sem o corpo. A partir dessa íntima relação que a música tem com a essência verdadeira de todas as coisas, pode-se também explicar por que, quando soa uma música adequada a alguma cena, alguma ação, algum evento, alguma circunstância, esta nos parece abrir seu sentido mais secreto e se introduz como o mais correto e mais claro dos comentários: do mesmo modo que, para aquele que se abandona inteiramente ao impacto de uma sinfonia, é como se ele visse passar diante de si todos os possíveis eventos da vida e do mundo: contudo, quando presta atenção, não pode indicar nenhuma semelhança entre aquele jogo sonoro e as coisas que pairavam diante dele. Pois a música, como foi dito, difere de todas as outras artes por não ser cópia do fenômeno ou, mais corretamente, da objetividade adequada da vontade, mas cópia imediata da própria vontade e, portanto, apresenta, para tudo o que é físico no mundo, o correlato metafísico, para todo fenômeno a coisa em si. Poder-se-ia, portanto, denominar o mundo tanto música corporificada quanto vontade corporificada: a partir disso, pois, pode-se explicar por que a música logo faz aparecer toda pintura, e aliás toda cena da vida efetiva e do mundo, em significação mais elevada; e isso, sem dúvida, tanto mais quanto mais análoga é sua melodia ao espírito interior do fenômeno dado. É por isso que se pode associar à música um poema como canto, uma encenação intuitiva como pantomima, ou ambos como ópera. Tais imagens singulares da vida humana, associadas à linguagem universal da música, nunca estão ligadas a ela ou lhe correspondem com necessidade completa; estão para ela apenas na relação de um exemplo arbitrário para um conceito universal: expõem na determinidade do efetivo aquilo que a música enuncia na universalidade da mera forma. Pois as melodias são, em certa medida, como os conceitos universais, uma abstração da efetividade. Esta, com efeito, o mundo das coisas singulares, oferece o intuitivo, o particular e o individual, o caso singular, tanto para a universalidade dos conceitos quanto para a universalidade das melodias, universalidades estas que são ambas, sob certo aspecto, opostas entre si; enquanto os conceitos contêm somente as primeiras formas abstraídas da intuição, como que a casca exterior tirada das coisas, e portanto são, bem propriamente, abstrações, a música por sua vez dá o mais íntimo núcleo que precede toda formação, ou o coração das coisas. Essa relação se deixaria muito bem exprimir na linguagem dos escolásticos, se se dissesse: os conceitos são os *universalia post rem*, mas a música dá os *universalia ante rem* e a efetividade, os *universalia in re*. — Mas se em geral é possível uma referência entre uma composição e uma representação intuitiva, isso repousa, como foi dito, em que ambas são apenas expressões inteiramente diferentes da mesma essência interna do mundo. Ora, quando, no caso singular, uma tal referência existe efetivamente e, portanto, o compositor soube enunciar as emoções da vontade que constituem o núcleo de um acontecimento dado na linguagem universal da música: então a melodia da canção, a música da ópera é expressiva. A analogia encontrada pelo compositor entre ambas, porém, tem de proceder do conhecimento imediato da essência do mundo, sem que sua razão tenha consciência disso, e não pode, com uma intencionalidade consciente, ser imitação mediada por conceitos: do contrário, a música não enuncia a essência interna, a própria vontade; imita apenas, insuficientemente, seu fenômeno; como o faz toda música propriamente descritiva".

Assim, segundo a doutrina de Schopenhauer, entendemos imediatamente a música como a linguagem da vontade e sentimos nossa fantasia estimulada a dar forma àquele mundo espiritual que nos fala, invisível e no entanto tão vivo e móvel, e a corporificá-lo para nós em um exemplo analógico. Por outro lado, imagem e conceito, sob a ação de uma música verdadeiramente correspondente, chegam a uma significação aumentada. Duas sortes de efeitos costuma, pois, exercer a arte dionisíaca sobre a faculdade artística apolínea: a música incita a uma *intuição alegórica* da universalidade dionisíaca, a música, em seguida, faz aparecer a imagem alegórica *em sua mais alta significação*. A partir desses fatos, inteligíveis em si mesmos e que não são inacessíveis a nenhuma observação mais aprofundada, concluo a aptidão da música para gerar o *mito*, isto é, o mais significativo dos exemplos, e precisamente o mito *trágico*: o mito que fala do conhecimento dionisíaco em alegorias. Ao tratar do fenômeno do poeta lírico, mostrei como a música, no poeta lírico, tende a dar a conhecer sua essência em imagens apolíneas: se pensarmos agora que a música, em sua suprema intensidade, tem também de procurar chegar a uma suprema figuração, temos de considerar possível que ela saiba também encontrar a expressão simbólica para sua sabedoria propriamente dionisíaca; e onde haveremos de procurar essa expressão, senão na tragédia e, em geral, no conceito do *trágico*?

Da essência da arte, tal como costuma ser concebida, unicamente segundo a categoria da aparência e da beleza, o trágico, de maneira honesta, não pode ser deduzido; somente a partir do espírito da música entendemos uma alegria diante do aniquilamento do indivíduo. Pois somente nos exemplos singulares de tal aniquilamento fica claro, para nós, o fenômeno eterno da arte dionisíaca, que traz à expressão a vontade, em sua onipotência, como que por trás do *principium individuationis*, a vida eterna, para além de todo fenômeno e a despeito de todo aniquilamento. A alegria metafísica face ao trágico é uma transposição da sabedoria dionisíaca instintiva e inconsciente na linguagem da imagem: o herói, esse supremo fenômeno da vontade, é eliminado, para nosso prazer, porque, justamente, ele é apenas fenômeno, e a vida eterna da vontade não é tocada por seu aniquilamento. "Acreditamos na vida eterna", assim exclama a tragédia; enquanto a música é a ideia imediata dessa vida. Um alvo inteiramente diferente tem a arte plástica: aqui Apolo supera o sofrimento do indivíduo pela luminosa glorificação da *eternidade do fenômeno*, aqui a beleza triunfa sobre o sofrimento inerente à vida, a dor é, em certo sentido, mentirosamente afastada dos traços da natureza. Na arte dionisíaca e em seu simbolismo trágico, fala-nos a mesma natureza com sua voz verdadeira, sem disfarce: — "Sede como eu sou! Sob a incessante mudança dos fenômenos, a mãe primordial, eternamente criadora, que eternamente força a existir, que se regala eternamente com essa mudança de fenômenos!"

18

É um fenômeno eterno: a vontade ávida sempre encontra um meio, graças a uma ilusão espraiada sobre as coisas, para manter suas criaturas na vida e forçá-las a continuar a viver. Este é acorrentado pelo prazer socrático do conhecimento e pela ilusão de poder curar, com ele, a eterna ferida da existência, aquele é enredado pelo véu de beleza da arte que paira sedutor diante de seus olhos, aquele outro, por sua vez, pela consolação metafísica de que sob o torvelinho dos fenômenos a vida eterna continua a fluir indestrutível: para não falar das ilusões mais comuns e quase que ainda mais fortes que a vontade tem à sua disposição a cada instante. Aqueles três níveis de ilusão destinam-se apenas às naturezas mais nobremente dotadas, que sentem, em geral, a carga e o peso da existência com um desgosto mais profundo e que precisam ser iludidas com estimulantes seletos para superar esse desgosto. Desses estimulantes é constituído tudo aquilo que denominamos civilização: de acordo com as proporções das misturas, temos uma civilização predominantemente *socrática*, ou *artística* ou *trágica*; ou, se nos permitirem exemplificações históricas: ocorre uma civilização alexandrina, ou helênica ou hindu (bramânica).

Todo o nosso mundo moderno está preso na rede da civilização alexandrina e conhece como ideal o *homem teórico*, equipado com os máximos poderes de conhecimento, trabalhando a serviço da ciência, cujo protótipo e ancestral é Sócrates. Todos os nossos meios de educação têm em vista, primordialmente, esse ideal: todo outro modo de existência tem de lutar com esforço para se afirmar, mas acessoriamente, como existência permitida, mas não almejada. É em um sentido quase apavorante que aqui, por longo tempo, o homem culto só foi encontrado na forma do erudito; mesmo nossas artes poéticas tiveram de se desenvolver a partir de imitações eruditas, e na rima, seu recurso principal, reconhecemos ainda que nossa forma poética nasce de experimentos artificiais com uma linguagem não familiar, e bem propriamente erudita, ensinada. Como haveria de parecer ininteligível a um grego autêntico o moderno homem de cultura, em si mesmo inteligível, Fausto, esse Fausto que se precipita através de todas as faculdades, insatisfeito, que por sede de saber se entrega à magia e ao demônio, e que nos basta colocar ao lado de Sócrates, e compará-los, para reconhecer que o homem moderno começa a pressentir os limites daquele prazer socrático de conhecer e, do vasto e ermo mar do saber, aspira por terra firme. Goethe, ao dizer certa vez a Eckermann, referindo-se a Napoleão: "Sim, meu caro, há também uma produtividade dos atos", recordou-nos, com encantadora ingenuidade, que, para o homem moderno, o homem não teórico é algo inacreditável e assombroso, a tal ponto que é preciso a sabedoria de um Goethe para achar concebível, ou mesmo desculpável, uma forma de existência tão estranha.

E agora não devemos esconder aquilo que se esconde no seio dessa civilização socrática! O otimismo que se crê sem limites! Agora não devemos ficar apavorados se os frutos desse otimismo amadurecem, se a sociedade, azedada até as mais profundas camadas por uma civilização dessa espécie, estremece pouco a pouco sob exuberantes ebulições e apetites, se a crença na felicidade terrestre para todos, se a crença na possibilidade de uma tal civilização do saber universal pouco a pouco se transforma na ameaçadora exigência dessa felicidade terrestre alexandrina, na invocação de um *deus ex machina* euripidiano! Devemos notar: a civilização alexandrina precisa de uma casta de escravos para poder existir e durar: mas nega, em sua consideração otimista de existência, a necessidade de tal casta e, por isso, quando o efeito de suas belas palavras de sedução e apaziguamento sobre a "dignidade do homem" e a "dignidade do trabalho" estiver gasto, irá pouco a pouco ao encontro de um horrível aniquilamento. Não há nada mais terrível do que uma casta bárbara de escravos que aprendeu a considerar sua existência como uma injustiça e que prepara a vingança, não só por si mesma, mas por todas as gerações. Quem ousa, diante de tais tempestades ameaçadoras, fazer apelo, com ânimo seguro, às nossas pálidas e cansadas religiões, que até mesmo em seus fundamentos degeneraram em religiões de eruditos: a tal ponto que o mito, pressuposto necessário de toda religião, já está, por toda parte, aleijado, e mesmo nesse domínio reina aquele espírito otimista que acabamos de designar como o germe de aniquilamento de nossa sociedade.

Enquanto a desgraça que cochila no seio da cultura teórica começa pouco a pouco a amedrontar o homem moderno, e ele, intranquilo, procura, no tesouro de suas experiências, meios para afastar o perigo, sem mesmo acreditar muito nesses meios; enquanto, pois, ele começa a pressentir suas próprias consequências, que naturezas superiores, dotadas para o universal, souberam, com inacreditável lucidez, utilizar o arsenal da própria ciência para demonstrar os limites e a condicionalidade do conhecer em geral e, com isso, negar decisivamente a pretensão da ciência à validez universal e a fins universais: demonstração esta em que, pela primeira vez, foi reconhecida como ilusória aquela representação que, levada pela mão da causalidade, tem a pretensão de poder sondar a essência mais íntima das coisas. A audácia e a sabedoria descomunais de *Kant* e *Schopenhauer* conquistaram a mais difícil das vitórias, a vitória sobre o otimismo que está escondido na essência da lógica e que, por sua vez, é o fundamento de nossa civilização. Se este, apoiado nas *aeternae veritates*, para ele indubitáveis, havia acreditado que todos os enigmas do mundo podem ser conhecidos e sondados, e havia tratado o tempo, o espaço e a causalidade como leis totalmente incondicionadas, dotadas da mais universal das validades, Kant revelou como estes propriamente serviam apenas para erigir o mero fenômeno, a obra de Maia, em única e suprema realidade, pô-la no lugar da essência íntima e verdadeira das coisas e, com isso, tornar impossível o conhecimento efetivo desta, isto é, segundo a sentença de Schopenhauer, para adormecer ainda mais profundamente o sonhador (*Mundo como vontade e representação*, vol. I, p. 498). Com esse conhecimento, é iniciada uma civilização, que eu ouso designar como trágica: cujo caráter mais importante é colocar no lugar da ciência, como alvo supremo, a sabedoria, que, sem se deixar enganar pelas digressões sedutoras das ciências, volta-se com olhar impassível para o panorama total do mundo e procura, com amorosa simpatia, assumir o sofrimento eterno como seu próprio sofrimento. [...]

24

Entre os efeitos artísticos específicos da tragédia musical, destacamos uma *ilusão* apolínea, que deve salvar-nos da identificação imediata com a música dionisíaca, enquanto nossa emoção musical pode descarregar-se em um território apolíneo e em um mundo intermediário visível que se intercala. Na ocasião, acreditamos ter observado como, justamente por essa descarga, aquele mundo intermediário do evento cênico, o drama em geral, se tornava visível e compreensível de dentro para fora, em um grau que é inalcançável a todo o restante da arte apolínea: de tal modo que aqui, onde esta era como que alçada e transportada pelo espírito da música, tínhamos de reconhecer a suprema intensificação de suas forças e, com isso, nessa aliança fraterna de Apolo e Dioniso, o ápice das finalidades artísticas apolíneas, assim como das dionisíacas.

É certo que a imagem luminosa apolínea, ao ser iluminada interiormente pela música, não alcançava o efeito específico do grau mais fraco da arte apolínea; e aquilo de que são capazes a epopeia ou a pedra espiritualizada, forçar o olho que contempla àquela tranquila fascinação diante do mundo da *individuatio*, não havia como alcançá-lo aqui, a despeito de uma espiritualidade e nitidez superiores. Contemplávamos o drama e penetrávamos com olhar perfurante em seu mundo interno e móvel de motivos — e no entanto, para nós, era como se apenas passasse diante de nós uma imagem alegórica, cujo sentido mais profundo acreditávamos quase adivinhar e que desejaríamos abrir como uma cortina, para avistar atrás dela o protótipo. A mais luminosa nitidez da imagem não nos bastava; pois esta parecia tanto revelar algo quanto encobri-lo; e enquanto, com sua revelação alegórica, parecia convidar ao dilaceramento do véu, à descoberta do fundo secreto, precisamente essa evidência translúcida mantinha o olho cativo e o impedia de penetrar mais fundo.

Quem não viveu isto, ter de olhar e ao mesmo tempo aspirar a ir além de olhar, dificilmente se representará com que precisão e clareza esses dois processos, na consideração do mito trágico, subsistem lado a lado e são sentidos lado a lado; enquanto o verdadeiro espectador estético me confirmará que, entre os efeitos específicos da tragédia, esse lado a lado é o mais notável. Transponha-se agora esse fenômeno do espectador estético para um processo análogo no artista trágico, e se terá entendido a gênese do *mito trágico*. Ele partilha com a esfera artística apolínea o pleno prazer com a aparência e a contemplação e, ao mesmo tempo, nega esse prazer e tem uma satisfação ainda mais alta com o aniquilamento do mundo visível das aparências. O conteúdo do mito trágico é, à primeira vista, um acontecimento épico, com a glorificação do herói combatente: de onde provém, então, aquele traço, em si enigmático, de que o sofrimento no destino do herói, as mais dolorosas provações, as mais torturantes oposições de motivos, em suma, a exemplificação daquela sabedoria de Sileno, ou, para exprimi-lo esteticamente, o feio e o desarmonioso, é sempre apresentado de novo, em tão inúmeras formas, com tal predileção, e isso precisamente na idade mais exuberante e mais juvenil de um povo — se precisamente nisso tudo não for percebido um prazer superior?

Pois, se efetivamente na vida as coisas se passam tão tragicamente, isso é o que menos explicaria o surgimento de uma forma artística; de resto, a arte não é somente imitação da efetividade natural, mas precisamente um suplemento metafísico da efetividade natural, colocado ao lado desta para sua superação. O mito trágico, na medida em que pertence à arte, também participa plenamente dessa intenção metafísica de transfiguração que é própria da arte em geral: o que ele transfigura, porém, quando exibe o mundo fenomênico na imagem do herói sofredor? A "realidade" desse mundo fenomênico é que não, pois ele nos diz precisamente: "Vede! Vede bem! Esta é vossa vida! Este é o ponteiro de horas no relógio de vossa existência!".

E essa vida, o mito a mostraria, para com isso transfigurá-la diante de nós? Mas se não é isso, onde está então o prazer estético, com que vemos passar diante de nós até mesmo aquelas imagens? Pergunto pelo prazer estético, e sei muito bem que muitas dessas imagem podem, além disso, engendrar ainda um deleite moral, eventualmente sob a forma da compaixão ou de um triunfo ético. Mas quem quisesse deduzir o efeito do trágico somente a partir dessas fonte morais, como sem dúvida foi costumeiro na estética por um tempo longo demais, só não deve acreditar ter feito com isso algo pela arte: a qual, antes de tudo, tem de exigir pureza em seu domínio. Para a explicação do mito trágico, a primeira exigência é, precisamente, procurar o prazer que lhe é próprio na esfera puramente estética, sem extrapolar para o território da compaixão, do medo, do sublime ético. Como podem o feio e o desarmonioso, o conteúdo do mito trágico, suscitar um prazer estético?

Ora, aqui é preciso, com um lance audacioso, alçar-nos a uma metafísica da arte, repetindo minha proposição anterior de que somente como um fenômeno estético a existência e o mundo aparecem legitimados: sentido este em que precisamente o mito trágico tem de convencer-nos de que mesmo o feio e o desarmonioso são um jogo artístico que a vontade, na eterna plenitude de seu prazer, joga consigo mesma. Este fenômeno primordial, difícil de captar, da arte dionisíaca, só é diretamente apreendido, de maneira inteligível e imediata, na significação admirável da *dissonância musical*: assim como somente a música, colocada ao lado do mundo, pode dar um conceito daquilo que se deve entender por legitimação do mundo como fenômeno estético. O prazer que o mito trágico engendra tem a mesma pátria que a alegre sensação da dissonância na música. O dionisíaco, com seu prazer primordial, percebido até mesmo na dor, é a matriz comum de que nascem a música e o mito trágico.

Não poderia ser que, ao tomarmos em auxílio a relação musical da dissonância, facilitamos essencialmente aquele difícil problema do efeito trágico? Sim, entendemos agora o que quer dizer, na tragédia, querer olhar e ao mesmo tempo aspirar a ir além do olhar, estado este que, no tocante à dissonância empregada artisticamente, teríamos de caracterizar do mesmo modo: queremos ouvir e ao mesmo tempo aspiramos a ir além do ouvir. Aquela aspiração pelo infinito, o bater de asas da nostalgia, por ocasião do supremo prazer diante da efetividade claramente percebida, recordam que em ambos os estados devemos reconhecer um fenômeno dionisíaco, que nos revela sempre de novo o construir e o demolir lúdicos do mundo individual como a efusão de um prazer primordial, de maneira semelhante a como Heráclito, o Obscuro compara a força formadora do mundo a uma criança que ludicamente põe pedras para cá e para lá, e faz montes de areia e os desmantela.

Assim, para apreciar corretamente a aptidão dionisíaca de um povo, pode ser que tenhamos de pensar não somente na música do povo, mas, com a mesma necessidade, no mito trágico desse povo, como o segundo testemunho dessa aptidão. E, dado esse estreito parentesco entre música e mito, é de se supor, do mesmo modo, que a uma degenerescência ou depravação deste estará ligada uma atrofia daquela; de resto, no enfraquecimento do mito em geral se exprime uma debilitação da faculdade dionisíaca. Mas, sobre esses dois pontos, um olhar lançado ao desenvolvimento da essência alemã não poderia deixar dúvida: na ópera como no caráter abstrato de nossa existência desprovida de mito, em uma arte decaída à condição de entretenimento como em uma vida guiada pelo conceito, havia-se revelado a nós aquela natureza, tão inartística como consumidora da vida, do otimismo socrático. Para nosso consolo, porém, havia sinais de que, apesar disso, o espírito alemão, intacto em sua esplêndida saúde, profundidade e força dionisíaca, como um cavaleiro mergulhado no som, repousa e sonha em um abismo inacessível: abismo de onde se eleva até nós a canção dionisíaca, para nos dar a entender que esse cavaleiro alemão sonha, ainda agora, seu mito dionisíaco ancestral, em visões sérias e venturosas. Que ninguém acredite que o espírito alemão perdeu para sempre sua pátria mítica, se ele ainda entende tão bem as vozes de pássaros que lhe falam dessa pátria. Um dia ele estará desperto, em todo o frescor matinal de um sono imenso: então matará dragões, aniquilará os anões pérfidos e despertará Brunilda — e nem mesmo a lança de Wotan poderá barrar o seu caminho!

Meus amigos, vocês, que acreditam na música dionisíaca, sabem o que significa para nós a tragédia. Nela, renascidos da música, temos o mito trágico — e nele vocês podem ter todas as esperanças e esquecer o mais doloroso! E o mais doloroso é para todos nós... o longo aviltamento sob o qual o gênio alemão, tornado estrangeiro em sua casa e em sua pátria, viveu a serviço de anões pérfidos. Vocês entendem estas palavras — assim como entenderão também, por fim, minhas esperanças.

NIETZSCHE COMENTA
O NASCIMENTO DA TRAGÉDIA

ECCE HOMO, "O NASCIMENTO DA TRAGÉDIA", 1888

1

Para ser justo com *O nascimento da tragédia* (1872), será preciso esquecer certas coisas. Ele *surtiu efeito* e mesmo fascinou pelo que nele era defeito — por sua aplicação ao *wagnerismo*, como se este fosse um sintoma de *começo*. Esse escrito foi, por isso mesmo, na vida de Wagner, um acontecimento: foi desde então que puseram grandes esperanças no nome Wagner. Ainda hoje, em meio às circunstâncias provenientes do *Parsifal*, me lembram que sou *eu* propriamente o responsável, se uma tão alta opinião sobre o *valor cultural* desse movimento prevaleceu. — Encontrei esse escrito várias vezes citado como "o *re*-nascimento da tragédia no espírito da música": só tiveram ouvidos para uma nova fórmula da arte, do propósito, da missão de Wagner — com isso, deixaram de ouvir o que o escrito guardava de valioso, no fundo. "Helenidade e pessimismo": esse teria sido um título mais inequívoco, visto que é a primeira lição sobre como os gregos levaram a cabo o pessimismo — e com isso o *superaram*... A tragédia é precisamente a prova de que os gregos *não* eram pessimistas; Schopenhauer enganou-se aqui, como se enganou em tudo. — Tomado em mãos com alguma neutralidade, *O nascimento da tragédia* parece muito extemporâneo: ninguém sequer sonharia que ele foi *iniciado* sob os estrondos da batalha de Wörth. Meditei nesses problemas diante dos muros de Metz, em frias noites de setembro, em meio ao serviço de cuidar dos doentes; em vez disso, já se poderia acreditar que o escrito é cinquenta anos mais velho. Ele é politicamente indiferente — "não alemão", como se diria hoje —, cheira chocantemente a hegelianismo e somente em algumas fórmulas está impregnado do fúnebre perfume de Schopenhauer. Uma "ideia" — a oposição entre dionisíaco e apolíneo — traduzida para o metafísico; a própria história como desenvolvimento dessa "ideia"; na tragédia, a oposição relevada em unidade; sob essa ótica, coisas que nunca antes se olharam de frente colocadas subitamente face a face, iluminadas uma pela outra e *concebidas*... a ópera, por exemplo, e a revolução... As duas *inovações* decisivas do livro são, primeiramente, o entendimento do fenômeno *dionisíaco* entre os gregos — ele dá a primeira psicologia deste, vê nele a raiz única de toda a arte grega. A outra é o entendimento do socratismo: Sócrates como instrumento da dissolução grega, reconhecido pela primeira vez como típico *décadent*. "Racionalidade" *contra* instinto. A "racionalidade" a todo preço como potência perigosa, como potência que solapa a vida! — Profundo silêncio hostil sobre o cristianismo no livro inteiro. O cristianismo não é apolíneo nem dionisíaco; *nega todos os valores estéticos* — os únicos valores que *O nascimento da tragédia* reconhece: é niilista no sentido mais profundo, enquanto no símbolo dionisíaco é alcançado o extremo limite da *afirmação*. Uma vez é feita alusão aos padres cristãos, como uma "pérfida espécie de anões", de "subterrâneos". [...]

2

Esse início é notável, acima de todas as medidas. Eu havia *descoberto*, para minha experiência mais íntima, o único símbolo e o único par que a história tem — com isso, havia sido o primeiro a compreender o maravilhoso fenômeno do dionisíaco. Do mesmo modo, haver reconhecido Sócrates como *décadent* era uma prova totalmente inequívoca do quão pouco minha compreensão psicológica corre perigo da parte de alguma idiossincrasia moral: — a própria moral como sintoma de *décadence* é uma inovação, uma singularidade de primeira ordem na história do conhecimento. A que altura eu havia, com esses dois pontos, saltado além da deplorável tagarelice de cabeças ocas sobre otimismo *versus* pessimismo! Eu fui o primeiro que viu a verdadeira oposição: — o instinto *degenerado*, que se volta contra a vida com subterrânea sede de vingança (— cristianismo, a filosofia de Schopenhauer, em certo sentido já a filosofia de Platão, o idealismo inteiro, como formas típicas), e, nascida da plenitude, da abundância, uma fórmula da *suprema afirmação*, um dizer-sim sem reserva, mesmo ao sofrimento, mesmo à culpa, mesmo a tudo o que é problemático e estranho na existência... Este último sim à vida, o mais alegre, o mais efusivamente arrogante, não é somente a visão mais alta, é também a *mais profunda*, a mais rigorosamente confirmada e sustentada pela verdade e pela ciência. Nada do que é deve ser excluído, nada é dispensável — os lados da existência recusados pelos cristãos e outros niilistas são até mesmo de ordem infinitamente superior, na hierarquia dos valores, do que tudo o que o instinto de *décadence* poderia aprovar, *chamar de bom*.[1] Para compreender isso, é preciso *coragem* e, como sua condição, um excedente de *força*: pois é precisamente até onde a coragem *pode* ousar avançar, precisamente na medida da força, que nos aproximamos da verdade. O conhecimento, o dizer-sim à realidade, é para os fortes uma necessidade, tal como para os fracos, sob a inspiração da fraqueza, a covardia e a fuga da realidade — o "ideal"... Eles não têm a liberdade de conhecer: os *décadents*

---

[1] *Gutheissen, gut heissen* — Aqui a tradução não tem recurso para reconstituir o jogo de palavras do texto, que consiste em chamar a atenção para o sentido esquecido da palavra *gutheissen* — que costuma ser tomada simplesmente como sinônima de *billigen* (aprovar) — separando seus componentes: *gut* e *heissen*. (N.T.)

precisam da mentira — ela é uma de suas condições de conservação. — Quem não só compreende a palavra "dionisíaco", mas *se* compreende na palavra "dionisíaco", não precisa de nenhuma refutação de Platão ou do cristianismo ou de Schopenhauer — *sente o cheiro da decomposição...*

3

Em que medida encontrei com isso o conceito de "trágico", o conhecimento final sobre o que é a psicologia da tragédia, eu o exprimi, por último, ainda em *O crepúsculo dos ídolos*,[2] p. 139: "O dizer-sim à vida, até mesmo em seus problemas mais estranhos e mais duros, a *vontade* de vida, alegrando-se no *sacrifício* de seus tipos mais superiores à sua própria inexauribilidade — foi *isso* que denominei dionisíaco, foi isso que entendi como ponte para a psicologia do poeta *trágico*. *Não* para desvencilhar-se do pavor e da compaixão, não para purificar-se de uma afecção perigosa por uma descarga veemente — assim o mal-entendeu Aristóteles —, mas para, além do pavor e da compaixão, *ser ele mesmo* o eterno prazer do vir-a-ser — esse prazer que encerra em si até mesmo o prazer pelo *aniquilamento...*".[3] Nesse sentido, tenho o direito de entender-me como o primeiro *filósofo trágico* — isto é, o extremo oposto e o antípoda de um filósofo pessimista. Antes de mim, não há essa transposição do dionisíaco em um *páthos* filosófico: falta a *sabedoria trágica* — procurei em vão por indícios dela mesmo nos *grandes* gregos da filosofia, os dos dois séculos antes de Sócrates. Restou-me uma dúvida quanto a *Heráclito*, em cuja proximidade me sinto mais aquecido, sinto mais bem-estar do que em qualquer outra parte. A afirmação do perecimento e do *aniquilamento*, o que é decisivo em uma filosofia dionisíaca, o dizer-sim à contradição e à guerra, o *vir-a-ser*, com radical recusa até mesmo do conceito de "ser" — nisso tenho de reconhecer, sob todas as circunstâncias, o mais aparentado a mim que até agora foi pensado. A doutrina do "eterno retorno", isto é, da translação incondicionada *e* infinitamente repetida de todas as coisas — essa doutrina de Zaratustra *poderia*, afinal, já ter sido ensinada também por Heráclito. Pelo menos o estoicismo, que herdou de Heráclito quase todas as suas representações fundamentais, tem vestígios dela.

4

Nesse escrito, fala uma descomunal esperança. Afinal, falta-me qualquer fundamento para renegar a esperança de um futuro dionisíaco da música. Lancemos um olhar há um século atrás, ponhamos o caso de que tenha êxito

---

[2] *O crepúsculo dos ídolos*, "O que devo aos antigos", 5, edição Kröner, vol. v, p. 106. (N.T.)
[3] Citando seu próprio texto, Nietzsche o altera ligeiramente. Em *O crepúsculo dos ídolos*, ele havia escrito: "[...] Foi isso que *adivinhei* como ponte para a psicologia do poeta trágico [...]" e "[...] Assim o *entendeu* Aristóteles [...]". (N.T.)

meu atentado contra dois milênios de antinatureza e violação do homem. Esse novo partido da vida, que toma em mãos a maior de todas as tarefas, o cultivo superior da humanidade, incluindo nisso o aniquilamento implacável de tudo o que é degenerado e parasitário, tornará possível outra vez sobre a Terra aquela *demasia de vida*, da qual também o estado dionisíaco terá de brotar outra vez. Prometo uma época *trágica*: a arte mais alta no dizer-sim à vida, a tragédia, renascerá quando a humanidade tiver atrás de si a consciência da mais dura, mas da mais necessária das guerras, *sem sofrer com isso*... Um psicólogo poderia ainda acrescentar que aquilo que ouvi nos anos da mocidade na música wagneriana simplesmente nada tem que ver com Wagner; que, se descrevi a música dionisíaca, descrevi *aquilo* que *eu* ouvira — que instintivamente eu tinha de traduzir e transfigurar tudo no novo espírito que trazia em mim. A prova disso, *forte como somente uma prova pode ser*, é meu escrito *Wagner em Bayreuth*:[4] em todas as passagens psicologicamente decisivas, trata-se apenas de mim — poderiam colocar sem a menor cerimônia meu nome ou a palavra "Zaratustra" onde o texto traz a palavra Wagner. A imagem toda do artista *ditirâmbico* é a imagem do poeta *preexistente* de Zaratustra, delineada com abissal profundeza e sem tocar um instante sequer a realidade wagneriana. O próprio Wagner tinha uma noção disso; não se reconheceu no escrito. — Do mesmo modo, "o pensamento de Bayreuth" havia-se convertido em algo que, para os leitores de meu Zaratustra, não será um conceito-enigma: naquele *grande meio-dia* em que os mais seletos se consagram à maior de todas as tarefas — quem sabe? — A visão de uma festa, que eu ainda viverei... O *páthos* das primeiras páginas é o da história universal; o *olhar* de que se trata na sétima página é propriamente o olhar de Zaratustra; Wagner, Bayreuth, toda a deplorável mesquinharia alemã é uma nuvem em que se espelha uma infinita *fata Morgana* do futuro. Mesmo psicologicamente, todos os traços decisivos de minha própria natureza estão inscritos na de Wagner — o lado a lado das forças mais luminosas e das mais fatais, a vontade de potência como nunca um homem a possuiu, a audácia sem cerimônia no espiritual, a ilimitada força de aprender, sem que a vontade de ação fosse esmagada com isso. Tudo nesse escrito é prenúncio: a proximidade do retorno do espírito grego, a necessidade de *anti-Alexandres*, que atem outra vez o nó górdio da civilização grega, depois que ele foi desfeito... Ouça-se o acento de história universal com que, na página 30 (final do segundo parágrafo)[5] é introdu-

---

4 Refere-se à quarta das *Considerações extemporâneas*. (N.T.)
5 Edição Kröner, vol. I, p. 56 (N.T.); *Kritische Studienausgabe* (Berlim: De Gruyter, a partir de 1980; doravante KSA), vol. I, pp. 33 e seguintes. (N.E.)

zido o conceito de "sentimento trágico": só há acentos de história universal nesse escrito. Essa é a mais estranha "objetividade" que pode haver: a certeza absoluta quanto ao que eu *sou* projetava-se sobre alguma realidade contingente — a verdade sobre mim falava de uma arrepiante profundeza. Na página 71 (início do nono parágrafo),⁶ o *estilo* de Zaratustra é descrito e antecipado com incisiva segurança; e jamais se encontrará uma expressão mais grandiosa para o *acontecimento* Zaratustra, o ato de uma descomunal purificação e sagração da humanidade, do que aquela que foi encontrada às páginas 43-46 (sexto parágrafo).⁷

A VONTADE DE POTÊNCIA, 1888, § 853

I

A concepção da obra, com que se depara no fundo desse livro, é singularmente sombria e desagradável: entre os tipos de pessimismo conhecidos até agora, nenhum parece ter alcançado esse grau de malignidade. Falta aqui uma oposição entre um mundo verdadeiro e um mundo aparente: há somente um mundo, e este é falso, cruel, contraditório, enganoso, sem sentido... Um tal mundo é o mundo verdadeiro. *Precisamos da mentira* para triunfar sobre essa realidade, essa "verdade", isto é, para viver... Se a mentira é necessária para viver, até isso faz parte desse caráter terrível e problemático da existência.

A metafísica, a moral, a religião, a ciência — são tomadas em consideração nesse livro apenas como diferentes formas da mentira: com seu auxílio, *acredita-se* na vida. "A vida deve infundir confiança": o problema, assim colocado, é descomunal. Para resolvê-lo, o homem tem de ser mentiroso já por natureza, precisa, mais do que qualquer outra coisa, ser *artista*. E ele o *é*: metafísica, religião, moral, ciência — tudo isso são rebentos de sua vontade de arte, de mentira, de fuga da "verdade". A própria faculdade graças à qual a realidade é violentada pela mentira, essa faculdade-artista do homem *par excellence* — ele ainda a tem em comum com tudo o que é. Ele mesmo é, por certo, um pedaço de efetividade, verdade, natureza: como não haveria de ser também um pedaço de *gênio da mentira*!

Que o caráter da existência seja *ignorado* — a mais profunda e mais alta intenção secreta, que está por trás de tudo o que é virtude, ciência, devoção,

---

6 Edição Kröner, vol. I, p. 91 (N.T.); *KSA*, vol. I, pp. 64 e seguintes. (N.E.)
7 Edição Kröner, vol. I, pp. 72 a 76 (N.T.); *KSA*, vol. I, pp. 48 e seguintes. (N.E.)

índole artística. Muito nunca ver, muito ver falsamente, muito ver a mais: oh, como ainda se é esperto, em estados em que se está tão longe de se tomar por esperto! O amor, o entusiasmo, "Deus" — puros refinamentos do último dos autoenganos, puro aliciamento à vida, pura crença na vida! Em instantes em que o homem se tornou o enganado, em que ele se enredou em seu próprio ardil, em que ele acredita na vida: oh, como ela cresce nele! Que deleite! Que sentimento de potência! Quanto triunfo de artista no sentimento da potência!... O homem tornou-se outra vez senhor sobre a "matéria" — senhor sobre a verdade!... E sempre que o homem se alegra, ele é sempre o mesmo em sua alegria: alegra-se como artista, frui de si mesmo como potência, frui da mentira como sua potência.

II

A arte e nada mais que a arte! Ela é a grande possibilitadora da vida, a grande aliciadora da vida, o grande estimulante da vida.

A arte como única força superior contraposta a toda vontade de negação da vida, como o anticristão, o antibudista, o antiniilista *par excellence*.

A arte como a *redenção do que conhece* — daquele que vê o caráter terrível e problemático da existência, que quer vê-lo, do conhecedor trágico.

A arte como a *redenção do que age* — daquele que não somente vê o caráter terrível e problemático da existência, mas o vive, quer vivê-lo, do guerreiro trágico, do herói.

A arte como a *redenção do que sofre* — como via de acesso a estados onde o sofrimento é querido, transfigurado, divinizado, onde o sofrimento é uma forma de grande delícia.

III

Vê-se que nesse livro o pessimismo, digamos mais claramente: o niilismo, é tomado como a "verdade". Mas a verdade não é tomada como critério mais alto de valor, e menos ainda como potência mais alta. A vontade de aparência, de ilusão, de engano, de vir-a-ser e mudar (de engano objetivado), é tomada aqui como mais profunda, mais originária, mais "metafísica" do que a vontade de verdade, de efetividade, de aparência: mesmo esta última é meramente uma forma da vontade de ilusão. Do mesmo modo, o prazer é tomado como mais originário do que a dor: a dor somente como condicionada, como um fenômeno que decorre da vontade de prazer (da vontade de vir-a-ser, crescer, dar forma, isto é, de *criar*: e no criar está incluído o destruir). É concebido um estado supremo de afirmação da existência, do qual nem mesmo a suprema dor pode ser excluída: o estado trágico-dionisíaco.

IV

Esse livro é, dessa forma, até mesmo antipessimista: ou seja, no sentido em que ensina algo que é mais forte do que o pessimismo, que é mais "divino" do que a verdade: a *arte*. Ninguém, ao que parece, diria a palavra de uma negação mais radical da vida, de um dizer-não, mais ainda, de um efetivo *fazer*-não à vida, com mais seriedade do que o autor desse livro. Só que ele sabe — ele o viveu, e talvez não tenha vivido nada outro! — que a arte tem *mais valor* do que a verdade.

Já no prefácio, em que Richard Wagner é convidado como para um diálogo, aparece esta profissão de fé, este evangelho de artista: "A arte como a tarefa própria da vida, a arte como sua atividade *metafísica*...".[8]

---

8 *Nachgelassene Fragmente*, ed. G. Colli e M. Montinari, 1888, 17 [3]. (N.E.)

A FILOSOFIA NA ÉPOCA TRÁGICA DOS GREGOS
1873

1

[...] É certo que se empenharam em apontar o quanto os gregos poderiam encontrar e aprender no estrangeiro, no Oriente, e quantas coisas, de fato, trouxeram de lá. Era, sem dúvida, um espetáculo curioso, quando colocavam lado a lado os pretensos mestres do Oriente e os possíveis alunos da Grécia e exibiam agora Zoroastro ao lado de Heráclito, os hindus ao lado dos eleatas, os egípcios ao lado de Empédocles, ou até mesmo Anaxágoras entre os judeus e Pitágoras entre os chineses. No particular, pouca coisa ficou resolvida; mas já a ideia geral, nós a aceitaríamos de bom grado, contanto que não nos viessem com a conclusão de que a filosofia, com isso, germinou na Grécia apenas como importada e não de um solo natural doméstico, e até mesmo que ela, como algo alheio, antes arruinou do que beneficiou aos gregos. Nada é mais tolo do que atribuir aos gregos uma cultura autóctone: pelo contrário, eles sorveram toda a cultura viva de outros povos e, se foram tão longe, é precisamente porque sabiam retomar a lança onde um outro povo a abandonou para arremessá-la mais longe. São admiráveis na arte do aprendizado fecundo, e assim como eles *devemos* aprender de nossos vizinhos, usando o aprendido para a vida, não para o conhecimento erudito, como esteios sobre os quais lançar-se alto, e mais alto do que o vizinho. As perguntas pelos inícios da filosofia são completamente indiferentes, pois por toda parte o início é o tosco, o amorfo, o vazio e o feio, e em todas as coisas somente os níveis superiores merecem consideração. Quem, em lugar da filosofia grega, prefere dedicar-se à egípcia ou persa, porque essas são talvez mais "originais" e, em todo caso, mais antigas, procede com tanta desatenção quanto aqueles que não podiam contentar-se com a mitologia grega, tão esplêndida e profunda, enquanto não a reduziram a trivialidades físicas, sol, relâmpago, tempestade e nuvem, como seus primórdios, e que, por exemplo, pensam ter reencontrado na limitada adoração de uma única abóbada celeste, nos outros indo-germânicos, uma forma de religião mais pura do que a politeísta dos gregos. O caminho em direção aos inícios leva por toda parte à barbárie; e quem se dedica aos gregos deve sempre ter presente que o impulso de saber, sem freios, é em si mesmo, em todos os tempos, tão bárbaro quanto o ódio ao saber, e que os gregos, por consideração à vida, por uma ideal necessidade de vida, refrearam seu impulso de saber, em si insaciável—porque aquilo que eles aprendiam queriam logo viver. Os gregos filosofaram também como homens civilizados e com os alvos da civilização e, por isso, pouparam-se de inventar mais uma vez, por alguma presunção autóctone, os elementos da filosofia e da ciência, mas partiram logo para cumprir, aumentar, elevar e purificar esses elementos adquiridos, de tal modo que somente agora, em um sentido superior e em uma esfera mais pura, tornaram-se inventores. Ou seja, inventaram a *cabeça filosófica típica*, e a posteridade inteira nada mais inventou de essencial a acrescentar. [...]

2

[...] Um tempo que sofre da assim chamada cultura geral, mas sem civilização e sem nenhuma unidade de estilo em sua vida, não saberia fazer nada de correto com a filosofia, ainda que ela fosse proclamada pelo gênio da verdade em pessoa nas ruas e nas feiras. Em tal tempo, ela permanece monólogo erudito do passeador solitário, presa fortuita do indivíduo, oculto segredo de gabinete ou inofensiva tagarelice entre anciãos acadêmicos e crianças. Ninguém pode ousar cumprir a lei da filosofia em si mesmo, ninguém vive filosoficamente, com aquela lealdade simples que obrigava um antigo, onde quer que estivesse, o que quer que fizesse, a portar-se como estoico, caso tivesse uma vez jurado fidelidade ao Pórtico. Todo filosofar moderno está política e policialmente limitado à aparência erudita, por governos, igrejas, academias, costumes, modas, covardias dos homens: ele permanece no suspiro: "mas se...", ou no reconhecimento: "era uma vez...". A filosofia não tem direitos; por isso o homem moderno, se pelo menos fosse corajoso e consciencioso, teria de repudiá-la e bani-la, talvez com palavras semelhantes às com que Platão expulsou os poetas trágicos de seu Estado. Sem dúvida, restaria a ela uma réplica, como também restou àqueles poetas trágicos uma réplica contra Platão. Ela poderia talvez, se a obrigassem a falar, dizer: "Povo miserável! É culpa minha se em vosso meio vagueio como uma cigana pelos campos e tenho de me esconder e disfarçar, como se fosse eu a pecadora e vós meus juízes? Vede minha irmã, a arte! Ela está como eu: caímos entre bárbaros e não sabemos mais nos salvar. Aqui nos falta, é verdade, justa causa: mas os juízes diante dos quais encontraremos justiça têm também jurisdição sobre vós e vos dirão:— Tende antes uma civilização, e então ficareis sabendo vós também o que a filosofia quer e pode".

3

[...] Contraposto a esse filosofar obscuramente alegórico, que mal se deixa traduzir em imagens visuais, Tales é um mestre criador que, sem fabulação fantástica, começou a ver a natureza em suas profundezas. Se para isso serviu-se da ciência e do demonstrável, mas logo saltou além deles, isso é igualmente um caráter típico da cabeça filosófica. A palavra grega que designa o "sábio" prende-se etimologicamente a *sapio*, eu saboreio, *sapiens*, o degustador, *sisyphos*, o homem do gosto mais apurado; um apurado degustar e escolher, um significativo discernimento constitui, pois, segundo a consciência do povo, a arte própria do filósofo. Este não é prudente, se chamamos de prudente àquele que, em seus assuntos próprios, sabe distinguir o bem.

Aristóteles tem razão ao dizer: "Aquilo que Tales e Anaxágoras sabem será chamado de insólito, assombroso, difícil, divino, mas inútil, pois não se importavam com os bens humanos". Ao eleger e discriminar assim o insólito, assombroso, difícil, divino, a filosofia marca o limite que a separa da ciência, assim como, ao preferir o inútil, marca o limite que a separa da prudência. A ciência, sem essa discriminação, sem esse refinamento do gosto, precipita-se sobre tudo o que é possível saber, na cega avidez de querer conhecer a todo preço; o pensar filosófico, ao contrário, está sempre no rastro das coisas dignas de serem sabidas, dos conhecimentos grandes e importantes. Ora, o conceito de grandeza é mutável, tanto no domínio moral quanto no estético: assim, a filosofia começa com uma legislação sobre a grandeza, traz consigo uma doação de nomes. "Isto é grande", diz ela, e com isso eleva o homem acima da avidez cega, desenfreada, de seu impulso ao conhecimento. Pelo conceito de grandeza, ela refreia esse impulso: ainda mais por considerar o conhecimento máximo, da essência e da medula das coisas, como alcançável e alcançado. Quando Tales diz: "Tudo é água", o homem estremece e ergue-se do tatear e do rastejar vermiformes das ciências isoladas, pressente a solução última das coisas e, com esse pressentimento, supera o acanhamento comum dos graus inferiores de conhecimento. O filósofo busca fazer ressoar em si mesmo o clangor total do mundo e tirá-lo de si para expô-lo em conceitos; enquanto é contemplativo como o artista plástico, compassivo como o religioso, à espreita de fins e causalidades como o homem de ciência, enquanto se sente dilatar até a dimensão do macrocosmo, conserva a lucidez de se considerar friamente como o reflexo do mundo, essa mesma lucidez que tem o poeta dramático quando se transforma em outros corpos, fala a partir deles e, contudo, sabe projetar essa transformação para o exterior, em versos escritos. O que o verso é aqui para o poeta é para o filósofo o pensar dialético: é deste que ele lança mão para fixar-se em seu enfeitiçamento para petrificá-lo. E assim como, para o dramaturgo, palavra e verso são apenas o balbucio em uma língua estrangeira para dizer nela o que viveu e contemplou e que, diretamente, só poderia anunciar pelos gestos e pela música, assim a expressão daquela profunda intuição filosófica pela dialética e pela reflexão científica é, decerto, por um lado, o único meio de comunicar o contemplado, mas um meio miserável, no fundo uma transposição metafórica, totalmente infiel, em uma esfera e língua diferentes. Assim Tales contemplou a unidade de tudo o que é: e quando quis comunicar-se, falou da água!

4

[...] Pode não ser lógico, mas em todo caso é bem humano e, além disso, está bem no estilo do salto filosófico descrito antes, considerar agora, com

Anaximandro, todo vir-a-ser como uma emancipação do ser eterno digna de castigo, como uma injustiça que deve ser expiada pelo sucumbir. Tudo o que uma vez veio a ser também perece outra vez, quer pensemos na vida humana, ou na água, ou no quente e no frio: por toda parte, onde podem ser percebidas propriedades determinadas, podemos profetizar o sucumbir dessas propriedades, de acordo com uma monstruosa prova experimental. Nunca, portanto, um ser que possui propriedades determinadas, e que consiste nelas, pode ser origem e princípio das coisas; o que é verdadeiramente, concluiu Anaximandro, não pode possuir propriedades determinadas, senão teria nascido, como todas as outras coisas, e teria de ir ao fundo. Para que o vir-a-ser não cesse, o ser primordial tem de ser indeterminado. A imortalidade e a eternidade do ser primordial não estão em sua infinitude e inexauribilidade — como costumam admitir os comentadores de Anaximandro —, mas em ser destituído de qualidades determinadas, que levam a sucumbir; e é por isso também que ele leva o nome de "o indeterminado". O ser primordial assim denominado está acima do vir-a-ser. É certo que essa unidade última naquele "indeterminado", matriz de todas as coisas, só pode ser designada negativamente pelo homem, como algo a que não pode ser dado nenhum predicado do mundo do vir-a-ser que aí está, e poderia por isso ser tomada como congênere à "coisa em si" kantiana.

É certo que quem é capaz de se pôr a discutir com outros sobre o que tenha sido propriamente essa matéria primordial, se é porventura uma coisa intermediária entre ar e água, ou talvez entre ar e fogo, não entendeu nosso filósofo: o mesmo se pode dizer dos que perguntam seriamente se Anaximandro pensou sua matéria primordial como mistura de todas as matérias existentes. Temos, antes, de dirigir nosso olhar ao ponto onde podemos aprender que Anaximandro já não mais tratou a pergunta pela origem deste mundo em termos puramente físicos, e de orientá-lo segundo aquela proposição lapidar apresentada no início. Se ele preferiu ver, na pluralidade das coisas nascidas, uma soma de injustiças a serem expiadas, foi o primeiro grego que ousou tomar nas mãos o novelo do mais profundo dos problemas éticos. Como pode perecer algo que tem direito de ser? De onde vem esse vir-a-ser e engendrar sem descanso, de onde vem aquela contorção de dor na face da natureza, de onde vem o infindável lamento mortuário em todo o reino do existir? Desse mundo do injusto, do insolente declínio da unidade primordial das coisas, Anaximandro se refugia em uma cidadela metafísica, da qual se debruça agora, deixa o olhar rolar ao longe, para enfim, depois de um silêncio meditativo, dirigir a todos os seres a pergunta: "O que vale vosso existir? E se nada vale, para que estais aí? Por vossa culpa, observo eu, demorai-vos nessa existência. Tereis de expiá-la com a morte. Vede como murcha vossa Terra; os mares mínguam e secam; a concha sobre a montanha vos mostra o quanto já secaram; desde já o fogo destrói vosso mundo, que, no fim, se esvairá em vapor e fumaça. Mas sempre, de novo, voltará a edificar-se um tal mundo da transitoriedade: quem seria capaz de redimir-vos da maldição do vir-a-ser?" [...]

5

No meio dessa noite mística em que estava envolto o problema do vir-a-ser, de Anaximandro, veio *Heráclito* de Éfeso e iluminou-a com um relâmpago divino. "Vejo o vir-a-ser", exclama, "e ninguém contemplou tão atentamente esse eterno quebrar de ondas e ritmo das coisas. E o que vi? Conformidade a leis, certezas infalíveis, trilhas sempre iguais do justo. Por trás de todas as transgressões das leis, vi Eríneas julgando. Vi o mundo inteiro como o espetáculo de uma justiça reinante e forças naturais demoniacamente onipresentes subordinadas a seu serviço. Não vi a punição do que veio a ser, mas a justificação do vir-a-ser. Quando se manifestou o crime, o declínio, nessas formas inflexíveis, nessas leis santamente respeitadas? Onde reina a injustiça há arbítrio, desordem, desregramento, contradição; mas onde, como neste mundo, regem somente a lei e a filha de Zeus, Dike, como poderia ser ali a esfera da culpa, da expiação, da condenação e como que o patíbulo de todos os danados?"

Dessa intuição, Heráclito extraiu duas negações conexas, que somente pela comparação com as teses de seus antecessores são trazidas à clara luz. Primeiramente, negou a dualidade de mundos inteiramente diferentes, que Anaximandro havia sido forçado a admitir; não separava mais um mundo físico de um metafísico, um reino das qualidades determinadas de um reino da indeterminação indefinível. Agora, depois desse primeiro passo, não podia mais ser impedido de uma audácia muito maior da negação: negou, em geral, o ser. Pois esse mundo único que lhe restou — cercado e protegido por eternas leis não escritas, fluindo e refluindo em brônzeas batidas de ritmo — não mostra, em parte nenhuma, uma permanência, uma indestrutibilidade, um baluarte na correnteza. Mais alto do que Anaximandro, Heráclito proclamou: "Não vejo nada além do vir-a-ser. Não vos deixeis enganar! É vossa curta vista, e não a essência das coisas, que vos faz acreditar ver terra firme em alguma parte no mar do vir-a-ser e do perecer. Usais nomes das coisas como se estas tivessem uma duração rígida: mas nem mesmo o rio em que entrais pela segunda vez é o mesmo que da primeira vez". [...]

O eterno e único vir-a-ser, a total inconsistência de todo o efetivo, que constantemente apenas faz efeito e vem a ser mas não é, assim como Heráclito o ensina, é uma representação terrível e atordoante, e em sua influência aparenta-se muito de perto com a sensação de alguém, em um terremoto, ao perder a confiança na terra firme. Era preciso uma força assombrosa para transpor esse efeito em seu oposto, no sublime, no assombro afortunado. Isso Heráclito alcançou com uma observação sobre a proveniência própria de todo vir-a-ser e perecer, que concebeu sob a forma da polaridade, como o desdobramento de uma força em duas atividades qualitativamente diferentes, opostas, e que lutam pela reunificação. Constantemente uma qualidade entra em discórdia consigo mesma e separa-se em seus contrários; constantemente esses contrários lutam outra vez um em direção ao outro. O povo pensa, por certo, conhecer algo rígido, pronto, permanente; na verdade, há a cada instante luz e escuro, amargo e doce lado a lado e presos um ao outro, como dois contendores, dos quais ora um, ora outro, tem a supremacia. O mel, segundo Heráclito, é a um tempo amargo e doce, e o próprio mundo é um cadinho que tem de ser constantemente agitado. Da guerra dos opostos nasce todo vir-a-ser: as qualidades determinadas, que nos aparecem como duradouras, exprimem apenas a preponderância momentânea de um dos combatentes, mas com isso a guerra não chegou ao fim, a contenda perdura pela eternidade. Tudo ocorre na medida desse conflito, e é precisamente esse conflito que revela a eterna justiça. [...]

7

[...] Há culpa, injustiça, contradição, sofrimento, neste mundo?

Sim, exclama Heráclito, mas somente para o homem limitado, que vê em separado e não em conjunto, não para o deus *contuitivo*; para este, todo conflitante conflui em uma harmonia, invisível decerto ao olho humano habitual, mas inteligível àquele que, como Heráclito, é semelhante ao deus contemplativo. Diante de seu olhar de fogo, não resta nenhuma gota de injustiça no mundo que se derrama em torno dele; e mesmo aquele espanto cardeal — Como pode o fogo puro tomar formas tão impuras? — é superado por ele graças a uma sublime alegoria. Um vir-a-ser e parecer, um construir e destruir, sem nenhuma prestação de contas de ordem moral, só tem neste mundo o jogo do artista e da criança. E assim como joga a criança e o artista, joga o fogo eternamente vivo, constrói em inocência — e esse jogo joga o Aion consigo mesmo. Transformando-se em água e terra, faz, como uma criança, montes de areia à borda do mar, faz e desmantela; de tempo em tempo, começa o jogo de novo. Um instante de saciedade: depois a necessidade o assalta de novo, como a necessidade força o artista a criar. Não é o ânimo criminoso, mas o impulso lúdico, que, sempre despertando de novo, chama à vida outros mundos. Às vezes, a criança atira fora seu brinquedo: mas logo recomeça, em humor inocente. Mas, tão logo constrói, ela o liga, ajusta e modela, regularmente e segundo ordenações internas.

Assim intui o mundo somente o homem estético, que aprendeu com o artista e com o nascimento da obra de arte como o conflito da pluralidade pode trazer consigo lei e ordem, como o artista fica em contemplação e em ação sobre a obra de arte, como necessidade e jogo, conflito e harmonia, têm de se emparelhar para gerar a obra de arte.

Quem pedirá ainda a uma tal filosofia também uma ética, com o necessário imperativo "tu deves", ou mesmo fará de tal lacuna uma censura a Heráclito? O homem, até sua última fibra, é necessidade, e totalmente não livre — se se entende por liberdade a tola pretensão a poder mudar arbitrariamente de essência como quem muda de roupa, pretensão que até agora toda a filosofia séria rejeitou com o devido sarcasmo. Se tão poucos homens vivem com consciência no *logos* e em conformidade com o olho artista que contempla tudo, isso provém de que suas almas são molhadas e de que os olhos e ouvidos dos homens e, de modo geral, seu intelecto, são maus testemunhos quando o "lodo úmido ocupa suas almas". Por que é assim, não se pergunta, assim como não se pergunta por que o fogo se torna água e terra. Heráclito não tem nenhuma razão para *ter de* demonstrar (como Leibniz teve de fazer) que este mundo é até mesmo o melhor de todos; basta-lhe que ele seja o belo, o inocente jogo do Éon. Mesmo o homem, para ele, é, em geral, um ser irracional: o que não impede que em toda a sua essência a lei da razão onipotente se cumpra. Ele não ocupa um lugar particularmente privilegiado na natureza, cujo supremo fenômeno é o fogo — por exemplo, como astro — não o homem simplório. Se este, pela necessidade, conservou uma participação no fogo, ele é um pouco mais racional; na medida em que consiste em água e terra, sua razão vai mal. Uma obrigação de conhecer o *logos*, por ser homem, não existe. Mas por que há água, por que há terra? Isto é para Heráclito um problema muito mais sério do que perguntar por que os homens são tão estúpidos e ruins. Nos homens mais superiores e nos mais pervertidos, revela-se a mesma legalidade e justiça imanentes. Mas, se se quisesse propor a Heráclito a questão: por que o fogo não é sempre fogo, por que ora é água, ora é terra? —, ele responderia apenas: "É um jogo, não o tomeis tão pateticamente e, antes de tudo, não o tomeis moralmente!" [...]

10

[...] Foi antes em um estado oposto que Parmênides encontrou a doutrina do ser. Naquele dia e nesse estado, ele examinava seus dois contrários cooperantes, cujo desejo e ódio constituem o mundo e o vir-a-ser, o que é e o que não é, as propriedades positivas e negativas — e subitamente deteve-se no conceito da propriedade negativa, do que não é, com desconfiança. Pode então algo que não é ser uma propriedade? Ou, perguntado mais principalmente: pode então algo que não é ser? A única forma de conhecimento, porém, a que desde logo conferimos uma confiança incondicionada e cuja negação equivale ao desvario, é a tautologia A = A. Mas justamente esse conhecimento tautológico lhe clamava implacavelmente: o que não é, não é! O que é, é! Subitamente ele sentiu um descomunal pecado lógico pesar sobre sua vida: e, no entanto, ele havia sempre admitido sem escrúpulo que havia propriedades negativas, em geral algo não sendo, e que, portanto, expresso formalmente, A = não A: o que, no entanto, somente a completa perversão do pensamento poderia afirmar. Decerto, como ele se deu conta, toda a grande maioria dos homens julga com a mesma perversão: ele mesmo não fez mais do que tomar parte no crime universal contra a lógica. Mas o mesmo instante, que o acusa desse crime, ilumina-o com a glória de uma descoberta: ele encontrou um princípio, a chave para o segredo do mundo, à parte de toda ilusão humana: agora, levado pela firme e terrível mão da verdade tautológica sobre o ser, ele desce ao abismo das coisas.

No caminho, se defronta com Heráclito — um encontro infeliz! Para ele, que esperava tudo da separação mais rigorosa entre ser e não ser, havia de ser profundamente odioso, logo agora, o jogo de antinomias de Heráclito; uma proposição como: "Somos e não somos ao mesmo tempo", "ser e não ser é ao mesmo tempo o mesmo e não o mesmo", uma proposição pela qual se tornava outra vez confuso e inextricável tudo aquilo que ele acabava de esclarecer e desembaraçar, levava-o ao furor: "Fora com os homens" — gritou ele — "que parecem ter duas cabeças e no entanto nada sabem! Neles, tudo está em fluxo, mesmo seu pensamento! Olham pasmados para as coisas, mas têm de ser tão surdos quanto cegos para misturarem assim os contrários!". O desentendimento da massa, glorificado por antinomias lúdicas e exaltado como o ápice de todo conhecimento, era para ele uma vivência dolorosa e inconcebível.

E ele mergulhou no banho gelado de suas terríveis abstrações. Aquilo que é verdadeiramente tem de ser em eterno presente, dele não pode ser dito "era", "será". O que é não pode ter vindo a ser: pois de onde teria podido vir a ser? Do que não é? Mas este não é e não pode produzir nada. Do que é? Isto não seria nada outro do que engendrar a si mesmo. O mesmo se dá com o perecer; ele é tão impossível quanto o vir-a-ser, quanto toda alteração, quanto todo crescimento, toda diminuição. Por toda parte vale a proposição: tudo aquilo de que se pode dizer "foi" ou "será" não é, mas do que é nunca pode ser dito "não é". O que é, é indivisível, pois onde está a segunda força que haveria de dividi-lo? É imóvel, pois para onde haveria de mover-se? Não pode ser nem infinitamente grande nem infinitamente pequeno, pois está completo, e uma infinitude completa, dada, é uma contradição. Assim ele paira, delimitado, completo, imóvel, completamente em equilíbrio, em cada ponto igualmente perfeito, como uma esfera, mas não em um espaço: pois senão este espaço seria um segundo ente. Mas não pode haver diversos entes, pois para separá-los teria de haver algo que não estaria sendo: uma suposição que suprime a si mesma. Assim, há somente a eterna unidade.

Se agora, porém, Parmênides tornava a voltar o olhar ao mundo do vir-a-ser, cuja existência ele havia antes procurado conceber através de combinações tão engenhosas, zangava-se com seus olhos porque viam o vir-a-ser, com seus ouvidos porque o ouviam. "Não sigais o olho estúpido" — assim diz agora seu imperativo —, "não sigais o ouvido ruidoso ou a língua, mas examinai somente com a força do pensamento!" Com isso, executou a primeira e sumamente importante, se bem que ainda tão insuficiente e fatal em suas consequências, crítica do aparelho cognitivo: ao apartar abruptamente os sentidos e a aptidão de pensar abstrações, portanto a razão, como se fossem duas faculdades totalmente separadas, ele dilacerou o próprio intelecto e encorajou àquela separação totalmente errônea entre "espírito" e "corpo" que, particularmente desde Platão, pesa como uma maldição sobre a filosofia. Todas as percepções dos sentidos, julga Parmênides, só nos dão ilusões; e sua ilusão-mestra é justamente simularem que aquilo que não é também é, e que mesmo o vir-a-ser também tem um ser. Toda aquela multiplicidade e aquele colorido do mundo conhecido conforme a experiência, a mudança de suas qualidades, a ordenação de seu acima e abaixo, são implacavelmente postas de lado como mera aparência e ilusão; desse lado, não há nada a aprender, portanto todo esforço dedicado a esse mundo de mentira, inteiramente nulo, e que é como que uma fraude dos sentidos, é desperdiçado. Quem julga assim no geral, como o fez Parmênides, deixa com isso de ser um investigador da natureza em particular; seu interesse pelos fenômenos estanca, ele cria um ódio de si mesmo, por não poder desvencilhar-se desse eterno engodo dos sentidos. Somente nas mais desbotadas, nas mais abstratas generalidades, nos estojos vazios das palavras mais indeterminadas há de morar agora a verdade, como num casulo de fios de aranha: junto de uma tal "verdade", senta-se agora o filósofo, e aliás exangue como uma abstração e emaranhado em fórmulas. A aranha, no entanto, quer o sangue de suas vítimas; mas o filósofo parmenidiano odeia precisamente o sangue de sua vítima, o sangue da empiria, sacrificada por ele.

16

[...] Foi a observação dos processos de nascimento na natureza, e não a consideração de um sistema anterior, que inspirou a Anaxágoras a doutrina *de que tudo nasce de tudo*: esta era a convicção do investigador da natureza, fundada sobre uma indução multiforme e, no fundo, naturalmente, de uma precariedade sem limites. Ele a demonstrava assim: se mesmo o contrário puder nascer de seu contrário, por exemplo, o preto do branco, então tudo é possível: e isso ocorre na dissolução da neve branca em água preta. Ele se explicava a nutrição do corpo dizendo que nos gêneros nutritivos deveria haver componentes invisivelmente pequenos de carne ou sangue ou ossos, que, na nutrição, se separariam e se unificariam, no corpo, com seu homogêneo. Mas se tudo pode provir de tudo, o sólido do líquido, o duro do mole, o preto do branco, a carne do pão, então tudo tem de estar contido em tudo. Os nomes das coisas exprimem, pois, somente a preponderância de uma substância sobre as outras substâncias que aparecem em massas menores, muitas vezes imperceptíveis. No ouro, isto é, naquilo que se designa *a potiore*[1] com o nome de "ouro", têm de estar contidos também prata, neve, pão e carne, mas em partes componentes extremamente pequenas; o todo recebe o nome da substância preponderante, do ouro.

Como é possível, porém, que uma substância prepondere e preencha uma coisa em massa maior do que as outras? A experiência mostra que somente pelo movimento essa preponderância é pouco a pouco engendrada, que a preponderância é o resultado de um processo, que comumente denominamos vir-a-ser; se, em contrapartida, tudo está em tudo, isso não é resultado do processo, mas, ao contrário, pressuposto de todo vir-a-ser, e de todo movimento e, por isso, precede todo vir-a-ser. Em outras palavras: a empiria ensina que constantemente o igual é acrescido ao igual, por exemplo pela nutrição; portanto, originariamente não estavam juntos e aglomerados, mas separados. Pelo contrário, nos eventos empíricos que estão diante dos olhos, o igual é sempre expelido e afastado do desigual (por exemplo, na nutrição, as partículas de carne do pão, e assim por diante); assim, a mescla das substâncias diferentes é a forma mais antiga da constituição das coisas e precede no tempo todo vir-a-ser e movimento. Se, portanto, todo o assim chamado vir-a-ser pressupõe uma separação e uma mistura, pergunta-se, então, qual deve ter sido, na origem, o grau dessa mescla. Embora já durando por um tempo descomunal o processo de um movimento do homogêneo para o homogêneo, o vir-a-ser, reconhece-se, apesar disso, como ainda estão encerrados em todas as coisas restos e sementes de todas as outras coisas, que esperam por sua segregação, e como somente aqui e ali se instituiu uma preponderância; a mistura primordial deve ter sido uma mistura completa, isto é, estendendo-se até ao infinitamente pequeno, já que a desmistura gasta um espaço de tempo infinito. [...]

---

[1] "De preferência, antes." (N.E.)

17

O que tinha de ser feito com aquela mescla caótica do estado primordial anterior a todo movimento, para que dela se fizesse, sem nenhum acréscimo de novas substâncias e forças, o mundo existente com as trajetórias ordenadas dos astros, com as formas regulares das estações do ano e das horas do dia, com a variada beleza e ordenação, em suma, para que do caos se fizesse um cosmo? Isso só pode ser consequência do movimento, mas de um movimento determinado e inteligentemente arranjado. Esse movimento mesmo é o meio empregado pelo *noũs*, seu alvo seria a completa segregação do igual, um alvo até agora inalcançado, porque a desordem e a mistura no início eram infinitas. Esse alvo só pode ser perseguido por um processo descomunal, não conseguido de uma vez por um passe de mágica mitológico: se alguma vez, em um ponto infinitamente distante no tempo, todo homogêneo chegar a ser reunido, e então as existências primordiais, indivisas, descansarem lado a lado em uma bela ordenação, quando cada partícula encontrar suas companheiras e sua pátria, quando vier a grande paz depois da grande dispersão e divisão das substâncias, e não houver mais nada de dividido e disperso, então o *noũs* retornará a seu automovimento, e, não estando mais dividido ele mesmo, vagará pelo mundo, ora em massas maiores, ora em menores, como espírito vegetal ou espírito animal, e irá habitar em outra matéria. Por enquanto, a tarefa ainda não foi levada a termo: mas o modo de movimento que o *noũs* engenhou para resolvê-la demonstra uma maravilhosa conveniência a seus fins, pois, através dele, a tarefa vai ficando, a cada novo instante, mais resolvida. A saber, tem o caráter de um movimento circular que prossegue concentricamente: em algum ponto da mistura caótica, ele começou, na forma de um pequeno giro e, em trajetórias cada vez maiores, esse movimento circular percorre todo ser existente, fazendo por toda parte o igual precipitar-se para o igual. Primeiro, essa evolução rotativa leva todo denso ao denso, todo sutil ao sutil, e do mesmo modo todo escuro, claro, úmido, seco, a seu semelhante: acima dessas rubricas gerais, há ainda duas outras mais amplas, ou seja, o Éter, isto é, tudo o que é quente, leve, sutil, e o Ar, designando todo o escuro, frio, pesado, sólido. Pela separação entre as massas etéreas e as aéreas, forma-se, como efeito mais próximo daquela roda que faz círculos cada vez maiores, algo semelhante a um redemoinho que alguém faz em uma água parada: os componentes pesados são levados ao centro e comprimidos. Do mesmo modo, a tromba-d'água que avança no caos é formada, do lado de fora, de componentes etéreos, sutis, leves, do lado de dentro, de componentes nebulosos, pesados, úmidos. Em seguida, na continuidade desse processo, separa-se, daquela massa aérea que se aglomera no interior, a água, e, da água, o terrestre, e, do terrestre, sob o efeito do terrível frio, as rochas.

Por sua vez, algumas massas rochosas, pela fúria do giro, são às vezes arrancadas da Terra e lançadas dentro do reino do Éter quente e leve; ali, no elemento ígneo, levadas à incandescência e transportadas no movimento circular do Éter, irradiam luz, iluminam e aquecem a Terra, em si mesma escura e fria, convertidas em Sol e astros. Toda essa concepção é de uma admirável audácia e simplicidade e nada tem em si daquela teologia canhestra e à semelhança do homem, frequentemente associada ao nome de Anaxágoras. Essa concepção tem sua grandeza e seu orgulho exatamente em derivar do círculo em movimento todo o cosmo do vir-a-ser, enquanto Parmênides via aquilo que é verdadeiramente como uma esfera morta em repouso. Se aquele círculo só é movido e posto em rotação pelo *noũs*, então toda ordem, legalidade e beleza do mundo são as consequências naturais daquele primeiro abalo. Que injustiça se faz a Anaxágoras quando o censuram pela sábia abstenção de teleologia que se mostra nessa concepção e falam desdenhosamente de seu *noũs* como de um *deus ex machina*. Pelo contrário, Anaxágoras, precisamente porque põe de lado as intervenções miraculosas de ordem mitológica ou teísta e os fins e utilidades antropomórficos, teria podido empregar palavras orgulhosas semelhantes às que Kant usou em sua história natural do céu. É de fato um pensamento sublime reduzir inteiramente aquele esplendor do cosmo e o arranjo assombroso das trajetórias das estrelas a um movimento simples, puramente mecânico, e como que a uma figura matemática em movimento, e, portanto, não a intenções e mãos intercessoras de um deus-máquina, mas somente a um modo de oscilação que, desde que tenha começado uma vez, tem seu curso necessário e determinado e obtém efeitos que se equiparam ao mais sábio cálculo da perspicácia e à mais meditada finalidade, sem ser nada disso. "Sinto o contentamento", diz Kant, "de ver engendrar-se, sem o auxílio de ficções arbitrárias, mas sob o patrocínio de leis de movimento bem estabelecidas, um todo bem-ordenado, que parece tão semelhante àquele sistema do mundo que é o nosso, que não posso impedir-me de tomá-lo por ele. Parece-me que se poderia aqui, em certo sentido, dizer sem presunção: Dai-me matéria e eu construirei um mundo!"

19

[...] Para os filósofos posteriores da Antiguidade, o modo como Anaxágoras fez uso de seu *noũs* para a explicação do mundo era curioso, e mesmo dificilmente perdoável: aparecia-lhes como se ele tivesse encontrado um soberbo instrumento, mas não o tivesse entendido bem, e eles procuraram reparar o que foi desperdiçado pelo descobridor. Não reconheceram, pois, que sentido tinha a abstenção de Anaxágoras; inspirada pelo mais puro espírito do método da ciência natural, que, em cada caso e antes de tudo, se pergunta por que algo é (*causa efficiens*) e não para que algo é (*causa finalis*). O *noũs* não é introduzido por Anaxágoras para responder à pergunta especial: "Por que há movimento e por que há movimentos regulares?"; Platão, entretanto, objeta-lhe que ele deveria ter mostrado, mas não mostrou, que cada coisa à sua maneira e em seu lugar encontra-se em seu [estado] mais belo, melhor e mais adequado. Isso, porém, Anaxágoras não teria ousado afirmar em nenhum caso singular; para ele, o mundo presente nem sequer era o mais perfeito dos pensáveis, pois ele via cada coisa nascer de outra e nunca encontrava a separação das substâncias pelo *noũs* completa e terminada, nem na extremidade do espaço preenchido do mundo, nem nos seres singulares. É totalmente suficiente para seu conhecimento ter encontrado um movimento que, na continuação simples de sua atuação, pode criar, a partir de um caos inteiramente misturado, a ordem visível, e ele tinha todo o cuidado de não colocar a pergunta pelo "para quê?" do movimento, pelo fim racional do movimento. Se o *noũs* tivesse um fim, necessário segundo sua essência, para cumprir por meio dele, não estaria mais em seu arbítrio iniciar alguma vez o movimento; na medida em que é eterno, ele teria também de já estar eternamente determinado por esse fim, e nesse caso não poderia haver nenhum ponto do tempo em que o movimento ainda faltasse, e até mesmo estaria logicamente proibido admitir, para o movimento, um ponto inicial: com isso, então, mais uma vez, a representação do caos originário, o fundamento de toda a interpretação anaxagórica do mundo, ter-se-ia tornado, do mesmo modo, logicamente impossível. Para obviar essas dificuldades, criadas pela teleologia, Anaxágoras tinha sempre de acentuar e encarecer com a máxima energia que o espírito é arbitrário; todos os seus atos, mesmo o daquele movimento primordial, são atos da "vontade livre", enquanto todo o resto do mundo se forma rigorosamente determinado, e aliás determinado mecanicamente, depois daquele momento primordial. Essa vontade absolutamente livre, entretanto, só pode ser pensada como sem finalidade, mais ou menos ao modo do jogo da criança ou do impulso lúdico do artista. [...]

SOBRE VERDADE E MENTIRA NO SENTIDO EXTRAMORAL

1873

1

Em algum remoto rincão do universo cintilante que se derrama em um sem-número de sistemas solares, havia uma vez um astro, em que animais inteligentes inventaram o conhecimento. Foi o minuto mais soberbo e mais mentiroso da "história universal": mas também foi somente um minuto. Passados poucos fôlegos da natureza, congelou-se o astro, e os animais inteligentes tiveram de morrer. — Assim poderia alguém inventar uma fábula, e nem por isso teria ilustrado suficientemente quão lamentável, quão fantasmagórico e fugaz, quão sem finalidade e gratuito fica o intelecto humano dentro da natureza. Houve eternidades, em que ele não estava; quando de novo ele tiver passado, nada terá acontecido. Pois não há para aquele intelecto nenhuma missão mais vasta, que conduzisse além da vida humana. Ao contrário, ele é humano, e somente seu possuidor e genitor o toma tão pateticamente, como se os gonzos do mundo girassem nele. Mas se pudéssemos entender-nos com a mosca, perceberíamos então que também ela boia no ar com esse *páthos* e sente em si o centro voante deste mundo. Não há nada tão desprezível e mesquinho na natureza que, com um pequeno sopro daquela força do conhecimento, não transbordasse logo como um odre; e como todo transportador de carga quer ter seu admirador, mesmo o mais orgulhoso dos homens, o filósofo, pensa ver por todos os lados os olhos do universo telescopicamente em mira sobre seu agir e pensar.

É notável que o intelecto seja capaz disso, justamente ele, que foi concedido apenas como meio auxiliar aos mais infelizes, delicados e perecíveis dos seres, para firmá-los um minuto na existência, da qual, sem essa concessão, eles teriam toda razão para fugir tão rapidamente quanto o filho de Lessing. Aquela altivez associada ao conhecer e sentir, nuvem de cegueira pousada sobre os olhos e sentidos dos homens, engana-os pois sobre o valor da existência, ao trazer em si a mais lisonjeira das estimativas de valor sobre o próprio conhecer. Seu efeito mais geral é engano — mas mesmo os efeitos mais particulares trazem em si algo do mesmo caráter.

O intelecto, como um meio para a conservação do indivíduo, desdobra suas forças mestras no disfarce; pois este é o meio pelo qual os indivíduos mais fracos, menos robustos, se conservam, aqueles aos quais está vedado travar uma luta pela existência com chifres ou presas aguçadas. No homem, essa arte do disfarce chega a seu ápice; aqui o engano, o lisonjear, mentir e ludibriar, o falar-por-trás-das-costas, o representar, o viver em glória de empréstimo, o mascarar-se, a convenção dissimulante, o jogo teatral diante de outros e diante de si mesmo, em suma, o constante bater de asas em torno dessa *única* chama que é a vaidade, é a tal ponto a regra e a lei que quase nada é mais inconcebível do que como pôde aparecer entre os homens um honesto e puro impulso à verdade. Eles estão profundamente imersos em ilusões e imagens de sonho, seu olho apenas resvala às tontas pela superfície das coisas e vê "formas", sua sensação não conduz em parte alguma à verdade, mas contenta-se em receber estímulos e como que dedilhar um teclado às costas das coisas. Por isso o homem, à noite, através da vida, deixa que o sonho lhe minta, sem que seu sentimento moral jamais tentasse impedi-lo; no entanto, deve haver homens que pela força de vontade deixaram o hábito de roncar. O que sabe propriamente o homem sobre si mesmo! Sim, seria ele sequer capaz de alguma vez perceber-se completamente, como se estivesse em uma vitrina iluminada? Não lhe cala a natureza quase tudo, mesmo sobre seu corpo, para mantê-lo à parte das circunvoluções dos intestinos, do fluxo rápido das correntes sanguíneas, das intrincadas vibrações das fibras, exilado e trancado em uma consciência orgulhosa, charlatã! Ela atirou fora a chave: e ai da fatal curiosidade que através de uma fresta foi capaz de sair uma vez do cubículo da consciência e olhar para baixo, e agora pressentiu que sobre o implacável, o ávido, o insaciável, o assassino, repousa o homem, na indiferença de seu não saber, e como que pendente em sonhos sobre o dorso de um tigre. De onde neste mundo viria, nessa constelação, o impulso à verdade!

Enquanto o indivíduo, em contraposição a outros indivíduos, quer conservar-se, ele usa o intelecto, em um estado natural das coisas, no mais das vezes somente para o disfarce: mas, porque o homem, ao mesmo tempo por necessidade e tédio, quer existir socialmente e em rebanho, ele precisa de um acordo de paz e se esforça para que pelo menos a máxima *bellum omnium contra omnes*[1] desapareça de seu mundo. Esse tratado de paz traz consigo algo que parece ser o primeiro passo para alcançar aquele enigmático impulso à verdade. Agora, com efeito, é fixado aquilo que doravante deve ser "verdade", isto é, é descoberta uma designação uniformemente válida e obrigatória das coisas, e a legislação da linguagem dá também as primeiras leis da verdade: pois surge aqui pela primeira vez o contraste entre verdade e mentira. O mentiroso usa as designações válidas, as palavras, para fazer aparecer o não efetivo como efetivo; ele diz, por exemplo: "sou rico", quando para seu estado seria precisamente "pobre" a designação correta. Ele faz mau uso das firmes convenções por meio de trocas arbitrárias ou mesmo inversões dos nomes. Se ele o faz de maneira egoísta e de resto prejudicial, a sociedade não confiará mais nele e com isso o excluirá de si. Os homens, nisso, não procuram tanto evitar ser enganados quanto ser prejudicados pelo engano: o que odeiam, mesmo nesse nível, no fundo não é a ilusão, mas as consequências nocivas, hostis, de certas espécies de ilusões. É também em um sentido res-

---

[1] "Guerra de todos contra todos." (N.E.)

trito semelhante que o homem quer somente a verdade: deseja as consequências da verdade que são agradáveis e conservam a vida; diante do conhecimento puro sem consequências, ele é indiferente; diante das verdades talvez perniciosas e destrutivas, ele tem disposição até mesmo hostil. E além disso: o que se passa com aquelas convenções da linguagem? São talvez frutos do conhecimento, do senso de verdade: as designações e as coisas se recobrem? É a linguagem a expressão adequada de todas as realidades?

Somente por esquecimento pode o homem alguma vez chegar a supor que possui uma "verdade" no grau acima designado. Se ele não quiser contentar-se com a verdade na forma da tautologia, isto é, com os estojos vazios, comprará eternamente ilusões por verdades. O que é uma palavra? A figuração de um estímulo nervoso em sons. Mas concluir do estímulo nervoso uma causa fora de nós já é resultado de uma aplicação falsa e ilegítima do princípio da razão. Como poderíamos nós, se somente a verdade fosse decisiva na gênese da linguagem, se somente o ponto de vista da certeza fosse decisivo nas designações, como poderíamos no entanto dizer: a pedra é dura: como se para nós esse "dura" fosse conhecido ainda de outro modo, e não somente como uma estimulação inteiramente subjetiva! Dividimos as coisas por gêneros, designamos a árvore como feminina, o vegetal como masculino: que transposições arbitrárias! A que distância voamos além do cânone da certeza! Falamos de uma *Schlange* (cobra): a designação não se refere a nada mais do que o enrodilhar-se, e portanto poderia também caber ao verme.[2] Que delimitações arbitrárias, que preferências unilaterais, ora por esta, ora por aquela propriedade de uma coisa! As diferentes línguas, colocadas lado a lado, mostram que nas palavras nunca importa a verdade, nunca uma expressão adequada: pois senão não haveria tantas línguas. A "coisa em si" (tal seria justamente a verdade pura sem consequências) é, também para o formador da linguagem, inteiramente incaptável e nem sequer algo que vale a pena. Ele designa apenas as relações das coisas aos homens e toma em auxílio para exprimi-las as mais audaciosas metáforas. Um estímulo nervoso, primeiramente transposto em uma imagem! Primeira metáfora. A imagem, por sua vez, modelada em um som! Segunda metáfora. E a cada vez completa mudança de esfera, passagem para uma esfera inteiramente outra e nova. Pode-se pensar em um homem que seja totalmente surdo e nunca tenha tido uma sensação do som e da música: do mesmo modo que este,

---

2 A palavra *Schlange* é diretamente derivada, por apofonia, do verbo *schlingen* (torcer, enroscar), no sentido específico da forma proposicional *sich schlingen*, que equivale ao de *sich winden* (enrodilhar-se). Em português, a ligação entre a palavra *cobra* e o verbo *colear* é bem mais remota: mais próxima, talvez, seria a relação entre *serpente* e *serpear*. Preferimos, em todo caso, manter o exemplo original do texto. (N.T.)

porventura, vê com espanto as figuras sonoras de Chladni[3] desenhadas na areia, encontra suas causas na vibração das cordas e jurará agora que há de saber o que os homens denominam "som", assim também acontece a todos nós com a linguagem. Acreditamos saber algo das coisas mesmas, se falamos de árvores, cores, neve e flores, e no entanto não possuímos nada mais do que metáforas das coisas, que de nenhum modo correspondem às entidades de origem. Assim como o som convertido em figura na areia, assim se comporta o enigmático X da coisa em si, uma vez como estímulo nervoso, em seguida como imagem, enfim como som. Em todo caso, portanto, não é logicamente que ocorre a gênese da linguagem, e o material inteiro, no qual e com o qual mais tarde o homem da verdade, o pesquisador, o filósofo, trabalha e constrói, provém, se não de Cucolândia das Nuvens, em todo caso não da essência das coisas.

Pensemos ainda, em particular, na formação dos conceitos: toda palavra torna-se logo conceito justamente quando não deve servir, como recordação, para a vivência primitiva, completamente individualizada e única à qual deve seu surgimento, mas ao mesmo tempo tem de convir a um sem--número de casos, mais ou menos semelhantes, isto é, tomados rigorosamente, nunca iguais, portanto, a casos claramente desiguais. Todo conceito nasce por igualação do não igual. Assim como é certo que nunca uma folha é inteiramente igual a outra, é certo que o conceito de folha é formado por arbitrário abandono dessas diferenças individuais, por um esquecer-se do que é distintivo, e desperta então a representação, como se na natureza, além das folhas, houvesse algo que fosse "folha", uma espécie de folha primordial, segundo a qual todas as folhas fossem tecidas, desenhadas, recortadas, coloridas, frisadas, pintadas, mas por mãos inábeis, de tal modo que nenhum exemplar tivesse saído correto e fidedigno como cópia fiel da forma primordial. Denominamos um homem "honesto"; por que ele agiu hoje tão honestamente? — perguntamos. Nossa resposta costuma ser: por causa de sua honestidade. A honestidade! Isto quer dizer, mais uma vez: a folha é a causa das folhas. O certo é que não sabemos nada de uma qualidade essencial, que se chamasse "a honestidade", mas sabemos, isso sim, de numerosas ações individualizadas, portanto desiguais, que igualamos pelo abandono do desigual e designamos, agora, como ações honestas; por fim, formulamos a partir delas uma *qualitas occulta* com o nome: "a honestidade". A desconsideração do individual e efetivo nos dá o conceito, assim como nos dá também a forma, enquanto que a natureza não conhece formas nem conceitos, portanto

---

[3] Ernst Friedrich Chladni — físico alemão (1756-1826); celebrizou-se por suas engenhosas experiências sobre a teoria do som. (N.T.)

também não conhece espécies, mas somente um X, para nós inacessível e indefinível. Pois mesmo nossa oposição entre indivíduo e espécie é antropomórfica e não provém da essência das coisas, mesmo se não ousamos dizer que não lhe corresponde: isto seria, com efeito, uma afirmação dogmática e, como tal, tão indemonstrável quanto seu contrário.

O que é a verdade, portanto? Um batalhão móvel de metáforas, metonímias, antropomorfismos, enfim, uma soma de relações humanas, que foram enfatizadas poética e retoricamente, transpostas, enfeitadas, e que, após longo uso, parecem a um povo sólidas, canônicas e obrigatórias: as verdades são ilusões, das quais se esqueceu que o são, metáforas que se tornaram gastas e sem força sensível, moedas que perderam sua efígie e agora só entram em consideração como metal, não mais como moedas.

Continuamos ainda sem saber de onde provém o impulso à verdade: pois até agora só ouvimos falar da obrigação que a sociedade, para existir, estabelece: de dizer a verdade, isto é, de usar as metáforas usuais, portanto, expresso moralmente: da obrigação de mentir segundo uma convenção sólida, mentir em rebanho, em um estilo obrigatório para todos. Ora, o homem esquece sem dúvida que é assim que se passa com ele: mente, pois, da maneira designada, inconscientemente e segundo hábitos seculares — e justamente *por essa inconsciência*, justamente por esse esquecimento, chega ao sentimento da verdade. No sentimento de estar obrigado a designar uma coisa como "vermelha", outra como "fria", uma terceira como "muda", desperta uma emoção que se refere moralmente à verdade: a partir da oposição ao mentiroso, em quem ninguém confia, que todos excluem, o homem demonstra a si mesmo o que há de honrado, digno de confiança e útil na verdade. Coloca agora seu agir como ser *racional* sob a regência das abstrações; não suporta mais ser arrastado pelas impressões súbitas, pelas intuições, universaliza antes todas essas impressões em conceitos mais descoloridos, mais frios, para atrelar a eles o carro de seu viver e agir. Tudo o que destaca o homem do animal depende dessa aptidão de liquefazer a metáfora intuitiva em um esquema, portanto de dissolver uma imagem em um conceito. Ou seja, no reino daqueles esquemas, é possível algo que nunca poderia ter êxito sob o efeito das primeiras impressões intuitivas: edificar uma ordenação piramidal por castas e graus, criar um novo mundo de leis, privilégios, subordinações, demarcações de limites, que ora se defronta ao outro mundo intuitivo das primeiras impressões como o mais sólido, o mais universal, o mais conhecido, o mais humano e, por isso, como o regulador e imperativo. Enquanto cada metáfora intuitiva é individual e sem igual e, por isso, sabe escapar a toda rubricação, o grande edifício dos conceitos ostenta a regularidade rígida de um columbário romano e respira na lógica aquele rigor e frieza, que são próprios da matemática. Quem é bafejado por essa frieza dificilmente acreditará que até mesmo o conceito, ósseo e octogonal como um dado e tão fácil de deslocar quanto este, é somente o *resíduo de uma metáfora*, e que a ilusão da transposição artificial de um estímulo nervoso em imagem, se não é a mãe, é pelo menos a avó de todo e qualquer conceito. No interior desse jogo de dados do conceito, porém, chama-se "verdade" usar cada dado assim como ele é designado, contar exatamente seus pontos, formar rubricas corretas e nunca pecar contra a ordenação de castas e a sequência das classes hierárquicas. Assim como os romanos e etruscos retalhavam o céu com rígidas linhas matemáticas e em um espaço assim delimitado confinavam um deus, como em um templo, assim cada povo tem sobre si um tal céu conceitual matematicamente repartido e entende agora por exigência de verdade que cada deus conceitual seja procurado somente em *sua* esfera. Pode-se muito bem, aqui, admirar o homem como um poderoso gênio construtivo, que consegue erigir sobre fundamentos móveis e como que sobre água corrente um domo conceitual infinitamente complicado: — sem dúvida, para encontrar apoio sobre tais fundamentos, tem de ser uma construção como que de fios de aranha, tão tênue a ponto de ser carregada pelas ondas, tão firme a ponto de não ser espedaçada pelo sopro de cada vento. Como gênio construtivo, o homem se eleva, nessa medida, muito acima da abelha: esta constrói com cera, que recolhe da natureza, ele com a matéria muito mais tênue dos conceitos, que antes tem de fabricar a partir de si mesmo. Ele é, aqui, muito admirável — mas só que não por seu impulso à verdade, ao conhecimento puro das coisas. Quando alguém esconde uma coisa atrás de um arbusto, vai procurá-la ali mesmo e a encontra, não há muito que gabar nesse procurar e encontrar: e é assim que se passa com o procurar e encontrar da "verdade" no interior do distrito da razão. Se forjo a definição de animal mamífero e em seguida declaro, depois de inspecionar um camelo: "Vejam, um animal mamífero", com isso decerto uma verdade é trazida à luz, mas ela é de valor limitado, quero dizer, é cabalmente antropomórfica e não contém um único ponto que seja "verdadeiro em si", efetivo e universalmente válido, sem levar em conta o homem. O pesquisador dessas verdades procura, no fundo, apenas a metamorfose do mundo em homem, luta por um entendimento do mundo como uma coisa à semelhança do homem e conquista, no melhor dos casos, o sentimento de uma assimilação. Semelhante ao astrólogo que observava as estrelas a serviço do homem e em função de sua sorte e sofrimento, assim tal pesquisador observa o mundo inteiro como ligado ao homem, como a repercussão infinitamente refratada de um som primordial, do homem, como a imagem multiplicada de uma imagem primordial, do homem. Seu procedimento consiste em tomar o homem por medida de todas as coisas: no que, porém, parte do erro de acreditar que tem essas coisas imediatamente, como objetos puros diante de si. Esquece, pois, as metáforas intuitivas de origem, como metáforas, e as toma pelas coisas mesmas. [...]

2

[...] Esse impulso à formação de metáforas, esse impulso fundamental do homem, que não se pode deixar de levar em conta nem por um instante, porque com isso o homem mesmo não seria levado em conta, quando se constrói para ele, a partir de suas criaturas liquefeitas, os conceitos, um novo mundo regular e rígido como uma praça forte, nem por isso, na verdade, ele é subjugado e mal é refreado. Ele procura um novo território para sua atuação e um outro leito de rio, e o encontra no *mito* e, em geral, na *arte*. Constantemente ele embaralha as rubricas e compartimentos dos conceitos propondo novas transposições, metáforas, metonímias, constantemente ele mostra o desejo de dar ao mundo de que dispõe o homem acordado uma forma tão cromaticamente irregular, inconsequentemente incoerente, estimulante e eternamente nova como a do mundo do sonho. É verdade que somente pela teia rígida e regular do conceito o homem acordado tem certeza clara de estar acordado, e justamente por isso chega às vezes à crença de que sonha, se alguma vez aquela teia conceitual é rasgada pela arte. Pascal tem razão quando afirma que, se todas as noites nos viesse o mesmo sonho, ficaríamos tão ocupados com ele como as coisas que vemos cada dia: "Se um trabalhador manual tivesse certeza de sonhar cada noite, doze horas a fio, que é rei, acredito", diz Pascal, "que seria tão feliz quanto um rei que todas as noites durante doze horas sonhasse que é um trabalhador manual". O dia de vigília de um povo de emoções míticas, por exemplo, os gregos antigos, é de fato, pelo milagre constantemente atuante, que o mito aceita, mais semelhante ao sonho do que o dia do pensador que chegou à sobriedade da ciência. Se uma vez cada árvore pode falar como ninfa ou sob o invólucro de um touro um deus pode sequestrar donzelas, se mesmo a deusa Atena pode subitamente ser vista quando, com sua bela parelha, no séquito de Pisístrato, passa pelas praças de Atenas—e nisso acredita o ateniense honrado—, então a cada instante, como no sonho, tudo é possível, e a natureza inteira esvoaça em torno do homem como se fosse apenas uma mascarada dos deuses, para os quais seria apenas uma diversão enganar os homens em todas as formas.

O próprio homem, porém, tem uma propensão invencível a deixar-se enganar e fica como que enfeitiçado de felicidade quando o rapsodo lhe narra contos épicos como verdadeiros, ou o ator, no teatro, representa o rei ainda mais regiamente do que o mostra a efetividade. O intelecto, esse mestre do disfarce, está livre e dispensado de seu serviço de escravo, enquanto pode enganar sem causar *dano*, e celebra então suas Saturnais. Nunca ele é mais exuberante, mais rico, mais orgulhoso, mais hábil e mais temerário: com prazer criador, ele entrecruza as metáforas e desloca as pedras-limites das abstrações, de tal modo que, por exemplo, designa o rio como caminho em movimento que transporta o homem para onde ele, do contrário, teria de ir a pé. Agora ele afastou de si o estigma da servilidade: antes empenhado em atribulada ocupação de mostrar a um pobre indivíduo, cobiçoso de existência, o caminho e os instrumentos e, como um servo, roubando e saqueando para seu senhor, ele agora se tornou senhor e pode limpar de seu rosto a expressão da indigência. O que quer que ele faça agora, tudo traz em si, em comparação com sua atividade anterior, o disfarce, assim como a anterior trazia em si a distorção. Ele copia a vida humana, mas a toma como uma boa coisa e parece dar-se por bem satisfeito com ela. Aquele descomunal arcabouço e travejamento dos conceitos, ao qual o homem indigente se agarra, salvando-se assim ao longo da vida, é para o intelecto que se tornou livre somente um andaime e um joguete para seus mais audazes artifícios: e quando ele o desmantela, entrecruza, recompõe ironicamente, emparelhando o mais alheio e separando o mais próximo, ele revela que não precisa daquela tábua de salvação da indigência e que agora não é guiado por conceitos, mas por intuições. Dessas intuições, nenhum caminho regular leva à terra dos esquemas fantasmagóricos, das abstrações: para elas não foi feita a palavra, o homem emudece quando as vê, ou fala puramente em metáforas proibidas e em arranjos inéditos de conceitos, para, pelo menos através da demolição e do escarnecimento dos antigos limites conceituais, corresponder criadoramente à impressão de poderosa intuição presente.

Há épocas em que o homem racional e o homem intuitivo ficam lado a lado, um com medo da intuição, o outro escarnecendo da abstração; este último é tão irracional quanto o primeiro é inartístico. Ambos desejam ter domínio sobre a vida: este sabendo, através de cuidado prévio, prudência, regularidade, enfrentar as principais necessidades; aquele, como "herói eufórico", não vendo aquelas necessidades e tomando somente a vida disfarçada em aparência e em beleza como real. Onde alguma vez o homem intuitivo, digamos como na Grécia antiga, conduz suas armas mais poderosamente e mais vitoriosamente do que seu reverso, pode configurar-se, em caso favorável, uma civilização e fundar-se o domínio da arte sobre a vida: aquele disfarce, aquela recusa da indigência, aquele esplendor das intuições metafóricas e em geral aquela imediatez da ilusão acompanham todas as manifestações de tal vida. Nem a casa, nem o andar, nem a indumentária, nem o cântaro de barro denunciam que a necessidade os inventou: parece como se em todos eles fosse enunciada uma sublime felicidade e uma olímpica ausência de nuvens e como que um jogo com a seriedade. Enquanto o homem guiado por conceitos e abstrações, através destes, apenas se defende da infelicidade, sem conquistar das abstrações uma felicidade para si mesmo, enquanto ele luta para libertar-se o mais possível da dor, o homem intuitivo, em meio a uma civilização, colhe desde logo, já de suas intuições, fora a defesa contra o mal, um constante e torrencial contentamento, entusiasmo, redenção. Sem dúvida, ele sofre com mais veemência, *quando* sofre: e até mesmo sofre com mais frequência, pois não sabe aprender da experiência e sempre torna a cair no mesmo buraco em que caiu uma vez. No sofrimento, então, é tão irracional quanto na felicidade, grita alto e nada o consola. Como é diferente, sob o mesmo infortúnio, o homem estoico instruído pela experiência e que se governa por conceitos! Ele, que de resto só procura retidão, verdade, imunidade a ilusões, proteção contra as tentações de fascinação, desempenha agora, na infelicidade, a obra-prima do disfarce, como aquele na felicidade; não traz um rosto humano, palpitante e móvel, mas como que uma máscara com digno equilíbrio de traços, não grita e nem sequer altera a voz: se uma boa nuvem de chuva se derrama sobre ele, ele se envolve em seu manto e parte a passos lentos, debaixo dela.

CONSIDERAÇÕES EXTEMPORÂNEAS
1873-1874

I. DAVID STRAUSS, O DEVOTO E O ESCRITOR [1873]

6

[...] O fato simplesmente incrível de que Strauss não soube aproveitar nada da crítica kantiana da razão para seu testamento das ideias modernas e de que por toda parte só fala ao gosto do mais grosseiro realismo faz parte, precisamente, das surpreendentes características desse novo evangelho, que de resto só se apresenta como o resultado laboriosamente conquistado de contínua pesquisa histórica e natural e, com isso, renega até mesmo o elemento da filosofia. Para o chefe dos filisteus e para seu "nós", não há uma filosofia kantiana. Ele nada pressente da antinomia fundamental do idealismo e do sentido sumamente relativo de toda ciência e razão. Ou: precisamente a razão deveria dizer-lhe quão pouco se pode estabelecer pela razão sobre o em-si das coisas. Mas é bem verdade que, para gente de uma certa idade de vida, é impossível entender Kant, particularmente quando se trata de alguém que entendeu na juventude, como Strauss, o "espírito de gigante" de Hegel, ou acredita tê-lo entendido, e até mesmo, ao lado disso, teve de ocupar-se com Schleiermacher, "que possuía perspicácia quase em demasia", como diz Strauss. Soará estranho para Strauss se eu lhe disser que mesmo agora ele está ainda na "pura e simples dependência" de Hegel e Schleiermacher, e que sua doutrina do universo, do modo de consideração das coisas *sub specie biennii* e suas medidas diante das situações alemãs, mas acima de tudo seu desavergonhado otimismo de filisteu, explicam-se a partir de certas impressões de juventude, hábitos e fenômenos doentios passados. Quem uma vez adoeceu de hegelismo e schleiermacherismo nunca mais fica completamente curado.

8

[...] *E assim também ele*[1] *trata a cultura.* Comporta-se como se a vida para ele fosse apenas *otium*, mas *sine dignitate*: e nem mesmo em sonho lança fora seu jugo, como um escravo que, mesmo depois de se libertar de sua miséria, sonha com sua pressa e suas pancadas. Nossos eruditos quase não se distinguem, e em todo caso não em seu favor, dos lavradores que querem aumentar uma pequena propriedade herdada e assiduamente, dia e noite a fio, se esforçam em lavrar o campo, conduzir o arado e espicaçar os bois. Ora, de modo geral, Pascal é de opinião que os homens cultivam com tanto afinco seus afazeres e suas ciências simplesmente para com isso fugir às perguntas mais importantes, que toda solidão, todo ócio efetivo, lhes imporia, justamente aquelas perguntas pelo porquê, pelo de onde, pelo para onde. Aos nossos eruditos,

---

[1] O homem de ciência contemporâneo, na Alemanha. (N.T.)

curiosamente, nem sequer ocorre a mais próxima de todas as perguntas: para que serve seu trabalho, sua pressa, seu doloroso atordoamento? Porventura não seria para merecer o pão e conquistar posições dignas? Não, verdadeiramente não. E, no entanto, vos esforçais ao modo dos indigentes e famintos de pão, e até mesmo arrebatais com tal avidez e sem nenhuma escolha os pratos da mesa da ciência, como se estivésseis a ponto de morrer de fome. Mas se vós, como homens de ciência, procedeis com a ciência como os trabalhadores com as tarefas, que lhes impõem sua indigência e as necessidades da vida, o que será de uma civilização que está condenada, precisamente diante de uma tal cientificidade agitada, sem fôlego, que corre de cá para lá, e até mesmo se debate em estertores, a esperar pela hora de seu nascimento e redenção? Para ela ninguém tem tempo — e, no entanto, o que há de ser, *em geral*, a ciência, se não tem tempo para a civilização? Respondei-nos, pelo menos aqui: de onde, para onde, para que toda a ciência, se não for para levar à civilização? Ora, talvez então à barbárie! E nessa direção vemos já a comunidade erudita pavorosamente avançada, se pudermos pensar que livros tão superficiais como o de Strauss dão satisfação a seu grau atual de civilização. Pois precisamente nele encontramos aquela repelente necessidade de moderação e aquela tolerância casual, ouvida com meia atenção, para com a filosofia e a civilização e em geral para com toda seriedade da existência. Isso nos faz lembrar a vida em sociedade das classes eruditas, que, quando a linguagem especializada se cala, só dão testemunho de cansaço, gosto pela diversão a todo preço, de uma memória desbastada e uma experiência de vida desconexa. Se se ouve falar Strauss sobre as questões da vida, quer seja sobre os problemas do casamento ou sobre a guerra ou a pena de morte, ele nos apavora pela falta de toda experiência efetiva, de toda penetração original no homem: a tal ponto todo seu julgamento é livrescamente uniforme, e até mesmo, no fundo, somente jornalístico; reminiscências literárias tomam o lugar de ideias e entendimentos efetivos, um fingido comedimento e afetação na maneira de expressão deveriam compensar-nos pela falta de sabedoria e de maturidade de pensamento. Com que precisão tudo isso corresponde ao espírito dos ruidosos cenáculos da ciência alemã nas grandes cidades! Com que simpatia deve falar esse espírito àquele espírito: pois precisamente naquelas cidades a civilização mais se perdeu, precisamente nelas até mesmo a germinação de uma nova se tornou impossível, de tão ruidosos que são os preparativos das ciências aqui cultivadas, de tão numerosos que são os rebanhos que invadem as disciplinas prediletas, em detrimento das mais importantes. Com que lanterna seria preciso, aqui, procurar por homens que fossem capazes de um mergulho interior e de um abandono puro ao gênio e tivessem a coragem e força suficientes para invocar demônios que fugiram de nosso tempo! Olhando de fora, encontra-se sem dúvida naquelas cidades toda a pompa da civilização; elas, com seus aparatos imponentes, se assemelham aos arsenais com seus canhões e instrumentos de guerra: vemos preparativos e uma assídua movimentação, como se o céu fosse ser tomado de assalto ou a verdade trazida do fundo do poço mais profundo, e no entanto é na guerra que pior podem ser usadas as maiores máquinas. E assim a civilização efetiva, em seu combate, deixa de lado aquelas cidades e sente com o melhor de seus instintos que ali, para ela, não há nada a esperar e muito a temer. Pois a única forma de civilização e de cultura que pode ser oferecida pelo olho apagado e pelo embotado órgão de pensamento da corporação dos eruditos é justamente aquela *cultura de filisteu*, cujo evangelho Strauss anunciou. [...]

II. DA UTILIDADE E DESVANTAGEM DA HISTÓRIA PARA A VIDA [1874]

1

[...] Se é uma felicidade, se é uma ambição por uma nova felicidade em um sentido qualquer aquilo que firma o vivente na vida e o força a viver, então talvez nenhum filósofo tenha mais razão do que o cínico: pois a felicidade do animal, que é o cínico perfeito, é a prova viva da razão do cinismo. A menor das felicidades, se simplesmente é ininterrupta e faz feliz ininterruptamente, é sem comparação mais felicidade do que a maior delas, que venha somente como um episódio, por assim dizer como humor, como incidente extravagante, entre o puro desprazer, a avidez e a privação. Mas nas menores como nas maiores felicidades é sempre o mesmo aquilo que faz da felicidade felicidade: o poder esquecer ou, dito mais eruditamente, a faculdade de, enquanto dura a felicidade, sentir *a-historicamente*. Quem não se instala no limiar do instante, esquecendo todos os passados, quem não é capaz de manter-se sobre um ponto como uma deusa de vitória, sem vertigem e medo, nunca saberá o que é felicidade e, pior ainda, nunca fará algo que torne outros felizes. Pensem o exemplo extremo, um homem que não possuísse a força de esquecer, que estivesse condenado a ver por toda parte um vir-a-ser: tal homem não acredita mais em seu próprio ser, não acredita mais em si, vê tudo desmanchar-se em pontos móveis e se perde nesse rio do vir-a-ser: finalmente, como o bom discípulo de Heráclito, mal ousará levantar o dedo. Todo agir requer esquecimento: assim como a vida de tudo o que é orgânico requer não somente luz, mas também escuro. Um homem que quisesse sempre sentir apenas historicamente seria semelhante àquele que se forçasse a abster-se de dormir, ou ao animal que tivesse de sobreviver apenas da ruminação e ruminação sempre repetida. Portanto: é possível viver quase sem lembrança, e mesmo viver feliz, como mostra o animal; mas é inteiramente impossível, sem esquecimento, simplesmente *viver*. Ou, para explicar-me ainda mais simplesmente sobre meu tema: *há um grau de insônia, de ruminação, de sentido histórico, no qual o vivente chega a sofrer dano e por fim se arruína, seja ele um homem ou um povo ou uma civilização.*

[...] Quem pergunta a seus conhecidos se desejariam viver mais uma vez os últimos dez ou vinte anos perceberá facilmente quem dentre eles está preparado para aquele ponto de vista supra-histórico: decerto todos responderão: Não! mas esse Não! cada um deles fundamentará diferentemente. Uns, talvez, por esperarem confiantes: "Mas os próximos vinte serão os melhores"; são aqueles de quem David Hume zombeteiramente diz:

And from the dregs of life hope to receive,
What the first sprightly running could not give.[2]

Vamos denominá-los homens históricos; o olhar ao passado os impele ao futuro, inflama seu ânimo a ainda por mais tempo concorrer com a vida, acende a esperança de que a justiça ainda vem, de que a felicidade está atrás da montanha em cuja direção eles caminham. Esses homens históricos acreditam que o sentido da existência, no decorrer de seu *processo*, virá cada vez mais à luz; eles só olham para trás para, na consideração do processo até agora, entenderem o presente e aprenderem a desejar com mais veemência o futuro. Não sabem quão a-historicamente, a despeito de toda a sua história, eles pensam e agem, e como até mesmo sua ocupação com a história não está a serviço do conhecimento puro, mas da vida.

Mas aquela pergunta, cuja primeira resposta ouvimos, pode também ser respondida de outro modo. Decerto mais uma vez com um Não! — mas com um Não fundamentado de outro modo. Com o Não do homem supra-histórico, que não vê a salvação no processo, para quem o mundo em cada instante singular está pronto e alcançou seu termo. O que poderiam ensinar dez novos anos que os dez anos passados não foram capazes de ensinar!

Agora, se o sentido da doutrina é felicidade ou resignação, virtude ou expiação, quanto a isto os homens supra-históricos nunca estiveram de acordo entre si; mas, em contraposição a todos os modos históricos de considerar o que passou, chegam à total unanimidade da proposição: o passado e o presente são um e o mesmo, ou seja, em toda diversidade são tipicamente iguais e, como onipresença de tipos imperecíveis, uma formação estável de valor inalterado e significação eternamente igual. Assim como as centenas

---

2 "E dos detritos da vida esperam arrecadar/ O que o primeiro vivo jogo não pôde dar." (N.T.)

de línguas diferentes correspondem às mesmas necessidades tipicamente estáveis dos homens, de tal modo que um que entendesse essas necessidades não poderia aprender, em todas as línguas, nada de novo: assim o pensador supra-histórico ilumina toda a história dos povos e dos indivíduos de dentro para fora, adivinhando com clarividência o sentido primordial dos diferentes hieróglifos e pouco a pouco afastando-se, cansado, até mesmo da escrita de signos que continua a jorrar sempre nova: pois como, na infinita profusão do acontecimento, não chegaria ele à saciedade, à saturação, e mesmo ao nojo! De tal modo que o mais temerário acabará, talvez, a ponto de dizer, como Giacomo Leopardi, a seu coração:

> Nada vive, que fosse digno
> De tuas emoções, e a Terra não merece um só suspiro.
> Dor e tédio é nosso ser e o mundo é lodo — nada mais.
> Aquieta-te.

Mas deixemos o homem supra-histórico com seu nojo e sua sabedoria: hoje preferimos, por uma vez, alegrar-nos de coração com nossa falta de sabedoria e fazer para nós um bom dia, como se fôssemos os ativos e em progresso, como os adoradores do processo. Que nossa apreciação do histórico seja apenas um preconceito ocidental; contanto que, no interior desses preconceitos, pelo menos façamos progresso e não nos detenhamos! Contanto que aprendamos cada vez melhor precisamente isso, a cultivar história em função dos fins da *vida*! Então concederemos de bom grado aos supra-históricos que eles possuem mais sabedoria do que nós; caso pudermos, simplesmente, estar seguros de possuir mais vida do que eles: pois assim, em todo caso, nossa falta de sabedoria terá mais fruto do que a sabedoria deles. E para que não subsista nenhuma dúvida sobre o sentido dessa oposição entre vida e sabedoria, recorrerei a um procedimento que se conservou intacto através das idades, e estabelecerei diretamente algumas teses.

Um fenômeno histórico, conhecido pura e completamente e resolvido em um fenômeno de conhecimento, é, para aquele que o conhece, morto: pois ele conheceu nele a ilusão, a injustiça, a paixão cega, e, em geral, todo o horizonte sombrio e terrestre desse fenômeno, e, ao mesmo tempo, conheceu, precisamente nisso, sua potência histórica. Agora, essa potência tornou-se para ele, o que sabe, impotente: talvez ainda não para ele, o que vive.

A história pensada como ciência pura e tornada soberana seria uma espécie de encerramento e balanço da vida para a humanidade. A cultura histórica, pelo contrário, só é algo salutar e que promete futuro em decorrência de um poderoso e novo fluxo de vida — por exemplo, de uma civilização vindo a ser — somente quando é dominada e conduzida por uma força superior e não é ela mesma que domina e conduz.

A história, na medida em que está a serviço da vida, está a serviço de uma potência a-histórica e, por isso, nunca, nessa subordinação, poderá e deverá tornar-se ciência pura, como, digamos, a matemática. Mas a questão: até que grau a vida precisa em geral do serviço da história, é uma das questões e cuidados mais altos no tocante à saúde de um homem, de um povo, de uma civilização. Pois, no caso de uma certa desmedida de história, a vida desmorona e degenera, e, por fim, com essa degeneração, degenera também a própria história.

2

[...] Em que, então, é útil ao homem do presente a consideração monumental do passado, o ocupar-se com os clássicos e os raros de tempos antigos? Ele aprende com isso que a grandeza, que existiu uma vez, foi, em todo caso, *possível* uma vez e, por isso, pode ser que seja possível mais uma vez; segue com ânimo sua marcha, pois agora a dúvida, que o assalta em horas mais fracas, de pensar que talvez queira o impossível é eliminada. Admitamos que alguém acredite que não seria preciso mais do que cem homens produtivos, educados e atuantes em um novo espírito para dar cabo do eruditismo que precisamente agora se tornou moda na Alemanha; como ele haveria de se sentir fortalecido, ao perceber que a civilização do Renascimento ergueu-se sobre os ombros de um tal grupo de cem homens.

E, no entanto — para, nesse mesmo exemplo, aprender ainda algo de novo —, quão fluida e oscilante, quão inexata, seria essa comparação! Quantas diferenças é preciso negligenciar para que ela faça aquele efeito fortificante, com que violência é preciso meter a individualidade do passado dentro de uma forma universal e quebrá-la em todos os ângulos agudos e linhas, em benefício da concordância! No fundo, aliás, aquilo que foi possível uma vez só poderia comparecer pela segunda vez como possível se os pitagóricos tivessem razão em acreditar que, quando ocorre a mesma constelação dos corpos celestes, também sobre a Terra tem de se repetir o mesmo, e isso até os mínimos pormenores: de tal modo que sempre, se os outros têm uma certa disposição entre si, um estoico pode aliar-se outra vez com um epicurista e assassinar César, e sempre, em uma outra conjuntura, Colombo descobrirá outra vez a América. Somente se a Terra iniciasse sempre de novo sua peça de teatro depois do quinto ato, se estivesse firmemente estabelecido que o mesmo nó de motivos, o mesmo *deus ex machina*, a mesma catástrofe, retornassem a intervalos determinados, poderia o forte desejar a história monumental em toda a sua *veracidade* icônica, isto é, cada fato precisamente descrito em sua especificidade e singularidade: provavelmente, portanto, não antes que os astrônomos se tenham tornado outra vez astrólogos. Até então, a história monumental não poderá usar daquela veracidade total: sempre aproximará, universalizará e, por fim, igualará o desigual; sempre depreciará a diferença dos motivos e das ocasiões, para, à custa das *causas*, monumentalizar os *effectus*, ou seja, apresentá-los como modelares e dignos de imitação: de tal modo que, porque ela prescinde o mais possível das causas, poderíamos denominá-la, com pouco exagero, uma coletânea de "efeitos em si", de acontecimentos que em todos os tempos farão efeito. Aquilo que é celebrado nas festas populares, nos dias comemorativos religiosos ou guerreiros, é propriamente um tal "efeito em si": é ele que não deixa dormir os ambiciosos, que está guardado como um amuleto no coração dos empreendedores, e não a conexão verdadeiramente histórica de causas e efeitos que, completamente conhecida, só provaria que nunca sairá de novo um resultado exatamente igual no jogo de dados do futuro e do acaso. [...]

4

[...] Certamente um tal astro, um astro luminoso e soberbo, se interpôs, a constelação efetivamente se alterou—*pela ciência, pela exigência de que a história seja ciência*. Agora não é mais somente a vida que rege e refreia o saber em torno do passado: todas as estacas de limite foram arrancadas, e tudo o que era uma vez precipita-se sobre o homem. Até onde houve um vir-a-ser, até lá se deslocaram, para trás, ao infinito, todas as perspectivas. Nenhuma geração viu ainda um espetáculo tão inabarcável como o que a ciência do vir-a-ser universal, a história, mostra agora: é certo, porém, que ela o mostra com a perigosa audácia do lema que escolheu: *fiat veritas, pereat vita*.[3]

Formemos agora uma imagem do evento espiritual que se produziu, com isso, na alma do homem moderno. O saber histórico jorra de fontes inexauríveis, sempre de novo e cada vez mais; o que é estrangeiro e desconexo entre si se aglomera; a memória abre todas as suas portas e, no entanto, ainda não está suficientemente aberta; a natureza se esforça ao extremo para acolher esses hóspedes estrangeiros, ordená-los e honrá-los, mas estes mesmos estão em combate entre si, e parece necessário dominar e vencer todos eles, para não perecer, ela mesma, nesse combate entre eles. O hábito a uma tal vida doméstica desordenada, tempestuosa e combatente, torna-se, pouco a pouco, uma segunda natureza, embora esteja fora de questão que essa segunda natureza seja muito mais fraca, muito mais intranquila

---

3 "Haja a verdade, pereça a vida." (N.E.)

e em tudo menos sadia do que a primeira. O homem moderno acaba por arrastar consigo, por toda parte, uma quantidade descomunal de indigestas pedras de saber, que ainda, ocasionalmente, roncam na barriga, como se diz no conto. Com esses roncos, denuncia-se a propriedade mais própria desse homem moderno: a notável oposição entre um interior, a que não corresponde nenhum exterior, e um exterior, a que não corresponde nenhum interior; oposição que os povos antigos não conhecem. O saber, que é absorvido em desmedida sem fome, e mesmo contra a necessidade, já não atua mais como motivo transformador, que impele para fora, e permanece escondido em um certo mundo interior caótico que esse homem moderno, com curioso orgulho, designa como a "interioridade" que lhe é própria. É certo que se diz, então, que se tem o conteúdo e que falta somente a forma: mas, em todo vivente, esta é uma oposição completamente indevida. Nossa cultura moderna, por isso mesmo, não é nada de vivo, porque, sem aquela oposição, absolutamente não pode ser concebida, isto é, não é, de modo algum, uma cultura efetiva, mas apenas uma espécie de saber em torno da cultura; fica no pensamento de cultura, no sentimento de cultura, dela não resulta nenhuma decisão de cultura. Em contrapartida, aquilo que é efetivamente motivo e que, como ato, se torna visível na exterioridade, muitas vezes não significa, então, muito mais do que uma convenção indiferente, uma deplorável imitação ou mesmo um grotesco esgar. É na interioridade que repousa então a sensação, igual à cobra que engoliu coelhos inteiros e, em seguida, quieta e serena, se deita ao sol e evita todos os movimentos, além dos mais necessários. O processo interno: tal é agora a coisa mesma, tal é propriamente a "cultura". Todo aquele que passa por ali tem um único desejo — que tal cultura não morra de indigestão. Que se pense, por exemplo, um grego passando diante de tal cultura; ele perceberia que para os homens modernos ser "culto" e ter uma "cultura histórica" parecem tão solidários como se fossem um só e somente se distinguissem pelo número das palavras. Se então ele pronunciasse sua frase: alguém pode ser muito culto e, no entanto, não ter nenhuma cultura histórica, acreditariam não ter ouvido bem e sacudiriam a cabeça. Aquele pequeno povo bem conhecido, de um passado não demasiado distante — refiro-me justamente aos gregos —, havia preservado em si, no período de sua máxima força, um sentido a-histórico; se um homem contemporâneo tivesse de retornar, por magia, àquele mundo, provavelmente acharia os gregos muito "incultos", com o que então o segredo tão meticulosamente oculto da cultura moderna seria descoberto, para a zombaria pública: pois, de nós mesmos, nós modernos não temos nada; é somente por nos enchermos e abarrotarmos com tempos, costumes, artes, filosofias e religiões alheios que nos tornamos algo digno de atenção, ou seja. enciclopédias ambulantes, e como tais, talvez, um heleno antigo extraviado em nosso tempo nos dirigisse a palavra. [...]

5

[...] Em que situações desnaturadas, artificiais e, em todo caso, indignas há de cair, em um tempo que sofre de cultura geral, a mais verdadeira de todas as ciências, a honrada deusa nua, a filosofia! Em tal mundo da uniformidade exterior forçada, ela permanece monólogo erudito do passeador solitário, fortuita presa de caça do indivíduo, oculto segredo de gabinete ou inofensiva tagarelice entre anciãos acadêmicos e crianças. Ninguém pode ousar cumprir a lei da filosofia em si mesmo, ninguém vive filosoficamente, com aquela lealdade simples, que obrigava um antigo, onde quer que estivesse, o que quer que fizesse, a portar-se como estoico, caso tivesse uma vez jurado fidelidade ao Pórtico. Todo filosofar moderno está política e policialmente limitado à aparência erudita por governos, igrejas, academias, costumes e covardias dos homens; ele permanece no suspiro: "mas se...", ou no reconhecimento: "era uma vez". A filosofia, no interior da cultura histórica, não tem direitos, caso queira ser mais do que um saber interiormente recolhido, sem efeito; se, pelo menos, o homem moderno fosse corajoso e decidido, ele não seria, também em suas inimizades, apenas um ser interior: ele a baniria; agora, contenta-se em revestir envergonhadamente sua nudez. Sim, pensa-se, escreve-se, imprime-se, fala-se, ensina-se filosoficamente — até aí tudo é permitido; somente no agir, na assim chamada vida, é diferente: ali o permitido é sempre um só, e todo o resto é simplesmente impossível: assim o quer a cultura histórica. São homens ainda — pergunta-se então —, ou talvez apenas máquinas de pensar, de escrever e de falar?

Goethe diz uma vez de Shakespeare: "Ninguém mais que ele desprezou o traje material; ele conhece muito bem o traje humano interior, e aí todos são iguais. Diz-se que ele mostrou com perfeição os romanos; não acho, são puros ingleses encarnados, mas, sem dúvida, homens são homens desde o fundo, e aos quais se adapta perfeitamente também a toga romana". Agora pergunto eu se seria sequer possível apresentar nossos literatos, homens do povo, funcionários, políticos de hoje, como romanos; isso não pode ser, porque estes não são homens, mas apenas compêndios encarnados e, por assim dizer, abstrações concretas. Se é que têm caráter e modo próprio, isso tudo está tão profundamente oculto que não pode desentranhar-se à luz do dia: se é que são homens, só o são, no entanto, para aquele "que examina as entranhas". Para todos os outros, são algo outro, não homens, não animais, mas formações culturais históricas, unicamente cultura, formação, imagem, forma sem conteúdo demonstrável, infelizmente apenas má forma e, além disso, uniforme.[4] E possa ser assim entendida e ponderada minha proposição: *a história só pode ser suportada por personalidades fortes, as fracas ela extingue totalmente*. Isso vem de ela confundir o sentimento e a sensação, quando estes não são suficientemente fortes para servirem de medida ao passado. Quem não ousa mais confiar em si, mas involuntariamente, para sentir, pede conselho à história: "Como devo sentir aqui?", este se torna pouco a pouco, por pusilanimidade, espectador e desempenha um papel, no mais das vezes até muitos papéis, e justamente por isso desempenha cada um deles tão mal e superficialmente. Pouco a pouco, falta toda congruência entre o homem e seu domínio histórico; são pequenos rapazolas petulantes que vemos tratar com os romanos, como se estes fossem seus iguais: e, nos restos mortais de poetas gregos, eles revolvem e cavam, como se também estes *corpora* estivessem jazendo prontos para sua dissecção e fossem *vilia*, como seus próprios *corpora* literários poderiam ser. Admitindo que um deles se ocupe com Demócrito, está sempre em meus lábios a pergunta: mas por que justo Demócrito? Por que não Heráclito? Ou Filon? Ou Bacon? Ou Descartes? — e assim por diante, à vontade. E, em seguida: mas por que justo um filósofo? Por que não um poeta, um orador? E: por que em geral um grego, por que não um inglês, um turco? O passado não é suficientemente grande para que nele se encontre algo junto ao qual vós mesmos não ficásseis tão ridiculamente gratuitos? Mas, como foi dito, é uma geração de eunucos; para o eunuco, uma mulher é como a outra, precisamente apenas uma mulher, a mulher em si, o eternamente inacessível — e assim é indiferente o que fazeis, contanto que a própria história fique guardada, lindamente "objetiva", justamente por aqueles que nunca podem, eles mesmos, fazer história. E como o eterno feminino nunca vos atrairá para si, vós o rebaixais até vós e, sendo neutros, tomais também a história como algo neutro. Mas, para que não se creia que comparo a sério a história com o eterno feminino, quero antes enunciar claramente que a considero, pelo contrário, como eterno masculino: só que para aqueles que em tudo e por tudo têm "cultura histórica", há de ser devidamente indiferente que ela seja um ou outro: eles mesmos, de fato, não são homem nem mulher, nem sequer comuns de dois, mas sempre apenas neutros ou, numa expressão mais culta, apenas os eternamente-objetivos.

---

4 No texto: "[...] *Sondern historische Bildungsgebilde, ganz und gar Bildung, Bild, Form ohne nachweisbaren Inhalt, leider nur schlechte Form, und überdies Uniform*". A dificuldade consiste em ressaltar a presença do radical *bild* — do verbo *bilden* (formar, moldar e, em sentido figurado, educar) e do substantivo *Bild* (imagem, cópia) — nos termos *Bildung* (cultura), *Gebilde* (formação, estrutura) e *Bild*. Impossível reconstituir o jogo semântico do texto (por exemplo, o parentesco entre *cultura* e *imagem*). Em todo caso, a tradução de *Gebilde* por "formação" antecipa o jogo que o texto faz em seguida com a palavra *Form* (propriamente "forma"). (N.T.)

Uma vez esvaziadas as subjetividades da maneira descrita, até chegarem à eterna despersonalização ou, como se diz, à objetividade, nada mais é capaz de agir sobre elas; pode acontecer seja o que for de bom e justo, como ato, como poesia, como música: logo o oco homem de cultura olha para além da obra e pergunta pela história do autor. [...]

7

O sentido histórico, quando reina *irrefreado* e traz todas as suas consequências, erradica o futuro, porque destrói as ilusões e retira às coisas sua atmosfera, somente na qual elas podem viver. A justiça histórica, mesmo quando é exercida efetivamente e em intenção pura, é uma virtude pavorosa, porque sempre solapa o que é vivo e o faz cair: seu julgamento é sempre uma condenação à morte. Quando por trás do impulso histórico não atua nenhum impulso construtivo, quando não se está destruindo e limpando terreno para que um futuro já vivo na esperança construa sua casa sobre o chão desimpedido, quando a justiça reina sozinha, então o instinto criador é despojado de sua força e de seu ânimo. Uma religião, por exemplo, que seja transposta em saber histórico, sob a regência da pura justiça, uma religião que em todo e por tudo seja conhecida cientificamente, ao fim desse caminho estará aniquilada. O fundamento disso está em que, no cômputo histórico, sempre vem à luz tanto de falso, grosseiro, desumano, absurdo, violento, que a piedosa disposição à ilusão, somente na qual pode viver tudo o que quer viver, é necessariamente desbaratada: somente no amor, porém, somente envolto em sombras pela ilusão do amor, o homem cria, ou seja, somente na crença incondicional na perfeição e na justiça. A todo aquele que obrigaram a não mais amar incondicionalmente, cortaram as raízes de sua força: ele tem de se tornar árido, ou seja, desonesto. Nesses efeitos, a história é o oposto da arte: e somente quando a história suporta ser transformada em obra de arte e, portanto, tornar-se pura forma artística, ela pode, talvez, conservar instintos ou mesmo despertá-los. Uma tal historiografia, porém, estaria em total contradição com o traço analítico e inartístico de nosso tempo, e até mesmo será sentida por ele como falsificação. História, porém, que apenas destrói, sem que a conduza um impulso construtivo interior, torna, com o tempo, sofisticados e desnaturados seus instrumentos: pois tais homens destroem ilusões e "quem destrói a ilusão em si mesmo e nos outros, a natureza, como o mais rigoroso tirano, o castiga". Por um bom tempo, é possível ocupar-se com a história em toda inocência e despreocupação, como se fosse uma ocupação tão boa como qualquer outra; em particular, a nova teologia parece ter-se deixado envolver com a história por pura inocência, e ainda agora mal quer notar que, com isso, provavelmente muito contra a vontade, está a serviço do *écrasez* voltairiano. Que ninguém suponha, por trás disso, novos e vigorosos instintos construtivos; nesse caso seria preciso tomar a assim chamada associação protestante por matriz de uma nova religião e talvez o jurista Holtzendorf (o editor e prefaciador da ainda mais assim chamada Bíblia protestante) por João no rio Jordão. Por algum tempo, talvez a filosofia hegeliana, ainda fumegante em cabeças mais idosas, ajude a propagação daquela inocência, por exemplo, quando distinguem a "Ideia do cristianismo" de suas "formas de manifestação" diversamente imperfeitas e quando se dizem que é o "diletantismo da Ideia" revelar-se em formas cada vez mais puras, e por fim, ou seja, na forma certamente mais pura de todas, mais transparente e mesmo quase invisível, no cérebro do atual *theologus liberalis vulgaris*. Mas, ao ouvir esses cristianismos mais puros de todos se pronunciarem sobre os anteriores cristianismos impuros, o ouvinte imparcial tem frequentemente a impressão de que não se trata absolutamente do cristianismo, mas sim de... mas em que devemos pensar? — se encontramos o cristianismo designado pelo "maior teólogo do século" como a religião que permite "sentir-se integrado em todas as religiões efetivas e ainda em algumas outras meramente possíveis", e se a "verdadeira igreja" deve ser aquela que "se torna massa fluida, onde não há contornos, onde cada parte se encontra ora aqui, ora ali, e tudo se mistura pacificamente entre si". — Mais uma vez, em que devemos pensar?

Aquilo que se pode aprender com o cristianismo, isto é, que ele, sob o efeito de um tratamento historicizante, se tornou sofisticado e desnaturado, até que finalmente um tratamento completamente histórico, isto é, justo, o dissolve em puro saber em torno do cristianismo, e com isso o aniquila, isso se pode estudar em tudo o que tem vida: que cessa de viver quando é dissecado até o fim e vive dolorosa e doentiamente quando se começam a praticar sobre ele exercícios de dissecação histórica. [...]

8

[...] A cultura histórica também é, efetivamente, uma espécie de encanecimento inato, e aqueles que trazem em si seus sinais desde a infância têm de chegar à crença instintiva na *velhice da humanidade*: à velhice, porém, convém agora uma ocupação senil, ou seja, olhar para trás, fazer as contas, concluir, procurar consolo no que foi por meio de recordações, em suma, cultura histórica. A espécie humana, porém, é uma coisa tenaz e persistente, e não quer, após milênios, nem mesmo após centenas de milhares de anos, ser observada em seus passos — para diante e para trás —, isto é, *não* quer, de modo nenhum, ser observada como um todo por esse pontinho de átomo infinitamente pequeno, o indivíduo humano. O que querem dizer alguns milênios (ou expresso de outro modo: o espaço de tempo de trinta e quatro vidas humanas consecutivas, calculadas em sessenta anos) para que no início de um tal tempo se possa ainda falar em "juventude" e na conclusão já em "velhice da humanidade"! Não se aloja, em vez disso, nessa crença paralisante em uma humanidade já em fenecimento, o mal-entendido de uma representação cristã-teológica herdada da Idade Média, o pensamento da proximidade do fim do mundo, do julgamento esperado com temor? Transveste-se essa representação na crescente necessidade histórica de juiz, como se nosso tempo, o último dos possíveis, estivesse ele mesmo autorizado a promover esse Juízo universal, que a crença cristã de modo nenhum esperava do homem, mas do "filho do homem"? Outrora esse *memento mori*,[5] clamado à humanidade assim como ao indivíduo, era um aguilhão sempre torturante e como que o ápice do saber e da consciência medievais. A palavra do tempo moderno, clamada em oposição a ele: memento *vivere*, soa, para falar abertamente, ainda bastante intimidada, não vem a plenos pulmões e tem, quase, algo de desonesto. Pois a humanidade ainda está firmemente assentada sobre o *memento mori* e denuncia isso pela sua universal necessidade histórica: o saber, a despeito de seu mais poderoso bater de asas, ainda não pôde arrancar para o ar livre, restou um profundo sentimento de desesperança, que assumiu aquela coloração histórica de que agora estão soturnamente envoltas toda educação e cultura superiores. Uma religião que, de todas as horas de uma vida humana, considera a última como a mais importante, que prediz uma conclusão da vida terrestre em geral, e condena tudo o que vive a viver no quinto ato da tragédia, excita, com certeza, as forças mais profundas e mais nobres, mas é hostil a toda nova implantação, tentativa audaciosa, desejo livre; resiste contra todo voo ao desconhecido, porque ali não ama, não espera: somente contra a vontade deixa impor-se a ela o que vem a ser, para, no devido tempo, repudiá-lo ou sacrificá-lo como um aliciador à existência, como um mentiroso sobre o valor da existência. Aquilo que fizeram os florentinos quando, sob o impacto das prédicas de penitência de Savonarola, promoveram aquela célebre queima sacrificial de quadros, manuscritos, espelhos, máscaras, o cristianismo gostaria de fazer com toda cultura que estimule à continuação do esforço e traga aquele *momento vivere* como lema, e se não é possível fazê-lo em linha reta, sem rodeio, ou seja, por prepotência, ele alcança igualmente seu alvo quando se alia com a cultura histórica, o mais das vezes até mesmo à sua revelia, e então, falando a partir dela, recusa, dando de ombros, tudo o que vem a ser, e espraia sobre ele o sentimento do tardio e do epigonal, em suma, o encanecimento inato. A consideração amarga e profundamente séria sobre o desvalor de todo o acontecido,

---

[5] "Lembra-te que hás de morrer." (N.E.)

sobre o estar-maduro-para-o-julgamento do mundo, liquefez-se na consciência cética de que, em todo caso, é bom saber todo o acontecido, porque é tarde demais para fazer algo de melhor. Assim, o sentido histórico torna seus servidores passivos e retrospectivos; e quase que somente por esquecimento momentâneo, precisamente na intermitência desse sentido, o doente de febre histórica se torna ativo, para, tão logo a ação tenha passado, dissecar seu ato, impedir por meio da consideração analítica a continuação de seu efeito e, finalmente, ressequi-lo em "história". Nesse sentido, vivemos ainda na Idade Média, a história é sempre ainda uma teologia embuçada: como, do mesmo modo, o terror sagrado com que o leigo não científico trata a casta científica é um terror sagrado herdado do clero. Aquilo que se dava outrora à igreja dá-se agora, embora com mais parcimônia, à ciência: mas, se se dá, isso foi obra da igreja em outros tempos e não, somente agora, obra do espírito moderno, que, pelo contrário, ao lado de suas outras boas qualidades, tem sabidamente algo de avareza e desconhece a nobre arte da generosidade. [...]

Essa história entendida hegelianamente foi chamada com escárnio a perambulação de Deus sobre a Terra, Deus este que, entretanto, por seu lado, só é feito pela história. Esse Deus porém tornou-se, no interior da caixa craniana de Hegel, transparente e inteligível para si mesmo e já galgou os degraus dialéticos possíveis de seu vir-a-ser, até chegar a essa autorrevelação: de tal modo que, para Hegel, o ponto culminante e o ponto final do processo universal coincidiam em sua própria existência berlinense. Aliás, ele teria mesmo de dizer que todas as coisas que viriam depois dela só devem ser avaliadas, propriamente, como a coda musical de um rondó da história universal ou, ainda mais propriamente, como supérfluas. Isso ele não disse: em compensação, implantou nas gerações fermentadas por ele aquela admiração diante da "potência da história" que praticamente converte todos os instantes em admiração do sucedido e conduz à idolatria do fatual: culto este para o qual, agora, aprendeu-se universalmente a usar a formulação muito mitológica e além disso bem alemã: "levar em conta os fatos". Mas quem aprendeu antes a curvar as costas e inclinar a cabeça diante da "potência da história" acaba por acenar mecanicamente, à chinesa, seu "sim" a toda potência, seja esta um governo ou uma opinião pública ou uma maioria numérica, e movimenta seus membros precisamente no ritmo em que alguma "potência" puxa os fios. Se todo sucedido contém em si uma necessidade racional, se todo acontecimento é o triunfo do lógico ou da "Ideia" — então, depressa, todos de joelhos, e percorrei ajoelhados toda a escada dos "sucedidos"! Como? Não haveria mais mitologias reinantes? Como? As religiões estariam à morte? Vede simplesmente a religião da potência histórica, prestai atenção nos padres da mitologia das Ideias e em seus joelhos esfolados!

Não estão até mesmo todas as virtudes no séquito dessa nova crença? Ou não é abnegação quando o homem histórico se deixa reduzir a um espelho objetivo? Não é grandeza renunciar a toda potência no céu ou sobre a Terra, adorando em cada potência a potência em si? Não é justiça ter sempre nas mãos os pratos de balança das potências e observar com finura qual delas, sendo mais forte e mais pesada, se inclina? E que escola de bom-tom é uma tal consideração da história! Tomar tudo objetivamente, não se zangar com nada, não amar nada, compreender tudo, como isso torna brando e maleável; e mesmo quando um educado nessa escola alguma vez se zangue publicamente e se irrite, isso causa alegria, pois bem se sabe que a intenção é apenas artística, é *ira* e *studium* e, no entanto, inteiramente *sine ira et studio*.[6]

Que pensamentos antiquados contra tal complexo de mitologia e virtude tenho no coração! Mas alguma vez terei de pô-los para fora, por mais que riam. Eu diria, então: a história sempre carimba "era uma vez", a moral, "não deveis" ou "não devíeis". Assim a história se torna um compêndio de amoralidade fatual. Quão gravemente erraria aquele que visse a história, ao mesmo tempo, como julgadora dessa amoralidade fatual! Ofende a moral, por exemplo, que um Rafael tenha tido de morrer com trinta e seis anos de idade: um tal ser não deveria morrer. Se agora quereis vir em auxílio da história, como apologista do fatual, direis: ele enunciou tudo o que estava nele, se vivesse mais só teria podido criar beleza como beleza igual, não como beleza nova, e coisas semelhantes. Assim sois os advogados do diabo, e justamente por fazerdes do sucedido, do fato, vosso ídolo: enquanto o fato é sempre estúpido e em todos os tempos sempre teve aspecto mais semelhante a um bezerro do que a um deus. Como apologistas da história fala-vos ao ouvido, além disso, a ignorância, pois somente por não saberdes o que é uma *natura naturans*[7] como a de Rafael não ficais acalorados ao perceber que ele foi e não será mais. Sobre Goethe, alguém quis recentemente ensinar-nos que ele, com seus oitenta e dois anos, havia sobrevivido a si mesmo: e, no entanto, por alguns anos do Goethe "sobrevivido", eu daria de bom grado vagões inteiros cheios de frescas vidas ultramodernas para ainda tomar parte em conversações tais como Goethe as teve com Eckermann e para, dessa maneira, ficar protegido de todos os ensinamentos contemporâneos dos legionários do instante. Quão poucos vivos têm, em geral, contrapostos a tais mortos, o direito de viver! Se muitos vivem e aqueles poucos não vivem mais, isso não passa de uma verdade brutal, isto é, de uma estupidez incorrigível, de um rude "assim é" contraposto à moral "não deveria ser assim". Sim, contraposto à moral! Pois que se fale de qual virtude

---

6 "Sem ira e dedicação." (N.E.)
7 "Natureza naturante" (Deus como causa). (N.E.)

se queira, da justiça, da grandeza, da bravura, da sabedoria e da paixão do homem—por toda parte ele é virtuoso por levantar-se contra aquela cega potência dos fatos, contra a tirania do efetivo, e por submeter-se a leis que não são as leis daquelas flutuações históricas. Ele sempre nada contra a correnteza da história, seja quando combate suas paixões como a mais próxima fatualidade estúpida de sua existência ou quando assume o dever da honestidade, enquanto a mentira urde ao seu redor sua rede cintilante. Se, de modo geral, a história não fosse nada mais do que o "sistema universal da paixão e do erro", o homem teria de ler nela, assim como Goethe aconselha que se leia o *Werther*: como se ela clamasse, "sê um homem e não me sigas!". Por felicidade, porém, ela guarda também a memória dos grandes que combateram *contra a história*, isto é, contra a potência cega do efetivo, e coloca a si mesma no cadafalso, ao destacar precisamente aqueles com as naturezas propriamente históricas, que pouco se afligem com o "assim é", para, em vez disso, com sereno orgulho, seguirem seu "assim deve ser". Não levar sua geração ao túmulo, mas fundar uma nova geração—é isto que os impele incansavelmente para diante: e se eles mesmos nasceram como retardatários—há um modo de viver que faz esquecer isto—, as gerações vindouras só os conhecerão como primícias.

9

[...] De fato, está mais que no tempo de avançar contra os descaminhos do sentido histórico, contra o desmedido gosto pelo processo, em detrimento do ser e da vida, contra o insensato deslocamento de todas as perspectivas, com todo o batalhão de maldades satíricas; e deve ser sempre dito em louvor do autor da *Filosofia do inconsciente*[8] que ele foi o primeiro a conseguir sentir agudamente o ridículo da representação do "processo universal" e, pela curiosa seriedade da sua exposição, fazer com que ele fosse sentido ainda mais agudamente. Para que está aí o "mundo", para que está aí a "humanidade"—isso por enquanto não deve nos afligir, a não ser que queiramos fazer uma piada: pois o atrevimento do pequeno verme humano é o que há de mais jocoso e de mais hilariante sobre o palco terrestre; mas para que tu, indivíduo, estás aí?—isso te pergunto, e, se ninguém te pode dizê-lo, tenta apenas uma vez legitimar o sentido de tua existência como que *a posteriori*, propondo tu a ti mesmo um fim, um alvo, um "para quê", um alto e nobre "para quê". Morre por ele—não conheço nenhuma finalidade melhor para a vida do que morrer pelo grandioso e pelo impossível, *animae magnae prodigus*.[9] Se, em contrapar-

---

8 Edward von Hartmann, prosélito de Hegel, que Nietzsche apresenta aqui, ironicamente, como um genial parodista—que, nos caricatos enunciados de sua "*Spass-Philosophie*", nunca perde a compostura de uma verdadeira "*Ernst-Philosophie*". (N.T.)
9 Que sacrifica a sua vida. (N.E.)

tida, as doutrinas do vir-a-ser soberano, da fluidez de todos os conceitos, tipos e espécies, da falta de toda diferença cardeal entre homem e animal — doutrinas que considero como verdadeiras, mas como mortais —, no furor de instrução agora costumeiro, forem lançados ao povo ainda durante uma geração, ninguém deve admirar-se se o povo naufragar no egoisticamente pequeno e mísero, na ossificação e no amor-próprio, ou seja, se se desagregar e deixar de ser povo: em lugar disso, então, talvez sistemas de egoísmos individuais, irmandades para fins de pilhagem contra os não irmãos, e semelhantes criações de vulgaridade utilitária entrarão em cena no palco do futuro. Para preparar o caminho a essas criações, basta que se continue a escrever a história do ponto de vista das *massas* e a procurar nela aquelas leis que podem ser derivadas das necessidades das massas, portanto, as leis de movimento das mais baixas camadas de lama e de argila da sociedade. Somente sob três perspectivas as massas me parecem merecer um olhar: uma vez, como cópias esmaecidas dos grandes homens, impressas em mau papel e com chapas gastas; em seguida, como obstáculo contra os grandes; e, enfim, como instrumentos dos grandes; de resto, leve-a o diabo e a estatística! Como? A estatística prova que há leis na história. Leis? Sim, ela prova como é comum e repugnantemente uniforme a massa: devemos chamar de leis o efeito dessas forças de gravidade que são a estupidez, o arremedo, o amor e a fome? Ora, vamos admiti-lo, mas com isso também se estabelece a proposição: enquanto há leis na história, as leis não valem nada, e a história não vale nada. Mas é precisamente aquela espécie de história que está agora universalmente em apreço, aquela que toma os grandes impulsos de massas como o mais importante e o principal na história e considera todos os grandes homens apenas como a expressão mais nítida, por assim dizer, como as bolhas que se tornam visíveis sobre a torrente das águas. [...]

III. SCHOPENHAUER COMO EDUCADOR [1874]

3

[...] Este foi o primeiro perigo à sombra do qual Schopenhauer cresceu: isolamento. O segundo é: desespero da verdade. Esse perigo acompanha todo pensador que toma seu caminho a partir da filosofia kantiana, pressuposto que seja um homem vigoroso e inteiro no sofrer e desejar, e não apenas uma sacolejante máquina de pensar e de calcular. Mas sabemos todos muito bem que vergonhosa é a situação, precisamente quanto a esse pressuposto; e até mesmo me parece, de modo geral, que somente em pouquíssimos homens Kant atuou vivamente e transformou sangue e seivas. Aliás, como se pode ler por toda parte, desde o feito desse tranquilo erudito deveria ter irrompido uma revolução, em todos os domínios do espírito; mas não posso acreditar nisso. Pois não o vejo claramente em homens que, antes de tudo, teriam de ser eles mesmos revolucionados, antes que quaisquer domínios inteiros pudessem sê-lo. Mas, tão logo Kant comece a exercer um efeito popular, nós o perceberemos na forma de um corrosivo e demolidor ceticismo e relativismo; e somente nos espíritos mais ativos e mais nobres, que nunca aguentaram permanecer na dúvida, apareceria, no lugar dela, aquele abalo e desespero de toda verdade, que foi vivido, por exemplo, por Heinrich von Kleist, como efeito da filosofia kantiana. "Há pouco", escreve ele, certa vez, a seu modo cativante, "travei conhecimento com a filosofia kantiana, e agora tenho de comunicar-te um pensamento tirado dela, pois não posso temer que ele te abalará tão profunda, tão dolorosamente quanto a mim. — Não podemos decidir se aquilo que denominamos verdade é verdadeiramente verdade ou se apenas nos parece assim. Se é este último, então a verdade que juntamos aqui não é mais nada depois da morte, e todo esforço para adquirir um bem que nos siga até mesmo no túmulo é vão. — Se a ponta desse pensamento não atinge teu coração, não sorrias de um outro que se sente profundamente ferido por ele, em seu íntimo mais sagrado. Meu único, meu supremo alvo foi a pique, e não tenho mais nenhum." Sim, quando voltarão os homens a sentir dessa forma kleistiana, natural, quando reaprenderão a medir o sentido de uma filosofia em seu "íntimo mais sagrado"? E, no entanto, isso é necessário antes que se possa avaliar o que pode ser, para nós, depois de Kant, precisamente Schopenhauer — ou seja, o guia que conduz, da caverna do desânimo cético ou da abstinência crítica à altura da consideração trágica, o céu noturno com suas estrelas sobre nós até o infinito, e que conduziu a si mesmo, como o primeiro, por esse caminho. Essa é sua grandeza: ter-se colocado em face da imagem da vida como um todo, para interpretá-la como todo; enquanto as cabeças mais perspicazes não podem libertar-se do erro de pensar que se chega mais perto dessa interpretação quando se investigam meticulosamente as cores com as quais, e a matéria sobre a qual essa imagem está pintada; talvez chegando ao resultado de que é uma tela de urdidura intrincadíssima e, sobre ela, cores que são quimicamente insondáveis. É preciso adivinhar o pintor para entender a imagem — disso Schopenhauer sabia. Mas a corporação inteira de todas as ciências saiu em campo para entender aquela tela e aquelas cores, mas não a imagem; e até mesmo se pode dizer que somente aquele que captou firmemente no olho a pintura universal da vida e da existência se servirá das ciências singulares sem dano próprio, pois, sem uma tal imagem de conjunto reguladora, elas são malhas que nunca conduzem ao fim e tornam o curso de nossa vida ainda mais confuso e labiríntico. Nisso, como foi dito, Schopenhauer é grande, em perseguir aquela imagem como Hamlet persegue o espírito, sem se deixar distrair, como fazem os eruditos, ou ser emaranhado por uma escolástica conceitual, como é o destino dos dialéticos desenfreados. O estudo de todos os filósofos de compartimento só é atraente por dar a conhecer que estes, no edifício das grandes filosofias, encalham logo naqueles lugares onde é permitido o pró e o contra em termos eruditos, onde é permitido o cismar, o duvidar, o contradizer, e que, com isso, eles se furtam à exigência de toda grande filosofia, que, como um todo, sempre diz unicamente: esta é a imagem de toda vida, aprende nela o sentido de tua vida. Ou vice-versa: lê tua vida e entende nela os hieróglifos da vida universal. [...]

O juízo dos antigos filósofos gregos sobre o valor da existência diz tão mais do que um juízo moderno porque eles tinham diante de si e em torno de si a vida mesma em uma exuberante perfeição e porque neles o sentimento do pensador não se confunde, como entre nós, no dilema entre o desejo de liberdade, beleza e grandeza da vida e o impulso à verdade, que pergunta somente: o que vale em geral a existência? Permanece importante para todos os tempos saber o que Empédocles, em meio ao mais vigoroso e ao mais efusivo prazer de viver da cultura grega, enunciou sobre a existência; seu juízo pesa muito, tanto que nem um único juízo em contrário, de algum outro grande filósofo do mesmo grande tempo, o contradiz. Ele apenas fala com clareza maior, mas no fundo — ou seja, para quem abre um pouco os ouvidos — todos eles dizem o mesmo. Um pensador moderno, como foi dito, sempre sofrerá de um desejo não cumprido: exigirá que antes lhe mostrem outra vez vida, vida verdadeira, vermelha, sadia, para que ele então emita sua sentença sobre ela. Pelo menos para si mesmo, ele considerará necessário ser um homem vivo, antes de poder acreditar que pode ser um juiz justo. Aqui está o fundamento pelo qual os filósofos modernos estão precisamente entre os mais poderosos fomentadores da vida, da vontade de vida, e aspiram a sair de seu próprio tempo extenuado em direção a uma civilização, a uma *physis* transfigurada. Essa aspiração, entretanto, é também seu *perigo*: neles combatem o reformador da vida e o filósofo, isto é: o juiz da vida. Seja qual for o lado para o qual se incline a vitória, é sempre uma vitória que encerrará em si uma perda. E como Schopenhauer escapou também a esse perigo?

Se todo grande homem chega a ser considerado, acima de tudo, precisamente como o filho autêntico de seu tempo e, em todo caso, sofre de todas as suas mazelas com mais força e mais sensibilidade do que todos os homens menores, então o combate de um tal grande *contra* seu tempo é, ao que parece, apenas um combate sem sentido e destrutivo contra si mesmo. Mas, justamente, apenas ao que parece; pois o que ele combate em seu tempo é aquilo que o impede de ser grande, e isto para ele significa apenas: ser livre e inteiramente ele mesmo. Disso se segue que sua hostilidade, no fundo, está dirigida precisamente contra aquilo que, por certo, está nele mesmo, mas não é propriamente ele mesmo, ou seja, a impura mescla e a aproximação do incompatível e do eternamente inconciliável, contra a falsa solda do contemporâneo com sua extemporaneidade; e, afinal, o suposto filho do tempo se mostra apenas como seu enteado. Assim lutou Schopenhauer, já desde sua primeira juventude, contra aquela mãe falsa, vaidosa e indigna, o tempo, e, como que a expulsando de si, purificou e curou seu ser e reencontrou-se em sua devida saúde e pureza. Por isso os escritos de Schopenhauer podem ser usados como espelho do tempo; e com certeza não é por um defeito do espelho se nele tudo o que é contemporâneo se torna visível como uma doença deformante, como magreza e palidez, como olheiras e caras abatidas, como as marcas visíveis do sofrimento daquela infância de enteado. A aspiração por uma natureza mais forte, por uma humanidade mais sadia e mais simples, era nele uma aspiração por si mesmo; e, logo que venceu o tempo em si mesmo, ele tinha de ver em si mesmo, com olhos espantados, o gênio. O segredo de seu ser foi-lhe agora revelado, o propósito daquela madrasta, o tempo, de esconder dele esse gênio, se tornou vão, o reino da *physis* transfigurada foi descoberto. Se ele agora voltava seu olho destemido à questão: "O que vale em geral a vida?" — não tinha mais um tempo confuso e empalidecido e uma vida hipocritamente sem clareza para condenar. E sabia bem que há algo ainda mais alto e mais puro nesta Terra para encontrar e para alcançar do que uma tal vida contemporânea, e que é amargamente injusto com a existência todo aquele que só a conhece e avalia segundo essa feia figura. Não, é o gênio mesmo que é chamado agora para dizer se pode talvez legitimar, como o fruto mais alto da vida, a vida em geral; o soberbo homem criador deve responder à pergunta: "Afirmas então, do fundo do coração, essa existência? Ela te basta? Queres ser seu porta-voz, seu redentor? Pois basta um único Sim! verdadeiro de tua boca — e a vida, tão gravemente acusada, estará absolvida". — O que responderá ele? — A resposta de Empédocles.

4

[...] Toda filosofia que acredita ter sido removido ou até mesmo solucionado, através de acontecimento político, o problema da existência é uma filosofia de brinquedo e uma pseudofilosofia. Com muita frequência, desde que há mundo, foram fundados Estados; isso é uma velha peça. Como poderia uma inovação política bastar para fazer dos homens, de uma vez por todas, habitantes satisfeitos da Terra? Mas se alguém acredita de todo coração que isso é possível, que se apresente: pois merece verdadeiramente tornar-se professor de filosofia em uma universidade alemã, como Harms em Berlim, Jürgen Meyer em Bonn e Carrière em Munique.

Aqui vivemos, porém, as consequências dessa doutrina recentemente pregada do alto de todos os telhados, de que o Estado é o alvo supremo da humanidade e de que não há para um homem nenhum dever superior ao de servir o Estado: onde eu não reconheço uma recaída no paganismo, mas sim na estupidez. Pode ser que um tal homem, que vê no serviço do Estado seu supremo dever, efetivamente não conheça nenhum dever superior; mas por isso mesmo há ainda outros homens e outros deveres — e um desses deveres, que pelo menos para mim é superior ao serviço do Estado, manda destruir a estupidez em todas as suas formas e, portanto, também essa estupidez. Por isso, ocupo-me aqui de uma espécie de homens cuja teleologia leva um pouco além do bem de um Estado, os filósofos, e mesmo desses somente em vista de um mundo que, por sua vez, é bastante independente do bem do Estado, o mundo da cultura. Dos muitos anéis que, entrelaçados, constituem a comunidade humana, uns são de ouro e outros de pechisbeque.

E como vê o filósofo a cultura em nosso tempo? Muito diferente, sem dúvida, daqueles professores de filosofia contentes com seu Estado. Para ele, é quase como se percebesse os sintomas de uma total extirpação e erradicação da cultura, quando pensa na pressa geral e na crescente velocidade da queda, na suspensão de toda contemplatividade e simplicidade. As águas da religião refluem e deixam para trás pântanos ou poças; as nações se separam outra vez com a maior das hostilidades e querem esquartejar-se. As ciências, praticadas sem nenhuma medida e no mais cego *laissez faire*, estilhaçam-se e dissolvem toda crença firme; as classes cultas e os Estados civilizados são varridos por uma economia monetária grandiosamente desdenhosa. Nunca o mundo foi mais mundo, nunca foi mais pobre em amor e bondade. As classes eruditas não são mais faróis ou asilos, em meio a toda essa intranquilidade da mundanização; elas mesmas se tornam dia a dia mais intranquilas, mais desprovidas de pensamento e de amor. Tudo está a serviço da barbárie que vem vindo, inclusive a arte e a ciência de agora. O homem culto degenerou no pior inimigo da cultura, pois quer negar com mentiras a doença geral e é um empecilho para os médicos. [...]

De fato, todas as ordenações do homem são dispositivos montados para que a vida, em uma contínua dispersão de pensamentos, não seja *pressentida*. Por que quer ele tão fortemente o contrário, ou seja, precisamente pressentir a vida, isto é, sofrer com a vida? Porque nota que querem enganá-lo acerca de si mesmo e que existe uma espécie de conspiração para tirá-lo furtivamente de sua própria caverna. Então ele se rebela, aguça os ouvidos e decide: "Quero continuar meu!". É uma decisão pavorosa; só pouco a pouco ele compreende isso. Pois agora ele precisa mergulhar na profundeza da existência, com uma série de perguntas insólitas nos lábios: — por que vivo? que lição devo aprender da vida? como me tornei assim como sou e por que sofro então com esse ser-assim? Ele se atormenta: e vê como ninguém se atormenta assim, como, em vez disso, as mãos de seus semelhantes estão apaixonadamente estendidas para os fantásticos eventos ostentados pelo teatro político, ou como eles próprios se pavoneiam com cem máscaras, desfilando como jovens, homens, velhos, pais, cidadãos, padres, funcionários, comerciantes, assiduamente atentos à sua comédia comum e nunca a si mesmos. Todos eles responderiam à pergunta: para que vives? — rapidamente e com orgulho: "Para me tornar um bom cidadão, ou erudito ou comerciante" — e, no entanto, *são* algo que nunca pode tornar-se algo outro, e por que são precisamente isso? Ai, e nada melhor? Quem entende sua vida apenas como um ponto no desenvolvimento de uma espécie, ou de um Estado ou de uma ciência, e assim quer ser unicamente parte integrante da história do vir-a-ser, da História, não entendeu a lição que lhe propõe a existência e tem de aprendê-la mais uma vez. Esse eterno vir-a-ser é um mentiroso jogo de fantoches no qual o homem esquece de si mesmo, a verdadeira dispersão que desbarata o indivíduo por todos os ventos, o infindável jogo de burla que essa grande criança, o tempo, joga diante de nós e conosco. Aquele heroísmo da veracidade consiste em deixar um dia de ser seu joguete. No vir-a-ser, tudo é oco, enganoso, raso e digno de nosso desprezo; o enigma que o homem deve resolver, ele só pode resolvê-lo a partir do ser, no ser assim e não ser outro, no imperecível. Agora ele começa a verificar o quão profundamente está arraigado ao vir-a-ser, o quão profundamente ao ser — uma tarefa descomunal ergue-se diante de sua alma: destruir tudo o que vem a ser, trazer à luz tudo o que é falso nas coisas. Também ele quer conhecer tudo, mas diferentemente do homem goethiano, não por amor a uma nobre delicadeza, não para se preservar e extasiar-se com a pluralidade das coisas; pois é ele próprio a primeira vítima que oferece em sacrifício a si mesmo. O homem heroico despreza seu bem ou mal-estar, e as virtudes e vícios e, em geral, medir as coisas à medida de si mesmo, nada mais espera de si e quer ver todas as coisas até esse fundo sem esperança. Sua força está em esquecer-se de si mesmo; e se ele pensa em si, mede a distância de sua alta meta até si, e é como se visse um desprezível monte de detritos atrás e abaixo de si. Os pensadores antigos procuravam com todas as forças a felicidade e a verdade — e nunca ninguém encontrará o que é obrigado a procurar, diz o maldoso princípio da natureza. Mas quem procura em tudo a inverdade e se associa livremente com a infelicidade, para este, talvez, está preparado um outro milagre da desilusão: algo indizível, do qual felicidade e verdade são apenas imagens e meros ídolos, acerca-se dele, a Terra perde seu peso, os acontecimentos e as potências do mundo se tornam sonhos e, como nas tardes de verão, se espraia em torno dele uma transfiguração. Para aquele que contempla, é como se começasse a acordar e como se fossem apenas as nuvens de um sonho evanescente que brincassem ainda em torno dele. Também estas acabarão por dissipar-se: então será dia.

6

[...] Mas, em suma, o que nos revelaram todas essas considerações? Que por toda parte onde, agora, a cultura parece promovida mais animadamente, não se sabe nada desse alvo. Por mais que o Estado enfatize o que faz de meritório pela cultura, ele a promove para se promover e não concebe nenhum alvo que seja superior ao seu bem e à sua existência. O que os negociantes querem, quando exigem incessantemente instrução e cultura, é sempre, no final das contas, lucro. Se os carentes de formas atribuem a si os trabalhos específicos pela cultura e pensam, por exemplo, que toda arte lhes pertence e tem de estar a serviço de sua carência, isso só evidencia que eles afirmam a si mesmos ao afirmarem a cultura: que, portanto, nem mesmo eles superaram um mal-entendido. Do erudito já falamos bastante. Assim como são zelosas essas quatro potências quando meditam entre si sobre a maneira de *se* beneficiarem com o auxílio da cultura, assim elas são apáticas e negligentes quando esse seu interesse não está em jogo. E por isso as condições para o surgimento do gênio, no tempo moderno, *não melhoraram*, e a má vontade contra o homem original aumentou em tal grau que Sócrates, entre nós, não teria podido viver e, em todo caso, não chegaria aos setenta anos.

Lembrarei agora aquilo que desenvolvi no terceiro capítulo: como todo o nosso mundo moderno não parece consistente e duradouro o bastante para que se possa profetizar, sequer ao seu conceito de cultura, uma subsistência eterna. Devemos até mesmo considerar como verossímil que o próximo milênio chegue a algumas novas ideias diante das quais os cabelos de todo aquele que vive hoje ficariam em pé. *A crença em uma significação metafísica da cultura* não seria, afinal, tão apavorante: mas sim, talvez, algumas consequências que se poderiam tirar dela para a educação e o sistema escolar.

É preciso, sem dúvida, uma meditação totalmente insólita para desviar o olhar dos atuais estabelecimentos de educação e voltá-lo em direção a instituições completamente estranhas e de outra espécie, que talvez já a segunda ou terceira geração achará necessárias. Enquanto, com efeito, pelos esforços dos educadores superiores de agora são formados, seja o erudito ou o funcionário de Estado ou o negociante, ou o filisteu da cultura ou, enfim e costumeiramente, um híbrido de todos, aquelas instituições ainda a serem inventadas teriam sem dúvida uma tarefa mais difícil — aliás, não mais difícil em si, pois em todo caso seria a tarefa mais natural e, nessa medida, também a mais fácil; e pode haver algo mais difícil do que, por exemplo, contrariando a natureza, como acontece agora, adestrar um jovem para ser erudito? Mas a dificuldade está, para os homens, em desaprender e propor-se um novo alvo; e custará indizível esforço substituir os pensamentos fundamentais de nosso atual sistema de educação, que tem suas raízes na Idade Média, e para o qual o erudito medieval é, propriamente, o ideal da formação perfeita, por um novo pensamento fundamental. Já é tempo de ter em vista essas oposições; pois alguma geração tem de começar o combate no qual uma geração posterior deverá vencer. Desde já, o indivíduo que entendeu aqueles novos pensamentos fundamentais da cultura está diante de uma encruzilhada; indo por um dos caminhos, ele é bem-vindo ao seu tempo, este não deixará que lhe faltem lauréis e recompensas, partidos poderosos o apoiarão, às suas costas haverá tantos correligionários quanto à sua frente e, quando o que vai na frente pronuncia a senha, ela ecoa por todas as fileiras. Aqui, o primeiro dever é "combater em fileiras cerradas", o segundo, tratar como inimigos todos aqueles que não querem cerrar fileiras. O outro caminho o reúne com raros companheiros de andança, é mais difícil, mais tortuoso, mais escarpado; aqueles que vão pelo primeiro zombam dele por avançar por ali com mais esforço e correr perigo com mais frequência, e tentam atraí-lo para si. Se alguma vez os dois caminhos se cruzam, ele é maltratado, lançado de lado ou reservadamente evitado. O que significa então, para esses diferentes andarilhos dos dois caminhos, uma instituição de cultura? Aquele descomunal enxame que se empurra pelo primeiro caminho em direção a seu alvo entende por ela dispositivos e leis, graças aos quais ele mesmo é posto em ordem e vai adiante, e pelos quais todos os recalcitrantes e solitários, todos os que estão à espreita de alvos mais altos e mais remotos, são proscritos. Para este outro pequeno grupo, uma instituição teria, sem dúvida, um fim inteiramente outro a cumprir: ele quer, sob a salvaguarda de uma organização sólida, evitar que ele próprio seja arrastado e desbaratado por aquele enxame, que seus membros desapareçam em esgotamento prematuro ou se desencantem de sua grande tarefa. Esses indivíduos devem completar sua obra — tal é o sentido de sua solidariedade; e todos os que tomarem parte na instituição devem estar empenhados em preparar, por uma contínua depuração e assistência recíproca, o nascimento do gênio e a maturação de sua obra em si e em torno de si. Não poucos, mesmo entre os que têm talentos de segunda ou terceira ordem, estão destinados a essa colaboração, e somente ao se submeterem a uma tal destinação chegam ao sentimento de viver um dever e de viver com alvo e significação. Agora, entretanto, precisamente esses talentos são desviados de sua rota pelas vozes aliciantes daquela "cultura" da moda, e alienados de seu instinto; a suas emoções egoísticas, a suas fraquezas e vaidades, dirige-se essa tentação, diretamente a elas sussurra o espírito do tempo — melifluamente lisonjeiro: "Segui-me e não ides daquele lado! Pois ali sois apenas servidores, ajudantes, instrumentos, eclipsados por naturezas superiores, nunca contentes com vosso modo próprio de ser, puxados por fios, acorrentados como escravos, e até como autômatos; aqui, junto de mim, fruireis, como senhores, de vossa personalidade livre, vossos talentos poderão brilhar por si, ficareis nas fileiras da frente, um séquito descomunal enxameará em torno de vós, e a aclamação da opinião pública poderia, sem dúvida, extasiar-vos mais do que um assentimento altivo, concedido de cima para baixo, vindo da fria altitude etérea do gênio". Tais seduções vencem justamente os melhores: e no fundo o que decide aqui não é tanto a raridade e a força do talento, mas a influência de uma certa disposição fundamental heroica e o grau de um parentesco e uma ligação interiores com o gênio. Pois *há* homens que sentem como *sua* desgraça ver este lutar com esforço e em perigo de destruir a si mesmo, ou ver suas obras postas de lado, com diferença, pelo egoísmo míope do Estado, pelo sentido raso dos negociantes, pela seca moderação dos eruditos: e assim espero também que haja alguns que entendam o que quero dizer ao apresentar o destino de Schopenhauer e por que, segundo minha representação, Schopenhauer como educador deve propriamente *educar*.

7

[...] Um outro grande privilégio coube a Schopenhauer, por não ter sido destinado de antemão a ser erudito nem educado para isso, mas efetivamente ter trabalhado por algum tempo, embora a contragosto, em um balcão de comerciante e, em todo caso, ao longo de toda a sua juventude, ter respirado o ar mais livre de uma grande casa comercial. Um erudito nunca pode tornar-se um filósofo; pois mesmo Kant não foi capaz disso, mas permaneceu até o fim, a despeito do ímpeto inato de seu gênio, como que em estado de crisálida. Quem acredita que com esta palavra sou injusto com Kant não sabe o que é um filósofo, ou seja, não somente um grande pensador, mas também um homem efetivo; e quando, alguma vez, de um erudito se fez um homem efetivo? Quem deixa que se interponham, entre si e as coisas, conceitos, opiniões, passados, livros, quem, portanto, no sentido mais amplo, nasceu para a história, nunca verá as coisas pela primeira vez e nunca será ele próprio uma tal coisa vista pela primeira vez; mas no filósofo essas duas coisas fazem parte uma da outra, porque ele tem de retirar de si a maior parte do ensinamento e porque ele serve para si mesmo de imagem e abreviatura do mundo inteiro. Quando alguém se vê por intermédio de opiniões alheias, o que há de admirar se até mesmo em si próprio ele não vê nada além de... opiniões alheias. E assim são, vivem e veem os eruditos. Schopenhauer, em contrapartida, tinha a felicidade indescritível de ver o gênio de perto, não somente em si mesmo, mas também fora de si, em Goethe: por esse duplo espelhamento ele foi informado e advertido a fundo sobre todos os alvos e culturas de erudição. Graças a essa experiência, ele sabia como tem de ser o homem livre e forte, a que aspira toda cultura artística; podia ele, depois dessa visão, ainda ter disposição para se dedicar à assim chamada "arte", no estilo erudito e hipócrita do homem moderno? Mas ele havia visto algo ainda superior: uma terrível cena supramundana do julgamento, em que era pesada toda vida, mesmo a mais alta e perfeita, e considerada leve demais: tinha visto o sagrado como juiz da existência. Não é possível determinar o quão cedo Schopenhauer deve ter visto essa imagem da vida, e aliás precisamente assim como tentou pintá-la mais tarde em todos os seus escritos; pode-se demonstrar que o jovem, e desejaríamos acreditar que a criança, já havia tido essa visão descomunal. Tudo de que ele se apropriou mais tarde, da vida e dos livros, de todos os reinos da ciência, era para ele quase que somente cor e meio de expressão; mesmo a filosofia de Kant foi adotada por ele, antes de tudo, como um extraordinário instrumento retórico, com que acreditava pronunciar-se ainda mais claramente sobre essa imagem: como também lhe servia para o mesmo fim, ocasionalmente, a mitologia budista e cristã. Para ele, havia somente *uma* tarefa e cem mil meios para resolvê-la: *um* sentido e inúmeros hieróglifos para exprimi-lo. [...]

8
[...] Vista com mais precisão, aquela "liberdade" com que agora o Estado, como eu dizia, contempla alguns homens em nome da filosofia já não é nenhuma liberdade, mas uma função, que alimenta seu homem. A promoção da filosofia, portanto, consiste apenas em que hoje em dia, pelo menos a certo número de homens, é possibilitado pelo Estado *viver* de sua filosofia, por poderem fazer dela um ganha-pão: enquanto os antigos sábios da Grécia não recebiam estipêndio da parte do Estado, mas no máximo eram às vezes, como Zenão, honrados com uma coroa de ouro e um monumento funerário no *Cerâmico*. Mas, se a verdade é servida ao mostrarem um caminho pelo qual se pode viver dela, isso não sei dizer em geral, porque aqui tudo depende do modo de ser e da qualidade do homem singular, a quem se sugere que siga esse caminho. Eu poderia muito bem pensar comigo um grau de orgulho e respeito próprio, em que um homem diz a seus semelhantes: — Cuidai vós de mim, pois tenho algo melhor a fazer, ou seja, cuidar de vós. Em Platão e em Schopenhauer, uma tal grandeza de sentimento e de expressão não causariam estranheza: razão pela qual eles poderiam até mesmo ser professores universitários, assim como Platão foi temporariamente filósofo de corte, sem rebaixar a dignidade da filosofia. Já Kant, como costumamos ser nós eruditos, era atencioso, submisso e, em sua relação com

o Estado, sem grandeza: de tal modo que ele, em todo caso, se alguma vez a filosofia universitária fosse acusada, não poderia justificá-la. Mas, se há naturezas que seriam capazes de justificá-la — como justamente as de Schopenhauer e Platão —, temo somente uma coisa: nunca terão ensejo para isso, porque nunca um Estado ousaria favorecer tais homens e colocá-los nessas posições. Mas por quê? Porque todo Estado tem medo deles e sempre favorecerá somente filósofos dos quais não tem medo. Acontece, com efeito, que o Estado tem medo da filosofia em geral, e precisamente, se este é o caso, tentará atrair para si o maior número de filósofos que lhe deem a aparência de ter a filosofia do seu lado — porque tem do seu lado esses homens, que levam o nome dela e, no entanto, estão tão longe de infundir medo. Mas, se aparecer um homem que efetivamente faça menção de ir com a faca da verdade ao corpo de tudo, até mesmo do Estado, então o Estado, porque antes de tudo afirma sua própria existência, estará no direito de excluir de si tal homem e tratá-lo como inimigo seu: assim como exclui e trata como inimiga uma religião que se coloca acima dele e quer ser seu juiz. Se alguém suporta, pois, ser filósofo em função do Estado, tem também de suportar ser considerado por ele como se tivesse renunciado a perseguir a verdade em todos os seus escaninhos. Pelo menos enquanto estiver favorecido e empregado, ele tem de reconhecer ainda, acima da verdade, algo superior, o Estado. E não meramente o Estado, mas, ao mesmo tempo, tudo o que o Estado exige para seu bem: por exemplo, uma forma determinada de religião, a ordem social, a organização militar — em todas estas coisas está inscrito um *noli me tangere*.[10] Haveria alguma vez um filósofo universitário tornado clara para si toda a extensão de seu compromisso e limitação? Não sei; se um deles o fez e, no entanto, continua funcionário de Estado, era, em todo caso, um mau amigo da verdade: se nunca o fez — pois bem, pensaria eu, também nesse caso não seria um amigo da verdade.

    Tal é o escrúpulo mais geral: mas, como tal, sem dúvida, para homens como agora eles são, é o mais fraco e mais indiferente. A maioria se contentará com sacudir os ombros e dizer: "Como se alguma vez algo de grande e puro pudesse permanecer e firmar-se nesta Terra, sem fazer concessões à baixeza humana! Preferis, então, que o Estado persiga o filósofo, em vez de lhe pagar estipêndio e tomá-lo a seu serviço?". Sem responder já a esta última pergunta, acrescento apenas que essas concessões da filosofia ao Estado atualmente já vão muito longe. Primeiramente: o Estado escolhe para si seus servidores filosóficos, e, aliás, tantos quantos precisa para seus estabelecimentos; dá-se, pois, a aparência de poder distinguir entre bons e maus

---

10 "Não me toques." (N.E.)

filósofos e, mais ainda, pressupõe que sempre há de haver *bons* em número suficiente para ocupar com eles todas as suas cátedras de ensino. Não somente no tocante aos bons, mas também ao número necessário dos bons, é ele agora a autoridade. Em segundo lugar: ele força aqueles que escolheu para si a uma estadia em um determinado lugar, entre determinados homens, para uma determinada atividade; devem instruir todo jovem acadêmico que tiver disposição para isso, e aliás diariamente, em horas fixas. Pergunta: pode propriamente um filósofo, com boa consciência, comprometer-se a ter diariamente algo para ensinar? E a ensiná-lo diante de qualquer um que queira ouvir? Ele não tem de se dar a aparência de saber mais do que sabe? Não tem de falar, diante de um auditório desconhecido, sobre coisas das quais somente com o amigo mais próximo poderia falar sem perigo? E, em geral: não se despoja de sua mais esplêndida liberdade, a de seguir seu gênio, quando este chama e para onde este chama? — por estar comprometido a pensar publicamente, em horas determinadas, sobre algo predeterminado. E isso diante de jovens! Um tal pensar não está de antemão como que emasculado? E se ele sentisse um dia: hoje não consigo pensar nada, não me ocorre nada que preste — e apesar disso teria de se apresentar e parecer pensar!

Mas, objetarão, ele não deve ser um pensador, mas, no máximo, um repensador e pós-pensador e, antes de tudo, um conhecedor erudito de todos os pensadores anteriores; dos quais sempre poderá contar algo que seus alunos não saibam. — Esta é precisamente a terceira concessão altamente perigosa da filosofia ao Estado, quando ela se compromete com ele a fazer, em primeiro lugar e principalmente, o papel de erudição. Antes de tudo, como conhecimento da história da filosofia: enquanto para o gênio que olha para as coisas puramente e com amor, semelhante ao poeta, e quer sempre penetrar nelas mais e mais profundamente, revolver inúmeras opiniões alheias e pervertidas está a ponto de ser a ocupação mais repelente e inoportuna. A história erudita do passado nunca foi a ocupação de um filósofo verdadeiro, nem na Índia, nem na Grécia; e um professor de filosofia, se se ocupa com trabalho dessa espécie, tem de aceitar que se diga dele, no melhor dos casos: é um competente filólogo, antiquário, conhecedor de línguas, historiador — mas nunca: é um filósofo. E isso apenas no melhor dos casos, como foi observado; pois, diante da maioria dos trabalhos de erudição feitos por filósofos universitários, um filólogo tem o sentimento de que são malfeitos, sem rigor científico e, o mais das vezes, detestavelmente fastidiosos. Quem, por exemplo, salvará a história da filosofia grega do vapor soporífero que os trabalhos eruditos, mas não muito científicos e infelizmente muito fastidiosos, de Ritter, Brandie e Zeller espalharam sobre ela? Eu, pelo menos, prefiro ler Diógenes Laércio do que Zeller, porque naquele, pelo menos, o espírito dos filósofos antigos está vivo, mas neste, nem esse nem qualquer outro espírito. E, por fim, para que neste mundo importa a nossos jovens a história da filosofia? Será que eles devem, pela confusão das opiniões, ser desencorajados de ter opiniões? Será que devem ser ensinados a participar do coro de júbilo: como chegamos tão esplendidamente longe? Será que, porventura, devem aprender a odiar ou desprezar a filosofia? Quase se poderia pensar este último, quando se sabe como os estudantes têm de se martirizar por causa de suas provas de filosofia, para imprimir as ideias mais malucas e mais espinhosas do espírito humano, ao lado das mais grandiosas e mais difíceis de captar, em seu pobre cérebro. A única crítica de uma filosofia que é possível e que, além disso, demonstra algo, ou seja, ensaiar se se pode viver segundo ela, nunca foi ensinada em universidades: mas sempre a crítica de palavras com palavras. E agora pense-se em uma cabeça juvenil, sem muita experiência da vida, em que cinquenta sistemas em palavras e cinquenta críticas desses sistemas são guardados juntos e misturados — que aridez, que selvageria, que escárnio, quando se trata de uma educação para a filosofia! Mas, de fato, todos reconhecem que não se educa para ela, mas para uma prova de filosofia: cujo resultado sabidamente, e de hábito, é que quem sai dessa prova — ai, dessa provação! —[11] confessa a si mesmo com um profundo suspiro: "Graças a Deus que não sou filósofo, mas cristão e cidadão do meu Estado!".

E se esse suspiro profundo fosse justamente o propósito do Estado, e a "educação para a filosofia", em vez de conduzir a ela, servisse somente para afastar da filosofia?[12] [...]

---

11 O texto traz: "*der Geprüfte, ach Allzu-Geprüfte*". Literalmente: "O provado — ai —", construção que infelizmente não é possível em português. Fique o registro, para uma eventual ressonância com aquele outro suspiro, bem nietzschiano, que é a locução: "Humano, demasiado humano!". (N.T.)

12 O texto traz: "[...] *Und die 'Erziehung zur Philosophie' nur eine Abziehung von der Philosophie* [wäre]", ou seja: "E a 'educação para a filosofia' fosse somente uma desviação da filosofia". O jogo de palavras que aproxima *Erziehung* de *Abziehung* pode ser entendido etimologicamente pela referência ao latim: *erziehen* (inicialmente: *herausziehen*, levar para fora) tem o sentido de *educar* (elevar) por influência do latim *educere*, que tem o mesmo sentido (levar para fora, educar, elevar) e alterna com *educare*. A forma *ducere* (conduzir) é que faria a ligação entre *educere* e o verbo *abducere* (retirar, afastar e, no sentido figurado, desviar de). Em português, perdeu-se a possibilidade do trocadilho. (N.T.)

HUMANO, DEMASIADO HUMANO
UM LIVRO
PARA ESPÍRITOS
LIVRES
[PRIMEIRO
VOLUME]

1878

PREFÁCIO [1886]

1

Com bastante frequência, e sempre com grande estranheza, foi-me externada a impressão de que haveria algo em comum e bem marcante em todos os meus escritos, desde *O nascimento da tragédia* até o recém-publicado *Prelúdio de uma filosofia do porvir*:[1] conteriam todos eles, disseram-me, laços e redes para pássaros incautos, e quase que um constante e desapercebido incitamento à inversão de estimativas habituais de valor e de hábitos estimados. Como? *Tudo* apenas — humano-demasiado-humano? É com esse suspiro que se sai de meus escritos, não sem uma espécie de reserva e mesmo desconfiança diante da moral, e até que bem tentado e encorajado a se fazer, alguma vez, de porta-voz das coisas piores: como se, talvez, elas fossem apenas as melhor difamadas? Denominaram meus escritos uma escola de suspeita, mais ainda, de desprezo, mas felizmente também de coragem, e mesmo de temeridade. De fato, eu mesmo não acredito que alguma vez alguém tenha olhado para o mundo com uma suspeita tão profunda, e não somente como ocasional advogado do diabo, mas também, para falar teologicamente, como inimigo e litigante de Deus; e quem adivinha algo das consequências que se alojam em toda suspeita profunda, algo dos calafrios e angústias do isolamento, aos quais toda incondicional *diferença de olhar* condena os que são acometidos dela, entenderá também quantas vezes eu, para descansar de mim, como que para um temporário autoesquecimento, procurei abrigar-me em alguma parte — sob alguma veneração ou inimizade ou cientificidade ou leviandade ou estupidez: e também porque, onde não encontrei aquilo de que precisava, tive que conquistá-lo artificialmente, falsificá-lo, criá-lo ficticiamente para mim (...e que outra coisa fizeram jamais os poetas? e para que existiria toda a arte no mundo?). Mas do que eu precisava sempre de novo, com a maior das premências, para minha cura e autorrestabelecimento, era da crença de não ser o único a ser assim, o único a ver assim — uma mágica premonição de parentesco e igualdade de olho e de desejo, um repousar na confiança da amizade, uma cegueira a dois sem suspeita e pontos de interrogação, um gosto pelas fachadas, pelas superfícies, pelo perto, pelo próximo, por tudo o que tem cor, pele e aparência. Talvez se pudesse, sob esse aspecto, imputar-me muita "arte", muita refinada falsificação de moeda: por exemplo, que eu teria, deliberada e propositalmente, fechado os olhos à cega vontade de moral de Schopenhauer, em um tempo em que, sobre a moral, eu já era bastante clarividente; do mesmo modo, que eu

[1] O livro de 1886, a que o texto se refere, é *Para além de bem e mal*, tratado aqui pelo subtítulo. (N.T.)

me teria enganado sobre o incurável romantismo de Richard Wagner, como se ele fosse um começo e não um fim; do mesmo modo sobre os gregos, do mesmo modo sobre os alemães e seu futuro — e quem sabe haveria, ainda, toda uma longa lista de tais "do mesmo modo"? —, suposto, porém, que tudo isso fosse verdade e imputado a mim com bom fundamento, o que sabeis vós, o que *poderíeis* saber, do quanto há de ardil de autoconservação, do quanto há de razão e cuidado superior em um tal autoengano — e de quanta falsidade eu ainda *necessito*, para poder permitir-me sempre de novo o luxo de *minha* veracidade?... Basta, eu vivo ainda; e a vida não foi inventada pela moral: ela *quer* engano, ela *vive* de engano... mas não é que já recomeço e faço o que sempre fiz, eu, velho imoralista e passarinheiro — e falo imoralmente, extramoralmente, "para além de bem e mal"?

2

— E foi assim que certa vez, quando precisei disso, *inventei* para mim também os "espíritos livres", aos quais é dedicado este livro gravemente corajoso com o título: *Humano, demasiado humano*: tais "espíritos livres" não há, não havia — mas daquela vez, como disse, eu precisava deles como companhia, para permanecer de bom trato em meio aos maus-tratos (doença, isolamento, estrangeiro, acedia, inatividade): como bravos companheiros e fantasmas, com os quais se tagarela e ri quando se tem disposição para tagarelar e rir, e que se manda ao diabo quando se tornam enfadonhos — como uma indenização pela falta de amigos. Que *poderia* haver alguma vez tais espíritos livres, que nossa Europa terá entre seus filhos de amanhã e depois de amanhã tais companheiros joviais e temerários, corporalmente e ao alcance da mão, e não somente, como em meu caso, como esquemas e teatro de sombras de ermitão — disse sou *eu* quem menos duvidaria. Eu já os vejo vindo, lentamente, lentamente; e quem sabe estou fazendo algo para acelerar sua vinda, quando descrevo, por antecipação, sob que desígnios eu os *vejo* surgindo, por que caminhos eu os *vejo* vindo?

3

Pode-se supor que um espírito, em que o tipo "espírito livre" deva tornar--se alguma vez maduro e doce até a perfeição, teve seu acontecimento decisivo em um *grande livramento* e, por isso mesmo, que era antes um espírito ainda mais prisioneiro e parecia acorrentado para sempre a seu canto e pilar. O que liga mais firmemente? que malhas são quase impossíveis de rasgar? Em homens de uma espécie alta e seleta serão os deveres: aquela veneração, que é própria da juventude, aquela reserva e delicadeza diante de tudo o que foi venerado e digno desde sempre, aquela gratidão pelo chão do qual cresceram, pela mão que os conduziu, pelo santuário onde aprenderam a rezar — até mesmo seus instantes supremos os prenderão com a máxima firmeza, os obrigarão mais duradouramente. O grande livramento, para os que estão presos a tal ponto, vem subitamente, como um tremor de terra: a alma jovem é abalada *de uma vez*, arrancada, arrebatada — ela mesma não entende o que se passa. Um impulso e ímpeto reina e se torna senhor dela como um comando; desperta uma vontade e desejo de ir avante, para onde for, a qualquer preço; uma impetuosa e perigosa curiosidade por um mundo inexplorado se inflama e crepita em todos os seus sentidos. "Antes morrer do que viver *aqui*" — assim soa a voz imperiosa e a sedução: e este "aqui", esse "em casa", é tudo o que ela havia amado até então! Um súbito pavor e premonição contra aquilo que ela amava, um relâmpago de desprezo contra aquilo que para ela se chamava "dever", um desejo tumultuoso, arbitrário, vulcânico, de andança, estrangeiro, estranhamento, resfriamento, sobriedade, enregelamento, um ódio ao amor, talvez um gesto e um olhar iconoclastas *para trás*, para ali onde ela até então rezara e amara, talvez uma brasa de vergonha daquilo que acaba de fazer e, ao mesmo tempo, um regozijo por tê-lo feito, um arrepio bêbado, interno, jubilante, em que se denuncia uma vitória — uma vitória? sobre o quê? sobre quem? uma enigmática, interrogativa, problemática vitória, mas sempre a *primeira* vitória: — eis o que há de ruim e doloroso na história do grande livramento. É, ao mesmo tempo, uma doença, que pode destruir o homem, essa primeira irrupção de força e vontade de autodeterminação, de valoração própria, essa vontade de vontade *livre*: e quanto de doença se exprime nos selvagens ensaios e excentricidades com que o que se livrou, o libertado, procura doravante demonstrar seu domínio sobre as coisas! Ele ronda cruelmente, com uma cupidez insatisfeita; o que ele pilha tem de pagar pela perigosa tensão de seu orgulho; ele estraçalha o que o atrai. Com um riso maldoso, ele revira o que encontra encoberto, poupado por alguma vergonha: ensaia como seria o aspecto dessas coisas *quando* viradas no avesso. É arbítrio e gosto pelo arbítrio, se talvez ele dispensa agora seu favor ao que até então tinha má reputação — se ele, curioso e inquisidor, se esgueira ao redor do mais proibido. No fundo de sua agitação e errância — pois ele é intranquilo e sem rumo em seu caminho como em um deserto —, está o ponto de interrogação de uma curiosidade cada vez mais perigosa. "Não se pode desvirar *todos* os valores? E bom é talvez mau? E Deus apenas uma invenção e refinamento do diabo? É talvez tudo, no último fundo, falso? E se somos os enganados, não somos por isso mesmo também enganadores? não *temos* de ser também enganadores?" — tais pensamentos o conduzem e seduzem, cada vez mais adiante, cada vez mais além. A solidão o rodeia e enrodilha, cada vez mais ameaçadora, mais sufocante, apertando mais o coração, aquela terrível deusa e *mater saeva cupidinum*[2] — mas quem sabe, hoje, o que é *solidão*?...

4

Desse isolamento doentio, do deserto desses anos de ensaio, o caminho ainda é longo até aquela descomunal segurança e saúde transbordante, que não pode prescindir nem mesmo da doença, como um meio e anzol do conhecimento, até aquela *madura* liberdade do espírito que é também autodomínio e disciplina do coração e permite os caminhos para muitos e opostos modos de pensar — até aquela interior envergadura e mimo do excesso de riqueza, que exclui de si o perigo de que o espírito porventura se perca em seu próprio caminho e se enamore de si e em algum canto fique sentado inebriado, até aquele excedente de forças plásticas, regeneradoras, conformadoras e restauradoras, que é justamente o sinal da *grande* saúde, aquele excedente que dá ao espírito livre a perigosa prerrogativa de viver *para o ensaio* e poder oferecer-se à aventura: a prerrogativa de maestria[3] do espírito livre! Nesse meio-tempo, pode haver longos anos de convalescença, anos cheios de mudanças multicores, dolorosamente feiticeiras, dominadas e conduzidas pela rédea por uma tenaz *vontade de saúde*, que muitas vezes já ousa vestir-se e travestir-se de saúde. Há aqui um estado intermediário, de que um homem de tal destino se recorda mais tarde não sem emoção: uma pálida, refinada felicidade de sol e luz lhe é própria, um sentimento de liberdade de pássaro, panorama de pássaro, desenvoltura de pássaro, um terceiro termo, em que curiosidade e delicado desprezo se ligaram. Um "espírito livre" — essa fria palavra faz bem naquele estado, quase aquece. Vive-se, não mais nas cadeias de amor e ódio, sem sim, sem não, voluntariamente perto, voluntariamente longe, e de preferência esquivando-se, desviando-se, esvoaçando para longe, outra vez além, outra vez voando para o alto; está-se mal acostumado, como todo aquele que viu uma vez uma descomunal multiplicidade *abaixo* de si — é-se agora o reverso daqueles que se afligem com coisas que não lhes dizem respeito. De fato, ao espírito livre dizem respeito doravante somente coisas — e quantas coisas! — que não mais o *afligem*...

5

Um passo adiante na convalescença: e o espírito livre se aproxima outra vez da vida, lentamente sem dúvida, quase recalcitrante, quase desconfiado. Fica outra vez mais quente ao seu redor, mais amarelo, por assim dizer; sentimen-

---

[2] "Mãe cruel dos desejos". (N.E.)
[3] Referência ao término do aprendizado nas corporações medievais. (N.T.)

to e simpatia adquirem profundeza, brisas de degelo de toda espécie passam por sobre ele. Quase se sente como se somente agora seus olhos se abrissem para o *perto*. Está admirado e se senta quieto: onde *estava*? Essas coisas próximas e muito próximas: como lhe parecem mudadas! Que plumagem e feitiço adquiriram nesse meio-tempo! Ele olha com gratidão para trás — grato a sua andança, a sua dureza e estranhamento de si, a seu olhar a distância e a seu voo de pássaro em frias altitudes. Que bom que ele não permaneceu, como alguém delicado, embotado, que fica em seu canto, sempre "em casa", sempre "junto de si"! Ele estava *fora* de si: não há dúvida nenhuma. Somente agora vê a si mesmo — e que surpresas encontra nisso! Que arrepio nunca provado! Que felicidade ainda no cansaço, na velha doença, na recaída do convalescente! Como lhe agrada sentar-se quieto sofrendo, urdir paciência, estar deitado ao sol! Quem entende, igual a ele, de felicidade de inverno, de manchas de sol sobre o muro! São os animais mais gratos do mundo, e também os mais humildes, estes convalescentes e lagartos semivoltados outra vez à vida: — há entre eles os que não deixam partir nenhum dia sem pendurar-lhe um pequeno hino de louvor na orla do manto que se afasta. E, falando sério: há uma *cura* radical contra todo pessimismo (o câncer dos velhos idealistas e heróis da mentira, como é sabido —), no modo de esses espíritos livres ficarem doentes, por um bom tempo permanecerem doentes e então, ainda mais longamente, mais longamente ainda, ficarem sadios, quero dizer, "mais sadios". Há sabedoria nisso, sabedoria de vida, em receitar-se a saúde mesma somente em pequenas doses.

6
Por esse tempo pode finalmente acontecer que, sob as súbitas luzes de uma saúde ainda impetuosa, ainda mutável, o espírito livre, cada vez mais livre, comece a desvendar o enigma daquele grande livramento, que até então havia esperado, escuro, problemático, quase intocável, em sua memória. Se ele, por tanto tempo, mal ousou perguntar: "Por que tão à parte? tão só? renunciando a tudo o que eu venerava? renunciando à própria veneração? por que essa dureza, essa premonição, esse ódio a minhas próprias virtudes?" — agora ele ousa e pergunta em voz alta e já ouve também algo como resposta. "Devias tornar-te senhor sobre ti, senhor também sobre tuas próprias virtudes. Antes eram *elas* teus senhores; mas só podem ser teus instrumentos ao lado de outros instrumentos. Devias obter poder sobre teus prós e contras e aprender a entendê-los, a desprendê-los e tornar a prendê-los conforme teus fins superiores. Devias aprender a conceber o perspectivístico de toda estimativa de valor — o deslocamento, a distorção e a teleologia aparente dos horizontes e de tudo aquilo que pertence ao perspectivístico; e

também a parte de estupidez referente a valores opostos e a toda a penitência intelectual com que se faz pagar todo pró, todo contra. Devias aprender a conceber a injustiça *necessária* de todo pró e contra, a injustiça como indissociável da vida, a vida mesma como *condicionada* pelo perspectivístico e sua injustiça. Devias, antes de tudo, ver com teus olhos onde a injustiça é sempre a maior de todas: ou seja, ali onde a vida está desenvolvida ao mínimo, mais estreito, mais carente, mais incipiente, e no entanto não pode impedir-se de se tomar como fim e medida das coisas e, por amor de sua conservação, destroçar secreta e mesquinha e incessantemente o superior, maior, mais rico, e pô-lo em questão: devias ver com teus olhos o problema da ordenação hierárquica, e como potência e direito e envergadura das perspectivas crescem juntos em altura. Devias..." — basta, o espírito livre sabe doravante a que "tu deves" ele obedeceu, e também o que ele agora *pode*, o que somente agora lhe — *é permitido*...

7

Dessa forma, o espírito livre se dá resposta, em referência àquele enigma do livramento, e termina, ao universalizar seu caso, por decidir-se assim sobre o que viveu. "Como aconteceu comigo", diz-se ele, "assim deve acontecer com todo aquele em quem uma *tarefa* quer tomar corpo e 'vir ao mundo'." O secreto poder e a necessidade dessa tarefa reinará sob e em seus destinos particulares igual a uma gravidez inconsciente — muito antes de ele mesmo ter colhido no olho essa tarefa e saber seu nome. Nossa destinação dispõe sobre nós, mesmo quando ainda não a conhecemos; é o futuro que dita a regra ao nosso hoje. Suposto que seja do *problema da ordenação hierárquica* que podemos dizer que ele é *nosso* problema, nós, espíritos livres: agora, no meio-dia de nossa vida, entendemos quantos preparativos, desvios, provações, ensaios, travestimentos o problema precisava, antes de *poder* surgir diante de nós, e como tínhamos de experimentar os estados mais múltiplos e contraditórios de indigência e felicidade na alma e no corpo, como aventureiros e circunavegadores daquele mundo interior que se chama "homem", como medidores daquele "superior" e "um-sobre-o-outro" que igualmente se chama "homem" — penetrando por toda parte, quase sem medo, não desdenhando nada, não perdendo nada, degustando tudo, tudo purificando e como que peneirando do acaso — até que podemos enfim dizer, nós, espíritos livres: "Eis aqui — um *novo* problema! Eis aqui uma longa escada, em cujos degraus nós mesmos nos sentamos e subimos — que nós mesmos uma vez fomos! Eis aqui um superior, um mais profundo, um abaixo-de-nós, uma descomunal, longa ordenação hierárquica, que *nós vemos*: eis aqui — *nosso* problema!".

8

— Não ficará escondido nem por um instante a nenhum psicólogo e leitor de signos a que lugar do desenvolvimento descrito o presente livro pertence (ou está *colocado*). Mas onde há hoje psicólogos? Na França, com certeza; talvez na Rússia; seguramente não na Alemanha. Não faltam razões pelas quais os alemães de hoje poderiam considerá-lo ainda como uma honra: o que já é bastante ruim para *quem*, neste ponto, é de feitio e se saiu não alemão.[4] Este livro *alemão*, que soube encontrar seus leitores em um vasto âmbito de terras e povos — ele está a caminho há mais ou menos dez anos — e tem de entender de alguma música e arte de flauta, que induzem os ouvidos estrangeiros, até mesmo os esquivos, a escutar — foi precisamente na Alemanha que este livro foi lido com mais negligência, que ele foi pior *ouvido*: de que vem isso? — "Ele exige demais", responderam-me, "ele se dirige a homens sem a exigência de tarefas grosseiras, quer sentidos refinados e mal acostumados, precisa do supérfluo, tempo supérfluo, clareza de céu e coração, de *otium* no sentido mais temerário: — somente boas coisas, que nós alemães de hoje não temos e, portanto, também não podemos dar." — Depois de uma resposta tão maneirosa, aconselha-me minha filosofia a calar e não perguntar mais nada; tanto mais que em certos casos, como sugere o provérbio, só se *permanece* filósofo — calando-se.

Nice, primavera de 1886

CAPÍTULO I
DAS COISAS PRIMEIRAS E ÚLTIMAS

2

Defeito hereditário dos filósofos. — Todos os filósofos têm em si o defeito comum de partirem do homem do presente e acreditarem chegar ao alvo por uma análise dele. Sem querer, paira diante deles "o homem", como uma *aeterna veritas*, como algo que permanece igual em todo o torvelinho, como uma medida segura das coisas. Tudo o que o filósofo enuncia sobre o homem, entretanto, nada mais é, no fundo, do que um testemunho sobre o homem de um espaço de tempo *muito limitado*. Falta de sentido histórico é o

---

4 "É de feitio e se saiu" — o texto traz: *geartet und geraten ist*. O verbo *arten* (de *Art*, modo, espécie, feição) guarda a conotação de seu uso na expressão: *er ist nach seinem Vater geartet* (ele saiu ao pai). Notar o luxo do jogo de palavras, que se torna cada vez mais frequente nos textos desse período, ao mesmo tempo que cresce a precisão. "Não alemão" — é a palavra *undeutsch* (o próprio dicionário traduz: "que não é um *bom* alemão"), que Nietzsche devolve contra seus criadores e usuários, os pangermanistas, os antissemitas — em suma, os "idealistas", já mencionados mais acima. (N.T.)

defeito hereditário de todos os filósofos; muitos chegam a tomar, despercebidamente, a mais jovem das configurações do homem, tal como surgiu sob a pressão de determinadas religiões, e até mesmo de determinados acontecimentos políticos, como a forma firme de que se tem de partir. Não querem aprender que o homem veio a ser, que até mesmo a faculdade de conhecimento veio a ser; enquanto alguns deles chegam a fazer com que o mundo inteiro se urda a partir dessa faculdade de conhecimento. — Ora, *tudo o que é essencial* no desenvolvimento humano transcorreu em tempos primordiais, bem antes desses quatro mil anos que conhecemos mais ou menos; nestes, pode ser que o homem não se tenha alterado muito mais. Mas o filósofo vê "instintos" no homem do presente e admite que estes fazem parte dos fatos inalteráveis do homem, e nessa medida podem fornecer uma chave para o entendimento do mundo em geral: a teologia inteira está edificada sobre o falar-se do homem dos últimos quatro milênios como de um *eterno*, em direção ao qual todas as coisas do mundo desde seu início tenderiam naturalmente. Mas tudo veio a ser; *não há fatos eternos*: assim como não há verdades absolutas. — Portanto, o *filosofar histórico* é necessário de agora em diante e, com ele, a virtude da modéstia.

11

A linguagem como pretensa ciência. — A significação da linguagem para o desenvolvimento da civilização está em que, nela, o homem colocou um mundo próprio ao lado do outro, um lugar que ele considerou bastante firme para, apoiado nele, deslocar o restante do mundo de seus gonzos e tornar-se senhor dele. Na medida em que o homem acreditou, por longos lances de tempo, nos conceitos e nomes das coisas como em *aeternae veritates*, adquiriu aquele orgulho com que se elevou acima do animal: pensava ter efetivamente, na linguagem, o conhecimento do mundo. O formador da linguagem não era tão modesto de acreditar que dava às coisas, justamente, apenas designações; mas antes, ao que supunha, exprimia com as palavras o supremo saber sobre as coisas; de fato, a linguagem é o primeiro grau do esforço em direção à ciência. Foi da *crença na verdade encontrada*, também aqui, que fluíram as mais poderosas fontes de força. Muito posteriormente — só agora — começa a despontar para os homens que eles propagaram um erro descomunal, em sua crença na linguagem. Felizmente é tarde demais para fazer voltar atrás o desenvolvimento da razão, que repousa sobre essa crença. — Mesmo a *lógica* repousa sobre pressupostos, aos quais nada no mundo efetivo corresponde, por exemplo, sobre o pressuposto da igualdade entre coisas, da identidade da mesma coisa em diferentes pontos do tempo: mas essa ciência surgiu pela crença no oposto (que certamente há algo assim no mundo efetivo). O mesmo se dá com a *matemática*, que com toda certeza não teria surgido se desde o começo se tivesse sabido que na natureza não há nenhuma linha exatamente reta, nenhum círculo efetivo, nenhuma medida absoluta de grandeza.

16

Fenômeno e coisa em si. — Os filósofos costumam colocar-se diante da vida e da experiência — diante daquilo que denominam o mundo do fenômeno — como diante de uma pintura, que está desenrolada de uma vez por todas e com inalterável firmeza mostra o mesmo evento: esse evento, pensam eles, é preciso interpretá-lo corretamente, para com isso tirar uma conclusão sobre o ser que produziu a pintura: portanto, sobre a coisa em si, que sempre costuma ser considerada como a razão suficiente do mundo do fenômeno. Em contrapartida, lógicos mais rigorosos, depois de haverem estabelecido agudamente o conceito do metafísico como o do incondicionado, e consequentemente também incondicionante, puseram em questão toda conexão entre o incondicionado (o mundo metafísico) e o mundo que nos é conhecido: de tal modo que no fenômeno, justamente, a coisa em si *não* aparece,[5] e toda conclusão daquele a esta deve ser recusada. De ambos os lados, porém, não é levada em conta a possibilidade de que essa pintura — aquilo que agora, para nós homens, se chama vida e experiência — pouco a pouco *veio a ser* e, aliás, está ainda em pleno *vir-a-ser* e, por isso, não deve ser considerada como grandeza firme, a partir da qual se pudesse tirar uma conclusão sobre o criador (a razão suficiente) ou sequer recusá-la. É porque nós, desde milênios, temos olhado para o mundo com pretensões morais, estéticas, religiosas, com cega inclinação, paixão ou medo, e porque nos temos regalado nos maus hábitos do pensamento ilógico, que esse mundo pouco a pouco *veio a ser* tão maravilhosamente colorido, apavorante, profundo de significação, cheio de alma; ele adquiriu cores — mas somos nós os coloristas: o intelecto humano fez aparecer o fenômeno e transpôs para as coisas suas concepções fundamentais errôneas. Tarde, muito tarde — ele cai em si: e agora o mundo da experiência e a coisa em si lhe parecem tão extraordinariamente diferentes e separados que ele recusa a conclusão daquele a esta — ou, de uma maneira horrivelmente misteriosa, exorta à *abdicação* de nosso intelecto, de nossa vontade pessoal: para chegar ao essencial *através*

---

5 É a tradicional distinção kantiana entre fenômeno e coisa em si que Nietzsche critica também, implicitamente, ao nível da linguagem. Daí a recordação de que a palavra *Erscheinung* (fenômeno) é a forma nominal de *erscheinen* (aparecer) e seu significado o de "aparecimento" ou "aparição". Seu parentesco com *scheinen* (parecer) é que permite, mais adiante, associá-la à clássica oposição entre *Sein e Schein* — aproximadamente: essência e aparência. (N.T.)

do *tornar-se essencial*.⁶ Outros, por sua vez, coligiram todos os traços característicos de nosso mundo do fenômeno — isto é, da representação do mundo urdida de erros intelectuais que temos por herança — e, *em vez de acusar o intelecto como culpado*, culparam a essência das coisas como causa desse caráter fatual, muito inquietante, do mundo, e pregaram a redenção do ser. Com todas essas concepções, será levado a cabo de maneira decisiva o constante e laborioso processo da ciência, que por fim comemora seu triunfo máximo em uma *história genética do pensar*, esse processo cujo resultado talvez pudesse desembocar nesta proposição: aquilo que agora denominamos mundo é o resultado de uma multidão de erros e fantasias, que surgiram pouco a pouco no desenvolvimento total do ser orgânico, cresceram entrelaçados e agora nos são legados como tesouro acumulado do passado inteiro — como tesouro: pois o valor de nossa humanidade repousa nele. O fato é que, desse mundo da representação, a ciência rigorosa só é capaz de livrar-nos em pequena medida — o que, aliás, nem é de desejar —, já que não é capaz de romper, no essencial, a força de hábitos antiquíssimos de sensação: mas pode aclarar a história da gênese desse mundo como representação, bem aos poucos e passo a passo — e elevar-nos, pelo menos por instantes, sobre o evento inteiro. Talvez reconheçamos então que a coisa em si é digna de uma homérica gargalhada: ela *parecia* tanto, e mesmo tudo, e, propriamente, *é* vazia, ou seja, vazia de significação.

18

Questões fundamentais da metafísica. — Se alguma vez a história da gênese do pensamento for escrita, também a seguinte proposição de um lógico eminente estará nela, iluminada por uma nova luz: "A lei universal originária, para o sujeito cognoscente, consiste na necessidade interior de reconhecer cada objeto em si, em sua essência própria, como idêntico consigo mesmo, portanto, como existindo por si e, no fundo, permanecendo constantemente igual e imutável, em suma, como uma substância".⁷ Mesmo essa lei, que aqui é denominada "originária", veio a ser: algum dia será mostrado como, nos organismos inferiores, essa propensão surge pouco a pouco: como os embotados olhos de toupeira dessas organizações, inicialmente, nada mais viam do que

---

6 Jogo entre os dois sentidos da palavra *wesenhaft*: 1) o pertencente à essência, o ser próprio da coisa, que determina o modo de ser; 2) o que tem caráter de ser: corpóreo, efetivo. Outro modo de verter o sentido da frase seria, portanto: "para chegar ao ser *transformando-se em ser*". (N.T.)

7 Afrikan Spir, *Denken und Wirklichkeit — Versuch einer Erneuerung der Kritischen Philosophie* (*Pensamento e efetividade — Ensaio de uma renovação da filosofia crítica*), Leipzig, 1877, vol. II, p. 177. O exemplar que pertenceu a Nietzsche, muito anotado, encontra-se em Weimar, na Zentralbibliothek der deutschen Klassik, atualmente Klassik Stiftung Weimar. (N.T.)

sempre o mesmo; como em seguida, quando as diferentes emoções de prazer e desprazer se tornam perceptíveis, pouco a pouco são distinguidas substâncias diferentes, mas cada uma com *um* atributo, isto é, uma única referência a um tal organismo. — O primeiro grau do [pensamento] lógico é o juízo: cuja essência consiste, segundo a afirmação dos melhores lógicos, na crença. Na base de toda crença, está a *sensação do agradável ou doloroso* em referência ao sujeito da sensação. Uma nova e terceira sensação, como resultante das duas sensações singulares precedentes, é o juízo em sua forma mais inferior. — A nós, seres orgânicos, nada interessa originariamente em cada coisa, a não ser sua *relação conosco* em referência a prazer e dor. Entre os momentos em que tomamos consciência dessa referência, os estados da sensação, estão os de repouso, de não sensação: ali, o mundo e cada coisa são para nós sem interesse, não notamos neles nenhuma alteração (como ainda hoje alguém intensamente interessado não nota quando alguém passa por ele). Para as plantas, todas as coisas costumam ser calmas, eternas, cada coisa igual a si mesma. Do período dos organismos inferiores, foi legada ao homem a crença de que há coisas *iguais* (somente a experiência instruída pela mais alta ciência contradiz essa proposição). Talvez a crença primordial de todo ser orgânico, desde o início, seja até mesmo que todo o restante do mundo é um e imóvel. — O que está mais distante daquele grau primordial do [pensamento] lógico é o pensamento da *causalidade*: até hoje pensamos ainda, no fundo, que todas as sensações e ações são atos da vontade livre; se o indivíduo que sente considera a si mesmo, toma cada sensação, cada alteração, por algo *isolado*, isto é, incondicionado, desconexo: emerge de nós, sem ligação com o anterior ou o posterior. Temos fome, mas originariamente *não* pensamos que o organismo quer ser conservado, e esse sentimento parece fazer-se sentir *sem fundamento e fim*, isola-se e se toma por *arbitrário*. Portanto: a crença na liberdade da vontade é um erro originário comum a todo ser orgânico, tão antigo que existe desde que existem nele as emoções lógicas; a crença em substâncias incondicionadas e em coisas iguais é, do mesmo modo, um erro originário, igualmente antigo, de todo ser orgânico. Mas, na medida em que toda metafísica se tem dedicado principalmente à substância e à liberdade da vontade, pode-se designá-la como a ciência que trata dos erros fundamentais do homem — mas, no entanto, como se fossem verdades fundamentais.

20

Alguns degraus para trás. — Um dos graus, certamente muito alto, da cultura é alcançado quando o homem ultrapassa conceitos e medos supersticiosos e religiosos e, por exemplo, não acredita mais nos caros anjinhos ou no pecado hereditário, e até mesmo da salvação das almas desaprendeu de falar: nesse grau de libertação, ele ainda precisa, com suprema tensão de sua lucidez, superar a metafísica. Mas *em seguida* é necessário um *movimento de retrocesso*: ele tem de compreender a legitimação histórica, assim como a psicológica, de tais representações, tem de reconhecer como a máxima promoção da humanidade veio de lá e como, sem esse movimento de retrocesso, nos privaríamos dos melhores resultados conseguidos pela humanidade até agora. — No tocante à metafísica filosófica, vejo agora cada vez um maior número daqueles que chegaram ao alvo negativo (que toda metafísica positiva é erro), mas ainda são poucos os que descem alguns degraus para trás; ou seja, devemos, decerto, olhar para além dos últimos degraus da escada, mas não querer ficar sobre eles. Os mais ilustrados só vão até o ponto de libertar-se da metafísica e lançar-lhe, para trás, um olhar de superioridade: e, no entanto, também aqui, como no hipódromo, é preciso dobrar o final da pista.

31

O ilógico necessário. — Entre as coisas que podem levar um pensador ao desespero, está o conhecimento de que o ilógico é necessário para o homem e de que do ilógico nasce muito de bom. Ele está tão firmemente implantado nas paixões, na linguagem, na religião e em geral em tudo aquilo que empresta valor à vida, que não se pode extraí-lo sem com isso danificar irremediavelmente essas belas coisas. São somente os homens demasiado ingênuos que podem acreditar que a natureza do homem possa ser transformada em uma natureza puramente lógica; mas se houver graus de aproximação desse alvo, o que não haveria de se perder nesse caminho! Mesmo o homem mais racional precisa outra vez, de tempo em tempo, da natureza, isto é, de sua *postura fundamental ilógica diante de todas as coisas*.

33

O erro sobre a vida necessário à vida. — Toda crença no valor e na dignidade da vida repousa sobre pensamento impuro; só é possível porque a simpatia pela vida e o sofrimento universal da humanidade é muito fracamente desenvolvida no indivíduo. Mesmo os homens mais raros, que de modo geral pensam além de si mesmos, não captam no olho essa vida universal, mas partes delimitadas dela. Quem sabe dirigir seu olhar principalmente a exceções, quero dizer, aos talentos superiores e às almas ricas, quem toma seu surgimento por alvo de todo o desenvolvimento do mundo e se alegra com suas obras, pode então acreditar no valor da vida, porque, com efeito, *deixa de ver* os outros homens: portanto, pensa impuramente. E, do mesmo modo, quem capta no olho todos os homens, mas só leva em conta neles *um* gênero de impulsos, os menos egoístas, e os desculpa no tocante aos outros impulsos: pode então, mais uma vez, esperar algo da humanidade em seu todo e nessa medida acreditar no valor da vida: portanto, também nesse caso, por impureza de pensamento. Mas quem procede de um modo ou do outro é sempre, ao proceder assim, uma *exceção* entre os homens. Ora, precisamente a maioria dos homens suporta a vida sem resmungar demais, e, com isso, *acredita* no valor da existência, mas precisamente porque cada qual só quer e afirma a si mesmo, e não sai de si como aquelas exceções: todo extrapessoal, para eles, ou não é perceptível ou o é, no máximo, como uma fraca sombra. Portanto, somente nisto repousa o valor da vida para o homem comum, cotidiano: ele se dá mais importância do que ao mundo. A grande falta de fantasia de que sofre faz com que não possa sentir-se dentro de outros seres e, por isso, ele toma parte o menos possível em seu destino e sofrimento. *Quem*, ao contrário, pudesse efetivamente tomar parte neles haveria de desesperar do valor da vida; se conseguisse captar em si a consciência total da humanidade e senti-la, ele sucumbiria, amaldiçoando a existência — pois a humanidade no todo não tem *nenhum* alvo e, consequentemente, o homem, ao considerar o decurso inteiro, não pode encontrar nele seu consolo e a trégua, mas seu desespero. Se vê em tudo o que faz a falta de finalidade última do homem, seu próprio agir adquire a seus olhos o caráter do esbanjamento. Mas sentir-se, como humanidade (e não somente como indivíduo), tão *esbanjado* como vemos a florescência isolada ser esbanjada pela natureza, é um sentimento acima de todos os sentimentos. — Mas quem é capaz dele? Certamente apenas um poeta: e poetas sabem sempre consolar-se.

CAPÍTULO II
PARA A HISTÓRIA DOS SENTIMENTOS MORAIS

81
Erros do que sofre e do que age. — Quando o rico toma do pobre um bem (por exemplo, o príncipe toma do plebeu a amada), nasce no pobre um erro; ele pensa que aquele tem de ser totalmente celerado para tomar dele o pouco que ele tem. Mas aquele não sente tão profundamente o valor de um *único* bem, porque está habituado a ter muitos: assim, não pode se pôr na alma do pobre e está longe de fazer tanta injustiça quanto este acredita. Ambos têm, um do outro, uma falsa representação. A injustiça do poderoso, a que mais revolta na história, está longe de ser tão grande como parece. Já o sentimento herdado de ser um ser superior com direitos superiores torna devidamente frio e deixa a consciência tranquila: nós mesmos, quando a diferença entre nós e um outro ser é muito grande, não sentimos mais nada de injustiça e matamos uma mosca, por exemplo, sem nenhum remorso na consciência.

Assim, não há nenhum sinal de maldade em Xerxes (que, aliás, todos os gregos descrevem como eminentemente nobre) quando toma do pai seu filho e manda despedaçá-lo, porque este manifestara uma medrosa, ominosa desconfiança contra toda a expedição do exército: o indivíduo é nesse caso posto de lado como um inseto desagradável: está baixo demais para poder despertar por mais tempo sentimentos torturantes em um dominador do mundo. Sim, aquele que é cruel não é cruel na medida em que o acredita o maltratado; a representação da dor não é o mesmo que o padecimento dela. Assim também se passa com o juiz injusto, com o jornalista que com pequenas deslealdades induz em erro a opinião pública. Causa e efeito são cercados, em todos esses casos, por grupos de sentimento e de pensamento inteiramente diferentes; e no entanto se pressupõe involuntariamente que o que age e o que sofre pensam e sentem igual, e, em conformidade com esse pressuposto, se mede a culpa de um segundo a dor do outro.

92

Origem da justiça — A justiça (equidade) tem sua origem entre aqueles que têm *potência* mais ou menos *igual*, como Tucídides (no terrível diálogo entre os enviados atenienses e mélios) o concebeu corretamente: onde não há nenhuma supremacia claramente reconhecível e um combate se tornaria um inconsequente dano mútuo, surge o pensamento de se entender e negociar sobre as pretensões de ambos os lados; o caráter da *troca* é o caráter inicial da justiça. Cada um contenta o outro, na medida em que cada um obtém o que estima mais do que o outro. Dá-se a cada um o que ele quer ter, como doravante seu, e se recebe em compensação o que se deseja. Justiça é, portanto, retribuição e intercâmbio, sob a pressuposição de uma posição mais ou menos igual de potência; assim, a vingança pertence originariamente ao domínio da justiça, ela é intercâmbio. Assim também a gratidão. — Justiça remete naturalmente ao ponto de vista de uma autoconservação inteligente, portanto, ao egoísmo daquela reflexão: "Para que haveria eu de danificar-me inutilmente e talvez nem sequer alcançar meu alvo?" — Isso quanto à *origem* da justiça. Porque os homens, de acordo com seu hábito intelectual, *esqueceram* o fim originário das assim chamadas ações justas, equitativas, e, em especial, porque através de milênios as crianças foram ensinadas a admirar e imitar tais ações, pouco a pouco surgiu a aparência de que uma ação justa é uma ação não egoísta: e sobre essa aparência repousa a alta estima por elas, que além disso, como todas as estimativas, está ainda em constante crescimento: pois algo altamente estimado é perseguido com sacrifício, imitado, multiplicado, e cresce porque o valor do esforço e zelo dispendidos por cada indivíduo é ainda acrescentado ao valor da coisa estimada. — Que aspecto pouco moral teria o mundo sem o esquecimento! Um poeta poderia dizer que Deus postou o esquecimento como guardião na soleira do templo da dignidade humana.

CAPÍTULO III
A VIDA RELIGIOSA

111

Origem do culto religioso. — Se nos reportamos aos tempos em que a vida religiosa florescia em seu máximo vigor, encontramos uma convicção fundamental que agora não mais partilhamos e em virtude da qual vemos fecharem-se para nós de uma vez por todas os portais da vida religiosa: refere-se à natureza e ao comércio com ela. Naqueles tempos, ainda não se sabe nada de leis naturais; nem para a Terra nem para o céu há um *ter-de*; uma estação do ano, o brilho do sol, a chuva, podem vir ou deixar de vir. Falta, em geral, todo conceito de causalidade *natural*. Quando se rema, não é o remar que move o navio, mas remar é somente um cerimonial mágico pelo qual se força um demônio a mover o navio. Todas as doenças, a própria morte, são resultado de intervenções mágicas; no adoecer e morrer as coisas nunca se passam naturalmente; falta toda representação do "curso natural" — esta só desponta nos gregos antigos, isto é, em uma fase muito tardia da humanidade, com a concepção da Moira reinando sobre os deuses. Se alguém atira com o arco, há sempre por perto uma mão e força irracionais; se estancam subitamente as fontes, pensa-se primeiro em demônios subterrâneos e suas perfídias; há de ser a seta de um deus, aquilo sob cujo invisível efeito um homem tomba de repente. Nas Índias (segundo Lubbock),[8] um marceneiro costuma oferecer sacrifícios a seu martelo, seu machado e demais instrumentos; um brâmane trata o estilete com que escreve, um soldado, as armas que leva ao campo de batalha, um pedreiro, sua trolha, um lavrador, seu arado, de igual maneira. A natureza inteira, na representação de homens religiosos, é uma soma de ações de seres dotados de consciência e vontade, um complexo descomunal de *arbitrariedades*. Em referência a tudo o que está fora de nós, não há lugar para nenhuma conclusão de que algo *será* assim ou assim, *terá de* vir assim ou as-

---

[8] John Lubbock — pensador, político e naturalista inglês (1834-1913). Discípulo de Darwin, deixou obras sobre: *Tempos pré-históricos, Origem e metamorfose dos insetos, Felicidade de viver, Origem da civilização*. O texto se refere a este último, na tradução alemã: *Die Entstehung der Civilisation und der Urzustand des Menschengeschlechtes, erläutert durch das innere und äussere Leben der Wilden* (*O surgimento da civilização e o estado primitivo do gênero humano, ilustrado pela vida interior e exterior dos selvagens*), tradução de A. Passov, Iena, 1875, p. 239. Exemplar de Nietzsche na Biblioteca de Weimar. (N.T.)

sim; o que é mais ou menos seguro, calculável, somos *nós*: o homem é a *regra*, a natureza o *desregramento* — esta proposição contém a convicção fundamental que domina as civilizações primitivas, rudes, religiosamente produtivas. Nós, homens de agora, sentimos diretamente ao inverso: quanto mais rico se sente interiormente o homem de agora, quanto mais polifônico é seu sujeito, mais poderosamente atua sobre ele a simetria da natureza; nós todos reconhecemos com Goethe, na natureza, o grande meio de aquietação para a alma moderna, ouvimos a batida de pêndulo do maior dos relógios com uma nostalgia de repouso, de recolhimento e calma, como se pudéssemos absorver em nós essa simetria e somente com isso pudéssemos chegar à fruição de nós mesmos. Outrora era o inverso: quer pensemos em estados rudes, primitivos, de povos do passado ou vejamos de perto os selvagens de agora, nós os encontramos determinados, da maneira mais forte, pela *lei*, pela *tradição*: o indivíduo está quase automaticamente ligado a ela e se move com a uniformidade de um pêndulo. Para ele, a natureza — a incompreendida, terrível, misteriosa natureza — há de aparecer como o *reino da liberdade*, do *arbítrio*, da potência superior, e até mesmo, por assim dizer, como um grau sobre-humano da existência, como Deus. E, entretanto, todo indivíduo desses tempos e nesses estados sente como desses arbítrios da natureza depende sua existência, sua felicidade, a da família, do Estado, o êxito de todos os empreendimentos; alguns eventos naturais têm de ocorrer em tempo certo, outros deixar de ocorrer a tempo certo. Como se pode exercer uma influência sobre esse terrível desconhecido, como se pode ligar o reino da liberdade? Assim ele se pergunta, assim ele pesquisa angustiosamente: não há então nenhum meio de tornar regulares aquelas potências, por uma tradição e lei, assim como tu mesmo és regular? — A meditação do homem que acredita na magia e no milagre visa a *impor à natureza uma lei*—: e, dito concisamente, o culto religioso é o resultado dessa meditação. O problema que aqueles homens se propõem tem a mais estreita afinidade com este: como pode a estirpe *mais fraca* ditar leis à *mais forte*, determiná-la, guiar suas ações (em sua relação com a mais fraca)? Lembrar-se-ão primeiramente do modo mais inocente de coação, daquela coação que se exerce quando se adquiriu a *afeição* de alguém. Por súplica e oração, por submissão, pelo compromisso de prestar tributos e oferendas regulares, por glorificações lisonjeiras, é possível, pois, exercer também sobre as potências da natureza uma coação, atraindo para si sua afeição: amor liga e é ligado. Em seguida, pode-se concluir *contratos*, comprometendo-se a um determinado comportamento mútuo, oferecendo penhores e trocando juramentos. Mas muito mais importante é uma espécie de coação mais poderosa, por magia e feitiçaria. Assim como o homem, com o auxílio do feiticeiro, sabe causar dano até mesmo a um inimigo mais forte e o mantém com medo de si, assim como o feitiço de amor atua a distância, assim acredita o homem mais fraco poder também determinar os espíritos mais poderosos da natureza. O meio principal de toda feitiçaria é ter em seu poder algo que seja próprio de alguém, cabelos, unhas, um pouco de comida de sua mesa, e até mesmo sua imagem, seu nome. Com esse aparato, pode-se então enfeitiçar; pois o pressuposto fundamental é: a todo espiritual pertence algo de corporal; com seu auxílio, pode-se ligar o espírito, causar-lhe dano, aniquilá-lo; o corporal fornece a pega com que se pode pegar o espiritual. E assim como o homem determina o homem, assim ele determina também algum espírito natural; pois este tem também seu corporal, pelo qual pode ser pego. A árvore e, comparado com ela, o germe de que ela nasceu — esse enigmático lado a lado parece demonstrar que nessas duas formas se incorporou um e o mesmo espírito, ora pequeno, ora grande. Uma pedra que subitamente rola é o corpo em que um espírito está agindo; se jaz na charneca solitária um bloco, se parece impossível pensar em força humana que o tenha trazido, a pedra deve ter movido a si mesma, isto é: deve albergar um espírito. Tudo o que tem um corpo é acessível à feitiçaria, portanto, também os espíritos naturais. Se um deus está diretamente ligado à sua imagem, é possível também exercer sobre ele coação direta (pela recusa da nutrição sacrificial, açoitamento, acorrentamento e coisas semelhantes). O populacho da China, para extorquir o favor ausente de seu deus, amarra com cordas a imagem deste que o abandonou, derruba-a, arrasta-a pelas ruas através de montes de argila e estrume; "Tu, cão de um espírito", dizem eles, "te deixamos morar em um templo suntuoso, te douramos lindamente, te cevamos bem, te trouxemos sacrifícios, e tu és tão ingrato". Medidas de violência semelhantes contra imagens de santos ou da mãe de Deus, quando estes não queriam cumprir seu dever, por exemplo, em tempo de peste ou de seca, ainda se verificaram neste século em terras católicas.— Por todas estas relações de feitiçaria com a natureza foram chamadas à vida inúmeras cerimônias: e afinal, quando a confusão delas se torna grande demais, tenta-se ordená-las, sistematizá-las, de tal modo que se pensa garantir o decurso favorável da marcha total da natureza, ou seja, da grande translação anual, por um decurso correspondente de um sistema de proceduras. O sentido do culto religioso é determinar e confinar a natureza em proveito do homem, portanto, *imprimir-lhe uma legalidade que de antemão ela não tem*; enquanto no tempo de agora se quer *conhecer* a legalidade da natureza, para adaptar-se a ela. Em suma, o culto religioso repousa nas representações da feitiçaria entre homem e homem; e o feiticeiro é mais antigo do que o padre. Mas repousa, *do mesmo modo*, sobre outras e mais nobres representações; pressupõe a relação de simpatia de homem a homem, a existência de boa vontade, gratidão, atendimento aos suplicantes, de contratos entre inimigos, de prestação de penhores, de direito à proteção da propriedade. O homem, mesmo em graus muito baixos de civilização, não está diante da natureza como escravo impotente, *não* é necessariamente seu servo sem vontade: no grau grego da religião, em particular na relação com os deuses olímpicos, é de se pensar até mesmo um convívio de duas castas, uma mais nobre, mais poderosa, e uma menos nobre; mas ambas, por sua origem, são de certo modo solidárias e de *uma* espécie: não precisam envergonhar-se uma da outra. Essa é a nobreza da religiosidade grega.

114
O não grego no cristianismo. — Os gregos não viam os deuses homéricos acima de si, como senhores, e não se viam abaixo deles, como servos, ao modo dos judeus. Viam como que apenas a imagem em espelho dos exemplares de sua própria casta que melhor vingaram, portanto um ideal, não um contrário de sua própria essência. Há o sentimento de parentesco recíproco, subsiste um interesse de lado a lado, uma espécie de simaquia. O homem pensa nobremente de si quando dá a si mesmo tais deuses e se coloca em uma relação como é a da nobreza inferior para com a superior; enquanto os povos itálicos têm uma boa religião de camponês, com constante inquietação contra potências más e caprichosas e espíritos torturantes. Onde os deuses olímpicos se retiravam, ali a vida grega era também mais sombria e inquieta. — O cristianismo, por sua vez, esmagou e alquebrou completamente o homem, e o mergulhou como que em um profundo lamaçal: então, no sentimento da total abjeção, fazia brilhar de repente o esplendor de uma piedade divina, de tal modo que o surpreendido, aturdido pela graça, lançava um grito de embevecimento e por um instante acreditava carregar o céu inteiro em si. Sobre esse doentio excesso do sentimento, sobre a profunda corrupção de cabeça e coração necessária para isso, atuam todas as invenções psicológicas do cristianismo: ele quer aniquilar, alquebrar, aturdir, inebriar, ele só não quer uma coisa: a *medida*, e por isso é, no sentido mais profundo, bárbaro, asiático, sem nobreza, não grego.

CAPÍTULO IV
DA ALMA DOS ARTISTAS E ESCRITORES

162
Culto do gênio por vaidade. — Porque pensamos bem de nós, mas, no entanto, não esperamos de nós que possamos alguma vez fazer o esboço de uma pintura de Rafael ou uma cena tal como a de um drama de Shakespeare,

persuadimo-nos de que a faculdade para isso é maravilhosa acima de todas as medidas, um raríssimo acaso, ou, se ainda temos sentimento religioso, uma graça do alto. Assim, nossa vaidade, nosso amor-próprio, propiciam o culto do gênio: pois somente quando este é pensado bem longe de nós, como um *miraculum*, ele não fere (mesmo Goethe, o sem inveja, denominava Shakespeare sua estrela da altura mais longínqua; a propósito do que, se poderia lembrar o verso: "As estrelas, essas não se desejam").[9] Mas, sem levar em conta essas insinuações de nossa vaidade, a atividade do gênio não aparece de modo algum como algo fundamentalmente diferente da atividade do inventor mecânico, do erudito em astronomia ou história, do mestre de tática. Todas essas atividades se explicam quando se tem em mente homens cujo pensar é ativo em *uma* direção, que utilizam tudo como material, que sempre consideram sua vida interior e a de outros com empenho, que por toda parte veem modelos, estímulos, que nunca se cansam de combinar seus meios. O gênio também nada faz a não ser aprender, primeiro, a pôr pedras, em seguida a edificar, procurar sempre por material e sempre modelar nele. Toda atividade do homem é complicada até o miraculoso, não somente a do gênio: mas nenhuma é um "milagre". — De onde então a crença de que somente em artistas, oradores e filósofos há gênio? De que somente eles têm "intuição"? (com o que se atribui a eles uma espécie de óculos milagrosos com que veem diretamente dentro da essência!) Os homens, evidentemente, só falam do gênio ali onde os efeitos do grande intelecto lhes são mais agradáveis, e eles, por sua vez, não querem sentir inveja. Denominar alguém "divino" quer dizer: "Aqui não precisamos rivalizar". Depois: tudo que está pronto, perfeito, é admirado, tudo o que vem a ser é subestimado. Ora, ninguém pode ver, na obra do artista, como ela *veio a ser*; essa é sua vantagem, pois por toda parte onde se pode ver o vir-a-ser há um certo arrefecimento. A arte consumada da exposição repele todo pensamento do vir-a-ser; tiraniza como perfeição presente. Por isso os artistas da exposição são considerados geniais por excelência, mas não os homens de ciência. Em verdade, aquela estima e esta subestimação são apenas uma infantilidade da razão.

222

O que resta da arte. — É verdade, dados certos pressupostos metafísicos, a arte tem valor muito maior; por exemplo, quando vale a crença de que o

---

9 "*Die Sterne die begehrt man nicht*" — Do poema *Trost in Tränen* (*Consolo nas lágrimas*), penúltima estrofe, primeiro verso: "As estrelas, essas não se desejam,/ mas o seu esplendor só nos alegra/ e com encanto olhamos para o alto/ em toda noite serena". — A frase anterior faz alusão, levemente alterada, aos seguintes versos do poema *Zwischen beiden Welten* (*Entre dois mundos*): "Lida! Felicidade da proximidade mais próxima,/ William! Estrela da altura mais bela,/ A vós devo tudo quanto sou". (N.T.)

caráter é inalterável e a essência do mundo se enuncia constantemente em todos os caracteres e ações: ali a obra do artista se torna imagem do que *persiste eternamente*, enquanto para nossa concepção o artista pode dar *validade* à sua imagem sempre apenas por um tempo, porque o homem, no total, veio a ser e é mutável e mesmo o homem singular não é nada de firme e persistente. — O mesmo se passa quanto a um outro pressuposto metafísico: supondo-se que nosso mundo visível fosse apenas fenômeno, como admitem os metafísicos, a arte viria a ficar bastante perto do mundo efetivo: pois entre o mundo fenomênico e o mundo de sonho do artista haveria então demasiada semelhança; e a diferença que restasse colocaria até mesmo a significação da arte acima da significação da natureza, porque a arte apresentaria o uniforme, os tipos e modelos da natureza. — Aqueles pressupostos, porém, são falsos: que posição agora, depois desse conhecimento, resta ainda para a arte? Antes de tudo, ela ensinou, através de milênios, a olhar com interesse e prazer para a vida em todas as suas formas e a levar nossa sensação tão longe que finalmente exclamamos: "Seja como for a vida, ela é boa!". Esse ensinamento da arte, que consiste em encontrar prazer na existência e considerar a vida humana como quem considera um pedaço de natureza, sem se empolgar demais, vendo-a como objeto de um desenvolvimento conforme a leis — esse ensinamento se arraigou em nós, ele agora retorna à luz como necessidade onipotente de conhecimento. Poder-se-ia abrir mão da arte, mas com isso não se perderia a aptidão aprendida dela: assim como se pode abrir mão da religião, mas não das intensidades e elevações de ânimo adquiridas através dela. Assim como a arte plástica e a música dão a medida do sentimento de riqueza efetivamente adquirido e acrescido pela religião, assim, depois de um desaparecimento da arte, a intensidade e a multiformidade da alegria de viver, implantadas por ela, ainda exigirão satisfação. O homem científico é a continuação do homem artístico.

CAPÍTULO V
SINAIS DE CULTURA SUPERIOR E INFERIOR

224
Enobrecimento por degeneração. — Da história se pode aprender que, em um povo, conserva-se melhor a estirpe em que a maioria dos homens têm vivo senso comum, em decorrência da igualdade de seus princípios habituais e indiscutíveis, portanto, em decorrência de sua crença em comum. Aqui se reforça o bom, o competente costume, aqui se aprende a subordinação do indivíduo e ao caráter é dada firmeza já como prenda, e posteriormente

ainda ensinada. O perigo dessas comunidades fortes, fundadas sobre indivíduos homogêneos e cheios de caráter, é o aumento gradativo, por hereditariedade, do embrutecimento que acompanha toda estabilidade como sua sombra. É dos indivíduos mais desvinculados, muito mais inseguros e moralmente mais fracos que depende o *progresso espiritual* em tais comunidades; são eles os homens que ensaiam o novo e, em geral, a variedade. Inúmeros dessa espécie se arruínam, por sua fraqueza, sem exercer efeito muito visível; mas, no geral, sobretudo quando têm posteridade, eles afrouxam o elemento estável de uma comunidade e de tempo em tempo lhe causam uma ferida. Precisamente nesse lugar ferido e enfraquecido é como que *inoculado* na comunidade algo de novo; sua força no todo tem de ser, entretanto, bastante grande para acolher esse novo em seu sangue e assimilá-lo. As naturezas degenerantes são de suprema significação por toda parte onde deve suceder-se um progresso. Todo progresso em grande escala tem de ser precedido de um enfraquecimento parcial. As naturezas mais fortes *mantêm firme* o tipo, as mais fracas ajudam a *aperfeiçoá-lo*. — Algo semelhante se verifica com o homem singular; raramente uma degeneração, uma mutilação, mesmo um vício e em geral uma perda corporal ou ética deixam de ter uma vantagem por um outro lado. O homem mais doente, por exemplo, terá talvez, em meio a uma estirpe belicosa e intranquila, mais ocasião para ficar a sós e, por isso, tornar-se mais tranquilo e mais sábio, o caolho terá um olho mais forte, o cego olhará mais profundamente para dentro e, em todo caso, ouvirá mais agudamente. Nessa medida parece-me que a célebre luta pela existência não é o único ponto de vista a partir do qual pode ser explicado o progresso ou o fortalecimento de um homem, de uma raça. Em vez disso, têm de conjugar-se duas coisas: primeiramente, um aumento da força estável por vinculação dos espíritos na crença e no sentimento comum; em seguida, a possibilidade de chegar a alvos superiores por aparecerem naturezas degenerantes e, em decorrência delas, enfraquecimentos e ferimentos parciais da força estável; precisamente a natureza mais fraca, sendo a mais delicada e fina, torna possível em geral todo progresso. Um povo que em algum ponto se torna quebradiço e fraco, mas no todo é ainda forte e sadio, é capaz de acolher a infecção do novo e incorporá-la com proveito. Quanto ao homem singular, a tarefa da educação é a seguinte: torná-lo tão firme e seguro que ele como um todo não possa mais ser desviado de sua rota. Em seguida, porém, o educador deve causar-lhe ferimentos, ou utilizar os ferimentos que o destino lhe faz, e quando desse modo tiverem surgido a dor e a carência, pode também, nos lugares feridos, ser inoculado algo novo e nobre. Sua natureza inteira o acolherá em si e, mais tarde, em seus frutos, fará sentir o enobrecimento. — No tocante ao Estado, diz Maquiavel que "a forma dos governos é de muito pequena significação, embora gente semiculta pense de outro modo. O grande alvo da arte do Estado deveria ser a *duração*, que contrabalança todo o restante, sendo muito mais valiosa do que a liberdade". Somente com uma duração máxima seguramente fundada e garantida é possível, de modo geral, desenvolvimento constante e inoculação enobrecedora. Sem dúvida, e de hábito, a mais perigosa companheira de toda duração, a autoridade, se defenderá contra isso.

235

Gênio e Estado ideal em contradição. — Os socialistas desejam instaurar um bem-viver para o maior número possível. Se a pátria duradoura desse bem--viver, o Estado perfeito, fosse efetivamente alcançada, então, por esse bem-viver, o chão de que cresce o grande intelecto, e em geral o indivíduo forte, estaria destruído: refiro-me à grande energia. A humanidade se teria tornado demasiado débil se esse Estado tivesse sido alcançado, para poder ainda gerar o gênio. Não se teria, portanto, de desejar que a vida conservasse seu caráter violento e que sempre de novo fossem suscitadas forças e energias selvagens? Ora, o coração caloroso, compassivo, quer precisamente a eliminação desse caráter violento e selvagem, e o coração mais caloroso que se pode pensar desejaria, com a máxima paixão, justamente isso: e, no entanto, precisamente sua paixão foi buscar naquele caráter selvagem e violento da vida seu fogo, seu calor, e mesmo sua existência; o coração mais caloroso quer, pois, a eliminação de seu fundamento, isto é, quer algo ilógico, não é inteligente. A inteligência mais alta e o coração mais caloroso não podem estar juntos em *uma* pessoa, e o sábio, que emite o juízo sobre a vida, também se coloca acima da bondade e a considera apenas como algo que deve ser levado em conta no cômputo geral da vida. O sábio tem de *resistir* àqueles desejos extravagantes da bondade ininteligente, porque para ele importa a sobrevivência de seu tipo e o surgimento final do supremo intelecto; pelo menos não lhe será propícia a fundação do "Estado perfeito", na medida em que nele só há lugar para indivíduos debilitados. Cristo, em contrapartida, que por uma vez queremos pensar como o coração mais caloroso, propiciou o embrutecimento do homem, colocou-se do lado dos pobres de espírito e deteve o engendramento do intelecto máximo: e isso era consequente. Seu reverso, o sábio perfeito — isto bem se pode predizer —, será, com a mesma necessidade, um empecilho ao engendramento de um Cristo. — O Estado é uma prudente instituição para a defesa dos indivíduos um contra o outro: se se exagera seu enobrecimento, o indivíduo acabará por ser enfraquecido por ele, e mesmo dissolvido — portanto, o fim originário do Estado será baldado, do modo mais radical.

259

Uma civilização de homens. — A civilização grega do tempo clássico é uma civilização de homens. Quanto às mulheres, Péricles, em seu discurso fúnebre, diz tudo com as palavras: O melhor delas é quando entre homens se fala delas o menos possível. — A relação erótica dos homens com os jovens era, em um grau inacessível ao nosso entendimento, o pressuposto necessário, único, de toda educação viril (mais ou menos como, por muito tempo, toda educação superior das mulheres, entre nós, só era trazida através do noivado e casamento); todo idealismo da força da natureza grega investia-se nessa relação, e provavelmente os jovens nunca mais foram tratados tão amorosamente, tão inteiramente em vista de seu melhor (*virtus*), como no sexto e no quinto século — portanto, conforme a bela sentença de Hölderlin: "Pois amando, o mortal dá o melhor". Quanto mais altamente era tomada essa relação, mais fundo caía o comércio com a mulher: o ponto de vista da procriação e da volúpia — nada mais entrava em consideração aqui; não havia nenhum comércio espiritual, nem sequer uma relação propriamente amorosa. Se se pondera, além disso, que elas eram excluídas até mesmo das competições e espetáculos de toda espécie, só restam os cultos religiosos como único entretenimento superior das mulheres. — Se é certo que na tragédia apresentavam Electra e Antígona, isso *toleravam* justamente na arte, embora não o quisessem na vida: assim como nós, agora, não suportamos nada de patético na vida, mas na arte o vemos de bom grado. — As mulheres não tinham outra tarefa, além de produzir belos corpos cheios de potência, nos quais o caráter do pai sobrevivesse o mais intacto possível, e com isso contrabalançar a crescente superexcitação nervosa de uma civilização tão altamente desenvolvida. Isso manteve jovem a civilização grega por um tempo relativamente tão longo; pois nas mães gregas o gênio grego sempre retornava à natureza.

261

Os tiranos do espírito. — Somente onde incide o raio do mito, a vida grega brilha; de resto, é obscura. Ora, os filósofos gregos se despojam justamente desse mito: não é como se quisessem sair da luz do sol para se pôr na sombra, na obscuridade? Mas nenhuma planta evita a luz; no fundo, aqueles filósofos buscavam somente um sol *mais claro*, o mito para eles não era puro, não era luminoso o bastante. Encontravam essa luz em seu conhecimento, naquilo que cada um deles denominava sua "verdade". Mas naquele tempo o conhecimento tinha um esplendor ainda maior; era jovem ainda, e ainda sabia pouco de todas as dificuldades e perigos de suas sendas; ainda podia esperar chegar com um único salto ao centro de todo ser e de lá resolver o enigma do mundo. Esses filósofos tinham uma robusta crença em si e em sua "verdade" e com ela derrubavam todos os seus vizinhos e predecessores: cada um deles era um combativo e violento *tirano*. Talvez a felicidade de acreditar na posse da verdade nunca foi maior no mundo, mas também nunca foi maior a dureza, a arrogância, o caráter tirânico e maldoso de uma tal crença. Eram tiranos, eram portanto aquilo que todo grego queria ser e que todo grego era, quando *podia* ser. Talvez apenas Sólon constitua uma exceção; em seus poemas, ele diz como desdenhou a tirania pessoal. Mas o fazia por amor à sua obra, à sua legislação; e ser legislador é uma forma mais sublimada de tirania. Até mesmo Parmênides ditava leis, assim como também Pitágoras e Empédocles; Anaximandro fundou uma cidade. Platão era o desejo encarnado de se tornar o supremo legislador filosófico e fundador de Estados; parece ter sofrido pavorosamente com o não cumprimento de sua essência, e sua alma, perto do fim, parecia cheia da mais negra bílis. Quanto mais os filósofos gregos perdiam em potência, mais sofriam interiormente dessa biliosidade e malevolência; já quando as diferentes seitas defendiam suas verdades nas ruas, as almas de todos esses pretendentes da verdade estavam totalmente encharcadas de ciúme e espuma, o elemento tirânico raivava agora como veneno em seu próprio corpo. Esses muitos pequenos tiranos teriam podido comer-se crus; não havia mais nenhuma centelha de amor e demasiado pouca alegria por seu próprio conhecimento restava neles. — Por toda parte a proposição "os tiranos, o mais das vezes, são assassinados, e sua posteridade tem vida curta" vale também para os tiranos do espírito. Sua história é curta, violenta, seu efeito se interrompe subitamente. Quase de todos os grandes helenos se pode dizer que parecem ter chegado tarde demais, assim de Ésquilo, de Píndaro, de Demóstenes, de Tucídides; uma geração depois deles — e está sempre tudo acabado. Isso é o que há de tempestuoso e inquietante na história grega. Agora, por certo, admira-se o evangelho da tartaruga. Pensar historicamente significa agora quase o mesmo que pensar que em todos os tempos a história teria sido feita segundo a proposição: "O menos possível no tempo mais longo possível!". Ai, a história grega corre tão rapidamente! Nunca mais se viveu tão perdulariamente, tão sem medida. Não posso me convencer de que a história dos gregos tenha tomado aquele curso *natural* que é tão celebrado nela. Eles tinham talentos demasiado múltiplos para serem gradativos daquela maneira passo a passo da tartaruga na competição com Aquiles: e é isso que se denomina desenvolvimento natural. Entre os gregos, tudo avança depressa, mas recua igualmente depressa; o movimento da máquina inteira é tão intenso que uma única pedra lançada em suas engrenagens a faz estalar. Uma tal pedra era, por exemplo, Sócrates; em uma noite, o desenvolvimento da ciência filosófica, tão maravilhosamente regular até então, mas sem dúvida demasiado acelerado, foi destruído. Não é ocioso perguntar se Platão, se tivesse permanecido livre do enfeitiçamento socrático, não teria encontrado um tipo ainda superior do homem filosófico, que para nós está perdido para sempre. Vemos, nos tempos anteriores a ele, como em uma oficina de escultor, tais tipos. O sexto e o quinto séculos, entretanto, parecem prometer ainda mais e mais alto do que eles próprios produziram; mas ficaram na promessa e no anúncio. E, no entanto, dificilmente há uma perda mais grave do que a perda de um tipo, de uma nova, suprema, até então ignorada, *possibilidade de vida filosófica*. Mesmo dos tipos mais antigos a maioria foi mal transmitida pela tradição; todos os filósofos de Tales a Demócrito me parecem extraordinariamente difíceis de reconhecer; mas quem é capaz de recriar essas figuras move-se entre imagens do mais poderoso e puro dos tipos. Essa aptidão é, sem dúvida, rara, falta até mesmo aos gregos posteriores que se ocuparam com o estudo da filosofia mais antiga; Aristóteles, sobretudo, parece não ter seus olhos na cabeça quando está diante dos filósofos mencionados. E, assim, é como se esses esplêndidos filósofos tivessem vivido em vão, ou como se somente devessem preparar os grupos sequiosos de polêmica e de discurso das escolas socráticas. Há aqui, como foi dito, uma lacuna, uma quebra no desenvolvimento; alguma grande infelicidade deve ter ocorrido, e a única estátua em que poderiam ser reconhecidos o sentido e o fim desse grande exercício prévio de escultura quebrou-se ou não deu certo: o que propriamente ocorreu permaneceu para sempre um segredo da oficina. — Aquilo que aconteceu entre os gregos — que cada grande pensador, na crença de ser possuidor da verdade absoluta, tornou-se tirano, de tal modo que também a história do espírito, entre os gregos, adquiriu aquele caráter violento, precipitado e perigoso que sua história política mostra —, essa espécie de acontecimentos não se esgotou com isso: muita coisa igual ocorreu até o tempo mais moderno, embora cada vez mais raramente e, agora, dificilmente com a consciência ingênua e pura dos filósofos gregos. Pois, no todo, o ensinamento oposto e o ceticismo falam agora muito poderosamente, alto demais. O período dos tiranos do espírito passou. Nas esferas da cultura superior terá de haver sempre, sem dúvida, um domínio — mas esse domínio, de agora em diante, está nas mãos dos *oligarcas do espírito*. Eles formam, a despeito de toda separação espacial e política, uma sociedade solidária, cujos membros se *conhecem* e se *reconhecem*, sejam quais forem as estimativas favoráveis e desfavoráveis que a opinião pública e os juízos dos escritores do dia e do tempo que atuam sobre a massa possam pôr em circulação. A superioridade intelectual, que antes separava e inimizava, costuma agora *ligar*: como poderiam os indivíduos afirmar a si mesmos e em sua própria rota nadar pela vida contra todas as correntezas, se não vissem seus semelhantes, aqui e ali, vivendo sob condições iguais e se não agarrassem suas mãos, em combate, tanto contra o caráter oclocrático do semiespírito e da semicultura, quanto contra as ocasionais tentativas de, com o auxílio da atuação das massas, erigir uma tirania? Os oligarcas são necessários um ao outro, têm uns nos outros sua melhor alegria, entendem seus sinais distintivos — mas, apesar disso, cada um deles é livre, combate e vence em *seu* lugar e prefere sucumbir do que se submeter.

270
A arte de ler. — Toda direção forte é unilateral; aproxima-se da direção da linha reta e, como esta, é exclusiva; isto é, não toca muitas outras direções, como o fazem os partidos e naturezas fracos, em seu sinuoso ir e vir: portanto, também dos filólogos é preciso aceitar que sejam unilaterais. A restauração e a preservação dos textos, ao lado de sua explicação, praticadas em uma corporação ao longo de séculos, permitiram enfim encontrar agora os métodos corretos; a Idade Média inteira era profundamente incapaz de uma explicação rigorosamente filológica, isto é, do simples querer-entender aquilo que o autor diz — foi alguma coisa encontrar esses métodos, não o subestimemos! Toda ciência só ganhou continuidade e constância quando a arte da leitura correta, isto é, a filologia, chegou a seu auge.

CAPÍTULO VIII
UM OLHAR AO ESTADO

454
Os que são perigosos entre os espíritos subversivos. — Dividam-se aqueles que pensam em uma subversão da sociedade naqueles que querem alcançar algo para si mesmos e naqueles que querem alcançar algo para seus filhos e netos. Estes últimos são os mais perigosos; pois têm a crença e a boa consciência do não egoísmo. Aos outros, pode-se satisfazer; para isso, a sociedade dominante é ainda rica e esperta o bastante. O perigo começa quando os alvos se tornam impessoais; os que são revolucionários por interesse impessoal podem considerar todos os defensores do que existe como pessoalmente interessados e por isso sentir-se superiores a eles.

463
Uma ilusão na doutrina da subversão. — Há fantasistas políticos e sociais que com fogo e eloquência exortam a uma subversão de todas as ordens, na crença de que logo em seguida o mais soberbo templo da bela humanidade

como que se erigirá por si mesmo. Nesses sonhos perigosos, ecoa ainda a superstição de Rousseau, que acredita em uma bondade miraculosa da natureza humana, originária, mas como que *soterrada*, e atribui às instituições da civilização, na sociedade, no Estado, na educação, toda a culpa desse soterramento. Infelizmente se sabe, por experiências históricas, que toda subversão dessa espécie ressuscita as energias mais selvagens como os terrores e as desmedidas há mais tempo sepultados, das épocas mais distantes: que, portanto, uma subversão bem pode ser uma fonte de força em uma humanidade debilitada, mas nunca um ordenador, arquiteto, artista, consumador da natureza humana. — Não foi a natureza moderada de *Voltaire*, com sua propensão a ordenar, purificar e reconstruir, mas os apaixonados desatinos e meias-mentiras de *Rousseau* que conclamaram o espírito otimista da revolução, contra o qual eu clamo: *"Écrasez l'infâme!"*. Por ele *o espírito da ilustração e do desenvolvimento progressivo* foi por muito tempo afugentado: vejamos — cada um por si mesmo — se é possível reclamá-lo de volta.

472
Religião e governo. — Enquanto o Estado ou, mais claramente, o governo se sabe constituído tutor em nome de uma multidão incapaz e, em função dela, pondera a questão: se a religião deve ser conservada ou eliminada — ele se decidirá, com a máxima probabilidade, pela conservação da religião. Pois a religião sossega a mente do indivíduo em tempos de perda, de privação, de pavor, de desconfiança, portanto, quando o governo se sente sem condições para fazer diretamente algo para mitigar os sofrimentos de alma do homem privado: e mesmo diante de males gerais, inevitáveis e, de imediato, inelutáveis (fomes, crises monetárias, guerras), a religião assegura um comportamento pacato, paciente, confiante da multidão. Por toda parte onde as eficiências necessárias ou contingentes do governo de Estado ou as consequências perigosas de interesses dinásticos se tornam perceptíveis àquele que é inteligente e o tornam recalcitrante, os não inteligentes pensam ver o dedo de Deus e se submetem com paciência às disposições vindas do *alto* (conceito este em que de hábito se confundem formas divinas e humanas de governo): assim é preservada a paz civil interna e a continuidade do desenvolvimento. A potência que há na unidade do sentimento popular, em opiniões e alvos iguais para todos, é protegida e chancelada pela religião, exceto naqueles raros casos em que o clero não consegue chegar a um acordo com o poder estatal quanto ao preço e entra em combate. De hábito, o Estado saberá ganhar para si os padres, porque tem necessidade de sua privadíssima, oculta educação das almas e sabe estimar servidores que aparente e exteriormente representam um interesse totalmente outro. Sem o auxílio dos padres,

nenhuma potência pode, ainda hoje, tornar-se "legítima": como Napoleão compreendeu. — Assim, governo absoluto tutelar e cuidadosa conservação da religião vão necessariamente lado a lado. Além disso, é de se pressupor que as pessoas e classes governantes sejam ilustradas sobre a utilidade que a religião lhes assegura e com isso se sintam até certo grau superiores a ela, na medida em que a usam como meio; razão pela qual o livre pensamento tem aqui sua origem. — E se, entretanto, aquela concepção inteiramente diferente do conceito de governo, assim como é ensinada em Estados *democráticos*, começa a se infiltrar? Se não se vê nele nada mais que o instrumento da vontade popular, não um acima em comparação com um abaixo, mas exclusivamente uma função do único soberano, o povo? Aqui só pode ser adotada pelo governo a mesma posição que o povo adota para com a religião; toda difusão de ilustração terá de repercutir até em seus representantes, uma utilização e exploração das forças propulsoras e consolações da religião para fins estatais não serão tão facilmente possíveis (mesmo que poderosos chefes de partido exerçam temporariamente uma influência que parece semelhante à do despotismo ilustrado). Mas se o Estado não pode mais ele próprio tirar nenhuma utilidade da religião ou se o povo pensa demasiado multiplamente sobre coisas religiosas para permitir ao governo um procedimento homogêneo, unitário, quanto a medidas religiosas — então necessariamente aparecerá como saída tratar a religião como assunto privado e delegá-la à consciência e ao costume de cada um. A primeira consequência disso é que o sentimento religioso parece fortalecido, na medida em que suas emoções ocultas e reprimidas, às quais o Estado involuntária ou propositalmente não concedia ar vital, irrompem agora e se dilatam ao extremo; mais tarde demonstra-se que a religião é sufocada pela propagação de seitas e que uma grande quantidade de dentes de dragão foi semeada no momento em que se fez da religião um assunto privado. A visão do conflito, o hostil desnudamento de todas as fraquezas das confissões religiosas, não deixa, por fim, mais nenhuma saída, a não ser que todo aquele que é melhor e mais dotado faça da irreligiosidade seu assunto privado: sentimento este que começa, então, a prevalecer também no espírito das pessoas governantes e, quase contra a sua vontade, dá a suas medidas um caráter hostil à religião. Tão logo isso intervém, muda a disposição dos homens ainda movidos religiosamente, os quais, anteriormente, adoravam o Estado como algo meio ou inteiramente religioso, para uma disposição decididamente *hostil ao Estado*; eles ficam à espreita das medidas do governo, procuram obstruir, atravancar, intranquilizar o quanto podem, e, com isso, pelo ardor de sua contradição, levam o partido contrário, o irreligioso, a um entusiasmo quase fanático *pelo* Estado; com o que ainda colabora, em surdina, o fato de que nesses círculos as mentes, desde que se separaram da religião, sentem um vazio e, provisoriamente, pela dedicação ao Estado, procuram criar para si um sucedâneo, uma espécie de tapa-buraco. Depois desses combates de transição, talvez de longa duração, decide-se afinal se os partidos religiosos ainda são bastante fortes para restabelecer a antiga situação e girar a roda para trás: caso em que inevitavelmente o despotismo ilustrado (talvez menos ilustrado e mais amedrontado do que antes) recebe o Estado nas mãos — ou se os partidos sem religião se impõem e solapam através de algumas gerações a propagação de seus adversários, eventualmente através de escolas e educação, e, afinal, a tornam impossível. Mas em seguida também neles arrefece aquele entusiasmo pelo Estado: revela-se cada vez com maior clareza que, juntamente com aquela adoração religiosa, para a qual este é um mistério, uma instituição supramundana, também a relação de reverência e de piedade para com ele foi abalada. Daí em diante os indivíduos veem nele somente o lado pelo qual ele lhes pode ser útil ou nocivo e procuram com todos os meios adquirir uma influência sobre ele. Mas essa concorrência torna-se logo grande demais, os homens e partidos mudam muito depressa, derrubam-se mutuamente da montanha com demasiada selvageria, mal chegaram ao alto. Falta a todas as medidas que são postas em vigor por um governo a garantia de sua duração; recua-se diante de empreendimentos que teriam de ter um tranquilo crescimento por decênios, por séculos, para amadurecer seus frutos. Ninguém sente mais nenhum outro compromisso diante de uma lei, a não ser o de se curvar momentaneamente diante do poder que introduziu a lei; mas logo tratam de miná-lo com um novo poder, com uma nova maioria a ser formada. Por último — pode-se dizê-lo com segurança —, a desconfiança contra todo governante, a inteligência do caráter inútil e desgastante desses combates de fôlego curto, hão de levar os homens a uma decisão inteiramente nova: à abolição do conceito de Estado, à supressão da oposição entre "privado e público". Passo a passo, as sociedades privadas absorvem os negócios de Estado: mesmo o resíduo mais tenaz que resta do antigo trabalho de governar (aquela atividade, por exemplo, que deve assegurar o homem privado contra o homem privado) acabará um dia por ficar a cargo de empresários privados. O desprezo, o declínio e a *morte do Estado*, o desencadeamento da pessoa privada (tomo o cuidado de não dizer: do indivíduo), são a consequência do conceito democrático de Estado; nisso consiste sua missão. Se ele cumpriu sua tarefa — que como tudo o que é humano traz muito de razão e de irrazão em seu seio —, se todas as recaídas da antiga doença foram superadas, então será desenrolada uma nova página do livro de fábulas da humanidade, na qual se lerá toda sorte de estórias curiosas e, talvez, também algo de bom. — Para dizer mais uma vez, concisamente, o que foi dito: o interesse do governo tutelar e o interesse da religião vão de mãos dadas um com o outro, de tal modo que, quando esta última começa a morrer, também o fundamento do Estado é abalado. A crença em uma ordenação divina das coisas políticas, em um mistério na existência do Estado, é de origem religiosa: se desaparece a religião, o Estado inevitavelmente perderá seu antigo véu de Ísis e não despertará mais nenhum terror sagrado. A soberania do povo, vista de perto, serve para afugentar a última feitiçaria e superstição do domínio desses sentimentos; a democracia moderna é a forma histórica do *declínio do Estado*. — A perspectiva que resulta desse seguro declínio não é, entretanto, em todos os aspectos, infeliz: a prudência e o egoísmo dos homens são, de todas as suas propriedades, as mais bem formadas; quando o Estado não corresponde mais às exigências dessas forças, não será o caos que se introduzirá, mas sim uma invenção ainda mais apropriada do que era o Estado triunfará sobre o Estado. Quanto poder organizador a humanidade já viu morrer: — por exemplo, o da comunidade de estirpe, que ao longo de milênios foi mais forte do que o poder da família, e mesmo muito antes de este existir já reinava e ordenava. Nós mesmos vemos as significativas ideias de direito e de potência da família, que uma vez possuiu o domínio até onde se estendia a romanidade, tornarem-se cada vez mais pálidas e impotentes. Assim uma geração posterior verá também o Estado, em algumas regiões da Terra, perder significação — uma representação em que muitos homens do presente mal podem pensar sem angústia e abominação. *Trabalhar* pela difusão e efetivação dessa representação é, sem dúvida, uma outra coisa: é preciso ter uma ideia muito pretensiosa de sua própria razão e entender a história pela metade para desde já pôr a mão no arado — enquanto ninguém pode ainda indicar as sementes que devem ser posteriormente espalhadas sobre o terreno devastado. Confiemos, pois, na "prudência e no egoísmo dos homens", para que, por agora, o Estado subsista ainda por um bom tempo e tentativas destruidoras, da parte de semissábios exaltados e precipitados, sejam repelidas!

473

O socialismo em vista de seus meios. — O socialismo é o fantasioso irmão mais jovem do quase decrépito despotismo, do qual quer ser herdeiro; suas aspirações são, portanto, no sentido mais profundo, reacionárias. Pois ele deseja uma plenitude de poder estatal como só a teve alguma vez o despotismo, e até mesmo supera todo o passado por aspirar ao aniquilamento formal do indivíduo: o qual lhe aparece como um injustificado luxo da natureza e deve ser transformado e melhorado por ele em um *órgão da comunidade* adequado a seus fins. Em virtude de seu parentesco, ele aparece sempre na proximidade de todos os excessivos desdobramentos de potência, como o antigo socialista típico, Platão, na corte do tirano siciliano: ele deseja (e propicia sob certas circunstâncias) o Estado ditatorial cesáreo deste século, porque, como foi dito, quer ser seu herdeiro. Mas mesmo essa herança não bastaria para seus fins, ele precisa da mais servil submissão de todos os cidadãos ao Estado incondicionado, como nunca existiu algo igual; e como nem sequer pode contar mais com a antiga piedade religiosa para com o Estado, mas antes, sem querer, tem de trabalhar constantemente por sua eliminação — a saber, porque trabalha pela eliminação de todos os *Estados* vigentes —, só pode ter esperança de existência, aqui e ali, por tempos curtos, através do extremo terrorismo. Por isso, prepara-se em surdina para dominar pelo pavor e inculca nas massas semicultas a palavra "justiça" como um prego na cabeça, para despojá-las totalmente de seu entendimento (depois que esse entendimento já sofreu muito através da semicultura) e criar nelas, para o mau jogo que devem jogar, uma boa consciência. — O socialismo pode servir para ensinar, bem brutal e impositivamente, o perigo de todos os acúmulos de poder estatal e, nessa medida, infundir desconfiança diante do próprio Estado. Quando sua voz rouca se junta ao grito de guerra: *o máximo possível de Estado*, este, num primeiro momento, se torna mais ruidoso que nunca: mas logo irrompe também o oposto, com força ainda maior: *o mínimo possível de Estado*.

474

O desenvolvimento do espírito temido pelo Estado. — A pólis grega, como toda potência política organizadora, era exclusiva e desconfiada contra o crescimento da cultura; seu poderoso impulso fundamental mostrava-se quase que somente paralisante e obstrutivo para esta. Ela não queria admitir nenhuma história, nenhum vir-a-ser da cultura; a educação estabelecida na lei estatal devia obrigar todas as gerações e firmá-las em *um* nível. Não era outra coisa o que mais tarde queria também Platão para seu Estado ideal. Foi *a despeito* da pólis, portanto, que se desenvolveu a cultura: indiretamente, sem dúvida, e contra a vontade, ela auxiliou, porque a ambição do indivíduo, na pólis, era estimulada ao máximo, de tal modo que ele, uma vez na trilha da formação espiritual, prosseguia nela até o último extremo. Em contrapartida, não se deve fazer apelo ao panegírico de Péricles: pois este é somente uma grande quimera otimista sobre a pretensa conexão necessária entre a pólis e a cultura ateniense; Tucídides, imediatamente antes de cair a noite sobre Atenas (a peste e a ruptura da tradição), a faz brilhar ainda uma vez como um ocaso transfigurador, para fazer esquecer o mau dia que o precedeu.

CAPÍTULO IX
O HOMEM A SÓS CONSIGO

630

Convicção é a crença de estar, em algum ponto do conhecimento, na posse da verdade incondicionada. Essa crença pressupõe, portanto, que há verdades incondicionadas; do mesmo modo, que foram encontrados aqueles métodos perfeitos para chegar a elas; enfim, que todo aquele que tem convicções se serve desses métodos perfeitos. Todos esses três postulados demonstram desde logo que o homem das convicções não é o homem do pensamento científico; está, diante de nós, na idade da inocência teórica e é uma criança, por adulto que seja quanto ao mais. Mas milênios inteiros viveram nesses pressupostos infantis, e deles jorraram as mais poderosas fontes de força da humanidade. Aqueles inúmeros homens que se sacrificaram por suas convicções pensavam fazê-lo pela verdade incondicionada. Todos eles estavam errados nisso: provavelmente nunca um homem se sacrificou ainda pela verdade; pelo menos a expressão dogmática de sua crença terá sido não científica ou científica pela metade. Mas propriamente queriam ter razão porque pensavam que *tinham de* ter razão. Deixar arrancar de si sua crença significava, talvez, pôr em questão sua felicidade eterna. Em um assunto dessa extrema importância era demasiado audível a "vontade" soprando ao ouvido do intelecto. A pressuposição de todo crente de qualquer tendência era não *poder* ser refutado; se os contra-argumentos se demonstravam muito fortes, restava-lhe sempre, ainda, caluniar a razão em geral e, talvez, até mesmo implantar o *credo quia absurdum est* como estandarte do extremo fanatismo. Não é o combate das opiniões que tornou a história tão violenta, mas o combate das crenças nas opiniões, isto é, das convicções. Se, entretanto, todos aqueles que faziam uma ideia tão alta de sua convicção lhe ofereciam sacrifícios de toda espécie e não poupavam honra, corpo e vida para servi-la houvessem dedicado apenas a metade de sua força a investigar com que direito aderiam a esta ou aquela convicção, por que caminho haviam chegado a ela: que aspecto pacífico teria a história da humanidade! Quanto mais haveria de conhecido! Todas as cenas cruéis da perseguição aos hereges de toda espécie nos teriam sido poupadas, por duas razões: primeiro, porque os inquisidores teriam, antes de tudo, inquirido dentro de si mesmos e ultrapassado a pretensão de defender a verdade incondicionada; em seguida, porque os próprios hereges não teriam mais nenhum interesse, diante de proposições tão mal fundadas como as proposições de todos os sectários e "ortodoxos", depois de tê-las investigado.

635

No conjunto, os métodos científicos são, pelo menos, um resultado tão importante da investigação quanto qualquer outro resultado: pois sobre a compreensão do método repousa o espírito científico, e todos os resultados da ciência não poderiam, se aqueles métodos se perdessem, impedir um renovado recrudescimento da superstição e do não senso. Pessoas de espírito podem *aprender* quanto quiserem dos resultados da ciência: nota-se sempre em sua conversação, e especialmente nas hipóteses que ela contém, que lhes falta o espírito científico: não têm aquela instintiva desconfiança contra os desvios do pensamento que, em decorrência de longo exercício, lançou suas raízes na alma de todo homem científico. A eles basta, sobre um assunto, encontrar em geral alguma hipótese, e depois são fogo e flama por ela e pensam que com isso está tudo feito. Ter uma opinião já significa, para eles, fanatizar-se por ela e, daí em diante, guardá-la no coração como convicção. Eles se acaloram, diante de uma coisa inexplicada, pela primeira ideia que lhes passe pela cabeça e pareça semelhante a uma explicação: do que constantemente resultam, em especial no domínio da política, as piores consequências. — Por isso, agora, cada qual deveria ter aprendido a conhecer pelo menos *uma* ciência desde o fundamento: pois saberia então o que quer dizer método e como é necessária a extrema atenção. É especialmente às mulheres que este conselho deve ser dado; pois são elas agora, irremediavelmente, as vítimas de todas as hipóteses, sobretudo quando estas dão a impressão de serem cheias de espírito, fascinantes, vivificantes, fortalecedoras. E até mesmo, observando com mais precisão, nota-se que a maior parte daqueles que têm cultura deseja, ainda agora, de um pensador, convicções e nada além de convicções, e que somente uma pequena minoria quer *certeza*. Aqueles querem ser arrebatados fortemente, para com isso obterem para eles próprios um aumento de força; estes poucos têm aquele interesse pela coisa mesma, que não visa a vantagens pessoais, nem mesmo ao mencionado aumento de força. É com aquela classe, amplamente preponderante, que se conta por toda parte onde o pensador se comporta e se designa como *gênio* e, portanto, assume a expressão de um ser superior, ao qual compete autoridade. Na medida em que o gênio dessa espécie entretém o ardor das convicções e desperta desconfiança contra o sentido cauteloso e modesto da ciência, ele é um inimigo da verdade, por mais que acredite ser seu pretendente.

638

O andarilho. — Quem chegou, ainda que apenas em certa medida, à liberdade da razão, não pode sentir-se sobre a Terra senão como andarilho — embora não como viajante *em direção* a um alvo último: pois este não há. Mas bem que ele quer ver e ter os olhos abertos para tudo o que propriamente se passa no mundo; por isso, não pode prender seu coração com demasiada firmeza a nada de singular; tem de haver nele próprio algo de errante, que encontra sua alegria na mudança e na transitoriedade. Sem dúvida sobrevêm a um tal homem noites más, em que ele está cansado e encontra fechada a porta da cidade que deveria oferecer-lhe pousada; talvez, além disso, como no Oriente, o deserto chegue até a porta, os animais de presa uivem ora mais longe, ora mais perto, um vento mais forte se levante, ladrões lhe levem embora seus animais de tiro. É então que cai para ele a noite pavorosa, como um segundo deserto sobre o deserto, e seu coração se cansa da andança. Se então surge para ele o sol da manhã, incandescente como uma divindade da ira, se a cidade se abre, ele vê, nos rostos dos que aqui moram, talvez ainda mais deserto, sujeira, engano, insegurança, do que fora das portas — e o dia é quase pior que a noite. Bem pode ser que isso aconteça às vezes ao andarilho; mas então vêm, como recompensa, as deliciosas manhãs de outras regiões e dias, em que já no alvorecer da luz ele vê, na névoa da montanha, os enxames de musas passarem dançando perto de si, em que mais tarde, quando ele, tranquilo, no equilíbrio da alma de antes do meio-dia, passeia entre árvores, lhe são atiradas de suas frondes e dos recessos da folhagem somente coisas boas e claras, os presentes de todos aqueles espíritos livres, que na montanha, na floresta e na solidão estão em casa e que, iguais a ele, em sua maneira ora gaiata, ora meditativa, são andarilhos e filósofos. Nascidos dos segredos da manhã, meditam sobre como pode o dia, entre a décima e a décima segunda badalada, ter um rosto tão puro, translúcido, transfiguradamente sereno: — buscam *a filosofia de antes do meio-dia.*

HUMANO, DEMASIADO HUMANO
UM LIVRO PARA ESPÍRITOS LIVRES [SEGUNDO VOLUME]

1879-1880

PREFÁCIO [1886]

1

Deve-se falar somente quando não se pode calar; e falar somente daquilo que se superou — tudo o mais é tagarelice, "literatura", falta de disciplina. Meus escritos falam *somente* de minhas superstições: "eu" estou neles, com tudo o que me foi hostil, *ego ipsissimus*, e até mesmo, se é permitida uma expressão mais orgulhosa, *ego ipsissimum*. Adivinha-se: já tenho muito — *abaixo de* mim... Mas sempre foi preciso o tempo, a convalescença, o longe, a distância, antes que me viesse o prazer do tomar posteriormente algo vivido e sobrevivido, algum fato ou fado próprio, e tirar-lhe a pele, explorá-lo, desnudá-lo, "expô-lo" (ou como queiram chamá-lo), para o conhecimento. Nessa medida, todos os meus escritos, com uma única, certamente essencial exceção,[1] devem ser *retrodatados* — falam sempre de um "atrás-de-mim" — : alguns mesmo, como as três primeiras *Considerações extemporâneas*, ainda para trás do tempo em que nasceu e foi vivido um livro editado antes (*O nascimento da tragédia*, no caso dado: como não pode passar despercebido a um observador e comparador mais refinado). Aquela colérica irrupção contra o germanismo, a complacência, o aviltamento de linguagem do envelhecido David Strauss, o conteúdo da primeira Extemporânea foram um desafogo para estados de espírito com que eu havia convivido muito antes, quando estudante, em meio à cultura e ao filisteísmo cultural alemães (reivindico a paternidade da agora muito usada e abusada palavra "filisteu da cultura" —); e o que eu disse contra a "doença histórica", eu o disse como alguém que aprendeu longamente, laboriosamente, a convalescer dela, e não tinha nenhuma vontade de, daí em diante, renunciar à "história" porque uma vez sofreu disso. Quando, em seguida, na terceira consideração extemporânea, trouxe à expressão minha veneração diante de meu primeiro e único educador, diante do *grande* Arthur Schopenhauer — eu a exprimiria agora ainda mais fortemente, e também mais pessoalmente —, já estava, quanto a minha própria pessoa, em meio à *skepsis* e à dissolução moralísticas, *isto é, tanto na crítica como no aprofundamento de todo pessimismo até agora* — e já "não acreditava em mais nada", como diz o povo, nem sequer em Schopenhauer: justamente naquele tempo nasceu um pequeno escrito, que foi mantido em segredo, *Sobre verdade e mentira no sentido extramoral*. Mesmo meu discurso triunfal e comemorativo em honra de Richard Wagner, por ocasião de sua festa triunfal em Bayreuth — Bayreuth significa

---

[1] A exceção a que se refere o texto é o livro *Assim falou Zaratustra*, que teve sua origem em uma outra espécie de "experiência". (N.T.)

o maior triunfo que um artista jamais conquistou —, uma obra que traz em si a mais forte *aparência* de "atualidade", era no fundo uma homenagem e gratidão para com um pedaço de passado meu, para com a mais bela e também a mais perigosa calmaria de minha viagem... e de fato um livramento, uma despedida. (Enganou-se talvez o próprio Richard Wagner sobre isso? Creio que não. Enquanto ainda ama, ninguém certamente pinta tais imagens; ninguém "considera" ainda, ninguém se coloca dessa forma ao longe, como tem de fazer aquele que considera. "O considerar requer já um misterioso *afrontamento*, o do olhar de frente" — diz a página 46 do próprio escrito citado,[2] com uma denunciadora e melancólica formulação, que talvez fosse somente para poucos ouvidos.) A disponibilidade, para *poder* falar sobre longos anos intermediários da mais íntima solidão e privação, só me veio com o livro *Humano, demasiado humano*, ao qual este *pró*-logo deve ser dedicado. Nele, como "livro para espíritos livres", há algo da quase serena e curiosa frieza do psicólogo, que toma posteriormente uma multidão de coisas dolorosas, que tem *abaixo* de si, atrás de si, e ainda as fixa para si mesmo e como que as *espeta* com alguma ponta de agulha: — o que é de admirar, se em um trabalho tão pontiagudo e espicaçante escorre também, ocasionalmente, um pouco de sangue, se ao fazê-lo o psicólogo tem sangue nos dedos, e nem sempre somente — nos dedos?...

2

A *Miscelânea de opiniões e sentenças*, assim como *O andarilho e sua sombra*, foram editados, pela primeira vez, *isolados*, como continuações e apêndices daquele humano-demasiado-humano "livro para espíritos livres" que acaba de ser citado: ao mesmo tempo, como continuação e redobro de uma cura espiritual, ou seja, do autotratamento *antirromântico*, tal como meu instinto que permaneceu sadio inventou para mim, e me receitou ele próprio, contra um temporário adoecimento da forma mais perigosa do romantismo. Possa-se agora, depois de seis anos de convalescença, aceitar os mesmos escritos *reunidos*, como segundo volume de *Humano, demasiado humano*: talvez, considerados juntos, ensinem com mais força e mais clareza seu ensinamento — um *ensinamento de saúde*, que pode ser recomendado às naturezas mais espirituais da geração que está surgindo, como *disciplina voluntatis*. Neles fala um pessimista, que com bastante frequência sai de sua pele, mas sempre volta a entrar nela, um pessimista, pois, com a boa vontade *ao* pessimismo — portanto, em todo caso não mais um romântico: como? não deveria um espírito, que entende dessa esperteza de serpente, *de mudar de pele*, poder

[2] Início do capítulo 7. (N. E.)

dar uma lição aos pessimistas de hoje, a todos eles que ainda correm o perigo do romantismo? E a eles mostrar, pelo menos, como isso se—*faz?*...

3

— Daquela vez estava, de fato, mais que no tempo *de despedir-se*: e logo recebi a prova disso. Richard Wagner, aparentemente o mais triunfante, na verdade um romântico em desespero, que murchava, prostrou-se subitamente, desamparado e alquebrado, aos pés da cruz cristã... Será que daquela vez, diante desse apavorante espetáculo, nenhum alemão teve olhos na cabeça, solidariedade na consciência? Fui eu o único que com ele—sofreu? Basta, a mim mesmo esse inesperado acontecimento, como um relâmpago, clareou o lugar que eu havia deixado—e trouxe também aquele terror posterior, que sente todo aquele que inconscientemente passou por um perigo monstruoso. Ao prosseguir sozinho, estremeci; não passou muito tempo, e fiquei doente, mais que doente, ou seja, cansado, de intolerável desilusão por tudo o que resta a nós, homens modernos, de entusiasmo, por tudo o que se *esperdiça* em todo lugar, de força, trabalho, esperança, juventude, amor; cansado pelo nojo do que há de efeminado e fanaticamente indisciplinado nesse romantismo, de toda a mendacidade idealista e seu amolecimento da consciência, que aqui mais uma vez triunfou sobre um dos mais bravos; cansado, enfim, e não em último lugar, pelo desgosto de uma inexorável premonição—de que eu, depois dessa desilusão, esteja condenado a desconfiar mais profundamente, a desprezar mais profundamente, a estar mais profundamente sozinho do que nunca antes. Minha *tarefa*—para onde foi? Como? não parecia agora, como se minha tarefa se afastasse de mim? como se doravante, por muito tempo, eu não tivesse mais nenhum direito a ela? O que fazer para tolerar *esta* privação máxima? — comecei por *proibir*-me a fundo e fundamentalmente toda música romântica, essa arte equívoca, grandiloquente, abafada, que tira o espírito de seu rigor e alegria e faz crescer toda espécie de obscura nostalgia, de anseio esponjoso. *Cave musicam* é ainda hoje meu conselho a todo aquele que é bastante homem para guardar a castidade em coisas do espírito; tal música desenerva, amolece, efemina, seu "eterno feminino" *nos* atrai—para baixo!... *Contra* a música romântica dirigi, daquela vez, minha primeira suspeita, minha mais próxima cautela; e se em geral ainda esperava algo da música, era na expectativa de que poderia vir um músico ousado, refinado, maldoso, meridional, mais-que-sadio o bastante para, de uma maneira imortal, *tomar vingança* daquela música.

4

Doravante solitário e maldosamente desconfiado de mim, tomei dessa forma, não sem desgosto, partido *contra* mim e *por* tudo o que precisamente *a mim* fazia mal e me era duro: assim reencontrei o caminho para aquele bravo pessimismo, que é o oposto de toda mendacidade romântica, e também, como quer-me parecer hoje, o caminho para "mim" mesmo, para *minha* tarefa. Aquele algo escondido e senhorial, para o qual por muito tempo não temos nenhum nome, até que ele se demonstre enfim como nossa *tarefa*³ — esse tirano em nós toma uma terrível represália por toda tentativa que fazemos de evitá-lo ou escapar-lhe, por todo conformismo prematuro, por todo igualar-se com aqueles aos quais não pertencemos, por toda atividade, por mais respeitável, caso nos desvie da nossa *causa* principal, e mesmo por toda virtude que possa proteger-nos contra a dureza da mais própria das responsabilidades. Doença é, em todo caso, a resposta, quando queremos duvidar de nossos direitos à *nossa* tarefa — quando começamos em algum ponto a tornar as coisas mais fáceis para nós. Curioso e terrível ao mesmo tempo! Nossas *facilidades* são aquilo por que temos de pagar mais duramente! E se queremos, depois, retornar à saúde, não nos resta nenhuma escolha: temos de nos carregar mais *pesadamente*⁴ do que jamais estivemos carregados antes...

5

— Foi daquela vez que aprendi esse falar de ermitão, de que somente os mais calados e os mais sofredores entendem: eu falava sem testemunhas, para não sofrer com o calar, eu falava puramente de coisas que nada me importavam, mas como se algo me importasse. Daquela vez, aprendi a arte de me *dar* por sereno, objetivo, curioso, antes de tudo por sadio e maldoso — e em um doente é isto, como quer-me parecer, seu "bom gosto"? A um mais refinado olho e simpatia não escapará, a despeito disso, o que talvez constitua o atrativo desses escritos — que, aqui, alguém que sofre e passa privação fala como se *não* fosse alguém que sofre e passa privação. Aqui, o equilíbrio, a disponibilidade, até mesmo a gratidão para com a vida, *devem* ser mantidos em pé, aqui, reina uma vontade mais rigorosa, mais orgulhosa, constantemente mais acordada, constantemente mais excitável, que se propôs a tarefa de defender a vida *contra* a dor e podar todas as conclusões que, da dor, da desilusão, do fastio, do isolamento e de outros terrenos pantanosos, costumam brotar, iguais a venenosas esponjas. Quem sabe isto dá, precisamente a nossos pessimistas, indicações para seu exame próprio? — pois foi daquela

---

3 "*Unsere Aufgabe*": nossa tarefa, aquilo que nos está *pro-posto* (*aufgegeben*), o que nos foi *dado* como problema. (N.T.)
4 "Fáceis", "facilidades", "pesadamente": *leicht, Erleichterungen, schwer*. Os antônimos que se traduzem por "fácil" e "difícil" derivam em alemão de uma outra metáfora: essas palavras significam, respectivamente, "leve" e "pesado". Daí o duplo sentido do texto, como também a dupla indicação da palavra *Erleichterung*: "facilitamento" e "alívio (de um fardo)". (N.T.)

vez que eu conquistei para mim a proposição: "Quem sofre não tem *ainda nenhum direito* ao pessimismo!", foi daquela vez que conduzi comigo uma demorada e paciente campanha contra a anticientífica propensão fundamental de todo pessimismo romântico, a inflar, a interpretar experiências pessoais isoladas como juízos universais, e mesmo como condenações do universo[5]... em suma, daquela vez virei meu olhar *no avesso*. Otimismo, para fins de restabelecimento, para alguma vez *poder* ser outra vez pessimista, entendeis isso? Assim como um médico coloca seu doente em um ambiente totalmente estranho, para que seja retirado de todo o seu "até agora", de seus cuidados, amigos, cartas, deveres, estupidezes e martírios de memória, e aprenda a estender as mãos e os sentidos em direção a novo alimento, novo sol, novo futuro, assim me coagi, como médico e doente em *uma* pessoa, a um inverso e inexperimentado *clima da alma*, e em especial a uma digressiva andança pelo estrangeiro, pelo *estranho*,[6] a uma curiosidade por toda espécie de estranheza... Um longo perambular, procurar, mudar, se seguiu disso, uma má vontade contra todo firmar-se, contra todo tosco afirmar e negar; igualmente uma dietética e disciplina, que queriam tornar ao espírito tão fácil quanto possível correr longe, voar alto e, antes de tudo, voar sempre mais além. De fato, um *minimum* de vida, um desacorrentamento de todos os anseios mais grosseiros, uma independência em meio a toda espécie de desfavor externo, ao lado do orgulho de *poder viver* sob esse desfavor; algo de cinismo, talvez, algo de "tonel", mas, com a mesma certeza, muito de felicidade caprichosa, jovialidade caprichosa, muito de quietude, luz, mais refinada tolice, oculto delírio e exaltação — tudo isso resultou, por último, em um grande fortalecimento espiritual, um crescente prazer e plenitude de saúde. A vida mesma nos *recompensa* por nossa tenaz vontade de vida, por uma longa guerra, tal como a que eu, daquela vez, travei comigo contra o pessimismo do cansaço de viver, e já por cada olhar atento de nossa gratidão, que não deixa passar os menores, mais delicados, mais fugazes presentes da vida. Recebemos enfim, por isso, seu *grande* presente, talvez mesmo o maior que ela é capaz de dar — recebemos *nossa tarefa* de volta. — —

6

— Teria sido o que eu vivi — a história de uma doença e convalescença, pois veio dar em uma convalescença — apenas minha vivência pessoal?

---

[5] "Juízo" é tradução de *Urteil* (do verbo *urteilen*, julgar); "condenação" traduz *Verurteilung* (do verbo *verurteilen*, condenar, julgar — ou sentenciar — condenatoriamente). (N.T.)
[6] No texto: "*die Fremde, das Fremde*". Ambas as palavras, cujo sentido está no texto, têm também o sentido de "alheio"; assim se entenderia melhor também o final da frase: "uma curiosidade por *aller Art von Fremden*...". (N.T.)

E precisamente apenas meu "humano-demasiado-humano"? Eu gostaria hoje de acreditar no inverso; me vem cada vez mais a confiança de que meus livros de andança, de fato, não estavam designados apenas para mim, como às vezes parecia. Posso eu agora, depois de seis anos de crescente confiança, enviá-los de novo em viagem de ensaio? Posso, em particular, depô-los no coração e ouvidos daqueles que são dotados de um "passado" e em quem resta espírito bastante para ainda, em *espírito*, sofrer seu passado? Antes de tudo, porém, a *vós*, que ficais com a parte mais pesada, vós os raros, os mais em perigo, os mais espirituais, os mais valentes, vós que tendes a ser a *consciência* da alma moderna, e como tais tendes a ser sua *ciência*,[7] em quem tudo o que hoje pode haver de doença, veneno e perigo se junta — cujo destino quer que tenhais de ser mais doentes do que qualquer indivíduo, porque não sois "*apenas* indivíduos"..., cujo consolo é saber o caminho para uma *nova* saúde, ai! e segui-lo, de uma saúde de amanhã e depois de amanhã, vós, predestinados, vós, triunfantes, vós, dominadores do tempo, vós, os mais sadios, os mais fortes, vós, *bons Europeus*!

7

— Que, em conclusão, eu ponha minha oposição ao *pessimismo romântico*, ao pessimismo dos que se privam, dos desafortunados, dos superados, em uma fórmula ainda: há uma vontade de trágico e de pessimismo que é o signo, tanto do rigor quanto da força do intelecto (do gosto, do sentimento, da consciência). Com essa vontade no peito, não se teme o temível e problemático que é próprio de toda existência; até mesmo se procura por ele. Por trás de uma tal vontade está o ânimo, o orgulho, a aspiração por um *grande* inimigo. — Essa foi *minha* perspectiva pessimista desde o começo, uma nova perspectiva, como me parece? uma perspectiva que ainda hoje é nova e estrangeira? Até este instante, estou firme nela, se me quiserem acreditar, tanto *por* mim quanto, ao menos ocasionalmente, *contra* mim... Quereis antes ver isso demonstrado? Mas o que, se não isso, estaria, com este longo prefácio — demonstrado?

Sils-Maria, Alta Engandina, setembro de 1886

---

7 Aqui, "ciência e consciência" traduzem *Wissen und Gewissen*. A primeira palavra traduzimos, via de regra, por "saber" (reservando "ciência" para *Wissenschaft* — como em *A gaia ciência*). A segunda, por "consciência", mas frisando a diferença entre esta e a consciência no sentido filosófico ou transcendental (*Bewusstsein*). Aqui, "consciência" está no sentido "ético", como na expressão "má consciência". (N.T.)

CAPÍTULO 1
MISCELÂNEA DE OPINIÕES E SENTENÇAS [1879]

5

Um pecado hereditário dos filósofos. — Os filósofos, em todos os tempos, se apropriaram das proposições dos examinadores de homens (moralistas) e as *corromperam* por tomá-las como incondicionadas e por quererem demonstrar como necessário o que era entendido por aqueles apenas como indicação aproximativa ou até mesmo como verdade regional ou comunal de uma década — enquanto eles, precisamente através disso, pensavam elevar-se acima daqueles. Assim, no fundamento das célebres doutrinas de Schopenhauer acerca do primado da vontade sobre o intelecto, da inalterabilidade do caráter, da negatividade do prazer — que, assim como ele as entende, são todas errôneas — se encontrarão sabedorias populares, que moralistas estabeleceram. Já a palavra "vontade", que Schopenhauer transformou em designação comum para muitos estados humanos e inseriu em uma lacuna da linguagem, para grande proveito dele próprio, na medida em que era moralista — pois agora estava livre para falar da "vontade" como Pascal havia falado dela —, já a "vontade" de Schopenhauer tornou-se, entre as mãos de seu autor, pelo furor de universalização que é próprio do filósofo, perdição para a ciência: pois dessa vontade se faz uma metáfora poética quando se afirma que todas as coisas da natureza teriam vontade; finalmente, para fins de uma aplicação em toda sorte de excessos místicos, ela foi usada abusivamente para uma falsa coisificação — e todos os filósofos da moda repetem e parecem saber com toda precisão que todas as coisas teriam *uma* vontade, e até mesmo seriam essa vontade *única* (o que, segundo a descrição que faz dessa vontade única e total, significa tanto quanto querer ter como Deus *o diabo estúpido*).[8]

9

"Lei natural", uma palavra da superstição. — Se falais com tanto enlevo na legalidade da natureza, ou tendes de admitir que todas as coisas naturais seguem sua lei por livre obediência e submissão — caso esse em que, portanto, admirais a moralidade da natureza —; ou vos enleva a representação de um engenheiro criador, que fabricou o mais artístico dos relógios, com seres vivos como ornamento. — A necessidade da natureza se torna, pela expressão "legalidade", mais humana e um último refúgio do devaneio mitológico.

---

8 *Den dummen Teufel* — perde-se, por falta de equivalente, a alusão à expressão: *"so ein dummer Teufel"*, de significado próximo ao de *"ein armer Teufel"* (um pobre diabo). Se fosse possível omitir a conotação à estupidez (para não forjar, por exemplo, a locução: "um bronco diabo"), a tradução poderia ser: "querer ter como Deus *o pobre diabo*". (N.T.)

17

Felicidade do historiador. — "Quando ouvimos falar os atilados metafísicos e ultramundanos, nós, os outros, sentimos sem dúvida que somos nós os 'pobres de espírito', mas também que é nosso o reino celeste da mudança, com primavera e outono, inverno e verão, e que deles é o mundo de trás[9] — com suas cinzentas, gélidas, infinitas névoas e sombras." — Assim falava alguém de si para si, em uma caminhada ao sol da manhã: alguém em quem, ao estudo da história, não somente o espírito, mas também o coração sempre se transforma de novo e que, ao contrário dos metafísicos, se sente feliz por albergar em si, não "uma alma imortal", mas *muitas almas mortais*.

33

Quer ser justo e querer ser juiz. — Schopenhauer, cujo grande conhecimento do humano e do demasiado humano, cujo originário sentido dos fatos não foi pouco afetado pela colorida pele de leopardo de sua metafísica (da qual é preciso antes despi-lo, para descobrir debaixo dela um efetivo gênio-moralista) —, Schopenhauer faz aquela acertada distinção com a qual terá sempre muito mais razão do que possa propriamente ter atribuído a si mesmo: "A visão da rigorosa necessidade das ações humanas é a linha de demarcação que separa as cabeças *filosóficas* das *outras*". Contra essa poderosa visão, para a qual às vezes ficava aberto, ele atuava em si mesmo por meio daquele preconceito que ainda tinha em comum com os homens morais (*não* com os moralistas) e que ele enuncia, com toda inocência e credulidade, deste modo: "A última e verdadeira conclusão sobre a essência interior da totalidade das coisas tem necessariamente de estar em estreita conexão com a conclusão sobre a significação ética do agir humano" — o que justamente não tem nada de "necessário", mas antes é emprestado, por essa proposição, justamente da rigorosa necessidade das ações humanas, isto é, da incondicionada iliberdade e irresponsabilidade da vontade. As cabeças filosóficas, portanto, se distinguirão das outras pela descrença da significação metafísica da moral: e isso poderia abrir entre elas um abismo, de cuja profundeza e intransponibilidade o tão deplorado abismo entre "culto" e "inculto", tal como existe agora, mal dá uma noção. Sem dúvida, é preciso ainda reconhecer como inúteis muitas saídas de emergência que as "cabeças filosóficas", como o próprio Schopenhauer, deixaram abertas; *nenhuma* conduz ao ar livre, ao ar da vontade livre; *cada*

---

9 *Hinterweltler, Hinterwelt* — Não é possível traduzir todas as conotações do termo criado por Nietzsche: além da correspondência literal com o termo "metafísicos", de origem grega, esses "habitantes do mundo de trás" guardam a assonância com *Hinterwäldler* (selvagens da floresta virgem, homens alheios ao mundo, impolidos). A propósito de *Hinterwelt*, poderia ser lembrada a expressão francesa *arrière-monde*, com todas as suas conotações filosóficas. (N.T.)

uma, pela qual até agora se tentou escapar, se abria outra vez para o brônzeo muro reluzente do *fatum*: estamos na prisão, livres podemos apenas nos *sonhar*, não nos tornar. Que há muito tempo já não se pode mais resistir a esse conhecimento, é o que mostram as desesperadas e inacreditáveis posições e contorções daqueles que investem contra ele, que continuam ainda o pugilato com ele. — Com eles, agora, é mais ou menos assim: "Então, nenhum homem é responsável? E tudo está cheio de culpa e de sentimento de culpa? Mas alguém tem de ser o pecador: é impossível e não é mais permitido acusar e julgar o indivíduo, a pobre onda no necessário jogo de ondas do vir-a--ser — ora, então é o próprio jogo de ondas, o vir-a-ser, que é o pecador: aqui está a vontade livre, aqui se pode acusar, condenar, expiar e pecar: então que seja *Deus o pecador e o homem seu redentor*: então que seja a história universal culpa, autocondenação e suicídio; então que o malfeitor se torne seu próprio juiz, o juiz seu próprio verdugo". — Esse *cristianismo de cabeça para baixo* — e que mais haveria de ser? — é o último assalto de esgrimista no combate da doutrina da moralidade incondicionada com a da iliberdade incondicionada — uma coisa horrível, se fosse *mais* do que uma *careta* lógica, mais do que um gesto feio do pensamento que sucumbe —, talvez o espasmo de morte do coração desesperado e sequioso de salvação, ao qual o delírio sussurra: "Vê, és tu o cordeiro que carrega os pecados de Deus". — O erro não se aloja somente no sentimento "eu sou o responsável", mas também naquela proposição oposta: "Eu não o sou, mas alguém tem de ser". — Isso, justamente, *não* é verdade: o filósofo tem pois de dizer, como Cristo, "não julgueis!", e a última distinção entre as cabeças filosóficas e as outras seria que as primeiras querem *ser justas*, as outras querem *ser juízes*.

90

O bem e a boa consciência. — Pensais que todas as boas coisas teriam tido em todos os tempos uma boa consciência? A ciência, portanto certamente algo de muito bom, entrou no mundo sem ela e totalmente desprovida de todo *páthos*, antes secretamente, por desvios, avançando com a cabeça encoberta ou mascarada, como uma criminosa, e sempre pelo menos com o *sentimento* de uma contrabandista. A boa consciência tem como grau anterior a má consciência — não como oposto: pois todo bem foi uma vez novo, consequentemente inusitado, contra o costume, *imoral*,[10] e roía o coração do feliz inventor como um verme.

[10] Convém assinalar a origem da palavra "moral" no latim *mos, moris* (comportamento, uso, costume) e da palavra "ético" no grego *ethos, etheos-ous* (costume, uso). Em alemão, essa etimologia se mantém visível à superfície da língua, permitindo o entendimento imediato da frase do texto: *"wider die Sitte, unsittlich"*. (N.T.)

113

O mais livre dos escritores. — Como poderia em um livro para espíritos livres deixar de ser citado o nome de Lawrence Sterne,[11] ele, que Goethe honrou como o espírito mais livre de seu século! Possa ele contentar-se, aqui, com a honra de ser denominado o escritor mais livre de todos os tempos, em comparação com o qual todos os outros parecem rígidos, atarracados, intolerantes e rudes como camponeses. Nele não poderia ser celebrada a melodia fechada e clara, mas a "infinita melodia":[12] se esta palavra pode servir de nome para um estilo de arte em que a forma determinada é constantemente quebrada, deslocada, revertida ao indeterminado, de tal modo que significa uma coisa e ao mesmo tempo outra. Sterne é o grande mestre da *dubiedade* — esta palavra, como é justo, tomada em sentido muito mais amplo do que se faz comumente, quando se pensa em relações sexuais. O leitor deve dar-se por perdido se toda vez quer saber com precisão o que Sterne pensa propriamente de uma coisa, se diante dela faz um rosto sério ou risonho: pois ele sabe fazer ambos em *um* franzir de seu rosto; sabe igualmente, e até mesmo quer, a um só tempo ter razão e não ter, enovelar a profundidade e a farsa. Suas digressões são ao mesmo tempo continuações da narrativa e desenvolvimentos da história; suas sentenças contêm ao mesmo tempo uma ironia sobre tudo o que é sentencioso, sua má vontade contra o sério associa-se a uma propensão a não poder tomar nenhum assunto apenas em superfície e exteriormente. Assim, ele produz no bom leitor um sentimento de insegurança, quanto a estar andando, parado ou deitado, um sentimento que é extremamente aparentado com o de flutuar. Ele, o mais flexível dos autores, participa também a seu leitor algo dessa flexibilidade. Aliás, Sterne troca desapercebidamente os papéis e é logo tão leitor quanto autor; seu livro é como um espetáculo dentro do espetáculo, um público de teatro diante de outro público de teatro. É preciso abandonar-se ao humor sterniano na clemência e na inclemência — e de resto, pode-se esperar que ele seja clemente, sempre clemente. — É curioso e instrutivo o modo como um escritor tão grande quanto Diderot se pôs diante dessa dubiedade geral de Sterne: ou seja, também dubiamente — e isso é justamente o genuíno humor sobre o humor sterniano. Em seu *Jacques, o fatalista*, ele o imitou, admirou, ridicularizou, parodiou? — não se pode decifrá-lo totalmente — e talvez seja precisamente isso o que quis seu autor. Precisamente essa dúvida torna os franceses *injustos* para com a obra de um de seus maiores mestres (que não precisa envergonhar-se diante de nenhum

---

11 Lawrence Sterne — escritor irlandês (1713-1768), considerado um dos primeiros prosadores da língua inglesa, autor da *Viagem sentimental* e do *Tristam Shandy*. O mesmo que, confessadamente, inspirou Machado de Assis nas obras da maturidade. (N.T.)
12 Expressão corrente na escola wagneriana. (N.T.)

antigo ou moderno). Os franceses, para com o humor — e especialmente para com essa atitude humorística diante do próprio humor —, são sérios demais. — Seria necessário acrescentar que Sterne, entre todos os grandes escritores, é o pior modelo e o autor propriamente inexemplar, e que o próprio Diderot teve de pagar por sua ousadia? Aquilo que os bons franceses e antes deles alguns gregos, como prosadores, queriam e podiam, é precisamente o contrário daquilo que Sterne quer e pode: ele se eleva, justamente, como exceção magistral, acima daquilo que todos os artistas da escrita exigem de si mesmos: disciplina, fechamento, caráter, constância de propósitos, perspicuidade, simplicidade, compostura no andar e no semblante. — Infelizmente, o homem Sterne parece ter tido demasiado parentesco com o escritor Sterne: sua alma de esquilo saltava com irrefreada intranquilidade de galho em galho; tudo o que está entre o sublime e o vil lhe era conhecido; em todo lugar ele havia estado, sempre com o desavergonhado olho aquoso e o sensível jogo de expressões. Ele era, se a linguagem não se apavorar diante de uma tal combinação, de uma benevolência de coração duro e tinha, nos prazeres de uma imaginação barroca, e mesmo corrupta, quase a graça tímida da inocência. Uma tal dubiedade de carne e alma, uma tal liberdade de espírito penetrando até cada fibra e músculo do corpo, assim como ele tinha essas propriedades, talvez nenhum outro homem as tenha possuído.

119

Origens do gosto pelas obras de arte. — Se se pensa nos germes iniciais do sentido artístico e se pergunta quais são as diversas espécies de alegria produzidas pelas primícias da arte, por exemplo, entre populações selvagens, encontra-se primeiramente a alegria de *entender* o que um outro *quer dizer*: a arte é aqui uma espécie de proposição de enigmas, que proporciona, ao decifrador, prazer por sua própria rapidez e acuidade de sentido. — Em seguida, recorda-se, na mais tosca das obras de arte, aquilo que na experiência *foi* agradável a alguém e, nessa medida, se tem alegria, por exemplo, quando o artista aludiu a caçada, vitória, núpcias. — Por outro lado, é possível sentir-se emocionado, tocado, inflamado pelo objeto representado, por exemplo, quando se glorifica a vingança e o perigo. Aqui, o prazer está na própria emoção, na vitória sobre o tédio. Também a recordação do desagradável, na medida em que está superado, ou na medida em que nos faz aparecer interessantes, como objeto da arte, diante do ouvinte (como quando o cantor descreve os desastres de um navegante temerário), pode causar grande alegria, que depois se atribui à arte. — Já de espécie mais refinada é aquela alegria que surge à vista de tudo o que é regular e simétrico, em linhas, pontos, ritmos, pois por uma certa semelhança é despertado o sentimento por tudo o que é ordenado e regular na vida, exclusivamente ao qual se tem de agradecer todo bem-estar: no culto do simétrico se venera, portanto, inconscientemente, a regra e a simetria como fonte da felicidade fruída até agora; a alegria é uma espécie de ação de graças. Somente com uma certa saturação desta alegria mencionada por último surge o sentimento, ainda mais refinado, de que também na interrupção da simetria e da regularidade pode haver prazer; quando estimula, por exemplo, a procurar razão na aparente irracionalidade: com o que, então, como uma espécie de estético deciframento de enigmas, ela aparece como um gênero superior da alegria artística mencionada em primeiro lugar. — Quem se deixa levar mais adiante por esta consideração, saberá *a que espécie de hipóteses* para a explicação dos fenômenos estéticos se renuncia aqui por princípio.

169
Necessidade artística de segunda ordem. — O povo tem, por certo, algo daquilo que se pode denominar necessidade artística, mas é pouca e se satisfaz a baixo custo. No fundo, basta para isso o refugo da arte: isto deve ser honestamente admitido. Basta que se pondere, por exemplo, quais são as melodias e canções em que as camadas mais vigorosas, menos corrompidas, mais leais, de nossa população encontram agora sua maior alegria; que se viva entre pastores, vaqueiros alpinos, camponeses, caçadores, soldados, marinheiros, para ter a resposta. E na cidade pequena, precisamente nas casas que são a sede da virtude burguesa herdada dos antigos, não é amada, e até mesmo tratada com carinho, a pior música que é produzida agora? Quem fala de necessidade mais profunda, de desejo insatisfeito de arte, referindo-se ao povo *como ele é*, delira ou mente. Sede honestos! Somente em *homens de exceção* há agora uma necessidade artística em *alto estilo* — porque a arte em geral está mais uma vez em retrocesso e, por algum tempo, as forças e esperanças humanas se voltaram para outras coisas. — Fora disso, ou seja, à parte do povo, subsiste ainda, sem dúvida, uma necessidade artística mais ampla, mais extensa, mas de *segunda ordem*, nas camadas superiores e mais altas da sociedade: aqui é possível algo como uma comunidade artística, de intenção sincera. Mas vejam-se os elementos! São em geral os mais refinados insatisfeitos, que por si mesmos não chegam a nenhuma grande alegria: o homem culto, que não se tornou suficientemente livre para poder prescindir das consolações da religião e, no entanto, não acha seus óleos suficientemente bem cheirosos; o nobre pela metade, que é fraco demais para romper com o defeito fundamental de sua vida ou a propensão nociva de seu caráter por uma heroica conversão ou renúncia; o ricamente dotado, que faz de si mesmo uma ideia alta demais para ser útil em uma atividade modesta e é preguiçoso demais para um trabalho sério e de sacrifício; a moça, que não sabe criar para si mesma um círculo suficiente de deveres; a

mulher, que se ligou por um casamento leviano ou sacrílego e não se sente suficientemente ligada; o erudito, médico, comerciante ou funcionário, que se recolheu cedo demais no particular e nunca concedeu pleno curso à sua natureza inteira, mas em compensação faz seu trabalho, de resto competente, com um verme no coração; enfim, todos os artistas incompletos — estes são *agora* os ainda verdadeiramente necessitados de arte! E o que desejam propriamente da arte? Que ela, por horas ou instantes, afugente deles o mal-estar, o tédio, a meia má-consciência e, se possível, reinterprete em grande escala o defeito de sua vida e caráter como defeito do destino do mundo — muito diferentemente dos gregos, que em sua arte sentiam a torrente e o transbordamento de seu próprio bem-estar e saúde e que gostavam de ver sua perfeição *mais uma vez*, fora de si: — era o gozo de si que os levava à arte, o que leva esses nossos contemporâneos é — o aborrecimento de si.

174

Contra a arte das obras de arte. — A arte deve antes de tudo, e em primeiro lugar, *embelezar* a vida, portanto, fazer com que *nós* próprios nos tornemos suportáveis e, se possível, agradáveis uns aos outros: com essa tarefa em vista, ela nos modera e nos refreia, cria formas de trato, vincula os não educados a leis de conveniência, de limpeza, de cortesia, de falar e calar a tempo certo. Em seguida, a arte deve *esconder* ou *reinterpretar* tudo o que é feio, aquele lado penoso, apavorante, repugnante que, a despeito de todo esforço, irrompe sempre de novo, de acordo com a condição da natureza humana: deve proceder desse modo especialmente em vista das paixões e das dores e angústias da alma e, no inevitável ou insuperavelmente feio, fazer transparecer o *significativo*. Depois dessa grande, e mesmo gigantesca tarefa da arte, a assim chamada arte propriamente dita, *a das obras de arte*, é somente um *apêndice*. Um homem que sente em si um excedente de tais forças para embelezar, esconder e reinterpretar procurará, por último, descarregar-se desse excedente também em obras de arte; do mesmo modo, em certas circunstâncias, um povo inteiro. — Mas, de hábito, agora começam a arte pelo fim, penduram-se à sua cauda e pensam que a arte das obras de arte é a arte propriamente dita, que a partir dela a vida deve ser melhorada e transformada — tolos de nós! Se começamos a refeição pela sobremesa e degustamos doces e mais doces, o que há de admirar, se corrompermos o estômago e mesmo o apetite para a boa, forte, nutritiva refeição a que nos convida a arte!

177

O que toda arte quer e não pode. — A mais difícil e última tarefa do artista é a representação do que permanece igual, do que repousa em si, do que é alto, simples, do que não leva em conta o atrativo do particular; por isso, as supremas configurações da perfeição ética são recusadas pelos artistas mais fracos como assuntos inartísticos, porque, para sua ambição, a visão desses frutos é demasiado penosa: resplandecem para eles dos ramos mais altos da arte, mas falta-lhes escada, ânimo e destreza para poderem se atrever tão alto. Em si, um Fídias *poeta* é bem possível, mas, considerando-se a força moderna, quase que somente no sentido do ditado: para Deus nada é impossível. Já o desejo de um Claude Lorrain poético é no presente uma imodéstia, por mais que o coração mande aspirar por isso. A representação do homem supremo, *isto é, do mais simples e ao mesmo tempo mais pleno*, nenhum artista alcançou até agora; mas talvez os gregos, no *ideal de Atena*, tenham lançado o olhar mais longe do que todos os homens até agora.

219

Do caráter adquirido dos gregos. — Pela célebre clareza, transparência, simplicidade e ordem gregas, pelo natural-cristalino e ao mesmo tempo artístico--cristalino das obras gregas, somos facilmente induzidos a acreditar que tudo isso foi dado aos gregos: eles não teriam podido, por exemplo, deixar de escrever bem, como disse uma vez Lichtenberg.[13] Mas nada é mais precipitado e insustentável. A história da prosa, de Górgias até Demóstenes, mostra um trabalho e uma luta para sair do escuro, sobrecarregado, sem gosto, para a luz, e faz lembrar o esforço dos heróis que tinham de abrir os primeiros caminhos através de florestas e pântanos. O diálogo da tragédia é o verdadeiro *feito* dos dramaturgos, por sua clareza e precisão incomuns, em meio a uma predisposição do povo que se regalava no simbólico e no alusivo e que ainda era educada, pela grande lírica coral, especificamente para isso; assim como é o feito de Homero ter libertado os gregos da pompa asiática e do torpor e ter conquistado a clareza da arquitetura, no todo e no particular. E também não era de modo algum considerado fácil dizer algo com toda pureza e luminosidade; do contrário, de onde viria a alta admiração pelo epigrama de Simônides, que justamente se apresenta tão simples, sem pontas douradas, sem arabescos de espírito — mas diz o que tem a dizer, claramente, com a tranquilidade do sol, não com a busca de efeitos de um relâmpago. Porque o esforço em direção à luz, a partir de um crepúsculo como que inato, é grego, passa um frêmito de júbilo através do povo ao ouvir

---

13 Lichtenberg, *Vermischte Schriften*, vol. I, p. 278 (exemplar de Nietzsche na Biblioteca de Weimar): "Os antigos escreveram em uma época em que a grande arte de escrever acabara de ser inventada, e simplesmente *escrever* queria dizer *escrever bem*. Escreviam a verdade assim como as crianças *dizem* a verdade... Homero não sabia escrever *bem*, e assim também Shakespeare. Os bons escritores de agora devem todos aprender uma arte enfadonha: a *de saber escrever bem*". (N.T.)

uma sentença lacônica, a linguagem das elegias, os ditos dos sete sábios. Por isso o ditar preceitos em verso, que para nós é chocante, era tão apreciado, como tarefa propriamente apolínea do espírito helênico para triunfar sobre os perigos do metro, sobre a obscuridade, que de resto é própria da poesia. A simplicidade, a flexibilidade, a sobriedade, são *conquistadas* para o povo, não concedidas — o perigo de uma recaída no asiático pairava sempre sobre os gregos, e caía efetivamente sobre eles de tempo em tempo, como uma escura inundação de emoções místicas, selvageria elementar e trevas. Nós os vemos submergir, vemos a Europa como que arrastada, alagada — pois naquele tempo a Europa era muito pequena —, mas sempre eles retornam à luz, como bons nadadores e mergulhadores que são, o povo de Odisseu.

220

O que é propriamente pagão. — Talvez não haja nada mais surpreendente para quem considera o mundo grego do que descobrir que os gregos davam a todas as suas paixões e maus pendores naturais, de tempo em tempo, como que festas e até mesmo instituíram estatalmente uma espécie de ordenamento de celebrações de seu demasiado-humano: é isto o propriamente pagão de seu mundo, que, a partir do cristianismo, não é nunca compreendido, não pode nunca ser compreendido e é sempre combatido e desprezado do modo mais duro. — Eles tomavam esse demasiado-humano como inevitável e prefeririam, em vez de insultá-lo, dar-lhe uma espécie de direito de segunda classe, ordenando-o dentro dos usos da sociedade e do culto: aliás, tudo o que tem *potência* no homem eles denominavam divino, e o inscreviam nas paredes de seu céu. Não negam o impulso natural que se exprime nas propriedades ruins, mas o ordenam e o limitam a cultos e dias determinados, depois de terem inventado suficientes medidas preventivas para poderem dar àquelas águas selvagens a vazão mais inócua possível. Esta é a raiz de todo liberalismo moral da Antiguidade. Concedia-se ao mal e ao suspeito, ao animalesco--retrógrado assim como ao bárbaro, pré-grego e asiático que vivia ainda no fundo da essência grega, uma descarga moderada, e não se procurava seu total aniquilamento. O sistema inteiro de tais ordenamentos era abarcado pelo Estado, que não estava construído sobre indivíduos ou castas singulares, mas sobre propriedades humanas habituais. Em sua edificação, os gregos mostram aquele maravilhoso sentido do típico-fatual que mais tarde os capacitou a se tornarem investigadores da natureza, historiadores, geógrafos e filósofos. Não era uma lei costumeira restrita, clerical ou de casta, que devia decidir na constituição do Estado e do culto de Estado: mas sim a mais ampla consideração da *efetividade de todo o humano*. — De onde tiram os gregos essa liberdade, esse sentido do efetivo? Talvez de Homero e dos poetas anteriores a ele; pois precisamente os poetas, cuja natureza não costuma ser a mais justa e mais sábia, possuem em compensação esse gosto pelo efetivo, pelo eficiente *de toda espécie*, e não querem negar totalmente nem mesmo o mal: basta-lhes que ele se modere e não fira mortalmente ou envenene interiormente tudo — isto é, pensam de modo semelhante aos gregos fundadores de Estados e foram seus mestres e precursores.

222
O simples não é o primeiro, nem o último na ordem do tempo. — Na história das representações religiosas, é introduzido ficticiamente muito falso desenvolvimento e gradatividade em coisas que em verdade não cresceram uma da outra e uma atrás da outra, mas lado a lado e separadas; o simples, em especial, goza ainda demasiadamente da fama de ser o mais antigo e o mais inicial. Não é pouco o que de humano nasce por subtração e divisão e não, precisamente, por duplicação, adição, conformação. — Acredita-se ainda, por exemplo, em um desenvolvimento gradativo da *representação dos deuses*, desde aqueles lenhos e aquelas pedras desarticulados até a completa humanização: e, no entanto, acontece precisamente que, *enquanto* a divindade era transladada e sentida em árvores, pedaços de madeira, pedras, animais, temia-se uma humanização de sua figura como uma impiedade. Somente os poetas, fora do culto e do anátema do *pudor* religioso, devem ter se habituado a isso, predisposto para isso a fantasia interior dos homens: mas se outra vez preponderavam disposições e momentos mais devotos, essa influência libertadora dos poetas regredia outra vez e a santidade permanecia, depois como antes, do lado do monstruoso, inquietante, do propriamente inumano. Mas mesmo muito daquilo que a fantasia interior se atreve a figurar, se transposto em representação corporal externa, provocaria um efeito penoso: o olho interior é bem mais audacioso e menos pudico do que o exterior (donde resulta a conhecida dificuldade e a parcial impossibilidade de transformar matéria épica em dramática). A fantasia religiosa, por muito tempo, não *quer* acreditar na identidade do deus com uma imagem: a imagem, de uma maneira misteriosa, não totalmente decifrável, deve fazer aparecer aqui o *nume* da divindade como ativo, como localmente confinado. A mais antiga imagem divina destina-se a *guardar e ao mesmo tempo resguardar* o deus[14] — sugeri-lo, mas não pô-lo à mostra. Nenhum grego jamais *viu* interiormente seu Apolo como obelisco de madeira, seu Eros como pilha de pedras; eram símbolos,

---

14 O texto traz: "den Gott *bergen und zugleich verbergen*"; literalmente: "*abrigar e ao mesmo tempo esconder* o deus". A tradução tenta um outro tipo de literalidade, visando a preservar o parentesco das duas palavras alemãs — é desnecessário insistir sobre a importância que adquirem, nos textos de Nietzsche, essas espécies de assonância e ecos. (N.T.)

destinados precisamente a causar medo da visualização. O mesmo se passa ainda com aqueles madeiros, nos quais eram figurados, com a mais precária arte do entalhe, alguns membros às vezes em sobrenúmero: assim como um Apolo lacônico tinha quatro mãos e quatro orelhas. No incompleto, alusivo ou mais que completo há uma horrenda santidade, que deve *impedir* de pensar no humano, no humanizado. Não é um grau embrionário da arte aquele em que se figura algo assim: como se no tempo em que se veneravam tais imagens não se tivesse *podido* falar mais claramente, representar com mais evidência aos sentidos. Pelo contrário, teme-se precisamente uma coisa: o enunciado direto. Assim como o tabernáculo guarda o Santíssimo, o próprio *nume* da divindade, e o resguarda em misteriosa semiobscuridade, *mas não inteiramente*; assim como, por sua vez, o templo periptérico guarda o tabernáculo, como que o protege, com uma cúpula e véu, do olho indiscreto, mas não inteiramente—assim a imagem é a divindade e ao mesmo tempo o esconderijo da divindade.—Somente quando, fora do culto, no mundo profano da competição, a alegria com o vencedor do combate havia chegado tão alto que as ondas aqui levantadas transbordavam para o lago do sentimento religioso, somente quando a estátua do vencedor foi posta nos pátios do templo e o devoto visitador do templo, voluntária ou involuntariamente, teve de habituar seu olho assim como sua alma a essa visão incontornável de beleza e sobreforça *humanas*, de tal modo que, pela vizinhança espacial e espiritual, veneração humana e divina ecoavam uma na outra: somente então perdeu-se também o medo da humanização propriamente dita da imagem divina, e é aberta a grande arena para a grande arte plástica: mas, mesmo agora, ainda com a restrição de que, por toda parte onde se deve *rezar*, a forma e a feiura arcaicas sejam conservadas e cautelosamente imitadas. Mas o heleno *consagrante e indulgente* pode agora se deixar levar por seu prazer, de fazer Deus se tornar homem, em toda beatitude.

223

Para onde é preciso viajar.—A observação imediata de si está longe de ser suficiente para aprender a se conhecer: precisamos de história, pois o passado continua a correr em nós em cem ondas; nós próprios nada somos senão aquilo que sentimos dessa correnteza a cada instante. Até mesmo aqui, se quisermos entrar no rio de nosso ser aparentemente mais próprio e mais pessoal, vale a proposição de Heráclito: não se entra duas vezes no mesmo rio.—Essa é uma sabedoria que pouco a pouco se tornou amanhecida, mas, apesar disso, permanece tão forte e substanciosa quanto era outrora: assim como aquela, segundo a qual, para entender história, é preciso ir à procura dos resíduos vivos de épocas históricas—segundo a qual é preciso *viajar*, como o velho pai Heródoto viajava, visitar nações—, estas são, aliás, somente *graus de civilização* mais antigos, solidificados, sobre os quais se pode *estar*—visitar, em especial, as assim chamadas populações selvagens e semisselvagens, ali onde o homem despiu a roupa de Europa ou ainda não a vestiu. Ora, há ainda, porém, uma arte e um propósito de viajar *mais refinados*, que nem sempre fazem necessário andar de lugar em lugar e percorrer milhares de milhas. Muito provavelmente sobrevivem ainda os últimos três séculos, em todas as suas colorações e refrações culturais, *em nossa vizinhança*: querem apenas ser *descobertos*. Em muitas famílias, e mesmo em homens isolados, as camadas jazem ainda nítidas e visíveis umas sobre as outras: outras vezes, há anfractuosidades da rocha mais difíceis de entender. Certamente, em regiões remotas, em vales montanheses menos conhecidos, em comunidades mais fechadas pôde conservar-se com mais facilidade um venerável modelo de sentimento mais antigo, e ali deve ser rastreado: enquanto, por exemplo, é improvável que em Berlim, onde o homem já chega ao mundo lixiviado e escaldado, se façam tais descobertas. Quem, depois de longo exercício nessa arte de viajar, se tornou Argos de mil olhos, este acompanhará afinal sua *Io*—quero dizer, seu *ego*—por toda parte e, no Egito e na Grécia, em Bizâncio e em Roma, na França e na Alemanha, no tempo dos povos nômades ou sedentários, no Renascimento e na Reforma, na pátria e no estrangeiro, e mesmo no mar, floresta, planta e montanha, redescobrirá a aventura de viagem desse eu em vir-a-ser e transformado. — Assim o conhecimento de si se torna conhecimento de tudo, em vista de todo o passado: assim como, segundo uma outra ordem de considerações, aqui apenas sugerida, determinação e educação de si, nos espíritos mais livres e de olhar mais longínquo, poderia tornar-se um dia determinação de tudo, em vista de toda a humanidade futura.

316
Inimigos desejados. — Os movimentos socialistas são, ainda hoje, para os governos dinásticos, antes agradáveis do que atemorizantes, porque graças a eles estes recebem nas mãos *direito e espada* para medidas de exceção, com as quais podem atingir suas assombrações propriamente ditas, os democratas e antidinastas. — Por tudo aquilo que publicamente odeiam, tais governos têm agora uma secreta afeição e amizade: precisam ocultar suas almas.

317
A posse possui. — Somente até certo grau a posse torna o homem independente, mais livre; um grau a mais—e a posse se torna senhor, e o possuidor, escravo: o qual tem de lhe oferecer em sacrifício seu tempo, sua meditação,

e daí em diante se sente comprometido a um relacionamento, pregado a um lugar, incorporado a um Estado—tudo, talvez, contra sua necessidade mais íntima e essencial.

356
Utilidade da suscetibilidade à doença. — Quem muitas vezes fica doente não tem somente um prazer muito maior em estar com saúde, em virtude da frequência com que recobra a saúde:[15] mas também um sentido extremamente aguçado para o que é sadio e doente em obras e ações, próprias ou alheias; de modo que, por exemplo, precisamente os escritores doentios — e entre estes estão infelizmente quase todos os grandes — costumam ter em seus escritos um tom muito mais seguro e equilibrado de saúde, porque conhecem melhor do que os corporalmente robustos a filosofia da saúde e convalescença da alma e seus mestres: horas de antes do meio-dia, luz do sol, floresta e fontes de água.

366
"Quer um si-mesmo."[16] — As naturezas ativas, bem-sucedidas, não agem segundo a sentença "conhece a ti mesmo", mas como se pairasse diante delas o mandamento: *quer* um si-mesmo, e assim *te tornarás* um si-mesmo. — O destino parece ter-lhes deixado sempre ainda a escolha; enquanto os inativos e contemplativos meditam de como, daquela uma vez,[17] ao entrarem na vida, *escolheram*.

CAPÍTULO 2
O ANDARILHO E SUA SOMBRA [1880]

11
A liberdade da vontade e o isolamento dos fatos. — Nossa costumeira observação inexata toma um grupo de fenômenos como um só e o denomina um fato: entre este e outro fato, ela intercala um espaço vazio, *isola* cada fato. Em verdade, porém, todo o nosso agir e conhecer não é uma sequência de fatos e intervalos vazios, mas um fluxo constante. Ora, a crença na liberdade da

---

15 Literalmente: "um prazer muito maior no ser-sadio (*Gesundsein*), em virtude de seu frequente tornar-se sadio (*Gesundwerden*)"; portanto, o texto faz um jogo entre "ser" e "vir-a-ser" em relação ao estado de saúde; mas *Gesundwerden* significa também "restabelecer-se". (N.T.)
16 O advérbio *selbst* (*ipse*), em alemão, pode ser substantivado, coisa que não ocorre em português; por outro lado, os substantivos "identidade" ou "ipseidade", além de tornar o texto muito pesado, fariam perder-se a referência ao *"dich selbst"* (ti mesmo) do preceito délfico. (N.T.)
17 *"Jenes eine Mal"* — construção que o alemão tolera melhor que o português: *daquela vez* e, ao mesmo tempo, *de uma vez* (isto é, definitivamente). (N.T.)

vontade é diretamente incompatível com a representação de um constante, uniforme, indiviso, indivisível fluir: pressupõe que *cada ação singular é isolada e indivisível*; é um *atomismo* no domínio do querer e conhecer. — Do mesmo modo que entendemos caracteres com inexatidão, assim o fazemos com os fatos: falamos de caracteres iguais, de fatos iguais: *não há nenhum dos dois*. Ora, nós louvamos e censuramos somente sob essa falsa pressuposição *de que há fatos iguais*, de que dispomos de uma ordenação graduada de *espécies de fatos*, a que corresponde uma ordenação graduada de valores: assim, não *isolamos* somente o fato singular, mas também, por sua vez, os grupos de fatos pretensamente iguais[18] (ações boas, más, compassivas, invejosas, e assim por diante) — ambas as vezes erroneamente. — A palavra e o conceito são o fundamento mais visível, pelo qual acreditamos nesse isolamento de grupos de ações: com eles, não nos limitamos a *designar* as coisas, pensamos captar originalmente, através deles, o *verdadeiro* nelas. Por palavras e conceitos somos ainda agora constantemente induzidos a pensar as coisas mais simples do que são, separadas umas das outras, indivisíveis, cada uma sendo em e para si. Há uma mitologia filosófica escondida na *linguagem*, que a todo instante irrompe de novo, por mais cauteloso que se seja. A crença na liberdade da vontade, isto é, dos fatos *iguais* e dos fatos *isolados* — tem na linguagem seu constante evangelista e advogado.

16
Em que é necessário indiferença. — Nada seria mais pervertido do que querer esperar o que a ciência um dia estabelecerá definitivamente sobre as coisas primeiras e últimas e enquanto isso pensar (e especialmente acreditar!) da maneira *tradicional* — como tantas vezes se aconselha. O impulso a querer ter nesse domínio *unicamente seguranças* é um *velho instinto religioso*, e nada melhor — uma espécie escondida e apenas aparentemente cética da "necessidade metafísica", acoplada ao secreto pensamento de que ainda por muito tempo não haverá nenhuma perspectiva dessas seguranças últimas e de que até então o "crente" estará no direito de não se afligir com o domínio inteiro. Dessas seguranças acerca dos mais extremos horizontes, nós nem sequer *precisamos* para viver uma humanidade plena e competente: assim como a formiga não precisa delas para ser uma boa formiga. Em vez disso, temos de esclarecer a nós mesmos de onde vem propriamente aquela fatal importância que por tanto tempo atribuímos a essas coisas: e para isso precisamos da *his-*

---

18 O texto da edição Kröner traz *"angeblich kleinen Fakten"*, que se traduziria: "fatos pretensamente pequenos". No entanto, nem o contexto do aforisma nem as outras edições, como a KSA (vol. II, p. 547), que traz *"angeblich gleichen Fakten"*, aconselham a seguir essa leitura. (N.T.)

tória dos sentimentos éticos e religiosos. Pois somente sob a influência desses sentimentos aquelas questões espinhosíssimas do conhecimento se tornaram para nós tão relevantes e terríveis: nos domínios mais extremos *em cuja direção* se obstina ainda o olho, sem penetrar *neles*, introduziram sorrateiramente conceitos tais como culpa e castigo (e aliás castigo eterno!): e isto tanto mais imprevidentemente quanto mais eram escuros aqueles domínios. Desde antiguidades fantasiou-se com temeridade, ali onde não se podia estabelecer nada, e persuadiu-se a posteridade a tomar essas fantasias a sério e como verdade, recorrendo por último ao abominável trunfo: crer tem mais valor do que saber. Agora, entretanto, em vista dessas coisas últimas, não é necessário o saber contra a crença, mas sim *indiferença contra a crença e o pretenso saber nesses domínios*! *Todo* o resto deve estar mais próximo de nós do que aquilo que até agora nos foi pregado como o mais importante — refiro-me àquelas questões: para que o homem? que destino tem ele depois da morte? como se reconcilia com Deus?, ou como possam soar essas curiosidades. Tão pouco quanto essas questões dos religiosos importam-nos as questões dos filósofos dogmáticos, quer sejam idealistas ou materialistas ou realistas. Todas elas visam a constranger-nos a uma decisão em domínios onde nem crença nem saber são necessários; mesmo para os grandes amadores do conhecimento, é útil que ao redor de tudo o que é sondável e acessível à razão se estenda um enevoado e traiçoeiro cinturão pantanoso, uma faixa de impenetrável, de eternamente fluido e de indeterminável. Precisamente pela comparação com o reino do escuro que circunda a terra do saber, o claro e próximo, muito próximo, mundo do saber *aumenta* constantemente em valor. — Temos de tornar-nos outra vez *bons vizinhos das coisas mais próximas* e não, como até agora, olhar tão desdenhosamente por sobre elas em direção a nuvens e demônios noturnos. Em florestas e cavernas, em terras pantanosas e sob céus encobertos — ali o homem, em graus de civilização de milênios inteiros, viveu por demasiado tempo, e viveu precariamente. Ali ele *aprendeu a desprezar* o presente e a vizinhança e a vida e a si mesmo — e nós, habitantes da *campina mais clara* da natureza e do espírito, recebemos ainda agora, por herança, algo desse veneno do desprezo pelo mais próximo em nosso sangue.

17

Explicações profundas. — Quem "explica" a passagem de um autor "mais profundamente" do que sua intenção não explicou o autor, mas *obscureceu-o*. Assim estão nossos metafísicos para o texto da natureza; e pior ainda. Pois, para aduzirem suas explicações profundas, muitas vezes preparam antes o texto para isso: isto é, *corrompem-no*. Para dar um curioso exemplo de corrupção de texto e obscurecimento do autor, podem servir aqui os pensamentos de

Schopenhauer sobre a gravidez das mulheres. O sinal da constante existência da vontade de vida, no tempo, diz ele, é o coito; o sinal da luz do conhecimento, sempre de novo associada a essa vontade e que revela a possibilidade da redenção, e aliás em seu supremo grau de clareza, é a renovada encarnação da vontade de vida. O signo desta é a gravidez, que por isso anda franca e livre, e mesmo orgulhosa, enquanto o coito se esgueira como um criminoso. Ele afirma que *toda mulher*, se surpreendida no ato de geração, poderia morrer de vergonha, mas *"sua gravidez, sem um vestígio de vergonha, ela põe à mostra"*. Antes de tudo, não é tão fácil pôr esse estado *mais* à mostra do que ele mesmo se põe à mostra; Schopenhauer, porém, na medida em que ressalta precisamente *apenas* a intencionalidade do pôr-à-mostra, prepara o texto para que este se adapte à "explicação" que já tem pronta. Depois, aquilo que ele diz sobre a generalidade do fenômeno a ser explicado não é verdade: fala de "toda mulher"; muitas, em especial as mulheres mais jovens, mostram entretanto nesse estado, mesmo diante dos parentes mais próximos, muitas vezes um penoso pejo; e se acaso mulheres de idade mais madura e muito madura, sobretudo as do povo, de fato fazem ostentação desse estado, o que dão a entender com isso é que *ainda* são desejadas por seus homens. Se à vista delas o vizinho ou a vizinha ou um estranho de passagem diz ou pensa: "Seria possível...", essa esmola sempre será aceita de bom grado pela vaidade feminina em baixos níveis espirituais. Inversamente, como seria de se concluir das proposições de Schopenhauer, seriam precisamente as mulheres mais inteligentes e mais espirituais as que mais se regozijariam publicamente de seu estado: são elas que têm a maior perspectiva de dar à luz um prodígio do intelecto, no qual "a vontade" pode, para o bem de todos, mais uma vez se "negar"; as mulheres estúpidas teriam, ao contrário, de esconder sua gravidez ainda mais vergonhosamente do que tudo o que escondem. — Não se pode dizer que essas coisas são tiradas da efetividade. Posto, porém, que Schopenhauer tivesse razão de modo muito geral em dizer que as mulheres, no estado de gravidez, mostram mais complacência consigo mesmas do que costumam mostrar, haveria no entanto uma explicação mais à mão do que a dele. Poder-se-ia pensar num cacarejar da galinha também *antes* de pôr o ovo, do seguinte teor: — Olhem! Olhem! Vou pôr um ovo! Vou pôr um ovo!

20

Não confundir. — Os moralistas, que tratam o modo de pensar grandioso, poderoso, abnegado, por exemplo nos heróis de Plutarco, ou o estado de alma puro, iluminado, caloroso, dos homens e mulheres propriamente bons como difíceis problemas do conhecimento e rastreiam sua origem indicando o que há de complicado na aparente simplicidade e dirigindo o olho à intrincação dos motivos, às entrelaçadas e delicadas ilusões conceituais e aos sentimentos individuais e grupais herdados da Antiguidade e lentamente intensificados — esses moralistas são os que mais se *distinguem* daqueles com os quais, no entanto, são mais *confundidos*: dos espíritos mesquinhos, que de modo geral não acreditam naqueles modos de pensar e estados de alma e creem escondida sua própria mesquinhez por trás do esplendor da grandeza e da pureza. Os moralistas dizem: "Aqui há problemas", e os miseráveis dizem: "Aqui há impostores e imposturas"; *negam*, portanto, a *existência*, precisamente daquilo que aqueles estão empenhados em *explicar*.

33

Elementos da vingança. — A palavra *Rache* [vingança] se pronuncia tão depressa: parece quase como se não pudesse conter mais de uma raiz de conceito e de sentimento. E assim continua-se sempre tentando encontrá-la: assim como nossos economistas políticos ainda não se cansaram de farejar na palavra "valor" uma tal unidade e de procurar pelo originário conceito-raiz do valor. Como se todas as palavras não fossem bolsos em que se guardou ora isto, ora aquilo, ora várias coisas de uma vez! Assim também "vingança" ora é isto, ora aquilo, ora algo mais composto. Distingue-se, primeiramente, aquele contragolpe defensivo que se desfecha quase sem querer, mesmo contra objetos inanimados que nos causaram dano (como contra máquinas em movimento): o sentido de nosso movimento de revide é pôr fim ao dano fazendo parar a máquina. A força do contragolpe precisa às vezes ser tão grande, para conseguir isso, que destroça a máquina; mas se esta é forte demais para que possa ser prontamente destruída pelo indivíduo, este desferirá mesmo assim o golpe mais violento de que é capaz — como que em uma última tentativa. Assim se procede também contra pessoas que causam dano, à sensação imediata do próprio dano; se se quer denominar esse ato um ato de vingança, que seja; pondere-se, então, que aqui foi somente a *autoconservação* que pôs sua engrenagem racional em movimento e que, no fundo, ao fazê-lo, não se pensa no causador do dano, mas somente em si: agimos assim *sem* querer revidar o dano, mas apenas para *safar-nos* ainda com corpo e vida. — É preciso *tempo*, quando se passa, em pensamento, de si ao adversário e se pergunta de que maneira ele pode ser atingido mais dolorosamente. Isto ocorre na segunda espécie de vingança: uma meditação sobre a vulnerabilidade do outro e sua aptidão ao sofrimento é sua pressuposição: quer-se fazer mal. Em contrapartida, garantir-se contra novos danos está aqui tão pouco no círculo de visão daquele que toma vingança que ele quase em regra atrai sobre si o novo dano próprio e muito frequentemente o prevê e encara com sangue-frio. Se na primeira espécie de vingança era o medo do segundo golpe que tornava o contragolpe tão forte quanto possível: aqui há quase total indiferença diante daquilo que o adversário *fará*; a força do contragolpe é determinada somente por aquilo que ele nos *fez*. E o que foi que ele fez? E de que nos serve que sofra agora, depois que nós sofremos por causa dele? Trata-se de uma *restauração*: enquanto o ato de vingança da primeira espécie serve somente à *autoconservação*. Talvez tenhamos perdido, por causa do adversário, posse, posição, amigos, filhos — essas perdas não são resgatadas pela vingança, a restauração refere-se somente a uma *perda acessória* a todas as mencionadas perdas. A vingança de restauração não preserva de novo dano, não repara o dano sofrido — a não ser em um caso. Se nossa *honra* sofreu por causa do adversário, a vingança é capaz de *restaurá-la*. E, em todo caso, ela sofreu um dano, se propositalmente nos fizeram uma ofensa: pois o adversário provou com isso que não nos *temia*. Pela vingança, demonstramos que nós também não o tememos: nisso consiste a quitação, a restauração. (O propósito de mostrar a total ausência de *medo* chega a tal ponto em algumas pessoas que a periculosidade da vingança para elas mesmas — prejuízo da saúde ou da vida ou outras perdas — é para elas uma condição indispensável de toda vingança. Por isso, tomam o caminho do duelo, mesmo que os tribunais lhes ofereçam os meios para também assim obterem satisfação pela ofensa: mas não tomam a restauração de sua honra sem perigo como suficiente, porque ela não pode mostrar sua ausência de medo.) — Na espécie de vingança mencionada em primeiro lugar, é precisamente o medo que desfere o contragolpe: aqui, ao contrário, é a ausência de medo que, como foi dito, *quer demonstrar-se* com o contragolpe. — *Nada* parece, portanto, mais diferente do que a motivação interior de ambos os modos de agir que são denominados com uma palavra, "vingança": e apesar disso ocorre muito frequentemente que aquele que exerce a vingança não tem clareza sobre o que o determinou propriamente ao ato; talvez ele tenha desferido o contragolpe por medo ou para se conservar, mas, depois, quando teve tempo para meditar sobre o ponto de vista da honra ferida, ele próprio se persuade de ter-se vingado em nome de sua honra: — esse motivo, em todo caso, é mais *nobre* do que o outro. Além disso, é ainda essencial considerar que ele vê sua honra danificada aos olhos dos outros (do mundo) ou somente aos olhos do ofensor: neste último caso, escolherá a vingança secreta, mas, no primeiro, a pública. Conforme ele se pense forte ou fraco na alma do agente ou dos espectadores, sua vingança será mais exacerbada ou mais branda; se lhe falta inteiramente essa espécie de fantasia, ele nem sequer pensará em vingança, pois então o sentimento da "honra" não existe nele e, portanto, não pode ser ferido. Do mesmo modo, não pensará em vingança quando *despreza* o agente e os espectadores do ato: porque eles não lhe dariam nenhuma honra, desprezados que são, e portanto também não poderiam tirar-lhe nenhuma honra. Enfim, renunciará à vingança, no caso, não incomum, de amar o agente: sem dúvida, desse modo, perde em honra aos olhos deste, e talvez, com isso, se torne menos digno da retribuição do amor. Mas também renunciar a toda retribuição do amor é um sacrifício que o amor está pronto a oferecer, desde que não seja *obrigado a fazer mal* ao ser amado: isso significa fazer a si mesmo um mal maior do que faria aquele sacrifício. — Portanto: cada qual se vingará, a menos que esteja privado de honra, ou cheio de desprezo ou cheio de amor para com o causador do dano ou ofensor. Mesmo quando recorre aos tribunais, ele quer a vingança como pessoa privada: mas ainda, *acessoriamente*, como homem da sociedade, previdente e cauteloso, quer ainda a vingança da sociedade contra aquele que não a *honra*. Assim, por meio da pena judicial, tanto a honra privada como também a honra social são *restauradas*: isto é — pena é vingança. — Há também nela, indubitavelmente, aquele outro elemento da vingança descrito em primeiro lugar, na medida em que graças a ela a sociedade serve à sua *autoconservação* e desfere um contragolpe em *legítima defesa*. A pena quer impedir um *novo* dano, quer *intimidar*. Dessa maneira, ambos os elementos tão diferentes da vingança estão efetivamente *vinculados* na pena, e isto pode ser, talvez, o que mais atua no sentido de entreter aquela mencionada confusão de conceitos, em virtude da qual o indivíduo que se vinga costuma não saber o que quer propriamente.

67

Hábito das oposições. — A observação inexata comum vê na natureza, por toda parte, oposições (como, por exemplo, "quente e frio") onde não há oposições, mas apenas diferenças de grau. Esse mau hábito nos induz também a querer entender e decompor a natureza interior, o mundo ético-espiritual, segundo tais oposições. É indizível o quanto de dor, pretensão, dureza, estranhamento, frieza, penetrou assim no sentimento humano, por se pensar ver oposições em lugar das transições.

87

Aprender a escrever bem. — O tempo do bem falar passou, porque o tempo das civilizações citadinas passou. O último limite que Aristóteles permitia à grande cidade — era preciso que o arauto ainda estivesse em condições de se fazer ouvir por toda a comunidade reunida —, esse limite nos aflige tão pouco quanto em geral nos afligem ainda comunidades citadinas, a nós, que queremos, nós mesmos, ser entendidos para além dos povos. Por isso, agora, todo aquele que tem a mentalidade do bom europeu tem de aprender a escrever *bem e cada vez melhor*: não *há* escapatória, nem mesmo se ele próprio nasceu na Alemanha, onde se trata o escrever mal como uma prerrogativa nacional.

Escrever melhor, porém, significa também, ao mesmo tempo, pensar melhor; descobrir sempre algo mais digno de ser comunicado e poder efetivamente comunicá-lo; tornar-se traduzível para as línguas dos vizinhos; fazer-se acessível ao entendimento daqueles estrangeiros que aprenderam nossa língua; agir para que tudo o que é bom se torne um bem comum e que os homens livres tenham toda a liberdade; enfim, *preparar* aquele estado de coisas tão distante, em que os bons europeus tomarão em mãos sua grande tarefa: a orientação e supervisão de toda a civilização terrestre. — Quem prega o contrário, não se afligir com o bem escrever e o bem ler — essas duas virtudes crescem juntas e diminuem juntas —, na realidade mostra aos povos um caminho para que possam tornar-se cada vez mais *nacionais*: aumenta a doença deste século e é um inimigo dos bons europeus, um inimigo dos espíritos livres.

122

A convenção artística. — Três quartos de Homero são convenção; e é semelhante o caso de todos os artistas gregos, que não tinham nenhuma razão para o moderno furor de originalidade. Faltava a eles todo medo da convenção; era através desta que tinham conexão com seu público. Convenções são, com efeito, os meios artísticos *conquistados* para o entendimento dos ouvintes, a linguagem comum laboriosamente aprendida com a qual o artista pode efetivamente *comunicar-se*. Sobretudo quando ele, como os poetas e músicos gregos, quer, com cada uma de suas obras de arte, vencer *prontamente* — pois está habituado a lutar publicamente com um ou dois rivais —, a primeira condição é que seja também *prontamente entendido*: o que, porém, só é possível através da convenção. Aquilo que o artista inventa além da convenção, acrescenta a ela espontaneamente e, com isso, arrisca a si mesmo, com o resultado, no melhor dos casos, de *criar* uma nova convenção. De hábito, o que é original é olhado com espanto, às vezes até mesmo adorado, mas raramente entendido: desviar-se teimosamente da convenção significa: não querer ser entendido. Para onde aponta, portanto, o moderno furor de originalidade?

140

Dançar em cadeias. — Diante de cada artista, poeta e escritor grego, deve-se perguntar: qual é a *nova coação* que ele se impõe e torna atraente para seus contemporâneos (de modo que encontra imitadores)? Pois o que se denomina "invenção" (na métrica, por exemplo), é sempre um tal grilhão autoimposto. "Dançar em cadeias", tornar as coisas difíceis para si e em seguida estender sobre elas a ilusão da facilidade — essa é a habilidade que eles nos querem mostrar. Já em Homero percebe-se uma grande quantidade de fórmulas herdadas e leis épicas de narrativa, *dentro* das quais ele tinha de dançar, e ele próprio criou novas convenções para os que viriam. Esta era a escola de educação dos poetas gregos: primeiramente, portanto, deixar-se impor uma múltipla coação pelos poetas anteriores; em seguida, inventar uma nova coação, impô-la a si e vencê-la graciosamente: de modo que coação e vitória sejam notadas e admiradas.

226

Esperteza dos gregos. — Como o querer vencer e prevalecer é um traço insuperável da natureza, mais antigo e mais originário do que todo respeito e alegria do igualamento, assim o Estado grego sancionou a competição ginástica e música entre os iguais, portanto, delimitou uma arena onde esse impulso podia se descarregar sem pôr em perigo a ordem política. Com o declínio final da competição ginástica e música, o Estado grego entrou em intranquilidade interna e dissolução.

280

Mais respeito com quem sabe! — Na concorrência do trabalho e dos vendedores, o *público* é feito juiz sobre o ofício: este, porém, não tem nenhum conhecimento rigoroso do assunto e julga segundo a *aparência* da boa qualidade. Consequentemente, a arte da aparência (e talvez o gosto) aumentará sob o domínio da concorrência, enquanto a qualidade de todo produto terá de piorar. Consequentemente, na medida em que somente a razão não perde valor, em alguma parte se porá fim a essa concorrência e um novo princípio triunfará sobre ela. Somente o mestre-ofício deveria julgar sobre o ofício, e o público ficar na dependência da crença na pessoa do julgador e em sua honestidade. Portanto, nenhum trabalho anônimo! Pelo menos seria preciso um conhecedor do assunto como garantia dele e que desse seu nome como penhor quando o nome do autor falta ou não tem ressonância. O *baixo preço* de uma obra é para os leigos uma outra espécie de aparência e engano, pois somente a *durabilidade* decide se e em que medida uma coisa é barata; mas esta é difícil de julgar e não pode ser julgada pelo leigo. — Portanto: o que faz efeito sobre o olho e custa pouco tem agora a preponderância — e esse é naturalmente o trabalho das máquinas. Inversamente, a máquina, isto é, a causa da máxima rapidez e facilidade da produção, também favorece, por seu lado, a espécie *mais vendável*: senão não se faria nenhum ganho relevante com ela; ela seria muito pouco usada e ficaria parada muito frequentemente. Mas sobre o que é mais vendável quem decide é o público, como foi dito: tem de ser o mais enganoso, isto é, aquilo que, primeiro, *parece* bom e, em seguida, *parece* também barato. Portanto, também no domínio do trabalho tem de ser esta a nossa senha: "Mais respeito com quem sabe!".

285

Se com a justiça a posse pode ser igualada. — Quando a injustiça da posse é fortemente sentida — o ponteiro do grande relógio está outra vez nessa posição —, citam-se dois meios para remediá-la: primeiramente, uma repartição igual, e, em seguida, a supressão da propriedade e a devolução da posse à comunidade. Este último meio é especialmente conforme ao coração de nossos socialistas, que estão de mal com aquele judeu da Antiguidade, por ter dito: não deves roubar. Segundo eles, o sétimo mandamento deve, pelo contrário, dizer: não deves possuir. — As tentativas segundo a primeira receita foram feitas com frequência na Antiguidade, sempre, decerto, apenas em pequena medida, mas com um insucesso que também para nós pode ainda ser instrutivo. "Lotes iguais de terra" é fácil de dizer; mas quanta amargura se gera pela separação e partilha que se tornam necessárias com isso, pela perda da posse antiga e venerada, quanta piedade ferida e sacrificada! Escava-se a moralidade ao escavar as pedras de limite. E, mais uma vez, quanta nova amargura entre os novos possuidores, quanta ambição e olhares de inveja, pois nunca houve dois lotes de terra efetivamente iguais e, se houvesse, a humana inveja ao vizinho nunca acreditaria em sua igualdade. E quanto durou essa igualdade já envenenada pela raiz e malsã! Em poucas gerações advieram por herança, aqui um lote a cinco cabeças, ali cinco lotes a uma cabeça: e, caso se prevenissem com duras leis de herança tais inconvenientes, haveria ainda, decerto, os mesmos lotes de terra, mas no meio estariam os necessitados e insatisfeitos, que nada possuiriam, a não ser o despeito pelos parentes e vizinhos e o desejo da subversão de todas as coisas. — Mas, se se quer, de acordo com a *segunda* receita, restituir a propriedade à *comunidade* e fazer dos indivíduos apenas rendeiros temporários, destrói-se a terra. Pois o homem trata tudo o que possui apenas transitoriamente sem cuidado e sacrifício, procede como explorador, como ladrão ou como negligente perdulário. Se Platão pensa que o egoísmo é suprimido com a supressão da posse, pode-se responder-lhe que, subtraído o egoísmo, não restarão do homem, em todo caso, as quatro virtudes cardinais — assim como é preciso dizer: a pior das pestes não causaria à humanidade tanto dano quanto se um dia a vaidade desaparecesse. Sem vaidade e egoísmo — o que são as virtudes humanas? E com isso nem de longe quero dizer que estas sejam somente nomes e máscaras daquelas. A fundamental melodia utópica de Platão, que ainda continua a ser cantada pelos socialistas de agora, repousa em um conhecimento falho do homem: falta-lhe a história dos sentimentos morais, a inteligência da origem das propriedades boas e úteis da alma humana. Ele acreditava, como a Antiguidade inteira, em bem e mal, como em branco e preto: portanto, em uma diferença radical entre os homens bons e os maus, entre as propriedades boas e as ruins. — Para que a posse de agora em diante infunda mais confiança e se torne mais moral, mantenham-se abertas todas as vias do trabalho para a *pequena* fortuna, mas impeça-se o enriquecimento sem esforço e súbito; tirem-se todos os ramos do transporte e comércio que favorecem a acumulação de *grandes* fortunas, portanto, em especial o comércio de dinheiro, das mãos de pessoas privadas e sociedades privadas — e considere-se tanto o possuidor excessivo como o possuidor de nada como seres perigosos para a comunidade.

292
Vitória da democracia. — Tentam agora todas as potências políticas explorar o medo ao socialismo para se fortalecer. Mas no entanto, a longo prazo, somente a democracia tira proveito disso: pois *todos* os partidos são agora obrigados a lisonjear o "povo" e a conceder-lhe facilidades e liberdades de toda espécie, com que ele acaba por tornar-se onipotente. O povo está longíssimo do socialismo como doutrina da alteração do modo de adquirir a propriedade: e se alguma vez, pelas grandes maiorias de seus parlamentos, tiver nas mãos o controle dos impostos, ele investirá com o imposto progressivo contra o principado do capitalismo, do comércio e da Bolsa, e de fato criará lentamente uma situação intermediária, que pode *esquecer* o socialismo como uma doença superada. — O resultado prático dessa democratização se propagando será primeiramente uma federação europeia de povos, na qual cada povo singular, delimitado por conveniências geográficas, terá a posição de um cantão e seus direitos particulares: com as recordações históricas dos povos que existiram até agora pouco mais se contará, porque o sentido da piedade por eles, sob o domínio do princípio democrático sequioso de inovações e de experimentos, será pouco a pouco erradicado pela base. As correções de limites, que se mostram necessárias para isso, serão executadas de modo a servirem à *utilidade* dos grandes cantões e, ao mesmo tempo, à federação inteira, mas não à memória de algum passado acinzentado. Encontrar o ponto de vista para essas correções será a tarefa dos *diplomatas* futuros, que terão de ser ao mesmo tempo estudiosos de civilização, agrônomos, conhecedores de comércio, e terão atrás de si, não exércitos, mas razões e utilidades. Pois então a *política exterior* estará inseparavelmente ligada à *interna*: enquanto agora esta última ainda corre atrás de sua orgulhosa senhora, juntando em miseráveis cestinhas as espigas que sobram de sua colheita.

306
Perder a si mesmo. — Uma vez que se tenha encontrado a si mesmo, é preciso saber, de tempo em tempo, *perder-se* — e depois reencontrar-se: pressuposto que se seja um pensador. A este, com efeito, é prejudicial estar sempre ligado a *uma* pessoa.

307

Quando é preciso despedir-se. — Daquilo que sabes conhecer e medir, é preciso que te despeças, pelo menos por um tempo. Somente depois de teres deixado a cidade verás a que altura suas torres se elevam acima das casas.

333

Morrer pela "verdade". — Não nos deixaríamos queimar por nossas opiniões: não estamos tão seguros delas. Mas, talvez, por podermos ter nossas opiniões e podermos mudá-las.

350

A senha de ouro. — Ao homem estão impostas muitas cadeias, para que desaprenda de se portar como um animal: e efetivamente ele se tornou mais suave, mais espiritual, mais alegre e mais atento do que são todos os animais. Mas agora ele ainda sofre por ter carregado tanto tempo suas cadeias, por ter-lhe faltado tanto tempo ar mais puro e movimentação mais livre: — essas cadeias, porém, eu o repito sempre e sempre de novo, são aqueles graves e significativos erros das representações morais, religiosas, metafísicas. Somente quando a *doença das cadeias* estiver superada, estará alcançado inteiramente o primeiro grande alvo: separar-se o homem dos animais. — Agora estamos no meio de nosso trabalho de retirar as cadeias e precisamos da máxima cautela nisso. Somente ao *homem enobrecido pode ser dada a liberdade do espírito*; somente dele se avizinha a *facilitação da vida* e unge suas feridas; ele é o primeiro que pode dizer que vive em função da *alegria* e de nenhum outro alvo; em qualquer outra boca seria perigoso seu lema: *paz em torno de mim e uma satisfação com todas as coisas mais próximas.* — Nesse lema para indivíduos ele tem em mente uma antiga palavra grandiosa e tocante, que vale *para todos* e que permaneceu sobre a humanidade toda como um lema e símbolo da verdade, pelo qual há de sucumbir todo aquele que enfeita com ele sua bandeira antes do tempo — pelo qual o cristianismo sucumbiu. Ainda, ao que parece, *não é tempo* para que a *todos* os homens possa suceder o mesmo que àqueles pastores que viram o céu iluminado sobre eles e ouviram aquela palavra: "Paz na Terra e aos homens uma satisfação de uns com os outros".[19] — Estamos ainda no *tempo dos indivíduos*.

---

19 A "senha de ouro", essa "palavra angelical que o cristianismo não conseguiu realizar" (como diz o esboço preliminar deste aforisma), está citada aqui segundo a tradução de Lutero. A Vulgata traz: "Paz na Terra aos homens de boa vontade" (*Lucas*, 2, 14). (N.T.)

AURORA
PENSAMENTOS
SOBRE
OS PRECONCEITOS
MORAIS

1880-1881

> Há tantas auroras
> que não brilharam ainda.
> RIG-VEDA

PREFÁCIO [1886]

3

Até agora, foi sobre bem e mal que pior se meditou: foi sempre um assunto perigoso demais. A consciência, a boa reputação, o inferno, em certas circunstâncias a própria polícia, não permitiam, e não permitem nenhuma imparcialidade; em presença da moral, justamente, como em face de toda autoridade, não se *deve* pensar e muito menos falar: aqui se — *obedece*! Desde que há mundo, nenhuma autoridade ainda teve boa vontade para se deixar tomar como objeto de crítica; e criticar logo a moral, tomar a moral como problema, como problemática: como? isso não era — isso não é — imoral? — Mas a moral não tem somente autoridade sobre toda espécie de meios de intimidação, para manter mãos críticas e instrumentos de suplício afastados de seu corpo; sua segurança está ainda mais em uma certa arte de enfeitiçamento, de que ela entende — ela sabe "entusiasmar". Ela consegue, muitas vezes com um único olhar, paralisar a vontade crítica, até mesmo atraí-la para o seu lado, e aliás há casos em que sabe fazê-la voltar-se contra si mesma, de tal modo que a vontade então, igual ao escorpião, ferra no próprio corpo o ferrão. A moral entende, justamente, desde antiguidades, de todo diabolismo e arte de persuasão; não há nenhum orador, ainda hoje, que não buscasse seu auxílio (ouça-se, por exemplo, nossos anarquistas falarem: como falam moralmente, para persuadir.[1] Acabam por chamar a si próprios, ainda, "os bons e justos"). A moral, justamente, desde que sobre a terra se fala e se persuade, se demonstrou como a mestra máxima da sedução — e, quanto a nós, filósofos, propriamente como a *Circe dos filósofos*. De onde vem, então, que desde Platão todos os arquitetos filosóficos na Europa edificaram em vão? Que tudo ameaça ruir, ou já está em escombros, daquilo que eles próprios, honesta e seriamente, tomavam por *aere perennius*? Oh, como é falsa a resposta que ainda agora se tem pronta para essa pergunta, "porque todos eles descuidaram da pressuposição, do exame do fundamento, de uma crítica da razão em seu conjunto" — aquela fatal resposta de Kant, que com isso, em verdade, não nos atraiu, a nós filósofos modernos, para um chão mais firme e *menos* enganoso! (— e, para perguntá-lo acessoriamente, não é curioso exigir que um instrumento critique seu próprio acerto e competência? que o intelecto mesmo "conheça" seu valor, sua força, seus limites? isso não foi até mesmo um certo contrassenso? —) A resposta

---

[1] O texto faz um jogo entre *reden* (falar) e *überreden* (persuadir). Por isso, é preciso notar que *überreden*, em seu sentido próprio de "sobrepujar pela fala", soaria em alemão mais ou menos como: "sobrefalar". O texto coloca, em função da moral, todo o problema da *retórica*: como é na moral que os oradores (*Redner*) vão buscar a sedução de sua fala. (N.T.)

correta teria sido, em vez disso, que todos os filósofos edificaram sob a sedução da moral, e Kant também — que seu propósito era aparentemente certeza, "verdade", mas era propriamente "majestáticos edifícios éticos": para servir-nos ainda uma vez da inocente linguagem de Kant, que designa como sua própria, "não tão resplandecente, mas também não desprovida de mérito", tarefa e trabalho, "tornar plano e sólido o chão para esses majestáticos edifícios éticos" (*Crítica da razão pura*, II, p. 257). Ai, ele não teve êxito nisso, pelo contrário! — como hoje se tem de dizer, Kant era, justamente, com um tal propósito delirante, o bom filho de seu século, que mais que qualquer outro pode ser denominado o século do delírio: como também, felizmente, ele o permaneceu no que se refere a seus lados valiosos (por exemplo, com aquela boa parte de sensualismo que recolheu em sua teoria do conhecimento). Também ele foi mordido pela tarântula-moral Rousseau, também ele tinha no fundo da alma o pensamento do fanatismo moral, do qual um outro discípulo de Rousseau, ou seja, Robespierre, se sentia e se confessava o executor, "*de fonder sur la terre l'empire de la sagesse, de la justice et de la vertu*"² (Discurso de 7 de junho de 1794). Por outro lado, não se podia, com um tal fanatismo francês no coração, proceder de modo mais antifrancês, mais profundo, mais radical, mais alemão — se é que a palavra "alemão", nesse sentido, é ainda permitida hoje —, do que Kant procedeu: para abrir espaço para *seu* "reino moral", ele se viu obrigado a anexar um mundo indemonstrável, um "além" lógico — era justamente para isso que ele necessitava de sua *Crítica da razão pura*. Para exprimi-lo de outro modo: *ele não teria necessitado dela*, se para ele *isto* não tivesse sido mais importante do que tudo, tornar o "reino moral" invulnerável, de preferência ainda, invulnerável à razão — ele sentia, justamente, a vulnerabilidade de uma ordenação moral das coisas, da parte da razão, muito fortemente! Pois, em face da natureza e da história, em face da radical imoralidade da natureza e da história, Kant era, como todo bom alemão desde antiguidades, pessimista; acreditava na moral, não porque ela é demonstrada pela natureza e pela história, mas a despeito de que a natureza e a história constantemente a contradizem. Pode-se talvez, para entender este "a despeito de", lembrar-se de algo aparentado em Lutero, naquele outro grande pessimista, que uma vez, com toda a sua temeridade luterana, recomendou a seus amigos: "Se se pudesse captar pela razão como pode ser clemente e justo o Deus que mostra tanta ira e maldade, para que se precisaria da crença?". Nada, com efeito, desde sempre, causou uma impressão mais profunda na alma alemã, nada a "tentou" mais do que este mais perigoso de todos os raciocínios,

---

2 "De fundar na terra o império da sabedoria, da justiça e da virtude." (N.E.)

que para qualquer bom romano seria um pecado contra o espírito: *credo quia absurdum est*: com ele, pela primeira vez, a lógica alemã entra em cena na história do dogma cristão: mas, ainda hoje, um milênio mais tarde, nós, alemães de hoje, alemães tardios sob todos os aspectos, farejamos—algo de verdade, de *possibilidade* de verdade, por trás da célebre proposição-
-fundamental real-dialética, com que Hegel em seu tempo ajudou o espírito alemão a triunfar sobre a Europa—"a contradição move o mundo, todas as coisas são contraditórias consigo mesmas"—somos, justamente, até mesmo lógica adentro, pessimistas.

4

Mas não são os juízos de valor *lógicos* os mais profundos e mais radicais, até os quais a bravura de nossa suspeita desceu: a confiança na razão, com a qual a validez desses juízos permanece ou perece, é, como confiança, um fenômeno *moral*... Quem sabe o pessimismo alemão tem ainda seu último passo para dar? Quem sabe ele precisa ainda uma vez, de uma maneira terrível, colocar lado a lado seu *credo* e seu *absurdum*? E se este livro, moral adentro, e até por sobre a confiança na moral, é pessimista—não seria ele, precisamente por isso, um livro alemão? Pois de fato *expõe* uma contradição e não se amedronta diante dela: nele é retirada à moral a confiança—mas por quê? *Por moralidade*! Ou como deveríamos chamar o que se passa nele—em *nós*? Pois por nosso gosto preferíamos palavras mais modestas. Mas não há dúvida nenhuma, também a nós fala ainda um "tu deves", também nós obedecemos ainda a uma rigorosa lei acima de nós—e esta é a última moral, que se faz ouvir a nós também, que nós também ainda sabemos *viver*; aqui, se é que, em alguma parte, nós também somos ainda *homens de consciência*: isto é, não queremos retornar àquilo que para nós está sobrevivido e murcho, a algo "desacreditado", quer se chame Deus, virtude, verdade, justiça, amor ao próximo; não nos permitimos nenhuma ponte de mentiras que leve a velhos ideais; desde o fundamento somos inimigos de tudo o que nos poderia mediar e misturar; inimigos de toda espécie de crença e cristandade de agora; inimigos do meio a meio de todo romantismo e patriotismo; inimigos também da complacência de artistas, inconsciência de artistas, que poderiam persuadir-nos a rezar ali, onde não acreditamos mais—pois nós somos artistas—; inimigos, em suma, de todo *afeminamento* europeu (ou idealismo, se preferem ouvir assim), que eternamente "atrai" e eternamente, por isso mesmo, "traz para baixo":—somente como homens *desta* consciência sentimo-nos ainda aparentados com a retidão e devoção alemãs de milênios, mesmo que como seus mais problemáticos e últimos descendentes, nós imoralistas, nós, os sem-Deus de hoje, e até mesmo, em certo sentido, como seus herdeiros, como executores de sua mais íntima vontade, de uma vontade pessimista, como foi dito, que não tem medo de negar a si mesma, porque nega com prazer! Em nós se consuma, suposto que queiram uma fórmula—*a autossupressão da moral*. [...]

Ruta, perto de Gênova, outono do ano de 1886

LIVRO I

9

Conceito da eticidade do costume.[3] — Em proporção com a maneira de viver de milênios inteiros da humanidade, vivemos nós, homens de agora, em um tempo muito não ético: a potência do costume está assombrosamente enfraquecida e o sentimento da eticidade anda tão refinado e tão transportado para as alturas que pode, do mesmo modo, ser designado como volatilizado. Por isso, para nós, os nascidos tarde, as concepções fundamentais sobre a gênese da moral se tornam difíceis e, se apesar disso as encontramos, ficam-nos pegadas à língua e não querem sair: porque soam grosseiras! Ou porque parecem difamar a eticidade! Assim, por exemplo, já o *axioma*: eticidade não é nada outro (portanto, em especial, *nada mais*!) do que obediência a costumes, seja de que espécie forem; e costumes são o modo *tradicional* de agir e de avaliar. Em coisas onde nenhuma tradição manda não há nenhuma eticidade; e quanto menos a vida é determinada por tradição, menor se torna o círculo da eticidade. O homem livre é não ético, porque em tudo *quer* depender de si e não de uma tradição: em todos os estados primitivos da humanidade, "mau" significa o mesmo que "individual", "livre", "arbitrário", "inusitado", "imprevisto", "incalculável". Sempre medido pela medida de tais estados: se uma ação é feita *não* porque a tradição manda, mas por outros motivos (por exemplo, pela utilidade individual), e até mesmo pelos próprios motivos que outrora fundamentaram a tradição, ela é dita não ética e assim é sentida até mesmo por seu agente: pois não foi feita por obediência à tradição. O que é a tradição? Uma autoridade superior, a que se obedece, não porque ela manda fazer o que nos é *útil*, mas porque ela *manda*. — Em que se distingue esse sentimento pela tradição do sentimento do medo em geral? Ele é o medo diante de um intelecto superior

---

3 *Eticidade* ou *moralidade*, duas palavras que perderam a referência ao significado original de *costume*, que têm por base (*ethos* em grego, *mos* em latim). O texto alemão, ao dizer *Sittlichkeit der Sitte*, o evoca muito mais diretamente—é que a língua não perdeu totalmente a memória dessa ligação, tanto que Ética se diz *Sittenlehre* (doutrina dos costumes) e já Kant reservava a fundamentação da moral para uma "metafísica dos costumes". (N.T.)

que manda, diante de uma potência inconcebível, indeterminada, diante de algo mais que pessoal — há *superstição* nesse medo. — Na origem, toda a educação e todo o cuidado com a saúde, o casamento, a arte de curar, a agricultura, a guerra, o falar e calar, o relacionamento de uns com os outros e com os deuses, faziam parte do domínio da eticidade: ela exigia que se observassem prescrições, *sem* pensar *em si* como indivíduo. Na origem, portanto, tudo era costume, e quem queria elevar-se acima dele tinha de se tornar legislador e curandeiro e uma espécie de semideus: isto é, tinha de *criar costumes* — uma coisa terrível, perigosa para a vida! — Quem é o mais ético de todos? *Em primeiro lugar,* aquele que cumpre a lei com a máxima frequência: que, portanto, igual ao brâmane, leva a consciência dela por toda parte e em cada pequena fração de tempo, de modo que está constantemente descobrindo ocasiões para cumprir a lei. *Em seguida,* aquele que a cumpre até mesmo nos casos mais difíceis. O mais ético é aquele que mais se *sacrifica* ao costume: quais são, porém, os maiores sacrifícios? Segundo o modo de responder a essa pergunta, desdobram-se várias morais diferentes: mas a diferença mais importante continua a ser aquela que separa a moralidade do *cumprimento mais frequente* da do cumprimento *mais difícil.* Que ninguém se iluda quanto ao motivo daquela moral que exige o cumprimento mais difícil do costume como signo da eticidade! A superação de si é exigida, *não* pelas consequências úteis que tem para o indivíduo, mas para que o costume, a tradição, apareça dominando, a despeito de todo apetite e proveito individual: o indivíduo deve sacrificar-se — assim reclama a eticidade do costume. — Aqueles moralistas, em contrapartida, que assim como os seguidores das pegadas *socráticas* inculcam no coração do indivíduo a moral do autodomínio e da abstinência como seu *proveito* mais próprio, como uma chave pessoal para a felicidade, *constituem a exceção* — e, se nos parece diferente, é porque fomos educados sob sua influência: todos eles seguem *uma* nova estrada, sob a mais extrema reprovação de todos os representantes da eticidade do costume — dissociam-se da comunidade, como não éticos, e são, no sentido mais profundo, maus. Do mesmo modo aparecia a um romano virtuoso de velha cepa todo *cristão,* que "antes de tudo ambicionava sua *própria felicidade"* — como mau. — Por toda parte, onde há uma comunidade, e consequentemente uma eticidade do costume, domina também o pensamento de que o castigo por lesar o costume recai antes de tudo sobre a comunidade: aquele castigo sobrenatural, cuja manifestação e limite são tão difíceis de conceber e são sondados com tão supersticioso temor. A comunidade pode compelir o indivíduo a reparar os danos mais próximos que seu ato teve como consequência, perante o indivíduo ou perante a comunidade, pode também tomar uma espécie de vingança sobre o indivíduo, pelo fato de que por sua causa, como suposta consequência de seu ato, as nuvens e as tempestades de cólera divina se juntaram sobre a comunidade — mas no entanto sente a culpa do indivíduo como *sua* culpa e leva o castigo deste como *seu* castigo —: "os costumes se tornaram mais frouxos" — este é o lamento da alma de cada um — "se tais atos são possíveis". Toda ação individual, todo modo de pensar individual, suscitam arrepio; não podemos deixar de levar em conta o que precisamente os espíritos mais raros, mais seletos, mais originais, em todo o decurso da história, tiveram de sofrer por serem sempre sentidos como os maus e perigosos, e mesmo *por se sentirem assim eles próprios*. Sob o domínio da eticidade do costume, a originalidade de toda espécie adquiriu má consciência; com isso, até o presente instante, o céu dos melhores é ainda mais ensombrecido do que teria de ser.

13
Para a nova educação do gênero humano. — Prestai auxílio, vós que sois prestativos e bem-intencionados, a esta *única* obra — afastar do mundo o conceito de castigo, que se alastrou sufocando o mundo inteiro! Não há pior erva daninha! Não somente o colocaram nas consequências de nossas maneiras de agir — e como já é apavorante e contrário à razão entender causa e efeito como causa e castigo! —, mas foram mais longe, e despojaram a pura contingência do acontecer de sua inocência, com essa infame arte de interpretação do conceito de castigo. Sim, levaram tão longe o desatino, a ponto de mandar sentir a própria existência como castigo — é como se as fantasias de carcereiros e verdugos tivessem guiado, até agora, a educação do gênero humano!

18
A moral do sofrimento voluntário. — Para homens que vivem no estado de guerra daquelas pequenas comunidades constantemente em perigo, onde reina a mais rigorosa eticidade, qual é o prazer mais alto? Portanto, para almas vigorosas, sequiosas de vingança, hostis, pérfidas, desconfiadas, prontas para o mais terrível e endurecidas pela privação e pela eticidade? O prazer da *crueldade*: assim como também, nesses estados, é tido como *virtude* de uma tal alma ser inventiva e insaciável na crueldade. Com o ato do cruel, a comunidade se reanima e por uma vez afasta de si a treva do constante temor e cautela. A crueldade faz parte da mais antiga alegria festiva da humanidade. Consequentemente, pensam-se também os deuses reanimados e de ânimo festivo quando se oferece a eles a visão da crueldade — e assim se esgueira no mundo a representação de que o *sofrimento voluntário*, o martírio espontaneamente escolhido, tem um bom sentido e valor. Pouco a pouco o

costume forma na comunidade uma praxe conforme a essa representação: de agora em diante, há mais desconfiança diante de todo bem-estar extravagante e mais confiança diante de todos os estados graves e dolorosos; pensa-se: bem pode ser que os deuses olhem para nós com inclemência em virtude da felicidade e com clemência em virtude de nosso sofrimento — não, acaso, com compaixão! Pois a compaixão passa por desprezível e indigna de uma alma forte, terrível; — mas com clemência, porque com isso são deleitados e ficam de bom humor: pois dá prazer ao cruel ser excitado ao extremo no sentimento de potência. E assim entra no conceito do "homem mais ético" da comunidade a virtude do sofrimento frequente, da privação, da maneira dura de viver, da mortificação cruel — *não*, para dizê-lo sempre de novo, como meio de disciplina, de autodomínio, de desejo de felicidade individual, mas como uma virtude que dá à comunidade, junto aos deuses maus, um bom odor e, como um constante sacrifício de reconciliação, exala dos altares até eles. Todos aqueles guias espirituais dos povos, que foram capazes de mover algo na preguiçosa lama fecunda de seus costumes, precisaram, além do desvario, também do martírio voluntário para ganhar a crença — e, mais que tudo e antes de tudo, como sempre, a crença em si mesmos! Quanto mais, precisamente, seu espírito ia por novas trilhas e consequentemente era torturado por remorsos de consciência e temores, mais cruelmente eles se enfureciam contra sua própria carne, seus próprios apetites e sua própria saúde — como para oferecer à divindade um equivalente em prazer, caso ela viesse a se irritar por causa dos usos negligenciados e combatidos e dos novos alvos. Não se acredite depressa demais que agora nos tenhamos libertado totalmente de uma tal lógica do sentimento! As almas mais heroicas podem se interrogar sobre isso. Cada mínimo passo dado no campo do pensamento livre, da vida moldada em uma forma pessoal, foi desde sempre conquistado com martírios espirituais e corporais: não somente o andar para a frente, não! mas antes de tudo o andar, o movimento, a alteração, precisaram ter seus inúmeros mártires, através de longos milênios que buscaram caminhos e assentaram fundamentos, nos quais não se pensa, sem dúvida, quando se fala, como de hábito, em "história universal", esse retalho ridiculamente pequeno da história humana; e mesmo nessa assim chamada história universal, que no fundo é um alarido em torno das últimas novidades, não há propriamente nenhum tema mais importante do que a antiquíssima tragédia dos mártires *que quiseram mover o pântano*. Nada foi comprado mais caro do que esse pouco de razão humana e de sentimento de liberdade que agora constitui nosso orgulho. Mas é esse orgulho que nos torna quase impossível sentir afinidade com aqueles descomunais lances de tempo da "eticidade do costume", que precedem a "história universal" como *história básica, efetiva e decisiva, que estabeleceu o caráter da humanidade*: quando o sofrimento valia como virtude, a crueldade como virtude, o disfarce como virtude, a vingança como virtude, a negação da razão como virtude, enquanto o bem-estar valia como perigo, a avidez de saber como perigo, a paz como perigo, a compaixão como perigo, o receber compaixão como afronta, o trabalho como afronta, o desvario como divindade, a modificação como o não ético e grávido de corrupção! — Pensais que tudo isso se modificou e que com isso a humanidade deve ter mudado de caráter? Oh, conhecedores dos homens, aprendei a vos conhecer melhor!

26

Os animais e a moral. — As práticas que são exigidas na sociedade refinada, o evitar cuidadosamente o ridículo, o que dá na vista, o pretensioso, o preterir suas virtudes assim como seus desejos mais veementes, o fazer-se igual, pôr-se na ordem, diminuir-se — tudo isso, como moral social, se encontra, *grosso modo*, por toda parte, até o mais profundo do mundo animal — e somente nessa profundeza vemos o propósito que está por trás de todas essas amáveis precauções: quer-se escapar de seus perseguidores e ser favorecido na busca de sua presa. Por isso, os animais aprendem a se dominar e disfarçar de tal maneira que muitos, por exemplo, adaptam suas cores à cor do ambiente (em virtude da assim chamada "função cromática"), fazem-se de mortos ou adotam formas e cores de um outro animal ou de areia, folhas, algas, esponjas (aquilo que os pesquisadores ingleses designam como *mimicry*). Assim se oculta o indivíduo sob a generalidade do conceito "homem" ou sob a sociedade, ou se adapta a príncipes, classes, partidos, opiniões do tempo ou do ambiente: e para todos os refinados modos de nos fazermos de felizes, gratos, poderosos, amados, se encontrará facilmente o equivalente animal. Também aquele sentido de verdade, que no fundo é o sentido de segurança, o homem o tem em comum com o animal: não quer deixar-se enganar, não quer deixar-se induzir em erro por si próprio, ouve com desconfiança a voz persuasiva de suas próprias paixões, reprime-se e permanece em guarda contra si; isso tudo o animal sabe igual ao homem, também nele o autodomínio brota do sentido do efetivo (da prudência). Ele observa, igualmente, os efeitos que exerce sobre a representação de outros animais, aprende a voltar o olhar sobre si mesmo a partir dali, a se tomar "objetivamente", ter seu grau de autoconhecimento. O animal julga os movimentos de seus adversários e amigos, aprende de cor suas peculiaridades, orienta-se por elas: contra indivíduos de uma espécie determinada, ele renuncia de uma vez por todas ao combate e, do mesmo modo, adivinha na aproximação de muitas espécies de animais o propósito de paz e acordo. Os inícios da justiça, assim como os da prudência, comedimento, bravura — em suma, de tudo o que designamos com o nome de *virtudes socráticas*, é *animal*: uma consequência daqueles impulsos que ensinam a procurar por alimento e escapar dos inimigos. Se ponderamos agora que também o mais elevado dos homens só se elevou e refinou justamente no modo de sua alimentação e no conceito de tudo aquilo que lhe é hostil, não deixará de ser permitido designar todo o fenômeno moral como animal.

35
Sentimentos e sua origem nos juízos. — "Confia em teu sentimento!" — Mas sentimentos não são nada de último, originário, por trás dos sentimentos há juízos e estimativas de valor, que nos foram legados na forma de sentimentos (propensões, aversões). A inspiração que provém do sentimento é o neto de um juízo — e muitas vezes de um juízo falso! — e, em todo caso, não de teu próprio juízo! Confiar em seu sentimento — isto significa obedecer mais ao seu avô e à sua avó e aos avós deles do que aos deuses que estão *em nós*: nossa razão e nossa experiência.

38
Os impulsos transformados pelos juízos morais. — O mesmo impulso desenvolve-se no penoso sentimento da *covardia*, sob a pressão da censura que o costume impôs a esse impulso, ou no agradável sentimento da *humildade*, caso um costume, como o cristão, o tenha abrigado no coração e declarado *bom*. Isto é: adere a ele uma boa ou má consciência! Em si, *como todo impulso*, ele não tem nem este, nem em geral qualquer caráter e nome moral, nem mesmo um sentimento determinado de prazer ou desprazer para acompanhá-lo: só adquire tudo isso, como sua segunda natureza, quando entra em relação com impulsos já batizados de bons e maus, ou quando é notado como propriedade de seres que já estão moralmente estabelecidos e avaliados pelo povo. — Assim os gregos antigos tiveram, sobre a *inveja*, um sentimento diferente do nosso; Hesíodo a enumera entre os efeitos da *boa*, benéfica Éris, e não havia nada de chocante em reconhecer nos deuses algo de invejoso: o que é compreensível em um estado de coisas cuja alma era a competição; e a competição estava estabelecida e avaliada como boa. Do mesmo modo, os gregos eram diferentes de nós na avaliação da *esperança*: sentiam-na como cega e pérfida, Hesíodo sugere o pior sobre ela em uma fábula, e aliás algo de tão estranho que nenhum intérprete moderno o entendeu — pois vai contra o espírito moderno, que desde o cristianismo aprendeu a acreditar na esperança como uma virtude. Entre os gregos, ao contrário, aos quais o acesso ao saber do futuro não parecia totalmente vedado e para quem uma

indagação acerca do futuro estava instituída como dever religioso em inúmeros casos em que nós nos contentamos com a esperança, entre eles, graças a todos os oráculos e adivinhos, a esperança tinha de sofrer uma certa degradação e rebaixar-se à condição de algo mau e perigoso. — Os judeus sentiram a *ira* diferentemente de nós e a declararam sagrada: em compensação, viram a sombria majestade do homem, com a qual ela se mostrava associada, assumir entre eles uma altura que um europeu não é capaz de se representar: criaram seu irado Jeová sagrado à imagem de seus irados profetas sagrados. Comparados com eles, os grandes vociferadores, em meio aos europeus, são como que criaturas de segunda mão.

44

Origem e significação. — Por que me volta sempre este pensamento e me ilumina em cores sempre mais variegadas? — de que *outrora* os pesquisadores, quando estavam a caminho da origem das coisas, pensavam sempre encontrar algo daquilo que é de inestimável significação para todo agir e julgar, e mesmo que se *pressupunha* constantemente que da *compreensão da origem das coisas* há de depender a *salvação* do homem: que nós agora, ao contrário, quanto mais avançamos na perseguição da origem, menos estamos envolvidos com nossos interesses; e até mesmo que todas as nossas estimativas de valor e "interesseirismos" que pusemos nas coisas começam a perder seu sentido, quanto mais recuamos com nosso conhecimento e chegamos às coisas mesmas. *Com a compreensão da origem aumenta a falta de significação da origem*: enquanto o *mais próximo*, o em-torno-de-nós e o em-nós, começa pouco a pouco a mostrar cores e belezas e enigmas e riquezas de significação com os quais a humanidade antiga nem sequer sonhava. Outrora os pensadores, iguais a animais em cativeiro, andavam ferozmente de um lado para outro, sempre à espreita das barras de sua jaula e investindo contra elas para quebrá-las: e *feliz* lhes parecia aquele que, por um vão, acreditava ver algo do lá-fora, do além e do distante.

68

O primeiro cristão. — [...] Paulo havia-se tornado, ao mesmo tempo, o fanático defensor e o guardião de honra desse Deus e de sua lei, e constantemente em combate e em guarda contra os que a transgrediam e a punham em dúvida, duro e mau contra eles e propenso ao extremo a castigar. E então experimentou em si que ele — ardoroso, sensual, melancólico, maligno no ódio como era — não *podia* ele próprio cumprir a lei, e até mesmo, o que lhe parecia o mais estranho: que sua extravagante sede de dominação era constantemente incitada a transgredi-la, e que ele *tinha de* abrir mão desse aguilhão. É efetivamente a "carnalidade" que sempre faz dele de novo um transgressor? E não seria antes, por trás dela, como ele mais tarde suspeitou, a própria lei que *tem de* se demonstrar constantemente como impossível de cumprir e induz com irresistível feitiço à transgressão? Mas naquele tempo ele ainda não tinha essa saída. Muita coisa pesava-lhe na consciência — ele deixa entrever inimizade, assassínio, feitiçaria, idolatria, indisciplina, embriaguez e gosto por festins extravagantes — e, por mais que tentasse desafogar essa consciência, e mais ainda sua sede de dominação, com o extremo fanatismo na veneração e defesa da lei: vinham instantes em que ele dizia: "É tudo em vão! o martírio da lei não cumprida não pode ser superado". Um sentimento semelhante pode ter experimentado Lutero, quando quis tornar-se em seu claustro o homem perfeito do ideal eclesiástico: à semelhança de Lutero, que um dia começou a odiar o ideal eclesiástico e o Papa e os santos e o clero inteiro, com um ódio verdadeiramente mortal, quanto menos podia confessá-lo a si mesmo, foi assim que aconteceu com Paulo. A lei era a cruz a que se sentia pregado: como ele a odiava! como lhe tinha rancor! como procurava por toda parte um meio para *aniquilá-la* — não mais cumpri-la, quanto à sua pessoa! E afinal iluminou-o o pensamento salvador, ao mesmo tempo que uma visão, como não poderia ser de outro modo para esse epilético: para ele, o furioso zelador da lei, que no íntimo estava mortalmente cansado dela, apareceu em uma rua solitária aquele Cristo, com o rosto irradiando a luz de Deus, e Paulo ouviu as palavras: "Por que me persegues?". Mas o essencial que ali ocorreu foi isto: sua *cabeça* de repente ficou clara: "*É irracional*" — ele se havia dito — "perseguir precisamente esse Cristo! Aqui está a saída, aqui está a vingança perfeita, é aqui e em nenhuma outra parte que tenho e mantenho o *aniquilador da lei*!". O doente da altivez torturada sente-se de um só lance restabelecido, o desespero moral é como que varrido, pois a moral foi varrida, aniquilada — ou seja, *cumprida*, ali na cruz! Até então aquela morte vergonhosa lhe valera como argumento capital contra a "messianidade" de que falavam os adeptos da nova doutrina: e se, no entanto, ela fosse *necessária*, para *abolir* da lei! — As consequências descomunais dessa inspiração, dessa solução do enigma, rodopiam diante de seu olhar, ele se torna de uma só vez o mais feliz dos homens — o destino dos judeus, não, de todos os homens, parece-lhe ligado a essa inspiração de sua súbita iluminação, ele tem o pensamento dos pensamentos, a chave das chaves, a luz das luzes; em torno dele próprio gira daí em diante a história! Pois de agora em diante ele é o mestre do aniquilamento da lei! Morrer para o mal — isso significa morrer também para a lei; estar na carne — isto significa estar também na lei! Tornado *um* com Cristo — isto significa tornado, com ele, também aniquilador da lei;

morto com ele — isto significa morto também para a lei! Mesmo se ainda fosse possível pecar, não é mais possível pecar contra a lei, "estou fora dela". "Se eu quisesse agora retomar a lei e submeter-me a ela, eu faria de Cristo o cúmplice do pecado"; pois a lei estava aí para que se pecasse, ela sempre suscitava o pecado, assim como humores ácidos suscitam a doença; Deus não teria podido nunca decretar a morte de Cristo se em geral, sem essa morte, tivesse sido possível um cumprimento da lei; agora não somente foi vencida toda a culpa, mas a culpa em si foi suprimida; agora a lei está morta, agora a carnalidade, em que ela reside, está morta — ou pelo menos constantemente à morte, como que em decomposição. Pouco tempo ainda em meio a essa decomposição! — tal é o destino do cristão, antes que ele, tornado *um* com Cristo, ressuscite com Cristo, tome parte com Cristo no esplendor divino e se torne "filho de Deus" igual a Cristo. — Com isso, a embriaguez de Paulo está em seu apogeu, e igualmente a impertinência de sua alma — com o pensamento do se-tornar-um, toda vergonha, toda subordinação, todo limite, são retirados dela, e a vontade irrefreada da sede de dominação se revela com um antecipado regalar-se em esplendores *divinos*: — Este é o *primeiro cristão*, o inventor do cristianismo! Até então havia apenas alguns sectários judeus.

76
Pensar mal significa tornar mau. — As paixões se tornam más e pérfidas quando são consideradas mal e perfidamente. Assim o cristianismo conseguiu fazer de Eros e Afrodite — grandes potências capazes de se tornarem ideais — duendes infernais e espíritos enganadores, pelos martírios que fez surgir na consciência dos crentes por ocasião de todas as emoções sexuais. Não é pavoroso fazer de sentimentos necessários e regulares uma fonte de miséria interior e, dessa forma, querer fazer da miséria interior, *em todo homem*, algo necessário e regular? Além disso, é ainda uma miséria mantida em segredo e, com isso, mais profundamente arraigada: pois nem todos têm a coragem de Shakespeare, de confessar suas trevas cristãs nesse ponto, assim como ele o fez em seus sonetos. — Então algo, contra o qual se tem de combater, que se tem de manter dentro de limites ou, em certas circunstâncias, afastar inteiramente dos sentidos, deve ser sempre chamado de *mau*? Não é próprio de almas *vulgares* sempre pensar mal de um *inimigo*? E pode-se chamar Eros de inimigo? Em si, os sentimentos sexuais têm em comum com os sentimentos da compaixão e adoração que aqui um ser humano, através de seu contentamento, faz bem a outro ser humano — não é tão frequente encontrar na natureza arranjos tão benevolentes! E é precisamente isso que querem caluniar e corromper com a má consciência! Irma-

nar a geração do homem com a má consciência! — Por último, essa demonização de Eros teve um desfecho de comédia: o "demônio" Eros tornou-se pouco a pouco mais interessante aos homens do que todos os anjos e santos, graças aos cochichos e aos ares de mistério da Igreja em todas as coisas eróticas: ela fez com que, até em nossos tempos, a *história amorosa* se tornasse o único interesse efetivo que é comum a *todos* os círculos, em um exagero inconcebível para a Antiguidade e que um dia ainda dará lugar à zombaria. Todas as nossas obras de poesia e pensamento, da maior à mais ínfima, são marcadas pela extravagante importância com que a história amorosa entra nelas como história principal, e mais do que marcadas: talvez por causa delas a posteridade julgue que em todo o legado da civilização cristã há algo de mesquinho e demente.

78
A justiça que castiga. — Infelicidade e culpa — essas duas coisas foram postas pelo cristianismo na mesma balança: de modo que, quando é grande a infelicidade que se segue a uma culpa, ainda agora, sem querer, a grandeza da própria culpa é medida por ela. Mas isso não é *antigo*, e por isso a tragédia grega, em que tão abundantemente, e, no entanto, em sentido tão outro, se trata de infelicidade e culpa, está entre as grandes liberadoras da mente, em uma medida que os próprios antigos não podiam sentir. Eles permaneceram tão inocentes, que não estabeleceram entre culpa e infelicidade nenhuma "relação adequada". A culpa de seus heróis trágicos é, decerto, a pequena pedra na qual estes tropeçam e, por isso, decerto, quebram os braços ou furam um olho: o sentimento antigo dizia diante disso: "Sim, ele deveria ter seguido seu caminho com um pouco mais de cuidado e com menos petulância!". Mas somente ao cristianismo estava reservado dizer: "Eis uma pesada infelicidade, e por trás dela *tem de* estar escondida uma *culpa* pesada, *de igual peso*, mesmo se ainda não a vemos com clareza! Se tu, infeliz, não sentes assim, estás *perdido* — passarás por coisa ainda pior!" — E depois, na Antiguidade, havia ainda efetivamente infelicidade, pura, inocente infelicidade; somente no cristianismo tudo se torna castigo, bem merecido castigo: ele faz sofrer também a própria fantasia do sofredor, de tal modo que, em tudo o que acontece de mau, este se sente moralmente reprovável e reprovado. Pobre humanidade! — Os gregos têm uma palavra própria para designar a revolta com a infelicidade do outro: esse sentimento, entre os povos cristãos, era inconveniente e se desenvolveu pouco, e assim falta-lhes até mesmo o nome para esse irmão *mais viril* da compaixão.

LIVRO II

103

Há duas *espécies de negadores da eticidade*. — "Negar a eticidade" — isto pode significar *primeiramente*: negar que os motivos éticos que os homens *alegam* os tenham efetivamente impelido a suas ações — é, portanto, a afirmação de que a eticidade consiste em palavras e faz parte da grosseira e refinada impostura (em especial autoimpostura) dos homens e, talvez mais ainda, precisamente nos mais célebres por sua virtude. *Em seguida*, pode significar: negar que os juízos éticos repousem sobre verdades. Aqui se concede que são efetivamente motivos do agir, mas que dessa maneira são *erros* que, como fundamento de todo julgamento ético, impelem os homens a suas ações. Este é *meu* ponto de vista: no entanto, eu seria o último a deixar de reconhecer que *em muitos casos* uma refinada desconfiança à maneira do primeiro ponto de vista, portanto no espírito de La Rochefoucauld, também está no direito e, em todo caso, é da mais alta utilidade geral. Nego, pois, a eticidade como nego a alquimia, isto é, nego seus pressupostos: *não*, porém, que houve alquimistas que acreditavam nesses pressupostos e agiam por eles. — Nego também a ineticidade: *não* que inúmeros homens se sintam não éticos, mas que haja um fundamento *na verdade* para sentir-se assim. Não nego, como se entende por si mesmo — pressuposto que não sou nenhum parvo —, que muitas ações que se chamam não éticas devam ser evitadas, combatidas; do mesmo modo, que muitas que se chamam éticas devam ser feitas e propiciadas, mas penso: em um como no outro caso, *por outros fundamentos do que até agora*. Temos de aprender a *desaprender*—, para afinal, talvez muito tarde, alcançar ainda mais: *mudar de sentir*.[4]

114

Do conhecimento daquele que sofre. — A condição de homens doentes, que são longa e terrivelmente martirizados por seus sofrimentos e cujo entendimento, apesar disso, não se turva, não é sem valor para o conhecimento — ainda sem levar em conta os benefícios intelectuais que traz consigo toda solidão profunda, toda súbita e permitida liberdade diante de todos os deveres e hábitos. Quem sofre gravemente olha, da sua condição, com uma

---

4 Jogo entre as palavras *umlernen* e *umfühlen*, esta última recebendo o prefixo *um* — por analogia com a primeira. O prefixo denota o movimento circular, de retorno, mudança ou inversão. Assim, *umlernen*, que se traduz convencionalmente por "mudar de método ou de orientação", significa propriamente o ato de desaprender e aprender diferentemente (ou seja: reaprender pela base ou inverter o aprendido). A analogia transporia, para o plano do sentir (*fühlen*), o mesmo processo, como decorrência da mudança do pensar (Cf. 35: *Sentimentos e sua origem nos juízos*). (N.T.)

assustadora frieza para as coisas *lá fora*: todas aquelas pequenas feitiçarias mentirosas, nas quais de hábito boiam as coisas quando o olho do sadio volta-se para elas, desapareceram para ele: ele próprio está diante de si sem plumagem e sem colorido. Suponha-se que ele tenha vivido até agora em algum fantasismo perigoso: essa suprema sobriedade trazida pela dor é o meio de arrancá-lo disso, e talvez o único meio. (É possível que isso tenha acontecido ao fundador do cristianismo na cruz: pois as mais amargas de todas as palavras, "Meu Deus, por que me abandonaste!", contêm, entendidas em toda a sua profundeza, como podem ser entendidas, o testemunho de um global desengano e elucidação sobre a ilusão de sua vida; ele se torna, no instante do supremo tormento, clarividente sobre si mesmo, assim como o poeta conta do pobre dom Quixote moribundo.) A descomunal tensão do intelecto, que quer fazer frente à dor, faz iluminar-se de uma nova luz tudo aquilo a que ele volta seu olhar: e o indizível estímulo que provocam todas as novas iluminações é muitas vezes bastante poderoso para desafiar todas as tentações de suicídio e fazer aparecer a continuação da vida daquele que sofre como sumamente desejável. Com desprezo ele pensa no acolhedor e quente mundo de névoas em que o sadio se move sem inquietação; com desprezo ele pensa nas mais nobres e queridas ilusões, nas quais brincava antes consigo mesmo; tem prazer em evocar esse desprezo como que do mais profundo inferno e assim causar à alma o mais amargo sofrimento: com esse contrapeso resiste justamente à dor física — sente que precisamente esse contrapeso é necessário agora! Em uma horrível clarividência sobre sua essência, ele clama a si mesmo: "Sê uma vez teu próprio acusador e verdugo, toma uma vez teu sofrimento como a pena que te foi decretada por ti mesmo! Goza de tua superioridade de juiz; mais ainda! goza de teu bel-prazer, de teu tirânico arbítrio! Eleva-te acima de tua vida, assim como de teu sofrimento, olha para baixo e vê os fundamentos e a falta de fundamento!". Nosso orgulho se empina como nunca antes: é para ele um estímulo sem igual, contra um tirano tal como a dor, e contra todas as insinuações que ela nos faz, para nos fazer prestar testemunho contra a vida — *tomar partido* precisamente pela *vida* contra o tirano. Nesse estado, defendemo-nos com exacerbação contra todo pessimismo, para que ele não apareça como *consequência* de nosso estado e nos humilhe como vencidos. Nunca, igualmente, o estímulo a exercer a justiça do juízo foi maior do que agora, pois agora é um triunfo sobre nós e sobre o mais sensível de todos os estados, que tornaria desculpável toda injustiça do *juízo*; — mas não queremos ser desculpados, precisamente agora queremos mostrar que podemos ser "sem culpa". Estamos em típicos espasmos de altivez. — E então vem o primeiro despontar do abrandamento, da convalescença — e quase o primeiro efeito é que nos defendemos contra a prepotência de nossa altivez: chamamo-nos de parvos e vaidosos — como se tivéssemos vivido algo que fosse único! Humilhamos sem gratidão aquele próprio orgulho todo-poderoso graças ao qual suportávamos a dor e desejamos com veemência um antídoto do orgulho: queremos ser alheados de nós e despersonalizados, depois que a dor nos fez tão violenta e tão longamente *pessoais*. "Fora, fora com esse orgulho!" — exclamamos — "ele era uma doença e um espasmo a mais!" Olhamos outra vez para homens e natureza — com um olho mais desejoso: lembramo-nos, sorrindo com melancolia, que sabemos agora, em referência a eles, algo novo e diferente de antes, que um véu caiu — mas nos *reanima* tanto ver outra vez as *luzes esmaecidas da vida* e sair da terrível claridade sóbria em que, quando sofredores, víamos as coisas e através das coisas. Não nos zangamos quando as feitiçarias da saúde recomeçam seu jogo, ficamos olhando como transmudados, brandos e ainda cansados. Nesse estado não se pode ouvir música sem chorar.

130

Fins? Vontade? — Habituamo-nos a acreditar em dois reinos, o reino dos *fins* e da *vontade* e o reino dos *acasos*; neste último, tudo se passa sem sentido, nele tudo vai, fica e cai sem que ninguém pudesse dizer, por quê? para quê? — Temos medo desse poderoso reino da grande estupidez cósmica, pois aprendemos a conhecê-lo, o mais das vezes, quando ele cai sobre o outro mundo, o dos fins e propósitos, como um tijolo do telhado e nos atinge mortalmente algum belo fim. Essa crença nos dois reinos é um antiquíssimo romantismo e fábula: nós, anões espertos, com nossa vontade e nossos fins, somos molestados pelos estúpidos, arquiestúpidos gigantes, os acasos, atropelados por eles, muitas vezes esmagados sob seus pés — mas apesar de tudo isso não gostaríamos de ficar sem a horripilante poesia dessa vizinhança, pois muitas vezes esses monstros vêm quando a vida na *teia de aranha* dos fins tornou-se para nós demasiado enfadonha ou angustiante e proporcionam uma sublime diversão, se alguma vez sua mão *dilacera* a teia inteira — não que o tivessem querido, esses irracionais! não que o tivessem simplesmente notado! Mas estendem suas grosseiras mãos ossudas através de nossa teia, como se fosse ar. — Os gregos davam a este reino do incalculável e da sublime burrice eterna o nome de Moira, e o colocavam em torno de seus deuses como o horizonte além do qual não podem atuar, nem ver: com aquela secreta obstinação contra os deuses, que se encontra em diversos povos, sob a forma de que, embora os adorando, reservam na mão um último trunfo contra eles, por exemplo, quando alguém, sendo hindu ou persa, os pensa como dependentes do *sacrifício* dos mortais, de modo que os mortais, no pior dos casos, podem fazer os deuses passarem fome e morrerem de fome; ou quando alguém, como o duro, melancólico escandinavo, se proporciona, com a representação de um crepúsculo dos deuses que virá um dia, o prazer da vingança silenciosa, como paga pelo medo constante que lhe fazem seus deuses malvados. Diferente foi o cristianismo com seu sentimento fundamental que não é nem hindu, nem persa, nem grego, nem escandinavo, e que manda adorar no pó o *espírito da potência* e, além disso, ainda beijar o pó: isso dava a entender que aquele onipotente "reino da estupidez" não é tão estúpido como parece, que somos *nós* os estúpidos, que não notaram que por trás dele está — o bom Deus, ele, que decerto ama os caminhos escuros, tortos e fora do comum, mas, por fim, "conduz tudo a uma saída excelente". Essa nova fábula do bom Deus, que foi confundido até agora com a raça de gigantes ou Moira e que urde ele próprio fins e teias mais refinados ainda que os de nossa inteligência — de tal modo que *têm de* aparecer a esta como ininteligíveis, e mesmo ininteligentes —, essa fábula foi uma inversão tão audaciosa e um paradoxo tão arriscado, que o velho mundo, tornando-se refinado demais, não foi capaz de resistir a ela, por mais maluca e *contraditória* que soasse a coisa; pois, dito confidencialmente, havia nisso uma contradição: se nossa inteligência não pode adivinhar a inteligência e os fins de Deus, como foi que adivinhou essa índole de sua inteligência? e essa índole da inteligência de Deus? — No tempo moderno, de fato, tornou-se grande a desconfiança de que o tijolo que cai do telhado tenha sido efetivamente atirado pelo "amor divino" — e os homens começam a voltar à velha trilha do romantismo dos gigantes e anões. *Aprendamos*, portanto, porque está mais que no tempo para isso: em nosso pretenso reino particular dos fins e da razão, reinam igualmente os gigantes! E nossos fins e nossa razão não são anões, mas gigantes! E nossas próprias teias são dilaceradas por nós mesmos com tanta frequência e tão estabanadamente quanto pelos tijolos! E — não é fim tudo o que é denominado assim, e muito menos é vontade tudo o que se chama vontade! E, se quisésseis concluir: "Há, portanto, somente *um* reino, o dos acasos e da estupidez?" — deve-se acrescentar, sim, talvez haja somente *um* reino, talvez não haja nem vontade nem fins, e fomos nós que os imaginamos. Aquelas mãos de ferro da necessidade, que sacodem o tabuleiro de dados do acaso, jogam seu jogo por um tempo infinito: *têm de* aparecer nele dados que parecem perfeitamente semelhantes à finalidade e à racionalidade de todo grau. *Talvez* nossos atos de vontade, nossos fins, não sejam nada outro do que precisamente tais dados — e simplesmente somos limitados e vaidosos demais para conceber nossa extrema limitação: a saber, a de que nós próprios, com mãos de ferro, sacudimos o tabuleiro de dados, que nós próprios, em nossas ações mais propositais, nada mais fazemos do que jogar o jogo da necessidade.

Talvez! — Para ir além desse *talvez*, seria preciso já ter sido hóspede no mundo subterrâneo e para além de todas as superfícies e, à mesa de Perséfone, ter jogado dados e apostado com ela própria.

132

As últimas ressonâncias do cristianismo na moral. — [...] Talvez não haja agora nenhum preconceito melhor acreditado do que este: que se *sabe* o que constitui propriamente o moral. Parece agora que *faz bem* a todos ouvir dizer que a sociedade está em vias de *adaptar* o indivíduo às necessidades gerais e que *a felicidade e ao mesmo tempo o sacrifício do indivíduo* consistem em sentir-se como um membro e instrumento útil do todo: só que no presente ainda se oscila muito sobre onde esse todo deve ser procurado, se em um Estado vigente ou a ser fundado, ou na nação, ou em uma irmandade de povos ou em novas pequenas comunidades econômicas. Sobre isso há agora muita meditação, dúvida, combate, muita excitação e paixão; mas admirável e melodiosa é a harmonia em exigir que o *ego* se renegue até que, na forma da adaptação ao todo, receba também de volta seu firme círculo de direitos e deveres — até que se tenha tornado algo inteiramente novo e outro. Não se quer nada menos — quer se confesse ou não — do que uma transformação radical, e mesmo enfraquecimento e supressão do *indivíduo*: não se cansam de enumerar e acusar tudo que há de mau e hostil, de perdulário, de dispendioso, de luxuoso, na forma que teve até agora a existência individual, esperam dispor de uma economia mais barata, menos perigosa, mais equilibrada, mais uniforme, quando só houver *ainda grandes corpos e seus membros*. Como bom é sentido tudo aquilo que de algum modo corresponde a esse impulso formador de corpo e membros e seus impulsos auxiliares — esta é a *correnteza moral básica* em nossa época; sensibilidade simpática e sensibilidade social alternam agilmente seus papéis. (*Kant* ainda está fora desse movimento: ensina expressamente que temos de ser insensíveis ao sofrimento alheio para que nosso benfazer tenha valor moral — o que Schopenhauer, muito desgostoso, como se pode compreender, denomina a *sensaboria kantiana*.)

133

"*Não pensar mais em si.*" — [...] — O que distingue, em suma, os homens sem compaixão dos compassivos? Antes de tudo — para também aqui traçar apenas um esboço — eles não têm a fantasia excitável do medo, a fina faculdade de farejar o perigo; e também sua vaidade não se ofende tão depressa quando acontece algo que poderiam evitar (a cautela de seu orgulho lhes ordena não se imiscuírem inutilmente em coisas alheias, e eles até mesmo amam, a partir de si mesmos, que cada qual ajude a si próprio e jogue suas próprias cartas).

Sobretudo, estão quase sempre mais habituados a suportar dores do que os compassivos; e assim não lhes parece tão injusto que outros sofram o que eles próprios sofreram. Por fim, o estado da brandura de coração lhes é penoso, assim como aos compassivos o estado da impassibilidade estoica; dão-lhe nomes depreciativos e pensam que nele sua virilidade e sua fria bravura estão em perigo — escondem as lágrimas diante dos outros e as enxugam, descontentes consigo mesmos. Há uma *outra* espécie de egoístas além dos compassivos; — mas denominá-los *maus*, em sentido eminente, e aos compassivos, bons, não passa de uma moda moral, que tem seu tempo: como também a moda inversa teve seu tempo, e um longo tempo!

146

Também por sobre o próximo. — Como? A essência do verdadeiramente moral consistiria em captarmos no olho as consequências mais próximas e mais imediatas de nossas ações para os outros e decidirmos de acordo com elas? Isso é apenas uma moral estreita e pequeno-burguesa, se é que é uma moral: mas parece-me um pensamento mais alto e mais livre *olhar também por sobre* essas consequências mais próximas para os outros e, em certas circunstâncias, promover fins mais afastados, *também através do sofrimento do outro* — por exemplo, promover o conhecimento, também a despeito da compreensão de que, proximamente e de imediato, nossa liberdade de espírito lançará os outros em dúvida, aflição e coisa pior. Não podemos ao menos tratar nosso próximo assim como nos tratamos? E se, quanto a nós, não pensamos dessa maneira estreita e pequeno-burguesa nas consequências e nos sofrimentos imediatos: porque teríamos de fazê-lo quanto a ele? Supondo que tivéssemos de nossa parte o sentido do sacrifício: o que nos proibiria de sacrificar conosco o próximo? — assim como até agora o Estado e o príncipe o fizeram, sacrificando um burguês aos outros, "pelos interesses gerais", como se dizia. Mas tambem nós temos interesses gerais e talvez mais gerais: por que não poderíamos sacrificar às gerações vindouras alguns indivíduos das gerações presentes? de modo que seu tormento, sua intranquilidade, seu desespero, suas inseguranças e passos em falso fossem considerados necessários, pois uma nova relha de arado deve rasgar o chão e torná-lo fecundo para todos? — Enfim: nós compartilhamos com o próximo, ao mesmo tempo, a intenção em que ele pode *sentir-se como vítima*, nós o persuadimos à tarefa para a qual o utilizamos. Somos pois sem compaixão? Mas se é também *por sobre nossa compaixão* que queremos conquistar a vitória contra nós mesmos, isto não é uma atitude e disposição mais alta e mais livre do que a daquele que se sente seguro depois que decifrou se uma ação *faz bem ou mal* ao próximo? Nós, ao contrário, com o sacrifício — em que estamos incluídos *nós e os próximos* —, fortaleceríamos o sentimento geral da *potência* humana e o ergueríamos mais alto, mesmo supondo que não alcançássemos mais nada. Mas já isto seria um aumento positivo da *felicidade*. — Por último, se até mesmo isto... mas aqui, mais nenhuma palavra! Basta um olhar, e vós me entendestes.

LIVRO III

149

Pequenas ações divergentes são necessárias! — Agir, em questões do *costume*, mesmo que uma única vez, *contra* seu melhor entendimento; quanto a isso, abandonar-se à praxe e reservar-se a liberdade espiritual; fazer como *todos* e assim manifestar a todos uma gentileza e benefício, como que em reparação pelo que há de divergente em nossas opiniões: — isso, junto de muitos homens de mentalidade sofrivelmente livre, é tido não somente como insuspeito, mas como "honesto", "humano", "tolerante", "não pedante", e como possam soar as belas palavras, com que se canta para a consciência intelectual dormir: e assim este leva seu filho ao batismo cristão e ao lado disso é ateu, e aquele presta serviço militar como todo mundo, por mais que maldiga o ódio entre os povos, e um terceiro corre com uma mulherzinha para a igreja, porque ela tem uma parentela devota, e faz votos diante de um padre, sem se envergonhar. "Não é *essencial* quando também um de nós faz o que todos fazem e sempre fizeram" — assim soa o grosseiro *preconceito*! O grosseiro erro! Pois não há nada *mais essencial* do que quando o que já é poderoso, de velha tradição e irracionalmente reconhecido, é confirmado mais uma vez por alguém reconhecidamente racional: com isso, adquire aos olhos de todos os que ouvem falar disso a sanção da própria razão! Todo o respeito por vossas opiniões! Mas *pequenas ações divergentes* valem mais!

168

Um *modelo*. — O que amo em Tucídides, o que me faz honrá-lo mais alto do que Platão? Ele tem a mais ampla e imparcial alegria com tudo o que é típico no homem e nos acontecimentos e acha que a cada tipo cabe um *quantum* de *boa razão*: é *esta* que ele procura descobrir. Ele tem uma maior justiça prática do que Platão; não é um caluniador e apequenador dos homens que não lhe agradam ou que na vida lhe fizeram mal. Pelo contrário: vê algo de grande no interior de todas as coisas e pessoas e acrescentado a elas, vendo somente tipos; de que serviria à posteridade inteira, à qual ele consagra sua obra, aquilo que *não* fosse típico! Assim, nele, o pensador dos homens, aquela *civilização do conhecimento imparcial do mundo* chega a um último esplêndido florescimento, aquela civilização que teve em Sófocles seu poeta, em Péricles seu estadista, em Hipócrates seu médico, em Demócrito seu naturalista: aquela civilização que merece ser batizada com o nome de seus mestres, os *sofistas*, e que infelizmente desde esse instante do batismo até nós começa de repente a se tornar pálida e incaptável — pois agora suspeitamos que deve ter sido uma civilização muito não ética aquela contra a qual combatia um Platão com todas as escolas socráticas! A verdade é aqui tão enredada e intrincada que causa má vontade desemaranhá-la: então que siga o velho erro (*error veritate simplicior*[5]) seu velho caminho!

174

Moda moral de uma sociedade mercantil. — Por trás do princípio fundamental da moda moral de agora: "Ações morais são as ações da simpatia pelos outros", vejo reinar um impulso social de pusilanimidade, que se camufla intelectualmente dessa maneira: esse impulso quer, como o mais alto, o mais importante, o mais próximo, que se tire da vida *toda a periculosidade* que ela tinha antes, e que nisso *cada qual* deve ajudar, e com todas as suas forças: por isso somente ações que visam à segurança comum e ao sentimento de segurança da sociedade podem receber o predicado "boas"! — Quão pouca alegria, no entanto, hão de ter os homens agora consigo mesmos, se uma tal tirania da pusilanimidade lhes prescreve a mais alta lei ética, se eles tão docilmente deixam que ela os mande desviar o olhar de si e do que está a seu lado, mas ter olhos de lince para todo estado de indigência, para todo sofrimento alheio! Não estamos então, com uma tão descomunal deliberação de limar todas as asperezas e quinas da vida, no melhor caminho para transformar a humanidade em *areia*? Areia! Pequena, fofa, redonda, infinita areia! É esse o vosso ideal, arautos das afeições simpáticas! — Enquanto isso, permanece sem resposta a própria pergunta, se se é mais *útil* ao outro saltando imediata e constantemente em seu socorro e *ajudando-o* — o que no entanto só pode ocorrer muito superficialmente, quando não se torna uma tirânica usurpação e remodelamento — ou *formando* a partir de si mesmo algo que o outro vê com prazer, digamos um belo, tranquilo jardim fechado em si mesmo, que tem altos muros contra tempestades e a poeira das estradas, mas também um portão hospitaleiro.

179

O mínimo possível de Estado! — Todas as relações políticas e econômicas não merecem que precisamente os espíritos mais dotados possam e devam ocupar-se com elas: um tal consumo do espírito, no fundo, é pior que um

---

[5] "O erro [é] mais simples do que a verdade." (N.E.)

estado de indigência. São e permanecem domínios de trabalho para cabeças pequenas, e outras cabeças que não as pequenas não deveriam estar em serviço nessas oficinas: é preferível que mais uma vez as máquinas fiquem em pedaços! Mas, do modo que é agora, quando não somente todos diariamente acreditam ter de *saber* acerca disso, mas também cada qual, a todos os instantes, quer ser ativo nisso e, com isso, deixa seu próprio trabalho de lado, é um grande e ridículo delírio. Paga-se caro demais pela "segurança geral" com esse preço: e, o que é mais maluco, produz-se com isso, além do mais, o contrário da segurança geral, como nosso querido século se encarrega de demonstrar: como se nunca tivesse sido demonstrado ainda! Tornar a sociedade segura contra roubo e incêndio e infinitamente cômoda para todo comércio e tráfico, e converter o Estado em providência no bom e no mau sentido — estes são alvos inferiores, comedidos e não totalmente indispensáveis, que não se deveriam perseguir com os mais altos meios e instrumentos *que há em geral* — os meios que justamente se teria de *poupar* para os fins mais altos e mais raros! Nosso século, que tanto fala de economia, é um esbanjador: esbanja o mais precioso, o espírito.

187
De um futuro possível. — É impensável um Estado em que o malfeitor se denuncia por si mesmo, dita publicamente sua própria pena, no orgulhoso sentimento de que assim honra a lei que ele próprio fez, de que ao se punir exerce sua potência, a potência do legislador? Ele pode alguma vez cometer uma falta, mas pela pena voluntária ele se eleva acima de sua falta, não somente apaga a falta pela liberdade de ânimo, grandeza e tranquilidade: acrescenta-lhe um benefício público. — Este seria o criminoso de um futuro possível, que sem dúvida pressupõe também uma legislação do futuro, deste pensamento fundamental: "Curvo-me somente à lei que eu mesmo dei, nas pequenas como nas grandes coisas". Tantos ensaios precisam ainda ser feitos! Tanto futuro precisa ainda vir à luz!

197
A hostilidade dos alemães contra a ilustração. — Avalie-se a contribuição que os alemães da primeira metade deste século, com seu trabalho espiritual, trouxeram à civilização em geral, e tomem-se primeiramente os filósofos alemães: eles retrocederam ao primeiro e mais antigo grau da especulação, pois encontraram sua satisfação em conceitos, em vez de explicações, como os pensadores de épocas sonhadoras — uma espécie pré-científica da filosofia foi por eles trazida de volta à vida. Em segundo lugar, os historiadores e romancistas alemães: seu esforço geral visou a colocar em lugar de honra senti-

mentos mais antigos, primitivos, e em especial o cristianismo, a alma popular, a saga popular, a linguagem popular, o medievalismo, o ascetismo oriental, o hinduísmo. Em terceiro lugar, os pesquisadores da natureza: estes combateram contra o espírito de Newton e Voltaire e procuraram, como Goethe e Schopenhauer, recolocar em pé o pensamento de uma natureza divinizada ou endiabrada e sua inteira significação ética e simbólica. Toda a grande propensão dos alemães foi dirigida contra a ilustração e contra a revolução da sociedade que, por um grosseiro mal-entendido, era tomada por sua consequência: a piedade para com tudo o que ainda existia procurava converter-se em piedade para com tudo o que já existiu, somente para que coração e espírito mais uma vez ficassem *repletos* e não tivessem mais espaço para alvos futuros e inovadores. O culto ao sentimento foi erigido no lugar do culto à razão, e os músicos alemães, como artistas do invisível, delirante, fabuloso, nostálgico, edificaram o novo templo com mais êxito do que todos os artistas da palavra e do pensamento. Se levarmos em conta que inúmeras coisas boas foram ditas e pesquisadas no particular e que desde então muitas são julgadas mais justamente do que nunca: resta ainda, no entanto, para falar do todo, que *não foi pequeno o perigo geral* de, sob a aparência do conhecimento mais pleno e definitivo do passado, esmagar o conhecimento em geral debaixo do sentimento e — para falar como Kant, que determina assim sua própria tarefa — "abrir espaço outra vez para a crença, indicando ao saber seus limites". Respiremos novamente ar livre: a hora desse perigo passou! E é curioso: precisamente os espíritos que foram tão eloquentemente evocados pelos alemães tornaram-se com o tempo os mais perniciosos aos propósitos de seus evocadores — a história, o entendimento da origem e do desenvolvimento, a simpatia pelo passado, a paixão do sentimento e do conhecimento suscitada de novo, depois que todas elas por algum tempo pareceram companheiras prestativas do espírito obscurantista, delirante, retrógrado, assumiram um dia outra natureza e voam agora com as mais amplas asas por sobre e para além de seus antigos evocadores, como novos e mais fortes gênios *daquela própria ilustração* contra a qual foram evocados. Essa ilustração, temos agora de levá-la avante — Sem nos afligir com o fato de que houve uma "grande revolução" e, por sua vez, uma "grande reação" contra ela, e mesmo que ainda há: são, de fato, apenas jogos de ondas, em comparação com a verdadeira inundação, em que *nós* boiamos e queremos boiar!

207

Relação dos alemães com a moral. — [...] E se um povo dessa espécie se ocupa com moral: qual será precisamente a moral que o satisfaça? Seguramente quererá em primeiro lugar que a propensão de seu coração à obediência apareça nela idealizada. "O homem tem de ter algo a que possa *obedecer incondicionalmente*" — este é um sentimento alemão, uma coerência alemã: defrontamo-nos com ela no fundamento de todas as doutrinas morais alemãs. Que diferente é a impressão, quando nos pomos diante de toda a moral antiga! Todos esses pensadores gregos, por múltipla que chegue a nós sua imagem, parecem, como moralistas, equiparar-se ao mestre de ginástica que fala a um jovem: "Vem! Segue-me! Entrega-te à minha disciplina! Talvez a leves tão alto, a ponto de diante de todos os helenos conquistares um prêmio com ela". Destaque pessoal — tal é a virtude antiga. Submeter-se, seguir, publicamente ou às escondidas — isso é virtude alemã. — Muito antes de Kant e de seu imperativo categórico, Lutero havia dito, a partir do mesmo sentimento: tem de haver um ser em que o homem possa confiar incondicionalmente — era essa sua *prova de Deus*, ele queria, de modo mais grosseiro e vulgar que Kant, que se obedecesse incondicionalmente, não a um conceito, mas a uma pessoa; e mesmo Kant, em suma, só fez sua incursão pela moral para chegar até a *obediência à pessoa*: tal é justamente o culto dos alemães, quanto menos de culto lhes restou na religião. Gregos e romanos sentiam diferente e teriam zombado de um tal "*tem de* haver um ser": faz parte de sua meridional liberdade de sentimento defender-se da "confiança incondicionada" e conservar no último recôndito do coração um pequeno ceticismo contra tudo e contra todos, seja deus ou homem ou conceito. Mesmo o antigo filósofo! *Nil admirari* — nesta proposição ele vê a filosofia. E um alemão, ou seja, Schopenhauer, vai tão longe no sentido oposto a ponto de dizer: *admirari id est philosophari*. — Mas, e se alguma vez o alemão, como acontece, chega ao estado em que é apto a *grandes coisas*? Se chega a hora da *exceção*, a hora da desobediência? — Não acredito que Schopenhauer tenha razão ao dizer que o único privilégio dos alemães sobre outros povos é que entre eles há mais ateus do que em qualquer outra parte — mas isto eu sei: se o alemão chega ao estado em que é apto a grandes coisas, *ele se eleva toda vez acima da moral*! E como não o faria? Agora tem de fazer algo novo, ou seja, mandar — em si e em outros! O mando, porém, sua moral alemã não lhe ensinou! O mandar está esquecido *nele*!

LIVRO IV

339

Transmutação dos deveres. — Quando o dever deixa de ser custoso, quando depois de longo exercício ele se transforma em alegre inclinação e em necessidade, os direitos de outros, aos quais se referem nossos deveres, agora nossas inclinações, se torna algo outro: ou seja, ocasiões de sensações agradáveis para nós. O outro, em virtude de seus direitos, torna-se então digno de amor (em vez de digno de honra ou temível como antes). Procuramos nosso *prazer*, quando agora reconhecemos e entretemos o domínio de sua potência. Quando os quietistas não sentiam mais seu cristianismo como um fardo e em Deus só encontravam seu prazer, adotaram seu lema "tudo pela honra de Deus!": o que quer que ainda fizessem nesse sentido não era mais nenhum sacrifício; significava o mesmo que "tudo por nosso contentamento!". Exigir que o dever seja *sempre* algo de custoso — como o faz Kant — significa exigir que ele nunca se torne hábito e costume: nessa exigência reside um pequeno resíduo de crueldade ascética.

LIVRO V

429

A nova paixão.—Por que tememos e odiamos nós um possível retorno à barbárie? Porque ela faria os homens mais infelizes do que são? Ai, não! Os bárbaros de todos os tempos tinham *mais* felicidade: não nos iludamos!—O fato é que nosso *impulso ao conhecimento* é forte demais para que ainda sejamos capazes de estimar a felicidade sem conhecimento ou a felicidade de uma ilusão forte, firme; é penoso simplesmente representarmo-nos tais estados! A intranquilidade do descobrir e adivinhar tornou-se tão atraente e indispensável para nós quanto o amor infeliz para aquele que ama: que ele por nenhum preço trocaria pelo estado da indiferença;—sim, talvez nós também sejamos amantes *infelizes*! O conhecimento, em nós, se transmudou em paixão, que não se intimida diante de nenhum sacrifício e, no fundo, nada teme, a não ser sua própria extinção; acreditamos sinceramente que toda a humanidade, sob o ímpeto e o sofrimento *dessa* paixão, teria de se acreditar mais sublime e consolada do que até agora, quando ainda não havia superado a inveja pelo bem-estar mais grosseiro que acompanha a barbárie. Talvez mesmo a humanidade sucumba por essa paixão do conhecimento!—nem mesmo este pensamento pode nada sobre nós! Então alguma vez o cristianismo recuou diante de um pensamento semelhante? O amor e a morte não são irmãos? Sim, odiamos a barbárie—preferimos todos ver sucumbir a humanidade a ver regredir o conhecimento! E, por fim: se a humanidade não sucumbir por uma *paixão*, ela sucumbirá por uma fraqueza: o que se prefere? Essa é a questão principal. Queremos para ela um fim em fogo e luz ou em areia?

539

Sabeis, vós também, o que quereis? — Nunca vos assolou o temor de que poderíeis simplesmente não prestar para conhecer o que é verdadeiro? O temor de que vosso sentido seja embotado demais e mesmo vossa refinada sensibilidade para ver ainda grosseira demais? E se alguma vez notásseis que vontade reina por trás de vosso ver? Por exemplo: como ontem queríeis ver *mais* que um outro, hoje quereis ver *diferente* do outro, ou como vós, desde o começo, ansiais por encontrar uma concordância ou o contrário daquilo que até agora se pensou encontrar! Oh, os vergonhosos apetites! Como tantas vezes ficais à espreita daquilo que atua fortemente, tantas vezes daquilo que tranquiliza — precisamente porque estais cansados! Sempre cheios de secretas pré-determinações, de *como* tem de ser a verdade, para que vós, precisamente vós, a possais aceitar! Ou pensais que hoje, quando estais enregelados e secos como uma clara manhã de inverno e nada vos atrai o coração, teríeis melhores olhos? Não são precisos calor e entusiasmo para fazer *justiça* a um ser-de-razão? — *e justamente isso se chama ver*! Como se em geral *pudésseis* tratar com seres-de-razão de modo diferente do que com os homens! Há nesse trato a mesma moralidade, a mesma honestidade, as mesmas segundas intenções, a mesma lassidão, a mesma pusilanimidade — vosso inteiro, querido e detestável eu! Vossas debilidades corporais darão às coisas cores débeis, vossas febres farão delas monstros! Vossa manhã não ilumina as coisas diferente de vossa tarde? Não temeis reencontrar no oco de cada conhecimento vosso próprio espectro, como a urdidura[6] em que a verdade se disfarçou diante de vós? Não é uma horrível comédia, essa em que tão desavisadamente quereis tomar parte?

544

Como se faz filosofia agora. — Noto bem: nossos jovens, mulheres e artistas filosofantes reclamam agora, da filosofia, precisamente o *contrário* daquilo que os gregos receberam dela! Quem não ouve o constante clamor de júbilo que perpassa por toda fala e réplica de um diálogo platônico, o júbilo pela nova invenção do pensamento *racional*, o que entende de Platão, o que entende da antiga filosofia? Naquele tempo, as almas se enchiam de embriaguez quando era praticado o jogo rigoroso e sóbrio do conceito, da universalização, refutação, estreitamento — daquela embriaguez que talvez tenham

---

6 O texto original é mais denso, envolvendo o puro trocadilho, sem nenhuma base etimológica, entre *Gespenst* (espectro) e *Gespinst* (urdidura, tecido, trama). *Gespenst* prende-se à forma antiga *spanan* (atrair com engodo, seduzir), portanto significa propriamente: aparição sedutora, miragem diabólica. *Gespinst* pertence à família do verbo *spinnen* (urdir) e do substantivo *Spinne* (aranha); portanto, por um lado, *tecido* (em que a verdade se pode *vestir*), mas, por outro, *trama mentirosa* (por remetência imediata à expressão corrente *Lügengespinst*). Convém levar em conta todas essas conotações. (N.T.)

conhecido também os antigos, grandes, rigorosos e sóbrios contrapontistas da música. Naquele tempo, na Grécia, tinha-se ainda sobre a língua o outro gosto, mais antigo e outrora todo-poderoso: e contra ele o novo se destacava tão feiticeiramente que da dialética, da "arte divina", se cantava e balbuciava como em delírio amoroso. O antigo, porém, era o pensar sob o anátema da eticidade, para o qual havia somente juízos estabelecidos, fatos estabelecidos, e nenhum outro fundamento senão os da autoridade: de tal modo que pensar era um *redizer* e todo prazer do dizer e da conversação tinha de estar na *forma*. (Por toda parte, onde o conteúdo é pensado como eterno e universalmente válido, só há *um* grande feitiço: o da forma em mutação, isto é, o da moda. O grego, também nos poetas, desde os tempos de Homero, e mais tarde nos plásticos, não fruía da originalidade, mas de seu reverso.) Foi Sócrates quem descobriu o feitiço oposto, o da causa e efeito, do fundamento e consequência: e nós, homens modernos, estamos tão habituados à necessidade[7] da lógica e educados para ela, que a temos sobre a língua como o gosto normal e, como tal, ela há de repugnar aos ávidos e presunçosos. O que se destaca sobre ela os enleva: sua mais refinada ambição gostaria até demais de fazer acreditar que suas almas são exceções, não seres dialéticos e racionais, mas — por exemplo, "seres intuitivos", dotados de "sentido interno" ou de "intuição intelectual". Mas antes de tudo querem ser "naturezas artísticas", com um gênio na cabeça e um diabo no corpo e, consequentemente, também com direitos particulares para este e aquele mundo, em especial com a prerrogativa divina de serem incompreensíveis. — E *isso* faz também filosofia! Temo que notem um dia que se equivocaram — o que querem é religião!

546

Escravo e idealista. — O homem de Epíteto, na verdade, não seria do gosto daqueles que agora se esforçam em direção ao ideal. A constante tensão de seu ser, o olhar incansável voltado para dentro, o que há de fechado, cauteloso, incomunicável em seu olho, caso alguma vez se volte para o mundo exterior; e até mesmo o calar ou falar curto: tudo isto, marcas da mais rigorosa bravura — o que seria isso para nossos idealistas, que antes de tudo são ávidos de *expansão*! Além de tudo isso, ele não é fanático, odeia o exibicionismo e a ostentação de nossos idealistas: sua altivez, por grande que ela seja, não quer entretanto molestar os outros, ele concede uma certa aproximação suave e não gostaria de estragar o bom humor de ninguém — pode até mesmo sorrir! Há muito de antiga humanidade nesse ideal! O mais belo, porém, é que nele o

---

7 *Notdurft* (e não *Notwendigkeit*), isto é, "premência", "necessidade premente". Usa-se no mesmo sentido em que se diz "necessidades fisiológicas" ou "fazer as necessidades". (N.T.)

temor a Deus desaparece completamente, que ele acredita rigorosamente na razão, que ele não é um pregador de penitência. Epíteto era escravo: seu homem ideal é sem classe e possível em todas as classes, mas antes de tudo deve ser procurado na massa profunda, inferior, como o silencioso, autossuficiente no interior de uma servidão geral, que se defende do exterior por si mesmo e vive em constante estado da mais alta bravura. Do *cristão*, ele se distingue antes de tudo nisto: o cristão vive na esperança, na promessa de "esplendores indizíveis", se deixa presentear, e espera e aceita o melhor do amor e clemência divinos, e não de si: enquanto Epíteto não tem esperança e não deixa que seu melhor lhe seja presenteado — ele o possui, o segura bravamente em sua mão, entra em disputa com o mundo inteiro quando este quer roubá-lo. O cristianismo foi feito para uma outra espécie de escravos antigos, para os fracos de vontade e de razão, portanto para a grande massa dos escravos.

575

Nós, aeronautas do espírito! — Todos esses pássaros audazes, que voam ao longe, ao mais longínquo — certamente! em algum lugar não poderão ir mais longe e pousarão sobre um mastro ou um mísero recife — e, além do mais, tão gratos por esse deplorável pouso! Mas quem poderia concluir disso que adiante deles não há mais *nenhuma* descomunal rota livre, que eles voaram tão longe quanto se *pode* voar! Todos os nossos grandes mestres e precursores acabaram por se deter, e não é com o gesto mais nobre e mais gracioso que o cansaço se detém: também comigo e contigo será assim! Mas que importa isso a mim e a ti! *Outros pássaros voarão mais longe!* Essa nossa compreensão e confiança voa em competição com eles, para além e para o alto, ergue-se a prumo sobre nossas cabeças e sobre sua impotência, às alturas, e de lá vê a distância, antevê os bandos de pássaros muito mais poderosos do que somos, que se esforçarão na direção em que nos esforçamos, e onde tudo ainda é mar, mar, mar! — E para onde queremos ir? Queremos passar além do mar? Para onde nos arrasta esse poderoso apetite, que para nós vale mais do que qualquer prazer? Mas por que precisamente nessa direção, para lá onde até agora todos os sóis da humanidade *declinaram*? Talvez um dia dirão de nós, que também nós, *navegando para o ocidente, esperávamos alcançar umas Índias* — mas que nosso destino era naufragar no infinito? Ou, meus irmãos? Ou?

A GAIA CIÊNCIA
1881-1882

> Moro em minha própria casa,
> Nada imitei de ninguém
> E ainda ri de todo mestre,
> Que não riu de si também.
> SOBRE MINHA PORTA

PREFÁCIO DA SEGUNDA EDIÇÃO [1886]

2

— Mas deixemos o Sr. Nietzsche: que nos importa que o Sr. Nietzsche está outra vez com saúde?... Um psicólogo conhece poucas questões tão atraentes quanto a da relação entre saúde e filosofia, e para o caso em que ele próprio fica doente, ele traz toda a sua curiosidade científica consigo para sua doença. Ou seja, pressuposto que se é uma pessoa, tem-se também, necessariamente, a filosofia de sua pessoa: no entanto, há uma diferença relevante. Em um, são suas lacunas que filosofam, em outro, suas riquezas e forças. O primeiro *necessita* de sua filosofia, seja como amparo, tranquilizante, medicamento, redenção, elevação, alheamento de si; neste último, ela é apenas um belo luxo, no melhor dos casos, a volúpia de uma gratidão triunfante, que acaba tendo ainda de se inscrever em maiúsculas cósmicas no céu dos conceitos. No outro caso, porém, o mais habitual, quando são os estados de indigência que fazem filosofia, como em todos os pensadores doentes — e talvez preponderem os pensadores doentes na história da filosofia: — o que será do pensamento mesmo, que é posto sob a *pressão* da doença? Esta é a pergunta que importa aos psicólogos: e aqui é possível a experimentação. Não diferente do que faz um viajante, que se propõe a acordar em uma hora determinada e, em seguida, se abandona tranquilamente ao sono: assim nós filósofos, suposto que ficamos doentes, nos entregamos de corpo e alma à doença — como que fechamos os olhos a nós. E como aquele sabe que há algo que *não* dorme, algo que conta as horas e o acordará, sabemos nós também que o instante decisivo nos encontrará acordados — que então algo salta, e apanha o espírito *em flagrante*, quero dizer, na fraqueza ou regressão ou resignação ou endurecimento ou ensombrecimento ou como se chamem todos esses estados doentios do espírito, que em dias sadios têm contra si o *orgulho* do espírito (pois continua valendo a velha rima: "O espírito orgulhoso, o pavão, o cavalo, são os três animais mais orgulhosos sobre a terra"[1] —). Aprende-se, com essa espécie de autoquestionamento, de autoexperimentação, a olhar com um olho mais refinado para tudo o que em geral foi filosofado até agora; adivinham-se melhor que antes os involuntários descaminhos, as ruas laterais, os lugares de repouso, os lugares *de sol* do pensamento, a que os pensadores que sofrem, precisamente como sofredores, são conduzidos e seduzidos, sabe-se doravante para onde, inconscientemente, o *corpo* doente, com suas necessidades, impele, empurra, atrai o espírito — em direção ao sol, quietude, brandura, paciência, medicamento, refrigério em qualquer sentido.

---

[1] A velha rima é "*der stolze Geist, der Pfau, das Pferd / sind die drei stölzesten Tier' auf der Erd*". (N.T.)

Toda a filosofia que coloca a paz mais alto do que a guerra, toda ética com uma concepção negativa do conceito de felicidade, toda metafísica e física que conhecem um termo final, um estado terminal de qualquer espécie, todo preponderante desejo estético ou religioso por um à-parte, um além, um fora, um acima, permitem que se pergunte se não foi a doença *aquilo* que inspirou o filósofo. O inconsciente travestimento de necessidades fisiológicas sob os mantos do objetivo, do ideal, do puramente-espiritual, chega até o aterrorizante — e com bastante frequência eu me perguntei se, calculando por alto, a filosofia até agora não foi em geral somente uma interpretação do corpo e *um mal-entendido sobre o corpo*. Por trás dos mais altos juízos de valor, pelos quais até agora a história do pensamento foi guiada, estão escondidos mal--entendidos sobre a índole corporal, seja de indivíduos, seja de classes, ou de raças inteiras. Todos aqueles ousados disparates da metafísica, em particular suas respostas à pergunta pelo *valor* da existência, podem-se considerá-los sempre, em primeiro lugar, como sintomas de determinados corpos; e se essa espécie de afirmação do mundo ou negações do mundo, em bloco e a granel, cientificamente medidas, não são habitadas por um grão de significação, dão no entanto ao historiador e ao psicólogo pistas tanto mais valiosas, como sintomas, como foi dito, do corpo, de seu acerto ou desacerto, de sua plenitude, potencialidade, de seu autodomínio na história, ou então de suas obstruções, seus cansaços, seus empobrecimentos, de seu pressentimento do fim, de sua vontade de fim. Ainda estou à espera de que um *médico* filosófico, no sentido excepcional da palavra — um médico que tenha o problema da saúde geral do povo, do tempo, da raça, da humanidade, para cuidar —, terá uma vez o ânimo de levar minha suspeita ao ápice e aventurar a proposição: em todo filosofar até agora nunca se tratou de "verdade", mas de algo outro, digamos saúde, futuro, crescimento, potência, vida...

3

— Adivinha-se que eu não gostaria de me despedir com ingratidão daquele tempo de grave enfermidade, cujo ganho ainda hoje não se esgotou para mim: assim como estou bastante consciente do que eu tenho em geral, com minha saúde mutável, de vantagem sobre todos os espíritos de quatro costados. Um filósofo que passou por muitas saúdes, e que sempre passa de novo por elas, também atravessou outras tantas filosofias: nem *pode* ele fazer de outro modo, senão transpor cada vez seu estado para a forma e a distância mais espirituais — essa arte de transfiguração é justamente filosofia. Nós filósofos não temos a liberdade de separar entre alma e corpo, como o povo separa, e menos ainda temos a liberdade de separar entre alma e espírito. Não somos rãs pensantes, nem aparelhos de objetivação e máquinas registradoras com vísceras congeladas — temos constantemente de parir nossos pensamentos de nossa dor e maternalmente transmitir-lhes tudo o que temos em nós de sangue, coração, fogo, prazer, paixão, tormento, consciência, destino, fatalidade. Viver — assim se chama para nós, transmudar constantemente tudo o que nós somos em luz e chama; e também tudo o que nos atinge; não *podemos* fazer de outro modo. E quanto à doença: não estaríamos quase tentados a perguntar se ela, em geral, nos é dispensável? Somente a grande dor é o último libertador do espírito, como a mestra que ensina a *grande suspeita*, que de cada U faz um X, um bem genuíno X, isto é, a penúltima letra antes da última... Somente a grande dor, aquela longa, lenta dor, que leva tempo, em que nós somos queimados como sobre madeira verde, obriga a nós, filósofos, a descermos à nossa última profundeza e a tirarmos de nós toda confiança, tudo o que há de bondoso, adulador, brando, mediano, em que talvez tivéssemos posto nossa humanidade. Duvido que uma tal dor "melhore" — mas sei que ela nos *aprofunda*. Seja que nós aprendamos a lhe contrapor nosso orgulho, nosso escárnio, nossa força de vontade, e façamos como o índio que, por mais duramente torturado, fica quite com seu torturador pela maldade de sua língua; seja que nos refugiemos da dor naquele nada oriental — chamam-no nirvana —, no estúpido, rígido, surdo abandonar-se, esquecer-se, extinguir-se: sai-se desses longos, perigosos exercícios de domínio sobre si como um outro homem, com alguns pontos de interrogação a mais, antes de tudo com a *vontade* de, a partir de então, perguntar mais, mais a fundo, com mais rigor, com mais dureza, com mais maldade, com mais quietude do que até então se havia perguntado. A confiança do viver se foi: a vida mesma se tornou em *problema*. — E que ninguém acredite que *alguém*, com isso, se tornou sombrio! Mesmo o amor à vida é ainda possível — só que se ama diferente. É o amor a uma mulher que nos *deixa na dúvida*... O atrativo de tudo o que é problemático, a alegria com o X, porém, em tais homens mais espirituais, mais espiritualizados, é grande demais para que não se precipite sempre de novo, como uma clara brasa, sobre toda a desgraça do problemático, sobre todo o perigo da insegurança, e mesmo sobre o ciúme do amante. Conhecemos uma nova felicidade...

Ruta, perto de Gênova, outono do ano de 1886

LIVRO I

13

Para a doutrina do sentimento de potência. — Com o fazer bem e o fazer mal exercemos nossa potência sobre outros — mais não queremos com isso! Com o *fazer mal*, sobre aqueles a quem ainda temos de fazer sentir nossa potência; pois a dor é um meio muito mais suscetível para isso do que o prazer: — a dor sempre pergunta pela causa, enquanto o prazer é propenso a ficar junto de si próprio e não olhar para trás. Com o *fazer bem* e o *bem-querer*, sobre aqueles que de algum modo já dependem de nós (isto é, estão habituados a pensar em nós como suas causas); queremos aumentar sua potência, porque assim aumentamos a nossa, ou queremos mostrar-lhes a vantagem que há em estarem sob nossa potência — assim ficam mais satisfeitos com sua situação e, contra os inimigos de *nossa* potência, mais hostis e mais prontos para o combate. Se, ao fazer bem ou mal, fazemos sacrifícios, isso não altera o valor último de nossas ações, mesmo se pomos nisso nossa vida, como o mártir por sua Igreja — é um sacrifício feito ao *nosso* desejo de potência ou para fins de conservação de nosso sentimento de potência. Quem sente: "estou na posse da verdade", quantos bens não deixa escapar, para salvar esse sentimento! O que não lança ao mar, para conservar-se no "alto" — isto é, *acima* dos outros, que carecem da "verdade"! Com certeza o estado em que fazemos mal raramente é tão agradável, tão limpidamente agradável, quanto aquele em que fazemos bem — é um signo de que ainda nos falta potência ou denuncia o despeito por essa pobreza, traz consigo novos perigos e inseguranças para nossa atual posse de potência e cerca de nuvens nosso horizonte, pela perspectiva de vingança, escárnio, castigo, insucesso. Somente para os homens mais excitáveis e mais desejosos do sentimento de potência pode ser mais aprazível imprimir ao que lhes resiste o selo da potência; para aqueles a quem a visão do já submisso (que, como tal, é o objeto do bem--querer) é pesada e enfadonha. O que importa é como se está habituado a *temperar* sua vida; é uma questão de gosto, se se prefere ter o aumento de potência lento ou súbito, o seguro ou o perigoso e temerário — procura--se este ou aquele tempero sempre segundo seu temperamento. Uma presa fácil, para naturezas orgulhosas, é algo desprezível, elas só se sentem bem à visão de homens inquebrantados, que lhes poderiam ser hostis e, do mesmo modo, à visão de todos os bens de difícil acesso; para com aquele que sofre, são frequentemente duras, pois este não é digno de seu esforço e de seu orgulho — mas se mostram tanto mais atenciosas para com os *iguais*, com os quais um combate e luta seriam, em todo caso, honrosos, *se* alguma vez se encontrasse uma ocasião para isso. Sob o efeito do bem-estar dessa perspectiva, os homens da casta cavalheiresca habituaram-se, entre si, a uma seleta cortesia. — Compaixão é o sentimento mais agradável para aqueles que são pouco orgulhosos e não têm nenhuma perspectiva de grandes conquistas: para eles, a presa fácil — e assim é todo aquele que sofre — é algo que delicia. Celebra-se a compaixão como a virtude das mulheres de vida alegre.

18

Orgulho antigo. — A antiga coloração da nobreza nos falta, porque falta ao nosso sentimento o escravo antigo. Um grego de ascendência nobre encontrava, entre sua altura e aquela última baixeza, tão descomunais graus intermediários e uma tal distância, que mal podia ainda ver com clareza o escravo: nem mesmo Platão o viu mais por inteiro. É diferente conosco, habituados como estamos à *doutrina* da igualdade dos homens, se bem que não à própria igualdade. Um ser que não pode dispor de si próprio e que não tem lazer — isso, a nossos olhos, não é ainda, de modo algum, algo desprezível; de tais escravidões há, talvez, demasiado em cada um de nós, pelas condições de nossa ordem social e atividade, que são fundamentalmente diferentes das dos antigos. — O filósofo grego passava através da vida com o secreto sentimento de que há muito mais escravos do que se pensa — ou seja, que é escravo todo aquele que não é filósofo; seu orgulho transbordava quando ele ponderava que até mesmo os mais poderosos da Terra estão entre esses seus escravos. Também esse orgulho nos é alheio e impossível: nem sequer em sentido figurado a palavra "escravo" tem para nós sua plena força.

54

A consciência da aparência. — Quão maravilhoso e novo e ao mesmo tempo quão horrendo e irônico me sinto com meu conhecimento diante da totalidade da existência! *Descobri* para mim que a antiga humanidade e animalidade, e mesmo todo o tempo primitivo e o passado de todo ser sensível continuam em mim a criar ficções, a amar, a odiar, a concluir — sou subitamente acordado em meio a esse sonho, mas somente para a consciência de que estou sonhando e de que *tenho de* continuar sonhando, para não sucumbir: assim como o sonâmbulo tem de continuar sonhando para não desabar. O que é agora, para mim, "aparência"! Na verdade, não o contrário de alguma essência — o que sei eu dizer de qualquer essência, a não ser, justamente, apenas os predicados de sua aparência! Na verdade, não uma máscara morta, que se poderia pôr sobre um x desconhecido e que também se poderia retirar! Aparência, para mim, é o próprio eficiente e vivente, que vai tão longe em sua zombaria de si mesmo, a ponto de me fazer sentir que aqui há aparência e fogo-fátuo e dança de espíritos e nada mais — que entre todos esses sonhadores também eu, o "conhecedor", danço minha dança, que o conhecedor é um meio para estirar a dança terrestre no sentido do comprimento, e nessa medida faz parte da ordenação festiva da existência, e que a sublime consequência e coerência de todo conhecimento é e será, talvez, o meio supremo de *manter em pé* a generalidade do sonho e a inteligibilidade total de todos esses sonhadores entre si e, justamente com isso, a *duração do sonho*.

LIVRO II

58

Somente como criadores! — Isto me causou o maior dos cansaços e continua ainda a me causar o maior dos cansaços: perceber que indizivelmente mais importa *como as coisas se chamam* do que o que elas são. A reputação, o nome e a aparência, a validade, o peso e a medida usual de uma coisa — na origem, o mais das vezes, um erro e uma arbitrariedade, lançados sobre as coisas como uma roupa e inteiramente alheios à sua essência e mesmo à sua pele — pela crença que se tem neles e por seu crescimento progressivo de geração em geração, pouco a pouco como que aderiram e se entrelaçaram à coisa e se tornaram seu próprio corpo; a aparência, desde o começo, acaba quase sempre por se tornar em essência e faz *efeito* como essência! Que parvo não haveria de ser quem pensasse que basta indicar essa origem e esse invólucro nebuloso da ilusão para *aniquilar* o mundo que vale como essencial, a assim chamada "efetividade"![2] Somente como criadores podemos aniquilar! — Mas também não esqueçamos disto: basta criar novos nomes e estimativas e verossimilhanças para, a longo prazo, criar novas "coisas".

107

Nossa última gratidão para com a arte. — Se não tivéssemos declarado boas as artes e inventado essa espécie de culto do não verdadeiro: a compreensão da universal inverdade e mendacidade, que agora nos é dada pela ciência — a compreensão da ilusão e do erro como uma condição da existência que conhece e que sente —, não teria podido ser tolerada. A *lealdade* teria o nojo e o suicídio por consequência. Mas agora nossa lealdade tem uma potência oposta, que nos ajuda a desviar de tais consequências: a arte como a *boa vontade* com a aparência. Nem sempre proibimos nosso olho de arredondar, de fingir até o fim: e então não é mais a eterna imperfeição que portamos sobre o rio do vir-a-ser — então pensamos portar uma *deusa* e somos orgulhosos e infantis nessa prestação de serviço. Como fenômeno estético, a existência é sempre, para nós, *suportável* ainda, e pela arte foi-nos dado olho

---

2 *Wirklichkeit* — termo usual alemão para designar o "real", a "realidade"; do verbo *wirken* (fazer efeito), que em linguagem filosófica designa, especificamente, a atuação da causa (eficiente) na produção do efeito (*Wirkung*). Nietzsche faz questão dessa derivação, já desde o texto de 1873 em que cita, a propósito de Heráclito, esta passagem de Schopenhauer: "Causa e efeito são, portanto, toda a essência da matéria. Seu ser é seu efetuar-se. É com o maior acerto, portanto, que em alemão o conjunto de tudo o que é material é denominado *efetividade*, palavra que o designa muito melhor do que realidade" (Cf. *A filosofia na época trágica dos gregos*, 5). Aqui, como na seção 54 de *A gaia ciência* ("Aparência, para mim, é o próprio eficiente [*Wirkende*] e vivente"), assimila-se ainda a este sentido aquele em que se diz, por exemplo, "frase de *efeito*" ou, na linguagem do cinema, "*efeitos* especiais". (N.T.)

e mão e antes de tudo a boa consciência para, de nós próprios, *podermos* fazer um tal fenômeno. Temos de descansar temporariamente de nós, olhando-nos de longe e de cima e, de uma distância artística, rindo *sobre* nós ou chorando *sobre* nós:³ temos de descobrir o *herói*, assim como o *parvo*, que reside em nossa paixão do conhecimento, temos de alegrar-nos vez por outra com nossa tolice, para podemos continuar alegres com nossa sabedoria! E precisamente porque nós, no último fundamento, somos homens pesados e sérios e somos mais peso do que homens, nada nos faz mais bem do que a *carapuça de pícaro*: nós precisamos usá-la diante de nós próprios—precisamos usar de toda arte altiva, flutuante, dançante, zombeteira, pueril e bem-aventurada, para não perdermos aquela *liberdade sobre as coisas* que nosso ideal exige de nós. Seria um *atraso* para nós, precisamente com nossa excitável lealdade, cair inteiramente na moral e, por causa das exigências mais que rigorosas que fazemos a nós quanto a isso, tornar-nos ainda, nós próprios, monstros e espantalhos de virtude. Devemos *poder* ficar também *acima* da moral: e não somente ficar, com a amedrontada rigidez de alguém que a cada instante tem medo de escorregar e cair, mas também flutuar e brincar acima dela. Como poderíamos, para isso, prescindir da arte, como do parvo!—E enquanto de algum modo ainda vos *envergonhais* de vós próprios, ainda não fazeis parte de nós!

LIVRO III

109
Guardemo-nos!—Guardemo-nos de pensar que o mundo seja um ser vivo. Para onde se expandiria? De onde se alimentaria? Como poderia crescer e multiplicar-se? Sabemos aliás, mais ou menos, o que é o orgânico: e haveríamos de interpretar o indizivelmente derivado, tardio, raro, contingente, que é só o que percebemos sobre a crosta da Terra, como o essencial, o universal, o eterno, como fazem aqueles que denominam o todo um organismo? Isso me repugna. Guardemo-nos desde já de acreditar que o todo seja uma máquina; ele certamente não foi construído visando a um alvo, com a palavra "máquina" prestamos a ele uma honra alta demais. Guardemo-nos de pressupor algo tão perfeito em sua forma, como os movimentos cíclicos de nossas estrelas vizinhas, em geral e por toda parte; já um olhar

---

3 A tradução convencional seria, simplesmente, "rindo de nós e chorando por nós": nos dois casos, a preposição é *über*, que não poderia perder o sentido de "elevar-se *sobre*" ou "passar por *sobre*", tanto mais que Nietzsche sublinha para reforçá-lo. (N.T.)

à Via Láctea faz emergir dúvidas, se não há ali movimentos muito mais rudimentares e contraditórios, e igualmente estrelas com eternas trajetórias cadentes em linha reta e coisas semelhantes. A ordem astral em que vivemos é uma exceção; essa ordem e a relativa duração que é condicionada por ela possibilitaram, por sua vez, a exceção das exceções: a formação do orgânico. O caráter geral do mundo é, ao contrário, por toda a eternidade, o caos, não no sentido da falta de necessidade, mas da falta de ordem, articulação, forma, beleza, sabedoria, ou como se chamem todos esses humanismos estéticos. Julgados a partir de nossa razão, os lances de dado infelizes são, de longe, a regra, as exceções não são o alvo secreto, e o jogo inteiro repete eternamente sua toada, que jamais poderia chamar-se uma melodia—e, por último, até mesmo a palavra "lance infeliz" já é uma humanização, que encerra em si uma censura. Mas como poderíamos censurar ou louvar o todo! Guardemo-nos de lhe imputar falta de coração e irrazão ou seus contrários: ele não é perfeito, nem belo, nem nobre, e não quer tornar-se nada disso, nem sequer se esforça no sentido de imitar o homem! E nem é atingido por nenhum de nossos juízos estéticos e morais! Também não tem um impulso de autoconservação nem em geral qualquer impulso; também não conhece nenhuma lei. Guardemo-nos de dizer que há leis na natureza. Há somente necessidades: nela não há ninguém que mande, ninguém que obedeça, ninguém que transgrida. Se sabeis que não há fins, sabeis também que não há acaso: pois somente ao lado de um mundo de fins a palavra "acaso" tem um sentido. Guardemo-nos de dizer que a morte é oposta à vida. O vivente é somente uma espécie de morto, e uma espécie muito rara.— Guardemo-nos de pensar que o mundo cria eternamente o novo. Não há substâncias de duração eterna; a matéria é um erro tão grande quanto o deus dos eleatas. Mas quando chegaremos ao fim de nossa cautela e guarda? Quando todas essas sombras de Deus não nos toldarão mais? Quando teremos a natureza inteiramente desdivinizada? Quando nós homens, com a pura natureza, descoberta como nova, redimida como nova, poderemos começar a nos *naturalizar?*

110

Origem do conhecimento.— O intelecto, através de descomunais lances de tempo, não engendrou nada além de erros; alguns deles resultaram úteis e conservadores da espécie: quem topou com eles ou os recebeu como legado combatia seu combate por si mesmo e por sua prole com a maior felicidade. Tais errôneos artigos de crença, que eram sempre legados mais adiante e afinal se tornaram quase o espólio e o fundo comum da humanidade, são, por exemplo, estes: que há coisas que duram, que há coisas iguais, que há coisas, matéria, corpos, que uma coisa é como aparece, que nosso querer é livre, que o que é bom para mim também é bom em e para si. Só muito tarde vieram os que negavam e punham em dúvida tais proposições — só muito tarde veio a verdade, como a forma menos forte do conhecimento. Parecia que com ela não se conseguia viver, nosso organismo era feito para o contrário dela; todas as suas funções superiores, as percepções dos sentidos e toda espécie de sensação em geral cooperavam com aqueles antiquíssimos erros fundamentais incorporados. Mais ainda: aquelas proposições se tornavam, mesmo no interior do conhecimento, as normas segundo as quais se mediam "verdade" e "inverdade" — até nas regiões mais remotas da lógica pura. Portanto: a *força* do conhecimento não está em seu grau de verdade, mas em sua idade, sua incorporação, seu caráter de condição de vida. Onde viver e conhecer pareciam entrar em contradição nunca se combateu a sério; ali negação e dúvida eram tomadas como tolice. Aqueles pensadores de exceção, como os eleatas, que a despeito disso estabeleceram e firmaram os contrários dos erros naturais, acreditavam que também é possível *viver* esse contrário: inventaram o sábio como o homem da inalterabilidade, impessoalidade, universalidade da intuição, como um e tudo ao mesmo tempo, com uma faculdade própria para aquele conhecimento invertido; eram da crença de que seu conhecimento é ao mesmo tempo o princípio da *vida*. Mas, para poderem afirmar tudo isso, tinham de *enganar--se* sobre seu próprio estado: tinham de se atribuir ficticiamente impessoalidade e duração sem mudança, desconhecer a essência daquele que conhece, negar a tirania dos impulsos no conhecer e em geral captar a razão como atividade plenamente livre, originada de si mesma; mantinham os olhos fechados para o fato de que também eles haviam chegado às suas proposições, contradizendo o vigente ou desejando tranquilidade ou posse exclusiva ou domínio. O desenvolvimento mais refinado da lealdade e da *skepsis* tornou também esses homens, afinal, impossíveis; também seu viver e julgar resultavam como dependentes dos antiquíssimos impulsos e erros fundamentais de toda existência sensível. — Aquela mais refinada lealdade e *skepsis* tinha por toda parte sua origem ali onde duas proposições opostas apareciam como *aplicáveis* à vida, porque ambas pactuavam com os erros fundamentais, onde portanto se podia disputar sobre o grau superior ou inferior da *utilidade* para a vida; e igualmente, ali onde novas proposições se mostravam, decerto não úteis à vida, mas pelo menos não perniciosas, como manifestações de um impulso lúdico intelectual, e inocentes e felizes como todos os jogos. Pouco a pouco encheu-se o cérebro humano de tais juízos e convicções, surgiu nesse emaranhado fermentação, combate e apetite de potência. Não somente utilidade e prazer, mas toda espécie de impulsos tomava seu partido no combate pelas "verdades"; o combate intelectual tornou-se ocupação, estímulo, vocação, dever, dignidade—; o conhecer e o esforço em direção ao verdadeiro acabaram por entrar, como uma necessidade, na ordem das outras necessidades. Desde então, não somente a crença e a convicção, mas também o exame, a negação, a desconfiança, a contradição, eram uma *potência*, todos os "maus" instintos foram subordinados ao conhecimento e postos a seu serviço e adquiriram o esplendor do permitido, honrado, útil e, por último, o olho e a inocência do *bom*. O conhecimento tornou-se, pois, um pedaço da própria vida e, como vida, uma potência em constante crescimento; até que, enfim, o conhecimento e aqueles antiquíssimos erros fundamentais entraram em choque, ambos como vida, ambos como potência, ambos no mesmo homem. O pensador: este é agora o ser em que o impulso à verdade e aqueles erros conservadores da vida combatem seu primeiro combate, depois que o impulso à verdade se *demonstrou* como uma potência conservadora da vida. Em proporção com a importância desse combate, tudo o mais é indiferente: a pergunta última pela condição da vida é feita aqui, e aqui é feito o primeiro ensaio, com o experimento de responder a essa pergunta. Até que ponto a verdade suporta a incorporação?—eis a pergunta, eis o experimento.

111

De onde vem o lógico.—De onde surgiu a lógica na cabeça humana? Com certeza, da não lógica, cujo reino, na origem, há de ter sido descomunal. Mas inúmeros seres, que inferiam de modo diferente do que nós inferimos agora, sucumbiram: poderia até mesmo ter sido mais verdadeiro! Quem, por exemplo, não sabia descobrir o "igual" com suficiente frequência, no tocante à alimentação ou no tocante aos animais que lhe eram hostis, quem portanto subsumia demasiado lentamente, era demasiado cauteloso na subsunção, tinha menor probabilidade de sobrevivência do que aquele que, em todo semelhante, adivinha logo a igualdade. A tendência preponderante, porém, a tratar o semelhante como igual, uma tendência ilógica—pois não há em si nada igual—, foi a primeira a criar todos os fundamentos em que assenta a lógica. Do mesmo modo, para que surgisse o conceito da substância, que é imprescindível para a lógica, mesmo se, no sentido mais rigoroso, nada de efetivo lhe corresponde—foi preciso que, por longo tempo, o mutável nas coisas não fosse visto, não fosse sentido; os seres que não viam com precisão tinham uma vantagem diante daqueles que viam tudo "em fluxo". Em e para si todo grau elevado de cautela no inferir, toda tendência cética, já são um grande perigo para a vida. Nenhum ser vivo teria sido conservado se a tendência oposta—preferir afirmar a suspender o juízo, preferir errar e criar ficções a esperar, preferir concordar a negar, preferir julgar a ser justo — não tivesse sido cultivada com extraordinário vigor. — A sequência de pensamentos e conclusões lógicas, em nosso cérebro de agora, corresponde a um processo e luta de impulsos, que, por si sós, são todos muito ilógicos e injustos; de hábito, só ficamos sabendo do resultado do combate: tão rápido e tão escondido se desenrola agora esse antiquíssimo mecanismo em nós.

121
A vida não é argumento. — Armamos para nós um mundo em que podemos viver — ao admitirmos corpos, linhas, superfícies, causas e efeitos, movimento e repouso, forma e conteúdo: sem esses artigos de fé, ninguém toleraria agora viver! Mas com isso ainda não são nada de demonstrado. A vida não é argumento; entre as condições da vida poderia estar o erro.

LIVRO IV

SANCTUS JANUARIUS

Tu que com a lança de tuas flamas
Partes o gelo de minha alma,
Que ferve agora e corre ao mar
De sua esperança mais alta:
Sempre mais clara e mais sadia,
Livre em sua lei mais amorosa: —
Assim louva ela teus milagres,
Ó tu, mais belo dos janeiros!
Gênova, janeiro de 1882

285
Excelsior! — "Nunca mais rezarás, nunca mais adorarás, nunca mais descansarás na confiança sem fim — te proíbes de parar diante de uma sabedoria última, bondade última, potência última, e desaparelhar teus pensamentos — não tens nenhum constante vigia e amigo para tuas sete solidões — vives sem a vista de uma montanha que traz neve sobre a fronte e brasas no coração — não há mais para ti nenhum pagador, nenhum revisor para dar a última mão — não há mais nenhuma razão naquilo que acontece, nenhum amor naquilo que te acontecerá — para teu coração, não está aberto mais nenhum abrigo, onde ele só tenha o que encontrar e nada mais para procurar — tu te defendes contra qualquer paz última, queres o eterno retorno de guerra e paz: — homem da renúncia, a tudo isso queres renunciar? Quem te dará a força para isso? Ninguém ainda teve essa força!" — Há um lago, que um dia se recusou a escoar, e levantou um dique ali, por onde até agora

escoava: desde então, esse lago sobe cada vez mais alto. Talvez precisamente aquela renúncia nos emprestará também a força com que a própria renúncia poderá ser suportada; o homem, talvez, subirá cada vez mais alto,[4] desde que deixe de *desaguar* em um deus.

296

A reputação firmada. — A reputação firmada era outrora uma questão de extrema utilidade: e onde quer que a sociedade seja dominada pelo instinto de rebanho, ainda agora, para todo o indivíduo, o mais conveniente é dar seu caráter e sua ocupação como inalteráveis — mesmo se no fundo não o são. "Pode-se contar com ele, ele permanece igual a si mesmo" — tal é, em todas as situações perigosas da sociedade, o elogio que tem a maior significação. A sociedade sente com satisfação que tem um *instrumento* de confiança, pronto a todo tempo, na virtude deste, na ambição daquele, na meditação e na paixão do terceiro — ela honra essa *natureza de instrumento*, esse permanecer-fiel-a-si--mesmo, essa imutabilidade de pontos de vista, esforços, e até mesmo de vícios, com suas honras mais altas. Uma tal estimativa, que por toda parte floresce e floresceu ao mesmo tempo que a eticidade do costume, educa "caracteres" e atribui a todo mudar, reaprender, transformar-se, uma *má reputação*. E isto, em todo caso, por maior que seja de resto a vantagem dessa maneira de pensar, é, *para o conhecimento*, a mais perniciosa de todas as espécies de juízo geral — pois precisamente a boa vontade do conhecedor em declarar-se a todo tempo, sem esmorecimento, contra a opinião que teve até agora e em geral ser desconfiado em relação a tudo o que em nós quer *firmar-se* — é aqui condenada e adquire má reputação. A intenção do conhecedor, estando em contradição com a "reputação firmada", passa por *desonrosa*, enquanto a petrificação dos pontos de vista fica com toda a honra para si — sob o anátema de tal valoração temos ainda hoje de viver! Como é difícil viver, quando se sente o juízo de muitos milênios contra si e em torno de si! É provável que por muitos milênios o conhecimento esteve impregnado de má consciência e que muito desprezo próprio e secreta miséria há de ter entrado na história dos maiores espíritos.

304

Ao fazermos, deixamos. — No fundo, desgostam-me todas aquelas morais que dizem: "Não faças isso! Renuncia! Supera-te!" — gosto, ao contrário, daquelas morais que me incitam a fazer algo e a fazê-lo de novo e de manhã até a tarde e à noite sonhar com isso, e não pensar em mais nada, a não ser: fazê-

---

4 "*Immer höher steigen*" aplica-se ao crescimento ou enchente das águas, e também à ascensão ou elevação em geral; empregado aqui em sentido que corresponde ao da expressão latina *excelsior!* (N.T.)

-lo *bem*, tão bem quanto só é possível justamente a *mim!* Daquele que vive assim, vão-se desprendendo constantemente, uma depois da outra, todas as coisas que não fazem parte de uma tal vida: sem ódio nem má vontade, ele vê hoje isto, amanhã aquilo, despedirem-se dele, iguais às folhas amareladas que cada ventinho mais ligeiro leva embora da árvore: ou nem sequer vê que se despedem, tão rigorosamente olha seu olho em direção a seu alvo e em geral para a frente, e não para os lados, para trás, para baixo. "Nosso fazer deve determinar o que deixamos — ao fazermos, deixamos" — assim me agrada, assim soa *meu placitum*. Mas não quero, de olhos abertos, lutar por meu empobrecimento, não gosto de todas as virtudes negativas — virtudes cuja essência é o próprio negar e renunciar a si.

326

Os médicos de almas e a dor. — Todos os pregadores morais, assim como também todos os teólogos, têm um mau hábito em comum: todos procuram persuadir os homens de que estariam passando muito mal e de que uma dura, última, radical cura seria necessária. E porque os homens em conjunto deram ouvido a esses professores com demasiado zelo e ao longo de milênios inteiros, algo daquela superstição, de que vão muito mal, acabou passando efetivamente para eles: de tal modo que agora estão prontos e dispostos demais a suspirar e não encontrar mais nada na vida e fazer uns para os outros caras consternadas, como se, de fato, fosse bem difícil *tolerar*. Na verdade, estão irrefreadamente seguros de sua vida e enamorados dela — e cheios de indizíveis astúcias e refinamentos para vencer o desagradável e extrair da dor e da infelicidade seu espinho. Quer-me parecer que de dor e infelicidade sempre se fala com *exagero*, como se fosse uma questão de arte de bem viver exagerar nisto: em contrapartida, cala-se obstinadamente que contra a dor há um sem-número de meios de alívio, como atordoamentos, ou a pressa febril dos pensamentos, ou uma situação tranquila, ou boas e más recordações, propósitos, esperanças e muitas espécies de orgulho e simpatia, que têm quase o efeito de anestesia: enquanto nos graus supremos da dor já intervêm por si mesmos desfalecimentos. Sabemos muito bem pingar doçuras em nossas amarguras, em especial nas amarguras da alma; temos recursos em nossa bravura e sublimidade assim como nos mais nobres delírios da submissão e da resignação. Uma perda dificilmente continua sendo uma perda por uma hora: de algum modo, com ela, também um presente nos caiu do céu — uma nova força, por exemplo: e mesmo que seja apenas uma nova ocasião para a força! O que fantasiaram os pregadores morais sobre a "miséria" interior dos homens maus! O que *mentiram* diante de nós sobre a infelicidade dos homens apaixonados! — sim, mentir é aqui a palavra certa — conheceram muito bem a riquíssima felicidade dessa espécie de homens, mas o silenciaram, porque era uma refutação de sua teoria, segundo a qual toda felicidade só nasce com o aniquilamento da paixão e o calar da vontade! E, por fim, no tocante à receita de todos esses médicos de almas e sua recomendação de uma cura dura, radical, é permitido perguntar: é esta nossa vida efetivamente dolorosa e pesada o bastante para trocá-la com vantagem por um modo de viver e uma petrificação estoicos? Não estamos passando *mal o bastante* para termos de passar mal à maneira estoica.

333

O que significa conhecer?—*Non ridere, non lugere, neque detestari, sed intelligere!*—diz Espinosa, simples e sublime, como é seu modo. Entretanto: o que é esse *intelligere* no último fundamento, senão a forma em que justamente os três primeiros se fazem sentir a nós de uma só vez? Uma resultante dos impulsos, diferentes e contrários entre si, do querer-rir, lamentar, execrar? Antes que seja possível um conhecer, é preciso que cada um desses impulsos tenha apresentado seu ponto de vista unilateral sobre a coisa ou acontecimento; posteriormente, surgia o combate dessas unilateralidades e dele às vezes um meio-termo, um apaziguamento, um dar-razão a todos os três lados, uma espécie de justiça e contrato: pois graças à justiça do contrato podem todos esses impulsos afirmar-se na existência e ter razão todos juntos. Nós, que só temos consciência das últimas cenas de reconciliação e cômputos finais desse longo processo, pensamos portanto que *intelligere* seja algo conciliador, justo, bom, algo essencialmente oposto aos impulsos; enquanto é somente *uma certa proporção dos impulsos entre si*. Através dos mais longos tempos considerou--se o pensar consciente como o pensar em geral: só agora desponta para nós a verdade, de que a maior parte de nossa atuação espiritual nos transcorre inconsciente, não sentida: penso, porém, que esses impulsos, que aqui combatem uns com os outros, saberão muito bem fazer-se sentir *uns aos outros* e se fazer mal —: aquela violenta exaustão súbita, que põe à prova todos os pensadores, pode ter nisso sua origem (é uma exaustão no campo de batalha). Sim, talvez haja em nossa interioridade combatente muito *heroísmo* escondido, mas certamente nada de divino, nada repousando eternamente em si, como pensava Espinosa. O pensar *consciente*, e em especial o do filósofo, é o menos forte e, por isso, é também relativamente o mais brando e tranquilo dos modos de pensar — e, assim, precisamente o filósofo é o mais fácil de ser induzido em erro sobre a natureza do conhecer.

335

Viva a física!—Quantos homens sabem observar? E entre os poucos que o sabem—quantos observam a si próprios? "Cada um é para si próprio o mais distante" — disso sabem todos os examinadores de entranhas, para seu desconforto; e a sentença "conhece a ti mesmo!", na boca de um deus e dita a homens, é quase uma maldade. *Que*, porém, a situação da auto-observação seja tão desesperada, disso nada testemunha mais do que o modo como falam *quase todos* sobre a essência de uma ação moral, esse modo rápido, apressado, convicto, loquaz, com seu olhar, seu sorriso, seu zelo complacente! Parecem querer te dizer: "Mas, meu caro, isso é precisamente assunto *meu*! Diriges tua pergunta a quem *pode* responder — por acaso em nada são tão sábios quanto nisso. Então: quando o homem julga: 'assim é justo', quando conclui daí: 'por isso tem de ocorrer!' e então *faz* o que dessa forma reconheceu como justo e designou como necessário — a essência de sua ação é *moral*!". Mas, meu amigo, tu me falas de três ações em vez de uma: também teu julgar, por exemplo "assim é justo", é uma ação — não se poderia já julgar de uma maneira moral e de uma maneira imoral? *Por que* consideras isto e precisamente isto como justo? — "Porque minha consciência me diz; a consciência nunca fala imoralmente, é ela que determina o que deve ser moral!" — Mas por que *ouves* tu a fala de tua consciência? E em que medida tens direito de considerar um tal juízo como verdadeiro e não enganoso? Para essa *crença* — não há mais nenhuma consciência? Não sabes nada de uma consciência intelectual? De uma consciência por trás de tua "consciência"? Teu juízo "assim é justo" tem uma pré-história em teus impulsos, tuas propensões, tuas aversões, tuas experiências e tuas inexperiências; "*Como ele nasceu?*", precisas perguntar, e posteriormente ainda: "O que me leva propriamente a lhe dar ouvido?". Podes dar ouvido a seu comando como um bravo soldado que escuta o comando de seu oficial. Ou como uma mulher que ama aquele que comanda. Ou como um adulador e patife que tem medo do comandante. Ou como um imbecil que segue porque não tem nada a dizer contra. Em suma, de cem modos podes dar ouvido à tua consciência. *Que*, porém, ouças este ou aquele juízo como fala da consciência — portanto, *que* sintas algo como justo, pode ter sua causa em que nunca meditaste sobre ti e aceitaste cegamente o que te foi designado como *justo* desde a infância: ou que até agora recebeste pão e honras por aquilo que denominas teu dever — vale para ti como "justo" porque te parece *tua* "condição de existência" (e que tu tens *direito* à existência, parece-te irrefutável!). A *firmeza* de teu juízo moral poderia sempre ser ainda uma prova, precisamente, de indigência pessoal, de impessoalidade, tua "força moral" poderia ter sua fonte em tua teimosia — ou em tua inaptidão para ver novos ideais! E, dito concisamente, se tivesses pensado com mais refinamento, observado melhor e aprendido mais, não denominarias mais esse teu "dever" e essa tua "consciência", em nenhuma circunstância, dever e consciência: a compreensão de *como em geral uma vez surgiram juízos morais* te desgostaria dessas palavras patéticas — assim como já te desgostaste de outras palavras patéticas, por exemplo "pecado", "salvação das almas", "redenção". — E agora não me venhas falar do imperativo categórico, meu amigo! — essa palavra faz cócegas em meu ouvido, e tenho de rir, a despeito de tua presença tão séria: faz-me pensar no velho Kant, que como castigo por ter-se apossado sub-repticiamente da "coisa em si" — também uma coisa muito ridícula! — foi sub-repticiamente apanhado pelo "imperativo categórico" e com ele no coração *extraviou-se e voltou* outra vez para "Deus", "alma", "liberdade" e "imortalidade", igual a uma raposa que se extravia e volta para sua jaula: — e eram *sua* força e esperteza que haviam *arrombado* essa jaula! — Como? Admiras o imperativo categórico em ti? Essa "firmeza" de teu assim chamado juízo moral? Essa "incondicionalidade" do sentimento: "Assim como eu, todos têm de julgar aqui"? Admira antes teu *egoísmo* nisso! E a cegueira, mesquinhez e despretensão de teu egoísmo! Pois é egoísmo sentir *seu* juízo como lei universal: e um cego, mesquinho e despretensioso egoísmo, ainda por cima, porque denuncia que ainda não descobriste a ti mesmo, que ainda não criaste para ti mesmo nenhum ideal próprio, bem próprio: — pois este não poderia nunca ser o de um outro, quanto mais, então, o de todos, de todos! — Quem ainda julga: "Assim teria de agir cada um neste caso", ainda não avançou cinco passos no autoconhecimento: senão saberia que não há nem pode haver ações iguais — que cada ação que foi feita, foi feita de um modo totalmente único e irrecuperável, e que assim será com todas as ações futuras, que todas as prescrições do agir só se referem ao grosseiro lado de fora (e mesmo as prescrições mais íntimas e mais refinadas de todas as morais até agora) — que com elas bem pode ser alcançada uma aparência de igualdade, *mas justamente apenas uma aparência* — que *cada* ação, prospectiva ou retrospectivamente olhada, é e permanece uma coisa impenetrável, — que nossas opiniões sobre "bom", "nobre", "grande", nunca podem ser *demonstradas* por nossas ações, porque cada ação é incognoscível — que seguramente nossas opiniões, estimativas e tábuas de valores estão entre as mais poderosas alavancas na engrenagem de nossas ações, mas que para cada caso singular a lei de seu mecanismo é indemonstrável. *Limitemo-nos*, pois, à depuração de nossas opiniões e estimativas e à *criação de novas e próprias tábuas de valores*: — sobre o "valor moral de nossas ações", porém, não queiramos mais cismar! Sim, meus amigos! Em vista de toda a tagarelice moral de uns sobre os outros, estamos no tempo do nojo! Julgar moralmente deve contrariar nosso gosto! Deixemos essa tagarelice e esse mau gosto para aqueles que não têm mais o que fazer, além de arrastar o passado mais um pouquinho pelo tempo, e que nunca são, eles próprios, o presente — os muitos, portanto, a grande maioria! Nós, porém, *queremos tornar-nos aqueles que somos*[5] — os novos, os únicos, os incomparáveis, os legisladores de si mesmos, os criadores de si mesmos! E para isso temos de tornar-nos os melhores aprendizes e descobridores de tudo o que é legal e necessário no mundo: temos de ser *físicos*, para podemos ser, nesse sentido, *criadores* — enquanto até agora todas as estimativas de valor e ideais foram edificados sobre o *desconhecimento* da física ou em contradição com ela. E, por isso: Viva a física! E viva mais ainda aquilo que nos *força* a ela — nossa lealdade!

340

O Sócrates moribundo. — Admiro a bravura e a sabedoria de Sócrates em tudo o que ele fez, disse — e não disse. Esse zombeteiro e enamorado monstro e caçador de ratos de Atenas, que fazia estremecer e soluçar os jovens mais altivos, não era somente o mais sábio dos tagarelas que houve: ele tinha a mesma grandeza no calar. Eu gostaria que também no último instante da vida ele tivesse ficado calado — talvez pertencesse então a uma ordem ainda mais alta de espíritos. Mas, se foi a morte ou o veneno ou a devoção ou a maldade — algo lhe soltou a língua naquele instante e ele disse: "Ó Críton, devo um galo a Asclépio". Essa ridícula e terrível "última palavra" significa, para aquele que tem ouvidos: "Ó Críton, *a vida é uma doença!*". Será possível! Um homem como ele, que viveu sereno e diante de todos os olhos como um soldado — era pessimista! Ele havia, justamente, apenas feito uma cara boa para a vida e escondido a vida inteira seu juízo último, seu sentimento mais íntimo! Sócrates, Sócrates *sofreu com a vida!* E ainda tomou vingança por isso — com essa palavra encoberta, horrível, devota e blasfêmica! Até mesmo um Sócrates tinha de se *vingar* ainda? Havia um grão de altivez a menos em sua riquíssima virtude? — Ai, amigos! Temos de superar também os gregos!

341

O mais pesado dos pesos. — E se um dia ou uma noite um demônio se esgueirasse em tua mais solitária solidão e te dissesse: "Esta vida, assim como tu a vives agora e como a viveste, terás de vivê-la ainda uma vez e ainda inúmeras vezes; e não haverá nela nada de novo, cada dor e cada prazer e cada pensamento e suspiro e tudo o que há de indizivelmente pequeno e de grande em tua vida há de te retornar, e tudo na mesma ordem e sequência — e do mesmo

---

5 "*Wir aber wollen die werden, die wir sind.*" Mais uma vez, aproximação entre *sein* (ser) e *werden* (vir--a-ser), cuja inteligibilidade final estará no pensamento do eterno retorno; a direção do vir-a-ser (sem *telos*) é para o mesmo, o igual. Construção análoga, em que se trata disso mesmo, é o subtítulo do *Ecce homo*: "*Wie man wird, was man ist*". (N.T.)

modo esta aranha e este luar entre as árvores, e do mesmo modo este instante e eu próprio. A eterna ampulheta da existência será sempre virada outra vez — e tu com ela, poeirinha da poeira!". — Não te lançarias ao chão e rangerias os dentes e amaldiçoarias o demônio que te falasse assim? Ou viveste alguma vez um instante descomunal, em que lhe responderias: "Tu és um deus, e nunca ouvi nada mais divino!". Se esse pensamento adquirisse poder sobre ti, assim como tu és, ele te transformaria e talvez te triturasse; a pergunta diante de tudo e de cada coisa: "Quero isto ainda uma vez e ainda inúmeras vezes?" pesaria como o mais pesado dos pesos sobre teu agir! Ou então, como terias de ficar de bem contigo mesmo e com a vida, para não *desejar* nada *mais* do que essa última, eterna confirmação e chancela?

LIVRO V
NÓS, OS SEM MEDO [1886]

> *Carcasse, tu trembles? Tu tremblerais bien davantage, si tu savais où je te mène.*[6]
> TURENNE

343
O que há com nossa serenidade.[7] — O maior dos acontecimentos recentes — que "Deus está morto", que a crença no Deus cristão caiu em descrédito — já começa a lançar suas primeiras sombras sobre a Europa. Para os poucos, pelo menos, cujos olhos, cuja *suspeita* nos olhos é forte e refinada o bastante para esse espetáculo, parece justamente que algum sol se pôs, que alguma velha, profunda confiança virou dúvida: para eles, nosso velho mundo há de aparecer dia a dia mais poente, mais desconfiado, mais alheio, mais "velho". Mas no principal pode-se dizer: o próprio acontecimento é grande demais, distante demais, demasiado à parte da capacidade de apreensão de muitos, para que sequer sua notícia pudesse já chamar-se

---

6 "Carcaça, tu tremes? Tremerias mais ainda se soubesses aonde te levo." (N.E.)
7 Esta é a tradução costumeira da palavra *Heiterkeit*, que entretanto requer um reparo. A palavra *heiter* se refere inicialmente a condições climáticas (céu sereno, límpido, sem nuvem; tempo ameno). É esse sentido que Nietzsche transpõe para a referência a estados de espírito: "tranquilo", "desanuviado", mas também — como usa a língua — "alegre" ou "jovial". Por isso o tradutor espanhol, Andrés Sanches Pascual, propõe a tradução sistemática por "*jovialidad*". Aqui é mantida a continuidade com outros textos, como este do *Zaratustra* ("Antes do nascer do sol"), em que a referência à abóbada celeste é mais explícita ainda: "Essa liberdade e *serenidade* celeste pus eu, igual a uma campânula de azul, sobre todas as coisas, quando ensinei que sobre elas e através delas nenhuma 'vontade eterna' — quer". (N.T.)

chegada: sem falar que muitos já soubessem *o que* propriamente se deu com isso — e tudo quanto, depois de solapada essa crença, tem agora de cair, porque estava edificado sobre ela, apoiado a ela, arraigado nela; por exemplo, toda a nossa moral europeia. Esse longo acúmulo e sequência de ruptura, destruição, declínio, subversão, que agora estão em vista: quem adivinharia hoje já o bastante deles, para ter de servir de mestre e prenunciador dessa descomunal lógica de pavores, de profeta de um ensombrecimento e eclipse do sol, tal que nunca, provavelmente, houve ainda igual sobre a terra?... Mesmo nós, que nascemos decifradores de enigmas, que esperamos como que sobre as montanhas, postados entre hoje e amanhã e retesados na contradição entre hoje e amanhã, nós, primogênitos e prematuros do século vindouro, aos quais propriamente as sombras que em breve hão de envolver a Europa já *deveriam* estar em vista agora: de onde vem que mesmo nós encaramos sua vinda sem muito interesse por esse ensombrecimento, antes de tudo sem cuidado e medo por *nós*? Estamos ainda, talvez, demasiado sob *as consequências mais próximas* desse acontecimento — e essas consequências mais próximas, suas consequências para nós, não são, ao inverso do que talvez se poderia esperar, nada tristes e ensombrecedoras, mas antes são como uma nova espécie, difícil de descrever, de luz, felicidade, facilidade, serenidade, encorajamento, aurora... De fato, nós filósofos e "espíritos livres" sentimo-nos, à notícia de que "o velho Deus está morto", como que iluminados pelos raios de uma nova aurora; nosso coração transborda de gratidão, assombro, pressentimento, expectativa — eis que enfim o horizonte nos aparece livre outra vez, posto mesmo que não esteja claro, enfim podemos lançar outra vez ao largo nossos navios, navegar a todo perigo, toda ousadia do conhecedor é outra vez permitida, o mar, *nosso* mar, está outra vez aberto, talvez nunca dantes houve tanto "mar aberto".

344

Em que medida nós também somos devotos ainda. — Na ciência, as convicções não têm nenhum direito de cidadania, assim se diz com bom fundamento: somente quando elas se resolvem a rebaixar-se à modéstia de uma hipótese, de um ponto de vista provisório de ensaio, de uma ficção regulativa, pode ser-lhes concedida a entrada e até mesmo um certo valor dentro do reino do conhecimento — sempre com a restrição de permanecerem sob vigilância policial, sob a polícia da desconfiança. — Mas isso, visto com mais precisão, não quer dizer: somente quando a convicção *deixa* de ser convicção, ela pode ter acesso à ciência? A disciplina do espírito científico não começa com o não mais se permitir convicções?... Assim é, provavelmente: só resta perguntar se, *para essa disciplina poder começar*, já não tem de haver uma convicção, e aliás tão imperiosa e incondicional que sacrifica a si mesma todas as outras convicções? Vê-se que também a ciência repousa sobre uma crença, não há nenhuma ciência "sem pressupostos". A questão, se é preciso *verdade*, não só já tem de estar de antemão respondida afirmativamente, mas afirmada em tal grau que nela alcança a expressão esta proposição, esta crença, esta convicção: "*Nada é mais* necessário do que a verdade, e em proporção a ela todo o resto só tem um valor de segunda ordem". — Essa incondicionada vontade de verdade: o que é ela? É a vontade *de não se deixar enganar*? É a vontade *de não enganar*? Pois também desta última maneira poderia ser interpretada a vontade de verdade: pressuposto que sob a generalização "eu não quero enganar" esteja incluído também o caso particular "eu não quero *me* enganar". Mas por que não enganar? Mas por que não se deixar enganar? — Note-se que os fundamentos do primeiro caso ficam em um domínio totalmente outro do que os do segundo caso: não se quer deixar-se enganar, sob a hipótese de que é pernicioso, perigoso, fatal ser enganado — nesse sentido, ciência seria uma longa prudência, uma cautela, uma utilidade, contra a qual, porém, se poderia, com justiça, objetar: como? o não-querer-se-deixar-enganar é efetivamente menos pernicioso, menos perigoso, menos fatal? O que sabeis de antemão do caráter da existência, para poder decidir se a maior vantagem está do lado do desconfiado incondicional ou do confiante incondicional? Mas, caso ambas forem necessárias, muita confiança *e* muita desconfiança: de onde então poderia a ciência tirar sua crença incondicionada, e sua convicção, que repousa sobre ela, de que verdade é mais importante do que qualquer outra coisa, do que qualquer outra convicção? Justamente essa convicção não poderia ter surgido, se verdade *e* inverdade se mostrassem ambas constantemente como úteis: como é o caso. Portanto — a crença na ciência, que agora está aí incontestavelmente, não pode ter tirado sua origem de um tal cálculo utilitário, mas, antes, *a despeito* de lhe ter sido constantemente demonstrada a inutilidade e a periculosidade da "vontade de verdade", da "verdade a todo preço". "A todo preço": oh, nós o entendemos bastante bem, depois que oferecemos e trucidamos uma crença depois da outra sobre esse altar! — Consequentemente, "vontade de verdade" *não* quer dizer "eu não quero me deixar enganar", mas sim — não há nenhuma escolha — "eu não quero enganar, nem sequer a mim mesmo": — *e com isso estamos no terreno da moral*. Pois basta perguntar-se fundamentalmente: "Por que não queres enganar?", especialmente se houvesse a aparência — e há essa aparência — de que a vida depende de aparência, quero dizer, de erro, impostura, disfarce, cegamento, autocegamento, e se, por outro lado, a grande forma da vida sempre se tivesse mostrado, de fato, do lado do mais inescrupuloso *polytropoi*. Um tal propósito poderia, talvez, interpretado brandamente, ser um quixotismo, um pequeno desatino entusiasta; mas poderia também ser algo ainda pior, ou seja, um princípio destrutivo, hostil à vida... "Vontade de verdade"—isso poderia ser uma velada vontade de morte.—Dessa forma, a questão: por que ciência? reconduz ao problema moral: *para que em geral moral*, se vida, natureza, história, são "imorais"? Sem dúvida nenhuma, o verídico, naquele sentido temerário e último como o pressupõe a crença na ciência, *afirma com isso um outro mundo* do que o da vida, da natureza e da história; e, na medida em que afirma esse "outro mundo", como? não precisa, justamente com isso, de... negar seu reverso, este mundo, o nosso mundo?... No entanto, já se terá compreendido aonde quero chegar, ou seja, que é sempre ainda sobre uma *crença metafísica* que repousa nossa crença na ciência—que também nós, conhecedores de hoje, nós, os sem-Deus e os antimetafísicos, também *nosso* fogo, nós o tiramos ainda da fogueira que uma crença milenar acendeu, aquela crença cristã, que era também a crença de Platão, de que Deus é a verdade, de que a verdade é divina... Mas, e se precisamente isso se tornar cada vez mais desacreditado, se nada mais se demonstrar como divino, que não seja o erro, a cegueira, a mentira—se Deus mesmo se demonstrar como nossa mais longa mentira?

345
Moral como problema.—[...] E como é que ainda não encontrei ninguém, nem mesmo em livros, que tivesse diante da moral essa posição pessoal, que conhecesse a moral como problema e esse problema como sua pessoal desgraça, tormento, volúpia, paixão? Pelo visto, até agora a moral nem sequer foi um problema; era, antes, precisamente aquilo em que, depois de toda desconfiança, discórdia, contradição, entrava-se em acordo, uns com os outros, o lugar santificado da paz, onde os pensadores também repousavam de si mesmos, respiravam, reviviam. Não vejo ninguém que tivesse ousado uma *crítica* dos juízos morais de valor; sinto falta, aqui, até mesmo das tentações da curiosidade científica, da mal acostumada e inquisidora imaginação de psicólogos e historiadores, que facilmente antecipa um problema e o apanha em voo, sem saber muito bem o que foi apanhado. Mal descobri alguns parcos começos para chegar a uma *história genética* desses sentimentos e estimativas de valor (o que é algo outro do que uma crítica dos mesmos, e também algo outro do que a história dos sistemas éticos): em um caso singular, fiz tudo para encorajar uma inclinação e um talento para essa espécie de história—em vão, como me quer parecer hoje. Quanto a esses historiadores da moral (em especial, os ingleses), há pouco o que dizer: eles próprios, de hábito, estão ainda, sem suspeitar de nada, sob o comando de uma

determinada moral e, sem o saber, lhe servem de escudeiros e de séquito; eventualmente, com aquelas ainda tão sinceramente repetidas superstições populares da Europa cristã, de que o característico da ação moral reside na renúncia a si, na negação de si, no sacrifício de si mesmo, ou na simpatia, na compaixão. O erro habitual de sua pressuposição é afirmar algum consenso dos povos, pelo menos dos povos mansos, sobre certas proposições da moral, e disso concluir sua obrigatoriedade incondicionada, também para ti e para mim; ou, inversamente, depois de se darem conta da verdade de que, em diferentes povos, as estimativas morais são *necessariamente* diferentes, concluir pela não obrigatoriedade de *toda* moral: duas coisas que são infantilidades igualmente grandes. O erro dos mais refinados dentre eles é descobrir e criticar as opiniões talvez disparatadas de um povo sobre sua moral, ou do homem sobre toda a moral humana, portanto sobre sua origem, sanção religiosa, superstição da vontade livre e coisas semelhantes, e, com isso, pensar ter criticado essa própria moral. Mas o valor de uma prescrição "tu deves" é ainda fundamentalmente diferente e independente de tais opiniões sobre ela e da erva daninha do erro de que ela, talvez, está coberta: assim como é certo que o valor de um medicamento para o doente é ainda completamente independente de o doente pensar cientificamente ou como uma velha mulher sobre medicina. Uma moral poderia mesmo ter crescido a partir de um erro: mesmo com essa noção, o problema de seu valor ainda não teria sido sequer tocado. — Ninguém, portanto, examinou até agora o *valor* dessa mais célebre de todas as medicinas, chamada moral: para o que, é preciso, primeiro de tudo, alguma vez... pô-lo em questão. Pois bem! Essa é justamente nossa obra.

346

Nosso ponto de interrogação. — [...] A inteira atitude "homem *contra* mundo", o homem como "princípio negador do mundo", o homem como medida de valor das coisas, como juiz de mundos, que por último ainda põe a existência mesma sobre sua balança e a acha leve demais — o monstruoso mau gosto dessa atitude nos veio à consciência como tal, e nos ofende — e já rimos quando encontramos "homem e mundo" colocados lado a lado, separados pela sublime pretensão da palavrinha "e"! Mas como? Será que justamente com isso, rindo, não damos simplesmente um passo adiante no desprezo pelo homem? E, portanto, também no pessimismo, no desprezo pela existência que *nós* podemos conhecer? Não caímos, justamente com isso, na suspeita de uma oposição, de uma oposição entre o mundo em que até agora nos sentíamos em casa com nossas venerações — em virtude das quais, talvez, *tolerávamos viver* — e um outro mundo, *que somos nós próprios*: uma inexorável, radical, profundíssima suspeita sobre nós mesmos, que se apodera de nós, europeus, cada vez mais, cada vez pior, e facilmente poderia colocar as gerações vindouras diante deste terrível ou-ou: "Ou abolir vossas venerações, ou — *vós mesmos*!". Este último seria o niilismo; mas o primeiro não seria também... o niilismo? — Esse é *nosso* ponto de interrogação.

347

Os crentes e sua necessidade de crença. — [...] A crença é sempre desejada com a máxima avidez, é mais urgentemente necessária onde falta vontade: pois é a vontade, como emoção do mando, o sinal distintivo de autodomínio e força. Isto é, quanto menos alguém sabe mandar, mais avidamente deseja alguém que mande, que mande com rigor, um Deus, um príncipe, uma classe, um médico, um confessor, um dogma, uma consciência partidária. De onde talvez se pudesse concluir que as duas religiões universais, o budismo e o cristianismo, poderiam ter tido a razão de seu surgimento, sobretudo de sua súbita propagação, em um descomunal *adoecimento da vontade*. E assim foi na verdade: ambas as religiões encontraram um desejo que, pelo adoecimento da vontade, se acumulara até a insensatez e chegava até o desespero, o desejo de um "tu deves"; ambas as religiões foram mestras de fanatismo em tempos de adormecimento da vontade e, com isso, ofereciam a inúmeros um amparo, uma nova possibilidade de querer, uma fruição do querer. O fanatismo é, com efeito, a única "força de vontade" a que também se podem levar os fracos e inseguros, como uma espécie de hipnotização de todo o sistema sensório-intelectual em favor da superabundante nutrição (hipertrofia) de um único ponto de vista e de sentimento, que doravante domina — o cristão chama-o de sua *crença*. Onde um homem chega à convicção fundamental de que *é preciso* que mandem nele, ele se torna "crente"; inversamente, seria pensável um prazer e força da autodeterminação, uma *liberdade* da vontade, em que um espírito se despede de toda crença, de todo desejo de certeza, exercitado, como ele está, em poder manter-se sobre leves cordas e possibilidades, e mesmo diante de abismos dançar ainda. Um tal espírito seria o *espírito livre par excellence*.

354

Do "gênio da espécie". — O problema do ter-consciência (mais corretamente: do tomar-consciência-de-si[8]) só se apresenta a nós quando começamos

---

8 "Ter-consciência" traduz, aqui, *Bewusstsein*, que significa, bem literalmente: "estar ciente"; a tradução habitual, por "consciência" (que não tem inconveniente em outros textos filosóficos), além de dar margem a confusão com outro sentido, mais frequente nos textos, da palavra *consciência* (equivalente a *Gewissen*), poderia prejudicar o jogo etimológico, presente desde o início — "tomar-consciência-de-si" é a tradução de *Sich-Bewusst-Werden*. (N.T.)

a conceber em que medida poderíamos passar sem ela: e é nesse começo do conceber que nos colocam a fisiologia e a zoologia (as quais, portanto, precisaram de dois séculos para alcançar a premonição de *Leibniz*, que voava na sua dianteira). Poderíamos, com efeito, pensar, sentir, querer, recordar--nos, poderíamos igualmente "agir" em todo sentido da palavra: e, a despeito disso, não seria preciso que tudo isso nos "entrasse na consciência" (como se diz em imagem). A vida inteira seria possível sem que, por assim dizer, se visse no espelho: como, de fato, ainda agora, entre nós, a parte preponderante dessa vida se desenrola sem esse espelhamento — e aliás também nossa vida de pensamento, sentimento, vontade, por mais ofensivo que isso possa soar a um filósofo mais velho. *Para que* em geral consciência, se no principal ela é *supérflua?* — Ora, parece-me, se se quer dar ouvidos à minha resposta a essa pergunta e à sua suposição talvez extravagante, que o refinamento e a força da consciência estão sempre em proporção com a *aptidão de comunicação* de um ser humano (ou animal), e a aptidão de comunicação, por sua vez, em proporção com a *necessidade de comunicação*: isto entendido, não como se o próprio homem singular, que é precisamente mestre em comunicar e tornar inteligíveis suas necessidades, fosse também, ao mesmo tempo, aquele cujas necessidades mais o encaminhassem aos outros. Mas bem me parece ser assim no que se refere a raças inteiras e gerações sucessivas: onde a necessidade, a indigência, coagiram longamente os homens a se comunicarem, a se entenderem mutuamente com rapidez e finura, acaba por haver um excedente dessa força e arte da comunicação, como que uma fortuna[9] que pouco a pouco se acumulou e agora espera por um herdeiro que a gaste perdulariamente (— os assim chamados artistas são esses herdeiros, do mesmo modo que os oradores, pregadores, escritores: todos os homens que sempre vêm no final de uma longa série, sempre "nascidos tarde", no melhor sentido da palavra, e, como foi dito, por essência *perdulários*). *Suposto* que essa observação é correta, posso passar à suposição de que *consciência em geral só se desenvolveu sob a pressão da necessidade de comunicação* — que previamente só entre homem e homem (entre mandante e obediente em particular) ela era necessária, era útil, e também que somente em proporção ao grau dessa utilidade ela se desenvolveu. Consciência é propriamente apenas uma rede de ligação entre homem e homem — apenas como tal ela teve de se desenvolver: o homem ermitão e animal de rapina

---

9 O termo usado aqui é *Vermögen*: palavra de velha tradição filosófica alemã, não convém esquecer que significa também "faculdade" ou "aptidão" (como, por exemplo, na doutrina kantiana das *faculdades*); certamente esse sentido de "poder" está presente aqui, em jogo semântico com o outro, menos "filosófico" talvez, de "poder aquisitivo". (N.T.)

não teria precisado dela. Que nossas ações, pensamentos, sentimentos, e mesmo movimentos, nos cheguem à consciência — pelo menos uma parte deles — é a consequência de um terrível, de um longo "é preciso", reinando sobre o homem: ele *precisava*, como o animal mais ameaçado, de auxílio, de proteção, ele *precisava* de seu semelhante, ele tinha de exprimir sua indigência, de saber tornar-se inteligível — e, para tudo isso, ele necessitava, em primeiro lugar, de "consciência", portanto, de "saber" ele mesmo o que lhe falta, de "saber" como se sente, de "saber" o que pensa. Pois, para dizê-lo mais uma vez: o homem, como toda criatura viva, pensa continuamente, mas não sabe disso; o pensamento que se torna *consciente* é apenas a mínima parte dele, e nós dizemos: a parte mais superficial, a parte pior: — pois somente esse pensamento consciente *ocorre em palavras, isto é, em signos de comunicação*; com o que se revela a origem da própria consciência. Dito concisamente, o desenvolvimento da linguagem e o desenvolvimento da consciência (*não da razão, mas somente do tomar-consciência-de-si da razão*) vão de mãos dadas. Acrescente-se que não é somente a linguagem que serve de ponte entre homem e homem, mas também o olhar, o toque, o gesto; o tomar-consciência de nossas impressões dos sentidos em nós mesmos, a força de poder fixá-las e como que colocá-las fora de nós, aumentou na mesma medida em que cresceu a urgência de transmiti-las a *outros* por signos. O homem inventor de signos é ao mesmo tempo o homem cada vez mais agudamente consciente de si mesmo; somente como animal social o homem aprendeu a tomar consciência de si mesmo — ele o faz ainda, ele o faz cada vez mais. — Meu pensamento é, como se vê: que a consciência não faz parte propriamente da existência individual do homem, mas antes daquilo que nele é da natureza de comunidade e de rebanho; que também, como se segue disso, somente em referência à utilidade de comunidade e rebanho ela se desenvolveu e refinou e que, consequentemente, cada um de nós, com a melhor vontade de *entender* a si mesmo tão individualmente quanto possível, de "conhecer a si mesmo", sempre trará a consciência, precisamente, apenas o não individual em si, seu "corte transversal" — que nosso pensamento mesmo, pelo caráter da consciência — pelo "gênio da espécie" que nele comanda —, é constantemente como que *majorizado* e retraduzido para a perspectiva do rebanho. Nossas ações são, no fundo, todas elas, pessoais de uma maneira incomparável, únicas, ilimitadamente individuais, sem dúvida nenhuma; mas, tão logo nós as traduzimos na consciência, *elas não parecem mais sê-lo*... Isto é propriamente o fenomenalismo e o perspectivismo, assim como eu o entendo: a natureza da *consciência animal* acarreta que o mundo, de que podemos tomar consciência, é apenas um mundo de superfícies e de signos, um mundo generalizado, vulgarizado[10] — que tudo que se torna consciente justamente com isso se *torna* raso, ralo, relativamente estúpido, geral, signo, marca de rebanho, que, com todo tornar-consciente, está associada a uma grande e radical corrupção, falsificação, superficialização e generalização. Por último, a consciência que cresce é um perigo; e quem vive entre os mais conscientes dos europeus sabe até mesmo que ela é uma doença. Não é, como se adivinha, a oposição de sujeito e objeto que me importa aqui: deixo essa distinção aos teóricos do conhecimento, que ficarão presos nas malhas da gramática (a metafísica do povo). E nem é bem a oposição entre "coisa em si" e fenômeno: pois estamos longe de "conhecer" o bastante para sequer podermos *separar*[11] assim. Não temos, justamente, nenhum órgão para o conhecer, para a "verdade"; "sabemos" (ou acreditamos ou imaginamos) precisamente o tanto que, no interesse do rebanho humano, da espécie, pode ser *útil*: e até mesmo o que aqui é denominado "utilidade" é, por último, simplesmente uma crença, uma imaginação, e talvez precisamente aquela estupidez a mais fatal de todas, de que um dia sucumbiremos.

357
Para o velho problema: "o que é alemão?" — [...] Recordarei três casos. Primeiramente, a incomparável compreensão de *Leibniz*, com que ele teve razão, não somente contra Descartes, mas contra tudo o que, até ele, havia filosofado — de que a consciência é apenas um *accidens* da representação, não seu atributo necessário e essencial, de que, portanto, aquilo que denominamos consciência constitui apenas um estado de nosso mundo espiritual e psíquico (talvez um estado doentio) e *está longe de ser ele próprio*: — há nesse pensamento, cuja profundeza ainda hoje não está esgotada, algo de alemão? Há um fundamento para supor que não seria fácil um latino cair nessa inversão da evidência? — pois é uma inversão. Recordemos, em segundo lugar, do grande ponto de interrogação de *Kant*, que ele inscreveu sobre o conceito de "causalidade" — não que ele tivesse, como Hume, duvidado de seu direito em geral: começou, em vez disso, a delimitar cautelosamente o reino no interior do qual esse conceito tem sentido em geral (ainda agora não se acabou de dar conta dessa demarcação de limite). Tomemos

---

10 Mais uma vez, um termo do jargão filosófico submetido a uma rigorosa vivissecção: "generalizado" ou "universalizado" (*verallgemeinert*) é o verbo para significar: "tornado *allgemein*" (que se usa para dizer "juízo *universal*", "necessidade *universal*"); mas seu sentido literal seria: "tornado *comum-a-todos*". Rebatendo-o sobre *vergemeinert* ("tornado vulgar, comum"), o texto ressalta esse sentido, numa frase que soaria então: "tornado comum-a-todos, tornado comum". (N.T.)
11 Em vez do verbo "distinguir" (*unterscheiden* = separar-entre-si), o texto fica apenas com a parte que tem sentido mais concreto, *scheiden* (separar, cindir, dividir). (N.T.)

em terceiro lugar, a assombrosa destreza de *Hegel*, com que ele remanejou a fundo todos os hábitos e as comodidades lógicas, ao ousar ensinar que os conceitos de espécie se desenvolvem *um do outro*—proposição pela qual os espíritos na Europa foram pré-formados para o último grande movimento científico, o darwinismo—pois sem Hegel, não há Darwin. Nessa inovação hegeliana, que foi a primeira a introduzir na ciência o decisivo conceito de "desenvolvimento", há algo de alemão?—Sim, sem dúvida nenhuma: em todos esses três casos, sentimos algo de nós mesmos "descoberto" e adivinhado, e estamos gratos por isso, e surpresos ao mesmo tempo; cada uma dessas três proposições é uma parte considerável de autoconhecimento, de autoexperiência, de autocaptação alemã. "Nosso mundo interior é muito mais rico, mais amplo, mais escondido", assim sentimos com Leibniz; como alemães duvidamos, com Kant, dos conhecimentos científicos naturais como vontade última e, em geral, de tudo o que se *deixa* conhecer causalmente: o cognoscível, como tal, já nos parece de valor menor. Nós alemães somos hegelianos, mesmo que nunca tivesse havido um Hegel, na medida em que nós (em oposição a todos os latinos) atribuímos ao vir-a--ser, ao desenvolvimento, *instintivamente* um sentido mais profundo e um valor mais rico do que àquilo que "é"—mal acreditamos na legitimidade do conceito "ser"—; do mesmo modo, na medida em que não somos propensos a aceitar de nossa lógica humana que ela seja a lógica em si, a única espécie de lógica (preferiríamos persuadir-nos de que ela é apenas um caso especial, e talvez um dos mais estranhos e estúpidos—). Uma quarta pergunta seria se também *Schopenhauer*, com seu pessimismo, isto é, o problema do *valor da existência*, teria de ter sido precisamente um alemão. Não creio. O acontecimento, depois do qual esse problema era de se esperar com segurança, de tal modo que um astrônomo da alma teria podido calcular dia e hora para ele, o declínio da crença no Deus cristão, a vitória do ateísmo científico, é um acontecimento da Europa inteira, em que todas as raças devem ter sua parte de mérito e honra. Inversamente, seria de se atribuir precisamente aos alemães—àqueles alemães, de que Schopenhauer foi contemporâneo—terem *protelado* mais longamente e mais perigosamente essa vitória do ateísmo; Hegel, em especial, foi seu protelador *par excellence*, na medida da grandiosa tentativa que fez de nos persuadir da divindade da existência, recorrendo ainda, por último, ao nosso sexto sentido, "o sentido histórico". Schopenhauer foi, como filósofo, o *primeiro* ateísta confesso e inflexível que nós alemães tivemos: sua hostilidade contra Hegel teve aqui seu fundamento secreto. A não divindade da existência era para ele algo dado, palpável, indiscutível; ele perdia sua lucidez de filósofo e se indignava toda vez que via alguém protelar e fazer rodeios neste ponto. Nisso consiste sua retidão: o incondicionado, leal ateísmo é justamente o *pressuposto* de sua colocação do problema. Como uma vitória final, e duramente conquistada, da consciência europeia, como o ato mais rico de consequências de uma disciplina de dois milênios para a verdade, que por fim se proíbe a *mentira* de acreditar em Deus... Vê-se *o que* propriamente triunfou sobre o Deus cristão: a própria moralidade cristã, o conceito de veracidade, tomado cada vez mais rigorosamente, o refinamento de confessores da consciência cristã, traduzido e sublimado em consciência científica, em asseio intelectual a qualquer preço. Considerar a natureza como se ela fosse uma prova da bondade e da custódia de Deus; interpretar a história em honra de uma razão divina, como constante testemunho de uma ordenação ética do mundo com intenções finais éticas; interpretar as próprias vivências, como a interpretavam há bastante tempo homens devotos, como se tudo fosse providência, tudo fosse aviso, tudo fosse inventado e ajustado por amor da salvação da alma: isso agora *passou*, isso tem *contra* si a consciência, isso, para toda consciência mais refinada, passa por indecoroso, desonesto, por mentira, efeminamento, fraqueza, covardia — é por esse rigor, se é que é por alguma coisa, que somos justamente *bons* europeus e herdeiros da mais longa e mais corajosa autossuperação da Europa. Ao afastarmos de nós, dessa forma, a interpretação cristã, e ao condenarmos seu "sentido" como uma falsificação de moeda, logo vem a nós, de uma maneira terrível, a pergunta de Schopenhauer: *Tem então a existência, em geral, um sentido?* — essa pergunta que ainda levará alguns séculos para simplesmente ser ouvida completamente e em todas as suas profundezas. O que o próprio Schopenhauer respondeu a essa pergunta foi — perdoem-me — algo precipitado, juvenil, apenas um compromisso, um parar e ficar entalado justamente nas perspectivas morais cristã-ascéticas, às quais, com a crença em Deus, *foi retirada a crença*... Mas ele colocou a pergunta — como um bom europeu, como foi dito, e *não* como alemão. [...]

370

O que é romantismo? — Talvez se lembrem, pelo menos entre meus amigos, que no início foi com alguns grosseiros erros e superestimativas e, em todo caso, com esperança, que me precipitei sobre este mundo moderno. Entendia — quem sabe em função de que experiências pessoais? — o pessimismo filosófico do século XIX como se fosse sintoma de força superior de pensamento, de bravura mais temerária, de mais vitoriosa *plenitude* de vida, do que haviam sido próprios ao século XVIII, a época de Hume, de Kant, de Condillac e dos sensualistas: de modo que o conhecimento trágico me aparecia como sendo propriamente o *luxo* de uma civilização, como seu mais precioso, mais nobre, mais perigoso modo de esbanjamento, mas sempre, em razão de sua superabundância, como seu luxo *permitido*. Do mesmo modo, expliquei-me a música alemã interpretando-a como expressão de uma potencialidade dionisíaca da alma alemã: nela acreditei ouvir o tremor de terra com que uma força primordial represada desde antiguidades finalmente abre espaço para si — indiferente se, com isso, tudo o que ainda se chama civilização entra em trepidação. Vê-se que eu desconhecia, naquele tempo, tanto no pessimismo filosófico quanto na música alemã, aquilo que constitui propriamente seu caráter — seu *romantismo*. O que é romantismo? Toda arte, toda filosofia, pode ser considerada meio de cura e de auxílio a serviço da vida que cresce, que combate: pressupõe sempre sofrimento e sofredores. Mas há duas espécies de sofredores, primeiro os que sofrem de *abundância de vida*, que querem uma arte dionisíaca e, do mesmo modo, uma visão e compreensão[12] trágicas da vida — e depois os que sofrem de *empobrecimento de vida*, que procuram por repouso, quietude, mar liso, redenção de si mesmo pela arte e pelo conhecimento, ou então a embriaguez, o espasmo, o ensurdecimento, o delírio. À dupla necessidade *deste último*, corresponde todo romantismo em artes e conhecimentos, a eles correspondia (e corresponde) Schopenhauer assim como Richard Wagner, para citar aqueles mais célebres e expressivos românticos, que naquele tempo foram *mal-entendidos* por mim — de resto, *não* em sua desvantagem, como se pode conceder-me com toda equidade. O mais rico em plenitude de vida, o deus e homem dionisíaco, não somente pode permitir-se a visão do terrível e problemático, mas até mesmo o ato terrível e todo luxo de destruição, decomposição, negação; nele, o mau, o insensato e o feio aparecem como que permitidos, em consequência de um excedente de forças geradoras, fecundantes, que de cada deserto está ainda em condição de criar uma exuberante terra frutífera. Inversamente, o mais sofredor, mais pobre de vida, teria a máxima necessidade de brandura, boa paz, bondade, no pensar e no agir, se possível um Deus, que seria bem propriamente um deus para doentes, um "salvador";[13] assim também de lógica, da inteligibilidade conceitual da existência — pois a lógica tranquiliza, cria confiança —, em suma, uma certa estreiteza cálida que protege do medo e uma inclusão em horizontes otimistas. Dessa forma, aprendi pouco a pouco a compreender Epicuro, o oposto de um pessimista dionisíaco, e igualmente o "cristão", que

---

12 "*Ansicht und Einsicht*": a primeira palavra significa propriamente "perspectiva, aspecto, modo de ver"; a segunda (no mesmo modelo que o inglês *insight*), "visão interna, penetração, inteligência". Entenderíamos, pois: "uma visão trágica da vida em superfície e em profundidade", ou então "diante de si e dentro de si", e assim teríamos aproximações, pois aqui falecem os recursos da língua. (N.T.)

13 *Heiland*, o Salvador, significa Cristo; mas o verbo é *heilen*, que diz ao mesmo tempo "curar, sarar". Assim: *heil* — são (e salvo), e *heilig* — São ou Santo. (N.T.)

de fato é apenas uma espécie de epicurista e, como aquele, essencialmente romântico — e meu olhar se aguçava cada vez mais para aquela forma, a mais difícil e a mais cativante, de *inferência regressiva*, na qual é feita a maioria dos erros — a inferência que regride da obra ao criador, do ato ao agente, do ideal àquele que *necessita* dele, de todo modo de pensar e de valorar à *necessidade* que comanda por trás dele. — Em vista de todos os valores estéticos, sirvo-me agora desta distinção capital: em cada caso, pergunto "aqui foi a fome ou o supérfluo que se tornou criativo?". De antemão, poderia parecer recomendar-se ainda uma outra distinção — ela salta bem mais à vista —, ou seja, reparar se é o desejo de tornar rígido, de eternizar, de *ser*, que é a causa do criar, ou então o desejo de destruição, de mudança, de novo, de futuro, de *vir-a-ser*. Mas essas duas espécies de desejos se demonstram, consideradas em profundidade, ainda suscetíveis de dupla interpretação, e aliás interpretáveis justamente segundo aquele esquema estabelecido acima e, com razão, ao que me parece, preferido. O desejo de *destruição*, mudança, vir-a-ser, pode ser a expressão da força repleta, grávida de futuro (meu *terminus* para isso, como se sabe, é a palavra "dionisíaco"), mas pode ser também o ódio do malogrado, do desprovido, do enjeitado, que destrói, *tem de* destruir, porque para ele o subsistente, e aliás todo subsistir, todo ser mesmo, revolta e irrita — para entender este sentimento, vejam-se de perto nossos anarquistas. A vontade de *eternizar* requer, igualmente, uma dupla interpretação. Pode, em primeiro lugar, provir de gratidão e amor: — uma arte dessa origem será sempre uma arte de apoteose, talvez ditirâmbica, com Rubens, venturosamente irônica com Hafis, clara e bondosa com Goethe, e espalhando um brilho homérico de beleza e glória sobre todas as coisas. Mas pode ser também aquela tirânica *vontade* de alguém que sofre gravemente, de um combatente, de um torturado, que gostaria ainda de moldar o mais pessoal, mais único, mais estreito, propriamente a idiossincrasia de seu sofrimento, em lei e coação obrigatória, e que de todas as coisas como que toma vingança, imprimindo, cravando, marcando a fogo nelas a *sua* imagem, a imagem de *sua* tortura. Este último é o pessimismo romântico em sua forma mais expressiva, seja como filosofia schopenhaueriana da vontade, seja como música wagneriana: — o pessimismo romântico, o último *grande* acontecimento no destino de nossa civilização. (Que *pode* haver ainda um pessimismo inteiramente outro, um pessimismo clássico — esse pressentimento e essa visão pertencem a mim, como indissociáveis de mim, como meu *proprium* e *ipsissimum*: só que a palavra "clássico" repugna a meus ouvidos, está gasta demais pelo uso, redonda demais, e tornou-se irreconhecível. Chamo a esse pessimismo do futuro — pois ele vem! eu o vejo vindo! — o pessimismo *dionisíaco*.)

380

"O andarilho" fala.—Para uma vez ver com distância nossa moralidade europeia, para medi-la com outras moralidades, anteriores ou vindouras, é preciso fazer como faz um andarilho que quer saber a altura das torres de uma cidade: para isso, ele *deixa* a cidade. "Pensamentos sobre preconceitos morais", caso não devam ser preconceitos sobre preconceitos, pressupõem uma posição *fora* da moral, algum além de bem e mal, ao qual é preciso subir, galgar, voar—e no caso dado, em todo caso, um além de *nosso* bem e mal, uma liberdade diante de toda "Europa", esta última entendida como uma soma de juízos de valor imperativos, que nos entraram na carne e no sangue. *Querer* partir precisamente nessa direção, ir nessa direção, é, talvez, um pequeno disparate, um bizarro, irracional "tu tens de"—pois também nós, os conhecedores, temos nossas idiossincrasias da "vontade não livre"—; a questão é se se *pode* efetivamente ir nessa direção. Isso dependeria de múltiplas condições; no principal, a pergunta é quão leves ou quão pesados nós somos, o problema de nosso "peso específico". É preciso ser *muito leve* para levar sua vontade de conhecimento até uma tal distância e como que para além de seu tempo, para se criar olhos para a supervisão de milênios e, ainda por cima, céu puro nesses olhos! É preciso ter-se desvencilhado de muito daquilo que, precisamente a nós, europeus de hoje, oprime, entrava, mantém abaixados, torna pesados. O homem de um tal além, que quer discernir as mais altas medidas de valor de seu tempo, precisa, para isso, primeiramente "superar" em si mesmo esse tempo—é a prova de sua força—e, consequentemente, não só seu tempo, mas também a má vontade e a contradição que ele próprio teve até agora *contra* esse tempo, seu sofrimento com esse tempo, sua extemporaneidade, seu *romantismo*...

382

A grande saúde.—Nós, os novos, os sem-nome, os difíceis de entender, nós, os nascidos cedo de um futuro ainda indemonstrado—nós precisamos, para um novo fim, também de um novo meio, ou seja, de uma nova saúde, de uma saúde mais forte, mais engenhosa, mais tenaz, mais temerária, mais alegre do que todas as saúdes que houve até agora. Aquele cuja alma tem sede de viver o âmbito inteiro dos valores e anseios que prevaleceram até agora e de circunavegar todas as costas desse "mar mediterrâneo" ideal, aquele que quer saber, pelas aventuras de sua experiência mais própria, o que se passa na alma de um conquistador e explorador do ideal, assim como de um artista, de um santo, de um legislador, de um sábio, de um erudito, de um devoto, de um adivinho, de um apóstata no velho estilo: este precisa, para isso, primeiro que tudo, de uma coisa, da *grande saúde*—de uma saúde tal, que não somente se tem, mas que também constantemente se *conquista* ainda, e se tem de conquistar, porque sempre se abre mão dela outra vez, e se tem de abrir mão!... E agora, depois de por muito tempo estarmos a caminho dessa forma, nós, argonautas do ideal, mais corajosos talvez do que prudentes, e muitas vezes naufragados e danificados, mas, como foi dito, mais sadios do que gostariam de nos permitir, perigosamente sadios, sempre sadios outra vez — quer-nos parecer que, em recompensa por isso, temos diante de nós uma terra ainda inexplorada, cujos limites ninguém mediu ainda, um além de todas as terras e rincões do ideal conhecidos até agora, um mundo tão abundante em coisas belas, estranhas, problemáticas, terríveis e divinas, que nossa curiosidade, assim como nossa sede de posse, ficam fora de si — ai, que doravante nada mais nos pode saciar! Como poderíamos, depois de ver tais paisagens, e com uma tal voracidade na consciência e na ciência, contentar-nos com o *homem do presente*? É pena: mas é inevitável que consideremos seus mais dignos alvos e esperanças apenas com uma seriedade mal mantida, e talvez nem sequer os consideremos mais. Um novo ideal corre à nossa frente, um ideal estranho, tentador, rico de perigos, ao qual não gostaríamos de persuadir ninguém, porque a ninguém concederíamos tão facilmente o *direito a ele*: o ideal de um espírito que joga ingenuamente, isto é, sem querer e por transbordante plenitude e potencialidade, com tudo o que até agora se chamou sagrado, bom, intocável, divino; para o qual o mais alto, em que o povo encontra legitimamente sua medida de valor, já significaria perigo, declínio, rebaixamento ou, no mínimo, descaso, cegueira, esquecimento temporário de si; o ideal de um bem-estar e bem-querer humano-sobre-humano, que muitas vezes parecerá *inumano*, quando, por exemplo, se põe ao lado de toda seriedade terrestre até agora, ao lado de toda espécie de solenidade em gesto, palavra, tom, olhar, moral e tarefa, como sua mais corporal, sua involuntária paródia — e com o qual somente, a despeito de tudo isso, começa talvez a *grande seriedade*, com o qual é posto o verdadeiro ponto de interrogação, o destino da alma muda de rumo, o ponteiro avança, a tragédia *começa*...

ASSIM FALOU ZARATUSTRA
UM LIVRO PARA TODOS E NINGUÉM
1883-1885

PRIMEIRA PARTE [1883]

PREFÁCIO DE ZARATUSTRA

4

Zaratustra, porém, olhava para o povo e se admirava. Depois falou assim:

O homem é uma corda, atada entre o animal e o além-do-homem — uma corda sobre um abismo.

Perigosa travessia, perigoso a-caminho, perigoso olhar-para-trás, perigoso arrepiar-se e parar.

O que é grande no homem é que ele é uma ponte e não um fim: o que pode ser amado no homem é que ele é um *passar* e um *sucumbir*.

Amo Aqueles que não sabem viver a não ser como os que sucumbem, pois são os que atravessam.

Amo os do grande desprezo, porque são os do grande respeito, e dardos da aspiração pela outra margem.

Amo Aqueles que não procuram atrás das estrelas uma razão para sucumbir e serem sacrificados: mas que se sacrificam à terra, para que a terra um dia se torne do além-do-homem.

Amo Aquele que vive para conhecer e que quer conhecer, para que um dia o além-do-homem viva. E assim quer ele sucumbir.

Amo Aquele que trabalha e inventa para construir a casa para o além-do--homem e prepara para ele terra, animal e planta: pois assim quer ele sucumbir.

Amo Aquele que ama sua virtude: pois virtude é vontade de sucumbir e um dardo da aspiração.

Amo Aquele que não reserva uma gota de espírito para si, mas quer ser inteiro o espírito de sua virtude: assim ele passa como espírito por sobre a ponte.

Amo Aquele que faz de sua virtude seu pendor e sua fatalidade: assim, é por sua virtude que ele quer viver ainda e não viver mais.

Amo Aquele que não quer ter muitas virtudes. Uma virtude é mais virtude do que duas, porque tem mais nó a que suspender-se a fatalidade.

Amo Aquele cuja alma se esbanja, que não quer gratidão e que não devolve: pois ele sempre dá e não quer poupar-se.

Amo Aquele que se envergonha quando o dado cai em seu favor, e que então pergunta: "Sou um jogador desleal?" — pois quer ir ao fundo.

Amo Aquele que lança à frente de seus atos palavras de ouro e sempre cumpre ainda mais do que promete: pois ele quer sucumbir.

Amo Aquele que justifica os futuros e redime os passados: pois ele quer ir ao fundo pelos presentes.

Amo Aquele que açoita seu deus, porque ama seu deus: pois tem de ir ao fundo pela ira de seu deus.

Amo Aquele cuja alma é profunda também no ferimento, e que por um pequeno incidente pode ir ao fundo: assim ele passa de bom grado por sobre a ponte.

Amo Aquele cuja alma é repleta, de modo que ele esquece de si próprio, e todas as coisas estão nele: assim todas as coisas se tornam seu sucumbir.

Amo Aquele que é de espírito livre e coração livre: assim sua cabeça é apenas a víscera de seu coração, mas seu coração o leva ao sucumbir.

Amo todos Aqueles que são como gotas pesadas caindo uma a uma da nuvem escura que pende sobre os homens: eles anunciam que o relâmpago vem, e vão ao fundo como anunciadores. Vede, eu sou um anunciador do relâmpago, e uma gota pesada da nuvem: mas esse relâmpago se chama o *além-do-homem*.

9

[...] Uma luz se acendeu para mim: é de companheiros de viagem que eu preciso, e vivos — não de companheiros mortos e cadáveres, que carrego comigo para onde eu quero ir.

Mas é de companheiros vivos que eu preciso, que me sigam porque querem seguir a si próprios — e para onde eu quero ir.

Uma luz se acendeu para mim: não é ao povo que deve falar Zaratustra, mas a companheiros! Não deve Zaratustra tornar-se pastor e cão de um rebanho.

Desgarrar muitos do rebanho — foi para isso que eu vim. Devem vociferar contra mim povo e rebanho: rapinante quer chamar-se Zaratustra para os pastores.

Pastores digo eu, mas eles se denominam os bons e justos. Pastores digo eu: mas eles se denominam os crentes da verdadeira crença.

Vede os bons e justos! Quem eles odeiam mais? Aquele que quebra suas tábuas de valores, o quebrador, o infrator: — mas este é o criador.

Vede os crentes de toda crença! Quem eles odeiam mais? Aquele que quebra suas tábuas de valores, o quebrador, o infrator: — mas este é o criador.[1] [...]

---

[1] "Além-do-homem", por *Übermensch*, termo de origem medieval, calcado sobre o adjetivo *übermenschlich* (sobre-humano), no sentido inicial de "sobrenatural", em latim *humanus, homo*, etimologicamente: o nascido da terra (de *humus*), cf.: "mas que se sacrificam à *terra*, para que a terra um dia se torne do além-do-homem" (§4). Firmado pela tradição literária (Goethe, Herder) e renovado radicalmente por Nietzsche: ser humano, que *transpõe* os limites do humano. Na falta de uma forma como, p. ex., "sobre-homem" (como em francês *surhomme*), não há equivalente adequado em português, mas este

DAS TRÊS TRANSMUTAÇÕES

Três transmutações vos cito do espírito: como o espírito se torna em camelo, e em leão o camelo, e em criança, por fim, o leão.

Muito de pesado há para o espírito, para o espírito forte, que suporta carga, em que reside o respeito: pelo pesado e pelo pesadíssimo reclama sua força.

O que é pesado? assim pergunta o espírito de carga, assim ele se ajoelha, igual ao camelo, e quer ser bem carregado.

O que é o pesadíssimo, ó heróis? assim pergunta o espírito de carga, para que eu o tome sobre mim e me alegre de minha força.

Não é isto: abaixar-se, para fazer mal a sua altivez? Deixar brilhar sua tolice, para zombar de sua sabedoria?

Ou é isto: apartar-nos de nossa causa, quando ela festeja sua vitória? Galgar altas montanhas, para tentar o tentador?

Ou é isto: nutrir-se de bolotas e grama do conhecimento e por amor à verdade sofrer fome na alma?

Ou é isto: estar doente e mandar embora os consoladores e fazer amizade com surdos, que nunca ouvem o que tu queres?

Ou é isto: entrar em água suja, se for a água da verdade, e não afastar de si frias rãs e sapos que queimam?

Ou é isto: amar aqueles que nos desprezam e estender a mão ao espectro quando ele nos quer fazer medo?

Todo esse pesadíssimo o espírito de carga toma sobre si: igual ao camelo, que carregado corre para o deserto, assim ele corre para seu deserto.

Mas no mais solitário deserto ocorre a segunda transmutação: em leão se torna aqui o espírito, liberdade quer ele conquistar, e ser senhor de seu próprio deserto.

Seu último senhor ele procura aqui: quer tornar-se inimigo dele e de seu último deus, pela vitória quer lutar com o grande dragão.

Qual é o grande dragão, a que o espírito não quer mais chamar de se-

---

próprio §4 do *Zaratustra* dá o contexto e a direção em que deve ser lida a palavra: "travessia, passar, atravessar". Para "travessia", o texto traz apenas a preposição *Hinüber*, como que solta no ar; *Übergang* (de *übergehen*, passar sobre) está em simetria com *Untergang* (de *untergehen*, ir abaixo, declinar, sucumbir, que se usa também para o acaso dos astros); numa tradução analítica, se diria: uma "ida-por-sobre" e uma "ida-abaixo"; para "atravessar", *hinübergehen*. Todos estes jogos com *über* (sobre, por sobre, para além) são demarcatórios quanto ao sentido do prefixo em *Über-mensch*. — "Sucumbir, ir-ao-fundo", *Untergang*, *zugrundegehen*: em alemão, locuções feitas, eventualmente sinônimas. Mas o texto põe em realce seu sentido concreto, completo. — "Pendor, fatalidade, suspender-se, pender", por *Hang*, *Verhängnis*, *sich hängen*. *Verhängnis* vem do verbo *verhängen*, no sentido primeiro de: soltar (deixar pensas) as rédeas de um cavalo; daí: destino incontrolável, fatalidade. — "Quebrar, quebrador, infrator", por *zerbrechen* (mais precisamente: destruir quebrando), *Brecher* (o que quebra, infringe a lei), *Verbrecher* (o delinquente, o criminoso). (N.T.)

nhor e deus? "Tu-deves" se chama o grande dragão. Mas o espírito do leão diz "eu quero".

"Tu-deves" está em seu caminho, cintilante de ouro, um animal de escamas, e em cada escama resplandece em dourado: "Tu deves!".

Valores milenares resplandecem nessas escamas, e assim fala o mais poderoso de todos os dragões: "todo o valor das coisas — resplandece em mim".

"Todo o valor já foi criado, e todo valor criado — sou eu. Em verdade, não deve haver mais nenhum 'Eu quero'!" Assim fala o dragão.

Meus irmãos, para que é preciso o leão no espírito? Em que não basta o animal de carga, que renuncia e é respeitoso?

Criar novos valores — disso nem mesmo o leão ainda é capaz: mas criar liberdade para nova criação — disso é capaz a potência do leão.

Criar liberdade e um sagrado Não, mesmo diante do dever: para isso, meus irmãos, é preciso o leão.

Tomar para si o direito a novos valores — eis o mais terrível tomar, para um espírito de carga e respeitoso. Em verdade, para ele é uma rapina, e coisa de animal de rapina.

Como seu mais sagrado amava ele outrora o "Tu-deves": agora tem de encontrar ilusão e arbítrio até mesmo no mais sagrado, para conquistar sua liberdade desse amor: é preciso o leão para essa rapina.

Mas dizei, meus irmãos, de que ainda é capaz a criança, de que nem mesmo o leão foi capaz? Em que o leão rapidamente tem ainda de se tornar em criança? Inocência é a criança, e esquecimento, um começar-de-novo, um jogo, uma roda rodando por si mesma, um primeiro movimento, um sagrado dizer-sim.

Sim, para o jogo do criar, meus irmãos, é preciso um sagrado dizer-sim: *sua* vontade quer agora o espírito, *seu* mundo ganha para si o perdido do mundo.

Três transmutações vos citei do espírito: como o espírito se tornou em camelo, e em leão o camelo, e o leão, por fim, em criança. —

Assim falou Zaratustra. E naquele tempo ele se demorava na cidade, que é chamada: A vaca colorida.

DOS ULTRAMUNDANOS

[...] Ai, meus irmãos, esse deus, que eu criei, era obra humana e delírio humano, igual a todos os deuses!

Homem era ele, e apenas um pobre pedaço de homem e de eu: de minha própria cinza e brasa ele veio a mim, esse espectro, e — em verdade! Não me veio do além!

O que aconteceu, meus irmãos? Eu me superei, a mim sofredor, eu levei minha própria cinza à montanha, uma chama mais clara inventei para mim. E vede! O espectro se *afastou* de mim!

Sofrimento seria para *mim* agora, e tormento para o convalescente, acreditar em tais espectros: sofrimento seria para mim agora, e rebaixamento. Assim falo eu aos ultramundanos.

Sofrimento foi, e foi impotência — o que criou todos os ultramundos; e aquele curto delírio de felicidade, que somente o mais sofredor experimenta.

Cansaço, que de um salto quer chegar até o último, de um salto mortal; um pobre cansaço ignorante, que nem mesmo querer quer mais: foi ele que criou todos os deuses e ultramundos.[2] [...]

DA ÁRVORE DA MONTANHA

[...] E quando tinham caminhado um pouco juntos, Zaratustra começou a falar assim:

Isso me dilacera o coração. Melhor do que o dizem tuas palavras, diz-me teu olho todo o perigo que corres.

Ainda não estás livre, *procuras* ainda pela liberdade. Transnoitado te fez tua procura, e excessivamente alerta.[3]

Às livres alturas queres ir, de estrelas tem sede tua alma. Mas também teus maus impulsos têm sede de liberdade.

Teus cães selvagens querem sair para a liberdade; ladram de prazer em seu porão, quando teu espírito trata de soltar as prisões.

Ainda és para mim um prisioneiro, que pensa na liberdade: ai, prudente se torna em tais prisioneiros a alma, mas também ardilosa e má.

Purificar-se precisa ainda o libertado do espírito. Muito de prisão e de mofo ainda persiste nele: puro precisa ainda tornar-se seu olho.

Sim, conheço teu perigo. Mas, por meu amor e esperança, eu te exorto: não atires fora teu amor e esperança!

Nobre te sentes ainda, e nobre te sentem ainda também os outros, os que te querem mal e te lançam olhares maus. Fica sabendo que, para todos, aquele que é nobre é uma pedra no caminho. Também para os bons o nobre

---

2 "Ultramundanos, ultramundos", por *Hinterwelter, Hinterwelten*: a preposição *hinter* significa propriamente "por trás", "atrás". Assim o texto traduz ironicamente por "ultramundanos" o termo de origem grega, "metafísicos", guardando ainda a assonância com *Hinterwälder*, habitantes dos fundos da floresta virgem, selvagens alheios ao mundo; Cf. também em francês, *arrière-monde*. (N.T.)
3 "Transnoitado, excessivamente alerta", por *Übernächtig, überwach*: jogo entre os sentidos de "insônia", "vigilância" e "excitação febril, que não deixa dormir". *Überwachen* diz ainda: vigiar, supervisionar. (N.T.)

é uma pedra no caminho: e mesmo se eles o denominam um dos bons, com isso querem pô-lo de lado.

Novo quer o nobre criar, e uma nova virtude. Velho quer o bom, e que o velho fique conservado.

Mas não é esse o perigo para o nobre, tornar-se um bom, mas tornar-se um insolente, um escarnecedor, um aniquilador.

Ai, eu conheci nobres que perderam sua mais alta esperança. E desde então caluniavam todas as altas esperanças.

Desde então viviam insolentes em prazeres curtos, e mal lançavam alvos para além de cada dia.

"Espírito também é volúpia" — assim diziam eles. Com isso quebraram as asas de seu espírito: agora ele rasteja e se suja no que vai roendo.

Outrora pensavam tornar-se heróis: fruidores são agora. Um desgosto e um horror é para eles o herói.

Mas, por meu amor e esperança, eu te exorto: não atires fora o herói que está em tua alma! Mantém sagrada tua mais alta esperança! —

Assim falou Zaratustra.

DO NOVO ÍDOLO

Em algum lugar, há ainda povos e rebanhos, mas não entre nós, meus irmãos: aqui há Estados.

Estado? O que é isso? Pois bem! Agora abri-me vossos ouvidos, pois agora vos direi minha palavra da morte dos povos.

Estado chama-se o mais frio de todos os monstros frios. Friamente também ele mente: e esta mentira rasteja de sua boca: "Eu, o Estado, sou o povo".

É mentira! Criadores foram os que criaram os povos e suspenderam uma crença e um amor sobre eles: assim serviam à vida.

Aniquiladores são aqueles que armam ciladas para muitos e as chamam de Estado: suspendem uma espada e cem apetites sobre eles.

Onde ainda há povo, ali o povo não entende o Estado e o odeia como olhar mau e pecado contra costumes e direitos.

Este signo eu vos dou: cada povo fala sua língua de bem e mal: esta o vizinho não entende. Sua própria língua ele inventou para si em costumes e direitos.

Mas o Estado mente em todas as línguas de bem e mal; e, fale ele o que for, ele mente — e o que quer que ele tenha, ele roubou.

Falso é tudo nele; com dentes roubados ele morde, esse mordaz. Falsas são até mesmo suas vísceras.

Confusão de línguas de bem e mal: este signo vos dou como signo do

Estado. Em verdade, é a vontade de morte que esse signo indica! Em verdade, ele acena aos pregadores da morte!

São demasiado muitos os que nascem: para os supérfluos, foi criado o Estado! [...]

DOS MIL E UM ALVOS

[...] Em verdade, os homens se deram todo o seu bem e mal. Em verdade, eles não o tomaram, eles não o encontraram, não lhes caiu como uma voz do céu.

Valores foi somente o homem que pôs nas coisas, para se conservar — foi ele somente que criou sentido para as coisas, um sentido de homem! Por isso ele se chama de "homem", isto é: o estimador.

Estimar é criar: ouvi isto, ó criadores! O próprio estimar é, para todas as coisas estimadas, tesouro e joia.

Somente pelo estimar há valor: e sem o estimar a noz da existência seria oca. Ouvi isto, ó criadores!

Mutação dos valores — essa é a mutação daqueles que criam. Sempre aniquila, quem quer ser um criador.

Criadores foram primeiro os povos, e só mais tarde os indivíduos; em verdade, o próprio indivíduo é ainda a mais jovem das criações.

Povos suspendiam outrora uma tábua do bem sobre si. Amor que quer dominar e amor que quer obedecer criaram juntos, para si, tais tábuas.

Mais antigo é o gosto pelo rebanho do que o gosto pelo eu: enquanto a boa consciência se chama rebanho, somente a má consciência diz: eu.

Em verdade, o eu astuto, o sem-amor, o que procura o que lhe é útil no que é útil a muitos: esse não é a origem do rebanho, mas seu declínio.

Os que amam foram sempre, e os que criam, os que criaram bem e mal. Fogo do amor arde nos nomes de todas as virtudes, e fogo da ira.

Muitas terras viu Zaratustra, e muitos povos: nenhuma potência maior encontrou Zaratustra sobre a terra do que as obras dos que amam: "bom" e "mau" é seu nome.[4] [...]

---

4 "'Homem', isto é: o estimador", por "'*Mensch*', *das ist: der Schätzende*": na origem da palavra *Mensch*, *mannisco*, substantivação do velho alto-alemão *mennísc* (humano), encontra-se o radical indo-germânico *men* (*pensar*), o mesmo que em latim deu *mens* (mente) *e mensurare* (medir). Talvez Nietzsche se refira a este último sentido, tanto mais que "pensar" guarda lembrança de: tomar o peso, ponderar. *Schätzen* por: estimar, avaliar, apreciar, daí *Schätzende*, o que estima, o taxador. — "Estimar, tesouro", por *schätzen*, *Schatz*; aqui é o verbo que deriva do substantivo. (N.T.)

DA VIRTUDE QUE DÁ

2

[...] Ainda combatemos palmo a palmo com o gigante Acaso, e sobre a humanidade inteira reinou até agora a insensatez, o sem-sentido.

Que vosso espírito e vossa virtude sirvam ao sentido da terra, meus irmãos: que o valor de todas as coisas seja renovado por vós! Para isso deveis ser combatentes! Para isso deveis ser criadores!

Sabendo purifica-se o corpo; ensaiando com saber ele se eleva; naquele que conhece santificam-se todos os impulsos; naquele que se elevou, a alma se torna gaia.

Médico, ajuda a ti próprio: assim ajudas também a teu doente. Seja esta tua melhor ajuda, que ele veja com seus olhos aquele que cura a si próprio.

Mil veredas há que nunca foram andadas ainda, mil saúdes e ilhas escondidas da vida. Inesgotados e inexplorados estão ainda o homem e a terra do homem.

Vigiai e escutai, ó solitários! Do futuro chegam ventos com misteriosas batidas de asa; e para ouvidos finos há boa notícia.

Vós solitários de hoje, vós que vos apartais, havereis um dia de ser um povo: de vós, que vos elegestes a vós próprios, há de crescer um povo eleito: — e dele, o além-do-homem.

Em verdade, um lugar de convalescença há de tornar-se ainda a terra! E já há um novo aroma em torno dela, um aroma que traz saúde — e uma nova esperança!

SEGUNDA PARTE [1883]

> "— e somente quando me tiverdes todos renegado eu voltarei a vós. Em verdade com outros olhos, meus irmãos, eu procurarei então os meus perdidos; com um outro amor eu vos amarei então."
> ZARATUSTRA, PRIMEIRA PARTE, "DA VIRTUDE QUE DÁ"

NAS ILHAS BEM-AVENTURADAS

[...] Querer liberta: eis a verdadeira doutrina da vontade e da liberdade — assim Zaratustra a ensina a vós.

Não-mais-querer e não-mais-estimar e não-mais-criar! ai, que esse grande cansaço fique sempre longe de mim!

Também no conhecer sinto somente o prazer de gerar e de vir-a-ser de minha vontade; se há inocência em meu conhecimento, isso acontece porque há nele vontade de gerar.

Para longe de Deus e deuses me atraiu essa vontade; o que haveria para criar, se deuses — existissem!

Mas ao homem ela me impele sempre de novo, minha fervorosa vontade de criar; assim o martelo é impelido para a pedra.

Ai, vós humanos, na pedra dorme para mim uma imagem, a imagem de minhas imagens! Ai, que ela tem de dormir na mais dura, na mais feia das pedras!

E meu martelo se enfurece cruelmente contra essa prisão. Pedaços da pedra pulverizam-se; que me importa isso?

Consumar é o que eu quero: pois uma sombra veio a mim — de todas as coisas, o mais silencioso e o mais leve veio um dia a mim!

A beleza do além-do-homem veio a mim como sombra. Ai, meus irmãos! Que me importam ainda — os deuses! —

Assim falou Zaratustra.

DOS VIRTUOSOS

[...] Ai, que mal a palavra "virtude" lhes corre da boca! E quando dizem: "*ich bin gerecht*" [sou justo], sempre soa igual a: "*ich bin gerächt!*" [estou vingado!].

Com sua virtude, querem arrancar os olhos de seus inimigos; e só se elevam para rebaixar outros.

E há, por sua vez, os que se acocoram em seus pântanos e falam assim de dentro dos caniços: "Virtude — é acocorar-se em silêncio no pântano.

Não mordemos ninguém e saímos do caminho daquele que quer morder; e em tudo temos a opinião que nos dão".

E há, por sua vez, aqueles que amam os gestos e pensam: Virtude é uma espécie de gesto.

Seus joelhos sempre rezam, e suas mãos são panegíricos à virtude, mas seu coração nada sabe disso.

E há, por sua vez, aqueles que tomam por virtude dizer: "Virtude é necessário"; mas no fundo acreditam somente que polícia é necessário.

E muitos, que não são capazes de ver a altitude no homem, chamam de virtude ver bem de perto sua baixeza: assim chamam seu olhar mau de virtude.

E alguns querem ser edificados e levantados e chamam isso de virtude; e outros querem ser derrubados — e também isso chamam de virtude.

E assim acreditam quase todos tomar parte na virtude; e cada um quer ser, no mínimo, perito em "bem" e "mal".

Mas não foi para isso que veio Zaratustra, para dizer a todos esses mentirosos e parvos: "Que sabeis *vós* de virtude! O que *poderíeis* vós saber de virtude!".

Mas para que vós, meus amigos, ficásseis cansados das velhas palavras que aprendestes dos parvos e mentirosos,

Cansados das palavras "recompensa", "paga", "castigo", "vingança na justiça",

Cansados de dizer: "Se uma ação é boa, isso faz que ela não seja egoísta".

Ai, meus amigos! Que *vosso* eu esteja na ação, como a mãe está na criança: seja esta para mim *vossa* palavra de virtude! [...]

DAS TARÂNTULAS

[...] Pois *que o homem seja redimido da vingança*: esta é para mim a ponte para a mais alta esperança e um arco-íris depois de longas intempéries. Mas outra coisa, sem dúvida, é o que querem as tarântulas. "É precisamente isto que se chama para nós justiça, que o mundo fique repleto das intempéries de nossa vingança" — assim falam elas entre si.

"Vingança queremos exercer, e ignomínia, sobre todos os que não são iguais a nós" — assim se juramentam os corações de tarântula.

"E 'vontade de igualdade' — este mesmo deve ser, de agora em diante, o nome da virtude; e contra tudo o que tem potência, queremos levantar nossa gritaria!"

E assim, ó pregadores da igualdade, que o delírio tirânico da impotência grita em vós por "igualdade": vossos mais secretos apetites de tiranos se camuflam assim em palavras de virtude!

Contrariada vaidade, contida inveja, talvez vaidade e inveja de vossos pais: de vós irrompe como chama e delírio de vingança.

O que o pai calou toma a palavra no filho: e muitas vezes encontrei o filho como o segredo desnudado do pai.

Aos inspirados se parecem eles: mas não é o coração que os inspira —, mas a vingança. E quando se tornam finos e frios, não é o espírito, mas a inveja, que os faz finos e frios.

Seu ciúme os conduz também pelas veredas do pensador; e esta é a marca de seu ciúme — sempre vão longe demais: até que seu cansaço acabe por se deitar na neve para dormir.

De cada um de seus lamentos ecoa vingança, em cada um de seus louvores há um fazer-mal; e o ser-juiz parece-lhes a felicidade.

Assim, porém, vos aconselho, meus amigos: desconfiai de todos em quem o impulso de castigar é poderoso!

É um povo de má espécie e ascendência; de seus rostos, olha o verdugo e o cão de caça.

Desconfiai de todos aqueles que falam muito de sua justiça. Em verdade, em suas almas não falta somente mel.

E quando denominam a si próprios "os bons e os justos", não esqueçais que para serem fariseus nada lhes falta, a não ser—potência!

Meus amigos, não quero ser misturado e confundido.

Há aqueles que pregam minha doutrina da vida: e ao mesmo tempo são pregadores da igualdade e tarântulas. [...]

DA SUPERAÇÃO DE SI

"Vontade de verdade" é como se chama para vós, ó mais sábio dos sábios, o que vos impele e vos torna fervorosos?

Vontade de que seja pensável tudo o que é: assim chamo eu vossa vontade!

Quereis antes *tornar* pensável tudo o que é: pois duvidais, com justa desconfiança, de que seja pensável.

Mas deve adaptar-se e curvar-se a vós! Assim quer vossa vontade! Liso deve ele tornar-se, e submisso ao espírito, como seu espelho e reflexo.

Essa é toda a vossa vontade, ó mais sábios dos sábios, como uma vontade de potência; e mesmo quando falais do bem e mal e das estimativas de valores.

Quereis criar ainda o mundo diante do qual podereis ajoelhar-vos: assim é vossa última esperança e embriaguez.

Os não sábios, sim, o povo—estes são iguais ao rio, em que um bote vai boiando: e no bote vão sentadas, solenes e camufladas, as estimativas de valor.

É vossa vontade e são vossos valores que vós assentastes no rio do vir-a-ser; uma antiga vontade de potência é o que denuncia a mim aquilo que é acreditado pelo povo como bem e mal.

Fostes vós, ó sábios dos sábios, que assentastes tais hóspedes nesse bote e lhes destes sua pompa e seus nomes orgulhosos—vós e vossa vontade dominante!

Agora o rio carrega vosso bote: *tem* de carregá-lo. Pouco importa se a onda quebrada espuma, e irada contradiz a quilha!

Não é o rio vosso perigo e o fim de vosso bem e mal, ó sábios dos sábios: mas aquela própria vontade, a vontade de potência—a inesgotável e geradora vontade de vida.

Mas para entenderdes minha palavra de bem e mal: para isso quero dizer-vos ainda minha palavra da vida, e do modo de todo vivente.

Ao vivente eu persegui, segui os maiores e os menores dos caminhos, para conhecer seu modo.

Com espelho de mil faces, captei ainda seu olhar, quando sua boca estava fechada: para que seu olho me falasse. E seu olho me falou.

Mas, onde encontrei vida, ali ouvi falar a obediência. Todo vivente é um obediente.

E isto em segundo lugar: manda-se naquele que não pode obedecer a si próprio. Tal é o modo do vivente.

Isto, porém, foi o que ouvi em terceiro lugar: mandar é mais difícil que obedecer. E não apenas porque aquele que manda carrega o fardo de todos os que obedecem, e facilmente esse fardo o esmaga:

Apareceu-me uma tentativa e um risco em todo mandar: e, sempre que manda, o vivente arrisca a si próprio no mandar.

Sim, mesmo quando manda em si próprio: também aqui tem ainda de pagar pelo mando. Por sua própria lei, ele tem de se tornar juiz e vingador e vítima.

Mas como isso acontece?, perguntei-me. O que persuade o vivente, para que obedeça e mande e, mandando, ainda exerça obediência?

Ouvi agora minha palavra, ó sábios dos sábios! Examinai com seriedade se me insinuei no coração da própria vida, e até as raízes de seu coração!

Onde encontrei vida, ali encontrei vontade de potência; e até mesmo na vontade daquele que serve encontrei vontade de ser senhor. [...]

E este segredo a própria vida me contou:

[...] "Não atingiu a verdade, por certo, quem atirou em sua direção a palavra da 'vontade de existência': essa vontade — não há!

"Pois: o que não é, não pode querer; mas o que está na existência, como poderia ainda querer vir à existência!

"Somente, onde há vida, há também vontade: mas não vontade de vida, e sim — assim vos ensino — vontade de potência!

"Muito, para o vivente, é estimado mais alto do que o próprio viver; mas na própria estimativa fala — a vontade de potência!"

Assim me ensinou um dia a vida: e com isso, ó sábios dos sábios, vos soluciono também o enigma de vosso coração.

Em verdade, eu vos digo: bem e mal que seja imperecível — não há! Por si mesmo, ele tem sempre de se superar de novo.

Com vossos valores e palavras de bem e mal exerceis poder, ó estimadores de valores; e esse é vosso amor escondido e o esplendor, estremecimento e transbordamento de vossas almas. [...]

DO IMACULADO CONHECIMENTO

[...] E então se envergonha vosso espírito de fazer a vontade de vossas vísceras, e se esquiva de sua própria vergonha por vias de dissimulação e de mentira.

"Isto seria para mim o mais alto"—assim diz a si mesmo vosso espírito mentiroso—, "contemplar a vida sem desejo e não, igual ao cão, com a língua pendente:

"Ser feliz no contemplar, com a vontade amortecida, sem a garra e a cobiça do egoísmo—frio e cinzento a vida inteira, mas com bêbados olhos de lua!

"Isto seria para mim o mais querido"—assim seduz a si próprio o seduzido—, "amar a terra, como a lua a ama, e tão somente com o olho degustar sua beleza.

"E isto se chama para mim *imaculado* conhecimento de todas as coisas, não querer nada das coisas: a não ser poder ficar diante delas como um espelho de cem olhos."

Ó sentimentais hipócritas, ó mentirosos! Falta-vos a inocência do desejo, e agora caluniais por isso o desejar!

Em verdade, não é como os que criam, os que geram, os que têm prazer no vir-a-ser que amais a terra!

Onde há inocência? Onde há vontade de gerar. E quem quer criar para além de si, este tem para mim a mais pura das vontades.

Onde há beleza? Onde tenho de querer com toda vontade; onde quero amar e sucumbir, para que uma imagem não permaneça apenas uma imagem.

Amar e sucumbir: isso rima desde eternidades. Vontade de amor: isto é, estar disposto também para a morte. Assim falo eu aos covardes que sois! [...]

DA REDENÇÃO

[...] "Em verdade, meus amigos, ando entre os homens como entre fragmentos e membros de homens!

Isto é para meu olho o mais terrível, encontrar o homem destroçado e disperso como sobre um campo de batalha e um matadouro.

E que meu olho fuja de agora para outrora: o que ele encontra é sempre igual: fragmentos e membros e horríveis acasos—mas não homens!

O agora e o outrora sobre a terra—ai! meus amigos—, esse é o *meu* mais insuportável; e eu não saberia viver se não fosse ainda um visionário daquilo que há de vir.

Um visionário, um voluntarioso, um criador, um futuro mesmo, e uma ponte para o futuro — e ai, ainda como que um aleijado diante dessa ponte: tudo isso é Zaratustra.

E também vós vos perguntastes muitas vezes: 'Quem é para nós Zaratustra? Como deve chamar-se para nós?' E, como eu próprio, vos destes perguntas por resposta.

É um prometedor? Ou um cumpridor? Um conquistador? Ou um herdeiro? Um outono? Ou uma relha de arado? Um médico? Ou um convalescente?

É um poeta? Ou um verídico? Um libertador? Ou um domador? Um bom? Ou um mau?

Eu ando entre homens como entre fragmentos do futuro: daquele futuro que eu vejo.

E este é todo meu engenho e arte, adensar e juntar em um aquilo que é fragmento e enigma e horrível acaso.

E como suportaria eu ser homem se o homem não fosse também poeta e decifrador de enigmas e redentor do acaso!

Redimir o que passou e recriar todo 'Foi' em um 'Assim eu o quis!' — somente isto se chamaria para mim redenção!

Vontade — assim se chama o libertador e o mensageiro da alegria: assim vos ensinei eu, meus amigos! Mas agora aprendi mais isto: a própria vontade é ainda um prisioneiro.

Querer liberta: mas como se chama aquilo que acorrenta ainda o próprio libertador?

'Foi': assim se chama o ranger de dentes e a mais solitária aflição da vontade. Impotente contra aquilo que está feito — ele é, para tudo o que passou, um mau espectador.

Para trás não pode querer a vontade; não poder quebrar o tempo e a avidez do tempo — eis a mais solitária aflição da vontade.

Querer liberta: o que inventa o próprio querer, para se livrar de sua aflição e zombar de seu cárcere?

Ai, parvo se torna todo prisioneiro! Parvamente também se redime a vontade prisioneira.

Que o tempo não corre para trás, tal é seu rancor; 'Aquilo que foi' — assim se chama a pedra que ela não pode rolar.

E assim ela rola pedras por rancor e despeito e exerce vingança sobre aquele que não sente como ela rancor e despeito.

Assim a vontade, o libertador, se torna um malfeitor: contra tudo o que pode sofrer toma vingança por não poder voltar para trás.

Isto, sim, isto somente é a própria *vingança*: a má vontade da vontade contra o tempo e seu 'Foi'.

Em verdade, uma grande parvoíce reside em nossa vontade; e em maldição se tornou para todo humano que essa parvoíce tenha aprendido a ter espírito.

O *espírito da vingança*: meus amigos, tal foi até agora a melhor meditação dos homens; e onde havia sofrimento, devia haver sempre castigo.

'Castigo', sim, assim se chama a própria vingança: com uma palavra mentirosa, ela se falsifica uma boa consciência.

E porque no próprio voluntarioso há sofrimento, por não poder querer para trás — assim devia o próprio querer e toda vida — ser castigo!

E então rolaram nuvens e nuvens sobre o espírito: até que afinal o desvario pregou: Tudo passa, por isso tudo merece passar!'

'E isto é a própria justiça, essa lei do tempo que o faz comer seus filhos': assim pregou o desvario.

'Eticamente estão ordenadas as coisas segundo direito e castigo. Oh, onde está a redenção do rio das coisas e do castigo que se chama *existência*?' Assim pregou o desvario.

'Pode haver redenção, se há um direito eterno? Ai, impossível de rolar é a pedra 'Foi': eternos têm de ser também todos os castigos!' Assim pregou o desvario.

'Nenhum feito pode ser anulado: como poderia ser desfeito pelo castigo! Isto, é isto que é eterno no castigo 'existência', que a existência também tem de ser eternamente feito e culpa de novo!

'A não ser que a vontade, afinal, redimisse a si mesma e se tornasse em querer do não querer'—; mas vós conheceis, meus irmãos, essa cantiga do desvario!

Longe vos conduzi dessas cantigas, quando vos ensinei: 'A vontade é um criador'.

Todo 'Foi' é um fragmento, um enigma, um horrível acaso — até que a vontade criadora lhe diz: 'Mas assim eu o quis!'

— Até que a vontade criadora lhe diz: 'Mas assim eu o quero! Assim eu o quererei!'

Mas ela já falou assim? E quando acontecerá isso? Já está a vontade desvencilhada de sua própria tolice?

Já se tornou a vontade para si própria o redentor e o mensageiro da alegria? Desaprendeu o espírito da vingança e todo ranger de dentes?

E quem lhe ensinou a reconciliação com o tempo, e algo mais alto que toda reconciliação?

Algo mais alto que a reconciliação tem de querer a vontade, que é vontade de potência — mas como lhe acontece isso? Quem lhe ensinou ainda o querer-para-trás?"

— Mas nessa passagem de seu discurso aconteceu que Zaratustra subitamente se deteve, parecendo-se com alguém que estivesse tomado de extremo pavor.[5] [...]

TERCEIRA PARTE [1883-1884]

> "Olhais para o alto, quando aspirais por elevação.
> E eu olho para baixo, porque estou elevado.
> Quem de vós pode ao mesmo tempo rir e estar elevado?
> Aquele que galga as mais altas montanhas ri de todas as tragédias lúdicas e de todas as tragédias sérias."[6]
>
> ZARATUSTRA, PRIMEIRA PARTE, "DO LER E ESCREVER"

DA VISÃO E ENIGMA

2

"Alto, anão!", falei eu. "Ou eu ou tu! Mas eu sou o mais forte de nós dois —: tu não conheces meu pensamento abissal! *Esse* — tu não poderias carregar!"

Então aconteceu que eu me tornei mais leve: pois o anão saltou-me do ombro, o curioso! E agachou-se sobre uma pedra diante de mim. Mas havia um portal, precisamente ali onde fizemos alto.

"Vê este portal, anão!", continuei a falar: "ele tem duas faces. Dois caminhos se juntam aqui: ninguém ainda os seguiu até o fim.

Este longo corredor para trás: ele dura uma eternidade. E aquele longo corredor para diante — é uma outra eternidade.

---

5 "Campo de batalha, matadouro", por *Schlacht und Schlächterfeld*: jogo de palavras entre *Schlacht* (batalha sangrenta) e *Schlächter* (o carniceiro, aquele que abate animais). — "Poeta", "engenho e arte", "adensar", por *Dichter, Dichten und Trachten, dichten*. As duas acepções do verbo *dichten* são de origem diferente, sem parentesco: "inventar, sonhar ficções, fazer poesia" é sentido influenciado pelo latim, *dictare* (daí *poeta*, também no sentido de homem sonhador, fantasioso); já "adensar" prende-se ao adjetivo *Dicht* (denso, espesso). A locução *Dichten und Trachten* (*Trachten* como em latim *tractare*, porfiar por, tratar de) refere-se à primeira acepção; literalmente: "E este é todo meu sonhar e porfiar". — "Querer-para-trás", por *Zurückwollen*: em linguagem coloquial, "querer *voltar*", mas também, por contaminação com *Zurückwünschen*, "querer *de volta*". Nietzsche renova o termo, em sentido bem próprio, como elemento da doutrina do eterno retorno. (N.T.)

6 No texto: "*alle Trauer-Spiele und Trauer-Ernste*". Jogo de palavras sobre o vocábulo *Trauerspiel*, equivalente alemão do termo grego "tragédia" (ao lado da forma *Tragödie*). Decomposto em seus elementos, como está no texto, dá a conhecer seu sentido literal de "jogo (cênico) de tristeza", o que permite a invenção paralela do termo *Trauer-Ernst* (literalmente: "seriedade de tristeza"). (N.T.)

Eles se contradizem, esses caminhos; eles se chocam frontalmente: e aqui neste portal é onde eles se juntam. O nome do portal está escrito ali em cima: 'Instante'.

Mas se alguém seguisse adiante por um deles — e cada vez mais adiante e cada vez mais longe: acreditas, anão, que esses caminhos se contradizem eternamente?"

"Tudo o que é reto mente", murmurou desdenhosamente o anão. "Toda verdade é curva, o próprio tempo é um círculo."

"Tu, espírito do peso!", falei, irado, "não tornes tudo tão leve para ti! Ou eu te deixo agachado aí onde estás agachado, pé coxo — e olha que eu te trouxe *bem alto*!

Vê, continuei a falar, vê este instante! Deste portal Instante corre um longo, eterno corredor *para trás*: atrás de nós há uma eternidade.

Não é preciso que, de todas as coisas, aquilo que *pode* correr já tenha percorrido uma vez esse corredor? Não é preciso que, de todas as coisas, aquilo que *pode* acontecer já tenha uma vez acontecido, já esteja feito, transcorrido?

E, se tudo já esteve aí: o que achas tu, anão, deste Instante? Não é preciso que também este portal — já tenha estado aí?

E não estão tão firmemente amarradas todas as coisas, que este Instante puxa atrás de si *todas* as coisas vindouras? E *assim* — a si próprio também?

Pois, de todas as coisas, aquilo que *pode* correr: também por este longo corredor *para diante* — *é preciso* que corra uma vez ainda!

E esta lenta aranha, que rasteja ao luar, e este próprio luar, e eu e tu no portal, cochichando juntos, cochichando de coisas eternas — não é preciso que todos nós já tenhamos estado aí?

— e que retornemos e que percorramos aquele outro corredor, para diante, à nossa frente, esse longo, arrepiante corredor — não é preciso que retornemos eternamente? —"

Assim falava eu, e cada vez mais baixo: pois tinha medo de meus próprios pensamentos e dos pensamentos que se escondiam atrás deles. Então, subitamente, ouvi ali perto um cão *uivar*.

Ouvi alguma vez um cão uivar assim? Meu pensamento correu para trás. Sim! Quando eu era criança, na mais longínqua infância:

— foi quando ouvi um cão uivar assim. E também o vi, eriçado, com a cabeça voltada para cima, estremecendo, na mais silenciosa meia-noite, na hora em que também os cães acreditam em fantasmas:

— tanto que me apiedei. Acabava, com efeito, de aparecer a lua cheia, mortalmente calada, sobre a casa, acabava de parar, uma brasa redonda — parada sobre o teto raso, como sobre propriedade alheia;

— com ela assustou-se aquela vez o cão: pois cães acreditam em ladrões e fantasmas. E quando ouvi outra vez uivar assim, isso me apiedou mais uma vez.

Para onde teria ido agora o anão? E o portal? E a aranha? E todo o cochichar? Eu estava sonhando? Acordei? Entre penhascos selvagens, fiquei de repente sozinho, ermo, no mais ermo dos luares.

Mas ali jazia um homem! E eis! O cão, saltando, eriçado, ganindo — agora ele me viu chegar — e recomeçou a uivar, e *gritou*: — ouvi alguma vez um cão gritar assim por socorro?

E, em verdade, o que eu vi, coisa igual nunca vi. Um jovem pastor eu vi, retorcendo-se, engasgando, convulsionado, o rosto distorcido, com uma negra, pesada serpente pendendo-lhe da boca.

Vi alguma vez tanto nojo e pálido horror em *um* rosto? Ele teria dormido? E então rastejou a serpente para dentro de sua garganta — e então se aferrou ali.

Minha mão puxou a serpente e puxou — em vão! não arrancou a serpente da garganta. Então algo em mim gritou: "Morde! Morde! A cabeça fora! Morde!" — assim algo em mim gritou, meu horror, meu ódio, meu nojo, minha piedade, todo meu bom e ruim gritou em mim em *um* grito.

Ó audazes que estais em torno de mim! Vós que buscais, que tentais, e quem dentre vós com ardilosas velas navegou por mares inexplorados! Ó amantes de enigmas!

Decifrai-me pois o enigma, que eu vi aquela vez, interpretai-me pois a visão do mais solitário dos solitários!

Pois uma visão era, e uma previsão — o *que* vi eu aquela vez em alegoria? E *quem* é aquele que um dia há de vir?

Quem é o pastor, a quem a serpente rastejou assim para dentro da garganta? Quem é o homem, a quem todo o pesadíssimo, negríssimo, rastejará assim para dentro da garganta?

— O pastor, porém, mordeu, como lhe aconselhava meu grito; mordeu uma boa mordida! Bem longe cuspiu a cabeça da serpente —: e levantou-se de um salto.

Não mais pastor, não mais homem — um transfigurado, um iluminado, que *ria*! Nunca ainda sobre a terra riu um homem, como ele ria!

Ó meus irmãos, eu ouvi um riso, que não era riso de nenhum homem — e agora uma sede me devora, uma aspiração, que nunca mais silenciará.

Minha aspiração por aquele riso me devora: oh, como suporto ainda viver! E como suportaria, agora, morrer! —

Assim falou Zaratustra.

ANTES DO NASCER DO SOL

[...] No que abençoa eu me tornei, e no que diz sim: e para isso lutei longamente e fui um lutador, para que um dia tivesse as mãos livres para abençoar.

Esta, porém, é minha bênção: estar sobre cada coisa como seu céu próprio, como seu teto redondo, sua campânula de azul e eterna segurança: e venturoso é aquele que abençoa assim!

Pois todas as coisas estão batizadas na nascente da eternidade e para além de bem e mal; bem e mal mesmo, porém, são apenas sombras interpostas e úmidas tribulações e nuvens que passam.

Em verdade, é um abençoar, e não um amaldiçoar, quando eu ensino: "Sobre todas as coisas está o céu Acaso, o céu Inocência, o céu Eventualidade, o céu Desenvoltura".

"Por eventualidade" — esta é a mais antiga nobreza do mundo, que eu restituí a todas as coisas; eu as redimi da servidão dos fins.

Essa liberdade e serenidade celeste pus eu, igual a uma campânula de azul, sobre todas as coisas, quando ensinei que sobre elas e através delas nenhuma "vontade eterna" — quer.

Essa desenvoltura e essa parvoíce pus eu no lugar daquela vontade quando ensinei: "Em tudo unicamente *isto* é impossível — racionalidade!".

Um *pouco* de razão, decerto, uma semente de sabedoria espalhada de estrela em estrela — esse lêvedo está misturado a todas as coisas: por amor à parvoíce há sabedoria misturada a todas as coisas!

Um pouco de sabedoria já é possível; mas esta venturosa segurança encontrei em todas as coisas: que elas preferem ainda, sobre os pés do acaso — *dançar*.

Ó céu sobre mim, tu que és puro! tu que és alto! Esta é para mim tua pureza, não haver nenhuma eterna aranha e teias de aranha de razão:

— seres para mim uma pista de dança para acasos divinos, seres para mim uma mesa de deuses para divinos dados e jogadores de dados!

Mas tu coras? Pronunciei o impronunciável? Amaldiçoei, ao querer abençoar-te?

Ou é a vergonha de estar a dois que te fez corar? — Mandas-me partir e calar, porque agora — o dia vem? O mundo é profundo —: e mais profundo do que o dia jamais pensou. Nem tudo pode ter palavras diante do dia. Mas o dia vem: apartemo-nos então! Ó céu sobre mim, tu que és pudico! tu que és ardoroso! Ó tu que és minha felicidade antes do nascer do sol! O dia vem: apartemo-nos então! —[7]

---

[7] "Abençoar", "amaldiçoar", por *segnen*, benzer, do latim *signare*: assinalar, fazer o sinal (da cruz);

DA VIRTUDE QUE APEQUENA

2

[...] E esta hipocrisia foi a pior que encontrei entre eles: que também aqueles que mandam fingem as virtudes daqueles que servem.

"Eu sirvo, tu serves, nós servimos" — assim reza também, aqui, a hipocrisia dos dominantes — e ai quando o primeiro senhor é *somente* o primeiro servidor!

Ai, também em suas hipocrisias voou e se perdeu a curiosidade de meu olho; e adivinhei bem toda a sua felicidade de moscas e o seu zumbir em torno de vidraças ensolaradas.

Quanto vejo de bondade, vejo de fraqueza. Quanto vejo de justiça e compaixão, vejo de fraqueza.

Redondos, justos e bondosos são eles uns com os outros, como grãozinhos de areia são redondos, justos e bondosos com grãozinhos de areia.

Modestamente abraçar uma pequena felicidade — a isto chamam "resignação"! e enquanto isso já espreitam modestamente com o rabo do olho por uma nova pequena felicidade.

No fundo, o que mais querem é simplesmente isto: que ninguém lhes faça mal. Assim antecipam-se aos outros e lhes fazem bem.

Isso, porém, é *covardia*: embora se chame "virtude".

E se alguma vez falam com rudeza, essa gente pequena: eu só ouço sua rouquidão — pois cada golpe de vento os torna roucos.

Prudentes são eles, suas virtudes têm dedos prudentes. Mas faltam-lhes os punhos, seus dedos não sabem enfiar-se atrás de punhos.

Virtude, para eles, é aquilo que torna modesto e manso: por isso, fizeram do lobo o cão, e do próprio homem o melhor animal doméstico do homem.

"Pomos nossa cadeira no *meio*" — diz-me seu sorriso satisfeito — "e a igual distância de gladiadores moribundos e de porcos contentes."

Isso, porém, é — *mediocridade*: embora se chame comedimento.

---

aqui em oposição a *Lästern*, blasfemar, caluniar, aparentado a *Laster* (censura, vício). — "Por eventualidade", por *von Ohngefähr*, substantivação do advérbio, que se traduz comumente por "mais ou menos", "aproximadamente". O sentido original é "sem má intenção, sem intenção de enganar", quando usado ao citar uma cifra aproximada, para desculpar-se. Mesma raiz de *Gefahr* (perigo). *Von* (de) é a partícula nobiliárquica que aparece em sobrenomes alemães tradicionais. — "Desenvoltura", por *Übermut*: o sentido original é de "sobranceria, altivez", mas o sentido moderno é "displicência, petulância"; talvez a tradução escolhida permita guardar um pouco desses dois sentidos. (N.T.)

3

[...] e eles exclamam: "Zaratustra é sem-Deus".

E particularmente o exclamam seus mestres de resignação—; mas precisamente a estes gosto de gritar no ouvido: Sim! Eu *sou* Zaratustra, o sem-Deus!

Esses mestres de resignação! Em toda parte, onde há pequenez e doença e tinha, eles se enfiam, iguais a piolhos: e somente meu nojo me impede de estalá-los na unha.

Pois bem! Esta é minha prédica para *seus* ouvidos: eu sou Zaratustra, o sem-Deus, que fala: "Quem é mais sem-Deus do que eu, para que eu me alegre com seu ensinamento?".

Eu sou Zaratustra, o sem-Deus: onde encontro meu semelhante? E são meus semelhantes todos aqueles que dão a si próprios sua vontade e se desfazem de toda resignação.

Eu sou Zaratustra, o sem-Deus: e ainda me cozinho todo acaso em *minha* panela. E somente quando ele está bem cozido eu lhe dou boas-vindas, como *minha* comida.

E em verdade muito acaso veio a mim como senhor: mas mais senhorialmente ainda falou-lhe minha *vontade*—e ali já estava ele, suplicando de joelhos—suplicando por albergue em mim, e coração, e aduladoramente dizendo: "Mas vê, ó Zaratustra, como somente um amigo vem a um amigo!".

Mas o que dizer, quando ninguém tem *meus* ouvidos! E assim quero clamar a todos os ventos:

Vós vos tornais cada vez menores, ó gente pequena! Desmoronais, ó comodistas! Ainda me ireis ao fundo—

— por vossas muitas pequenas virtudes, por vossas muitas pequenas omissões, por vossas muitas pequenas resignações.

Fofo demais, indulgente demais: assim é vosso terreno! Mas, para que uma árvore se torne *grande*, para isso ela quer lançar ao redor de duros penhascos duras raízes.

Mas também o que omitis se trama na trama de todo o futuro dos homens; também vosso nada é uma teia de aranha e uma aranha, que vive do sangue do futuro.

E quando tomais, é como furtar, ó pequenos virtuosos; mas mesmo entre pícaros fala a *honra*: "Só se deve furtar o que não se pode rapinar".

"Tudo se dá"—essa é também uma doutrina da resignação. Mas eu vos digo, ó comodistas: "Tudo se toma, e sempre se tomará cada vez mais de vós!".

Ai, que afastásseis de vós todo *meio* querer e vos decidísseis à preguiça como ao ato!

Ai, que entendêsseis minha palavra: "Fazei então o que quereis — mas sede antes daqueles que *podem querer!*".

"Amai então vossos próximos como a vós — mas sede antes daqueles que amam *a si próprios* —

— que amam com o grande amor, que amam com o grande desprezo!" Assim fala Zaratustra, o sem-Deus. —[8] [...]

NO MONTE DAS OLIVEIRAS

[...] Por isso mostro-lhes somente o gelo e o inverno sobre meus cumes — e *não* que ainda cingem minha montanha todos os cinturões de sol!

Ouvem somente sibilar minhas tempestades de inverno: e *não* que eu também viajo por sobre mares cálidos, igual a nostálgicos, pesados, quentes ventos do sul.

Apiedam-se ainda de meus acidentes e acasos: — mas *minha* palavra diz: "Deixai vir a mim o acaso: inocente é ele, como uma criancinha!".

Como *poderiam* eles suportar minha felicidade se eu não tivesse posto acidentes e misérias de inverno e barretes de urso polar e mantas de céu nevoso em torno de minha felicidade!

— se eu mesmo não me apiedasse de sua *compaixão*: da compaixão desses invejosos e sofredores!

— se eu próprio não suspirasse e tiritasse de frio diante deles, e pacientemente me *deixasse* envolver em sua compaixão!

Esta é a sábia malícia e benevolência de minha alma, *não esconder* seu inverno e suas tempestades de gelo; e também não esconder suas frieiras.

A solidão de um é fuga de doente; a solidão de outro é fuga *aos* doentes.

Possam eles *ouvir-me* tiritar e suspirar de frio de inverno, todos esses pobres pícaros invejosos ao meu redor! Com esse suspirar e tiritar, fujo ainda de seus aposentos aquecidos.

Possam eles compadecer-se e suspirar condoídos de minhas frieiras: "No gelo do conhecimento ele ainda vai *se enregelar!* — assim lamentam eles.

---

8 "Hipocrisia, fingir", por *Heuchelei, heucheln*: o sentido dominante é o de "hipocrisia"; o verbo significa propriamente "fingir qualidades ou sentimentos não existentes". — "Resignação", por *Ergebung*, de *sich ergeben*, no sentido de "acomodar-se, adaptar-se, submeter-se". — "Mediocridade, comedimento", a assonância, em alemão, é mais perfeita: *Mittelmässigkeit, Mässigkeit*. — "Sem--Deus", por *gottlos*: note-se que a tradução convencional, por "ímpio", é menos rigorosa (e vigorosa) do que o texto quer dizer. — "Fofo demais, indulgente demais", por *zu viel schonend, zuviel nachgebend*: a ideia é de "ceder", no sentido concreto e abstrato; *nachgebend* em assonância com *Ergebung*, resignação; pelo verbo *geben* (dar, conceder). — "Tudo se dá", por *es gibt sich* (usa-se no sentido aproximado: "tudo se arranja"); aqui é preciso manter a assonância com *Ergebung*, e o jogo de oposição com *nehmen* (tomar) e *rauben* (rapinar, roubar). (N.T.).

Enquanto isso, corro com pés cálidos, a torto e a direito, sobre meu monte das oliveiras: no recanto ensolarado de meu monte das oliveiras, canto e zombo de toda compaixão. — Assim cantou Zaratustra.⁹

DOS RENEGADOS

2

[...] Cinco palavras, tratando de velhos assuntos, ouvi eu ontem à noite junto ao muro do jardim: vinham desses velhos, atribulados, secos vigias noturnos.

"Para um pai, ele não cuida o bastante de seus filhos: pais humanos o fazem melhor!"

"Ele está velho demais! Já não cuida mais de seus filhos" — assim respondia o outro vigia noturno.

"Mas ele *tem* filhos? Ninguém pode prová-lo, se ele próprio não o provar! Há muito tempo eu quero que alguma vez ele o prove com fundamento."

"Provar? Como se *aquele* jamais tivesse provado algo! Provar lhe custa; ele faz muita questão que *acreditem* nele."

"Sim! Sim! A crença o torna venturoso, a crença nele. Esse é o modo de gente velha! Conosco também é assim!"

— Assim conversavam os dois velhos vigias noturnos e lucífugos, e atribulados sopravam em suas cornetas: assim aconteceu ontem à noite junto ao muro do jardim.

A mim, porém, torceu-se o coração de rir e queria estourar e não sabia por onde, e caiu sobre o diafragma.

Em verdade, isso ainda será minha morte, que me sufoco de rir quando vejo asnos bêbados e ouço vigias noturnos duvidarem assim de Deus.

Então já *há muito* não passou o tempo, também para todas essas dúvidas? Quem pode ainda despertar tais velhos, adormecidos, lucífugos assuntos!

Para os velhos deuses, já há muito chegou o fim: — e em verdade foi um bom, um gaio fim de deuses o que tiveram!

Esses não morreram passando por um "crepúsculo" — isso é uma boa mentira! Pelo contrário: mataram a si próprios — de rir!

Isso aconteceu quando a palavra mais sem-Deus foi pronunciada por

---

9 "Acidentes, acasos", por *Unfälle, Zufälle*. A tradução é exata, as duas palavras remetem a *fallen*, que corresponde ao latim *cadere* (cair, acontecer). — "Invejosos e sofredores", por *Neidbolde und Leidholde*: impossível manter o tom jocoso e o trocadilho; as duas palavras são forjadas, caricaturalmente. — "Frieiras", por *Frostbeulen*, ulceração causada pelo frio. — "Malícia e benevolência", por *Mutwille und Wohlwille*. — "Compadecer-se e suspirar condoídos", por *bemitleiden und bemitseufzen*, nova assonância forjada, de efeito cômico, que daria algo como: compadecer-se e "consuspirar". (N.T.)

um deus mesmo — a palavra: "Há *um* deus! Não deves ter nenhum outro deus além de mim!".

— Um velho ranzinza de um deus, um ciumento, perdeu assim a compostura:

E todos os deuses riram então, e vacilaram em suas cadeiras e exclamaram: "Mas divindade não é justamente haver deuses, e não um Deus?".

Quem tiver ouvidos, que ouça. — [...]

DAS VELHAS E NOVAS TÁBUAS

3

Foi ali também que eu recolhi do caminho a palavra "além-do-homem", e que o homem é algo que tem de ser superado:

— que o homem é uma ponte e não um fim: proclamando-se venturoso, seja de seu meio-dia ou de seu anoitecer, como caminho para novas auroras:

— a palavra de Zaratustra sobre o grande meio-dia, e todo o mais que eu suspendi sobre os homens, igual a segundos ocasos de púrpura.

Em verdade, também novas estrelas eu os fiz ver, assim como novas noites; e sobre nuvens e dia e noite estendi ainda o riso como um dossel colorido.

Ensinei-lhes todo *meu* engenho e arte: adensar e juntar em *um o* que é fragmento no homem, e enigma e horrível acaso —

— como poetas, decifradores de enigmas e redentores do acaso ensinei-os a criar o futuro e tudo o que *foi*, a redimir criando.

Redimir o passado no homem e recriar todo "foi", até que a vontade fale: "Mas assim eu o quis! Assim eu o quererei" —

— isso se chamou para eles redenção, somente isto ensinei-os a chamar de redenção.

Agora espero por *minha* redenção — que pela última vez eu vá a eles.

Pois ainda *uma* vez quero ir aos homens: *entre* eles quero sucumbir, morrendo quero dar-lhes meu mais rico dom!

Do sol aprendi isto, quando ele se põe, o riquíssimo: ouro derrama ele sobre o mar, por sua inesgotável riqueza —

— de modo que o mais pobre dos pescadores reme ainda com remo *de ouro*! Foi isso que vi uma vez, e minhas lágrimas não se fartaram de correr, diante do espetáculo. — Igual ao sol quer também Zaratustra sucumbir: agora ele se senta aqui e espera, com velhas tábuas quebradas ao seu redor, e também novas tábuas — escritas pela metade.

4

Vede, eis aqui uma nova tábua: mas onde estão meus irmãos, que comigo a levem ao vale e aos corações de carne?

Assim exorta meu grande amor aos distantes: *não poupes teu próximo*! O homem é algo que tem de ser superado.

Há muitos caminhos e maneiras de superação: isso é *contigo*! Mas somente um histrião pensa: "O homem pode também ser *saltado*".

Supera a ti próprio ainda em teu próximo: e um direito que podes conquistar pela rapina, não deves deixar que te seja dado!

O que tu fazes ninguém poderá fazer por ti. Vê, não há retribuição.

Quem não pode mandar em si deve obedecer. E muitos *podem* mandar em si, mas ainda falta muito para que também se obedeçam!

16

"Quem muito aprende desaprende todo desejo veemente" — assim se cochicha hoje em todos os becos escuros.

"Sabedoria cansa, *nada* vale a pena; não deves desejar!" — essa nova tábua encontrei pendente mesmo em praças públicas.

Quebrai, ó meus irmãos, quebrai-me também essa *nova tábua*! Os cansados do mundo a penduraram ali, e os pregadores da morte, e também os guarda-chaves: pois, vede, é também uma pregação de servilismo:

Porque eles aprenderam mal, e não o melhor, e tudo cedo demais e tudo depressa demais: porque eles *comeram* mal, por isso veio-lhes esse estômago estragado —

— um *estômago* estragado, sim, é seu espírito: é ele que *aconselha* a morte! Pois em verdade, meus irmãos, o espírito *é* um estômago!

A vida é uma nascente de prazer: mas em quem fala o estômago estragado, o pai da tribulação, para este todas as fontes estão envenenadas.

Conhecer: este é o *prazer* daquele que tem vontade de leão! Mas quem se cansou, esse é apenas "querido", com ele jogam todas as ondas.[10]

E é sempre assim o modo dos homens fracos: eles se perdem em seus caminhos. E por fim pergunta ainda seu cansaço: "Para que seguimos caminhos! Tudo é igual!".

A *estes* soa agradável aos ouvidos quando se prega: "Nada vale a pena! Não deveis querer!". Esta, porém, é uma pregação de servilismo.

Ó meus irmãos, como um sopro de vento fresco vem Zaratustra a todos os cansados do caminho; muitos narizes ainda ele fará espirrar! Tam-

---

10 "Vontade" (*Willen*), "querer" (*Wollen*) e "ondas" (*Wellen*) vão-se permutando na frase; "querido" é tradução de *gewollt*, particípio passado de *wollen*. (N.T.)

bém através de paredes sopra meu livre fôlego, e penetra em prisões e espíritos aprisionados!

Querer liberta: pois querer é criar: assim eu ensino. E *somente* para criar deveis aprender!

E também a aprender deveis antes *aprender* comigo, a aprender bem! — Quem tiver ouvidos, que ouça!

25

Quem se tornou sábio em origens antigas, vede, esse acabará por procurar por fontes do futuro e por novas origens.

Ó meus irmãos, ainda não falta muito, e surgirão *novos povos* e novas fontes correrão murmurantes para novas profundezas.

O tremor de terra, sim — esse soterra muitos mananciais, provoca muita sede: mas também traz forças íntimas e segredos à luz. O tremor de terra torna patentes novas fontes. No tremor de terra de velhos povos, irrompem novas fontes.

E quem exclama: "Vede, eis aqui *um só* manancial para muitos sedentos, um *só* coração para muitos nostálgicos, *uma só* vontade para muitos instrumentos" — em torno dele se junta um *povo*, isto é: muitos que ensaiam.

Quem pode mandar, quem tem de obedecer — *isso é ensaiado ali*! Ai, com que longas procuras e acertos e desacertos e aprendizados e novos ensaios![11]

A sociedade humana: eis um ensaio, assim o ensino eu — um longo procurar: mas ela procura aquele que manda! —

— um ensaio, ó meus irmãos! E *não* um contrato![12] Quebrai, quebrai-me essa palavra dos corações brandos e meio a meio!

26

[...] Os bom *têm de* crucificar aquele que inventa para si sua própria virtude! Essa *é* a verdade!

O segundo, porém, que descobriu seu país, o país, coração e terreno dos bons e justos, foi aquele que perguntou: "Quem eles odeiam mais?".

O *criador* é aquele a quem odeiam mais: o que quebra tábuas e velhos valores, o quebrador — a ele chamam de infrator.

---

11 "Ensaiar, procurar", por *versuchen*, *suchen*: daí a aproximação; *versuchen* também se poderia traduzir por: "tentar, experimentar". — "Acertos e desacertos", por *Raten und Missraten*; *raten* significa também: "aconselhar, deliberar, conjecturar, adivinhar" (vide: "decifradores de enigmas"); *missraten* não é só "deliberar mal", mas também "fracassar". Daí a tradução. (N.T.)

12 "Ensaio", por *Versuch*; "contrato", por *Vertrag* (etimologicamente: acordo, ajuste, conciliação, compatibilização; *vertragen* significa também "tolerar"). (N.T.)

Pois os bons — esses não *podem* criar: eles são sempre o começo do fim:
— crucificam aquele que escreve novos valores sobre novas tábuas, sacrificam *a si* o futuro — crucificam todo o futuro dos homens!
Os bons — esses foram sempre o começo do fim.

O CONVALESCENTE

2

[...] O grande fastio pelo homem — era *ele* que me sufocava e havia rastejado para dentro de minha garganta: e aquilo que o profeta profetizou: "Tudo é igual, nada vale a pena, o saber sufoca".

Um longo crepúsculo coxeava diante de mim, uma tristeza mortalmente cansada, mortalmente bêbada, que falava com a boca bocejante.

"Eternamente ele retorna, o homem de que estás cansado, o homem pequeno" — assim bocejava minha tristeza e arrastava o pé e não conseguia adormecer.

Em inferno mudava-se para mim a terra dos homens, seu peito afundava, tudo o que vive se tornava para mim mofo humano e ossos e passado podre.

Meu suspirar sentava-se sobre todos os túmulos humanos e não podia mais levantar-se; meu suspirar e questionar coaxava e sufocava e roía e lamentava dia e noite:

— "Ai, o homem retorna eternamente! O homem pequeno retorna eternamente!"

Nus eu havia visto um dia a ambos, o maior dos homens e o menor dos homens: demasiado semelhantes um ao outro — demasiado humano também o maior deles!

Demasiado pequeno o maior! — esse foi meu fastio pelo homem!

Eterno retorno também do menor! — esse foi meu fastio por toda existência!

Ai, nojo! Nojo! Nojo! — Assim falava Zaratustra e suspirava e se arrepiava; pois lembrava-se de sua doença. Mas então seus animais não o deixaram falar mais.

"Não fales mais, ó convalescente!" — assim lhe responderam seus animais, mas sai para onde o mundo espera por ti igual a um jardim.

"Sai para as rosas e abelhas e revoadas de pombas!

"Mas sobretudo para os pássaros canoros: para que com eles aprendas a cantar.

"Cantar, sim, é para convalescentes; o sadio pode falar. E mesmo quando o sadio quer canções, quer outras canções do que o convalescente."

— "Ó histriões e tocadores de realejo, calai-vos!"

— respondeu Zaratustra, e sorriu de seu animais. "Como sabeis bem que consolo inventei para mim próprio em sete dias!

"Que eu tenho de cantar outra vez — *esse* foi o consolo que inventei para mim, e *essa* convalescença: também disso quereis fazer outra vez um refrão?"

— "Não fales mais", responderam-lhe mais uma vez seus animais; "é preferível ainda, ó convalescente, que prepares primeiro para ti uma lira, uma nova lira!

"Pois vê, ó Zaratustra! Para tuas novas canções é preciso novas liras!

"Canta e exulta, ó Zaratustra, cura com novas canções tua alma: para que suportes teu grande destino, que ainda não foi destino de nenhum homem!

"Pois teus animais bem sabem, ó Zaratustra, quem tu és e tens de te tornar: vê, *tu és o mestre do eterno retorno* — e esse é o teu destino!

"Que tu sejas o *primeiro* a ter de ensinar esse ensinamento — como não haveria esse grande destino de ser também teu maior perigo e doença!

"Vê, nós sabemos o que tu ensinas: que todas as coisas retornam eternamente, e nós próprios com elas, e que já estivemos aqui eternas vezes, e todas as coisas conosco.

"Tu ensinas que há um grande ano do vir-a-ser, uma monstruosidade de grande ano: este, igual a uma ampulheta, tem de se desvirar sempre de novo, para de novo transcorrer e escorrer: —

— de modo que todos esses anos são iguais a si próprios, nas maiores coisas e também nas menores, de modo que nós próprios somos em cada grande ano, e iguais a nós próprios, nas maiores coisas e também nas menores."[13] [...]

QUARTA E ÚLTIMA PARTE [1884-1885]

"Ai, onde no mundo aconteceram maiores disparates do que entre os compassivos?
E o que no mundo provocou mais sofrimento do que os disparates dos compassivos?
Ai de todos os amantes, que ainda não têm uma altura que esteja acima de sua compaixão!
Assim me falou um dia o diabo: 'Também Deus tem seu inferno: é seu amor pelo homem'.
E mais recentemente eu o ouvi dizer esta palavra: 'Deus está morto; de sua compaixão
[pelo homem Deus morreu'."
ZARATUSTRA, SEGUNDA PARTE, "DOS COMPASSIVOS"

---

13 "Refrão, lira", por *Leierlied* (literalmente: cantiga de lira), *Leier* (lira); mas *Leier* também é o nome para "realejo" e serve de imagem para "repetição monótona" ("cantilena" ou "estribilho"); note-se sempre aqui, e mais adiante, a importância da ideia *repetição*. — "Mestre, ensinar, ensinamento", por *Lehrer, lehren, Lehre*; portanto, sempre variações do mesmo radical; "mestre", aqui, simplesmente no sentido de professor ("ensinador"); *Lehre* costuma traduzir-se por "doutrina" ou "teoria". — "Ampulheta", por *Sanduhr*, literalmente "relógio de areia". (N.T.)

FORA DE SERVIÇO

[...] "Para isso subi nesta montanha, para enfim me oferecer outra vez uma festa, como convém a um velho Papa e pai da Igreja: pois, fica sabendo, eu sou o último Papa!—uma festa de devotas recordações e serviços divinos.

Agora, porém, ele próprio está morto, o mais devoto dos homens, aquele santo da floresta, que louva seu Deus constantemente com cantos e grunhidos.

A ele próprio não achei mais, quando achei sua cabana—mas sim *dois* lobos lá dentro, que uivavam sua morte—, pois todos os animais o amavam. Então corri dali.

Foi, pois, em vão que vim a estas florestas e montanhas? Então decidiu meu coração que eu procurasse por um outro, pelo mais devoto de todos os que não acreditam em Deus—que eu procurasse por Zaratustra!"

Assim falou o ancião, e olhou aguçado para aquele que estava diante dele; Zaratustra, porém, segurou a mão do velho Papa e a considerou longamente, com admiração.

"Vê, ó venerável", disse ele em seguida, "que bela e longa mão! Esta é a mão de alguém que sempre distribuiu bênçãos. Mas agora ela segura firme aquele por quem procuras, a mim, Zaratustra.

Sou eu, o sem-Deus Zaratustra, o que fala: quem é mais sem-Deus que eu, para que eu me alegre com seu ensinamento?"—

Assim falou Zaratustra, e perfurava com seu olhar de verruma os pensamentos do velho Papa, e os pensamentos que se escondiam por trás deles. Por fim, este começou a falar:

"Quem mais o amou e possuiu foi também quem mais o perdeu—:

— vê, eu próprio não sou agora, de nós dois, o mais sem-Deus? Mas quem seria capaz de se alegrar com isso!"

— "Tu o serviste até o fim", perguntou Zaratustra, meditativo, depois de um profundo silêncio, "tu sabes como ele morreu? É verdade o que se fala, que ele foi asfixiado pela compaixão?

— que ele viu como *o homem* pendia na cruz e não o suportou, que o amor pelo homem foi seu inferno e, por fim, sua morte?"

O velho Papa, porém, não respondia, mas olhava esquivo, com uma expressão dolorosa e sombria, para o lado.

"Deixa-o partir", disse Zaratustra, depois de uma longa meditação, continuando sempre a olhar o velho diretamente no olho.

Deixa-o partir, ele acabou. E mesmo se te honra falares apenas bem desse morto, sabes tão bem quanto eu *quem* era ele; e que ele seguia estranhos caminhos."

"Dito entre três olhos", disse o Papa, divertido (pois ele era cego de um olho), "em coisas de Deus eu sou mais ilustrado do que o próprio Zaratustra — e com todo o direito.

Meu amor serviu a ele longos anos, minha vontade seguiu em tudo sua vontade. Um bom servidor, porém, sabe de tudo, e também de muito daquilo que seu senhor esconde de si mesmo.

Ele era um Deus escondido, cheio de clandestinidade. Em verdade, ele só chegou a ter um filho por vias dissimuladas. À porta de sua crença está o adultério.

Quem o celebra como um Deus do amor não pensa bastante bem do amor. Não queria esse Deus ser também juiz? Mas o amante ama para além de paga e recompensa.

Quando ele era jovem, esse deus da terra do sol nascente, ele era duro e vingativo, e edificou um inferno para delícia de seus prediletos.

Mas por fim ele ficou velho e mole e frágil e compassivo, mais semelhante a um avô do que a um pai, mas mais semelhante ainda a uma velha, trôpega avó.

E se sentou murcho em seu canto, perto da estufa, queixou-se de suas pernas fracas, cansado do mundo, cansado da vontade, e um dia se engasgou em sua compaixão grande demais."

"Ó velho Papa", interrompeu Zaratustra neste ponto, "*Tu* viste *Isso* com teus olhos? Pode bem ser que tenha sido assim: assim, *e* também de outro modo. Quando deuses morrem, eles sempre morrem muitas espécies de morte.

Mas está bem! Assim ou assim, assim e assim — ele acabou! Ele foi contra o gosto de meus ouvidos e olhos, pior eu não poderia dizer dele.

Amo tudo o que olha claro e fala com lealdade. Mas ele — tu o sabes, tu que és um velho padre, havia algo de teu modo nele, um modo de padre —, ele era equívoco.

Ele era confuso, também. O quanto ele não se zangou conosco, esse colérico, porque o entendíamos mal! Mas por que não falou mais limpidamente?

E se eram nossos ouvidos, por que deu a nós ouvidos que o ouviam mal? *Se havia* argila em nossas orelhas, pois bem! quem a pôs lá dentro?

Demasiado lhe saiu mal, a esse oleiro que não concluiu seu aprendizado! Mas que ele tenha tomado vingança de seus potes de barro e criaturas, por lhe terem saído mal — isso foi um pecado contra o bom *gosto*.

Também na devoção há bom gosto: foi este que disse, por fim: 'Fora com um *tal* Deus! Antes nenhum Deus, antes fazer destino de próprio punho, antes ser parvo, antes ser seu próprio Deus!'"

— "O que ouço!", disse neste ponto o velho Papa, de orelhas em pé; "ó Zaratustra, tu és mais devoto do que acreditas, com uma tal descrença! Foi algum Deus em ti que te converteu a teu ateísmo.

Não é tua própria devoção que não te deixa mais acreditar em um Deus? E tua lealdade desmedida ainda te conduzirá para além de bem e mal! Mas vês o que ficou reservado para ti? Tens olhos e mão e boca, que estão predestinados a abençoar desde a eternidade. Não se abençoa somente com a mão.

Perto de ti, mesmo se queres ser o mais sem-Deus de todos, farejo um secreto aroma de santidade e perfume de longas bênçãos: isso me faz bem e mal.

Deixa-me ser teu hóspede, ó Zaratustra, por uma única noite! Em lugar nenhum sobre a terra me sentirei agora melhor do que junto a ti!"

"Amém! Assim seja!", falou Zaratustra, com grande admiração, "ali está o caminho que leva para cima, ali está a caverna de Zaratustra.

Com muito gosto, em verdade, eu próprio te guiaria para lá, ó venerável, pois amo todos os homens devotos."[14] […]

A SOMBRA

[…] "Mas foi em teu encalço, ó Zaratustra, que mais longamente voei e corri, e se me escondia de ti, era eu, no entanto, tua melhor sombra: onde tu pousaste, pousei eu também.

Contigo rondei pelos mundos mais longínquos, mais frios, igual a um fantasma que voluntariamente corre por sobre tetos de inverno e por sobre neve.

Contigo entrei a custo em tudo o que é proibido, pior, mais longínquo: e se algo em mim é virtude, é não ter tido medo de nenhuma proibição.

Contigo despedacei o que uma vez meu coração venerou, desvirei todas as marcas-de-limite e todas as imagens, corri atrás dos desejos mais perigosos — em verdade, passei uma vez por sobre cada crime.

Contigo desaprendi a crença em palavras e valores e grandes nomes. Quando o diabo muda de pele, não muda também seu nome? Pois este também é pele. O próprio diabo é talvez — pele.

'Nada é verdadeiro, tudo é permitido': assim disse eu a mim mesmo. Na mais fria das águas me atirei, de cabeça e de coração. Ai, quantas vezes saí delas nu como um vermelho caranguejo.

Ai, para onde foi todo o meu bom e toda a minha vergonha e toda a

---

14 "Perfurava com seu olhar de verruma", por *durchbohrte mit seinem Blicken*; literalmente: "verrumava com seus olhares", isto é, atravessava até o fundo. — "Os pensamentos […] e os pensamentos que se escondiam atrás deles", por *die Gedanken und Hintergedanken*, esta última palavra, como em francês *arrière-pensées*, significando também "segundas intenções"; outra versão da frase, talvez mais literal, seria, portanto: "verrumava com seus olhares as intenções e segundas intenções do velho Papa". — "Entre três olhos", a expressão *unter vier Augen* (entre quatro olhos) é muito comum para significar: "confidencialmente", "aqui entre nós". — "Terra do sol nascente", literalmente "terra da manhã" (*Morgenland*), isto é, o oriente. — "Equívoco", "confuso", por *vieldeutig*, *undeutlich*. (N.T.)

minha crença nos bons! onde está aquela mentirosa inocência que uma vez possuí, a inocência dos bons e de suas nobres mentiras!

Vezes demais, em verdade, segui a verdade rente aos calcanhares: então ela me saltou à cara. Muitas vezes pensei mentir, e vê! só então encontrei — a verdade.

Demasiadas coisas ficaram claras para mim: agora nada mais me importa. Nada mais vive, que eu ame — como haveria ainda de amar a mim próprio?

'Viver como me dá prazer, ou não viver' — assim quero eu, assim quer também o mais santo dos santos. Mas, ai de mim! como tenho *eu* ainda — prazer?

Tenho *eu* — ainda um alvo? Um porto, em cuja direção vai minha vela?

Um bom vento? Ai, somente quem sabe para onde viaja sabe também que vento é bom e qual é o vento de sua viagem.

O que me restou ainda? Um coração cansado e insolente; uma vontade instável; asas esvoaçantes; uma espinha dorsal quebrada.

Essa procura pelo *meu* lar, ó Zaratustra, bem o sabes, foi *minha* tortura particular, ela me devora.

'Onde está — *meu* lar?' Por ele pergunto e procuro e procurei, mas foi o que não encontrei. Ó eterno por-toda-parte, ó eterno em-parte-nenhuma, ó eterno — em-vão!"

Assim falou a sombra, e o rosto de Zaratustra se alongava às suas palavras. "Tu és minha sombra!", disse ele enfim, com tristeza.

Teu perigo não é pequeno, ó espírito livre e andarilho! Tiveste um mau dia! olha, que te vem um anoitecer ainda pior!

Os instáveis, tais como tu, acabam por achar venturosa até mesmo uma prisão. Viste alguma vez como dormem os criminosos aprisionados? Dormem tranquilamente, fruem de sua nova segurança.

Guarda-te de no fim ainda não te aprisionar uma crença estreita, uma dura, rigorosa ilusão! Pois a ti seduz e tenta agora tudo o que é estreito e firme.

Tu perdeste o alvo: ai de ti, como irás folgar e desafogar essa perda? Com ele — perdeste também o caminho!

Tu, pobre errante, pobre exaltado, tu cansada borboleta! queres ter esta noite uma trégua e um lar? Sobe para minha caverna!"[15] [...]

---

15 "Essa procura pelo meu lar [...] foi minha tortura particular". O texto, na realidade, traz: *"Dieses Suchen nach meinem Heim [...] war meine Heimsuchung"*. Jogo de palavras impossível de reproduzir, embora se note que a frase inteira está montada em torno dele. Na falta de melhor, a tradução se contenta em tentar acentuar a musicalidade. — "Folgar e desafogar", por *verscherzen* e *verschmerzen*, respectivamente, "perder algo por leviandade" (de *Scherz*, gracejo, brincadeira) e "suportar com paciência, consolar-se" (de *Schmerz*, dor). Notar o refinamento do jogo de aliteração. (N.T.)

A SAUDAÇÃO

[...] "E se nós que desesperávamos viemos agora a tua caverna, e já não desesperamos mais: isto é apenas um sinal e um presságio de que melhores estão a caminho para vir a ti—

— Pois ele próprio está a caminho para vir a ti, o último resquício de Deus entre os homens, isto é: todos os homens da grande aspiração, do grande nojo, do grande fastio,

— todos aqueles que não querem viver, a menos que aprendam a ter esperança outra vez — a menos que aprendam de ti, ó Zaratustra, a grande esperança!"

Assim falou o rei da direita, e segurou a mão de Zaratustra para beijá-la; mas Zaratustra evitou sua veneração e recuou apavorado, calando-se e subitamente fugindo como que para a mais longínqua distância.

Passado um instante, porém, já estava outra vez entre seus hóspedes, olhou para eles com olhos claros, examinadores, e falou:

"Meus hóspedes, vós homens superiores, vou falar alemão e claro convosco. Não era por *vós* que eu esperava aqui nestas montanhas".

("Alemão e claro? Deus tenha piedade!", disse neste ponto o rei da esquerda, à parte; "nota-se que ele não conhece nossos queridos alemães, esse sábio da terra do sol nascente!

Mas ele quer dizer 'alemão e rude' — pois bem! Isso ainda não é, hoje em dia, do pior gosto!")

"Podeis ser todos vós, em verdade, homens superiores", prosseguiu Zaratustra: "mas para mim — não sois altos e fortes o bastante.

Para mim, isto é: para o inexorável que se cala em mim, mas não calará sempre. E, se me pertenceis, não é, no entanto, como meu braço direito.

Pois quem está em pé sobre pernas doentes e delicadas quer antes de tudo, saiba disso ou o esconda de si: ser poupado.

Meus braços e minhas pernas, porém, eu não poupo, *eu não poupo meus guerreiros*: como poderíeis vós prestar para *minha* guerra?

Convosco eu ainda estragaria cada vitória minha. E muitos de vós já cairiam de costas, só de ouvir o ribombar de meus tambores.

Também não sois belos o bastante, e bem-nascidos, para mim. Eu preciso de puros, lisos espelhos para meus ensinamentos; sobre vossa superfície se distorce até minha própria imagem.

Muita carga, muita recordação oprime vossos ombros: muito anão ruim está agachado em vossos escaninhos. Há plebe escondida em vós.

E mesmo se sois altos e de alta espécie: há muito em vós de curvo e deformado. Não há nenhum ferreiro no mundo para endireitar-vos e forjar-vos retos para mim.

Sois apenas pontes: que outros mais altos possam passar por sobre vós!

Vós significais degraus: portanto, não vos zangueis com aquele que por sobre vós galga *sua* altitude!

De vossa semente pode também um dia crescer-me um filho genuíno e herdeiro consumado: mas isso está longe. Vós próprios não sois aqueles a quem compete herdar meus bens e nome.

Não é por vós que espero aqui nestas montanhas, não é convosco que posso descer pela última vez. Como presságio apenas viestes a mim, de que mais altos já estão a caminho para vir a mim —

— *não* os homens da grande aspiração, do grande nojo, do grande fastio, e aquilo que vós denominais o remanescente de Deus.

— Não! Não! Três vezes Não! Por *outros* espero eu, aqui nestas montanhas, e sem eles não quero arredar o pé daqui —

— por mais altos, mais fortes, mais triunfantes, mais bem-humorados, por aqueles que são construídos a esquadro de corpo e alma: *leões risonhos* hão de vir!"[16] [...]

DO HOMEM SUPERIOR

6

[...] Ó homens superiores, pensais que estou aqui para reparar o que fizestes mal feito?

Ou que eu poderia de agora em diante fazer uma cama mais cômoda para vós, sofredores? Ou a vós, instáveis, errantes, perdidos na escalada, mostrar novos atalhos mais fáceis?

Não! Não! Três vezes Não! Cada vez mais, cada vez melhores de vossa espécie devem ir ao fundo — pois para vós tudo deve ser cada vez pior e mais duro. Assim somente —

— assim somente cresce o homem à altura onde o relâmpago o atinge e despedaça: alto o bastante para o relâmpago!

Ao que é pouco, ao que é longo, ao que é distante vai meu sentido e minha aspiração: que me importaria vossa pequena, muita curta miséria?

Para mim, ainda não sofreis o bastante! Pois sofreis de vós, ainda não sofreis do *homem*. Mentiríeis, se o disséssseis de outro modo! Todos vós não sofreis do que *eu* sofri.

---

16 "Alemão e claro", "alemão e rude", por *deutsch und deutlich, deutsch und derb*; a primeira locução é comum, no *sentido* em que se diz: "vou falar em bom alemão com você" (isto é, ao mesmo tempo claro e franco); mas o segundo sentido não está ausente. Também há um ressaibo de ameaça quando se diz: "Vou te falar *em bom português*". — "Poupar", por *schonen*; o sentido é "tratar bem; ser indulgente". Notar que o oposto, *schonungslos*, traduz-se por "impiedoso". (N.T.)

7

Não é o bastante para mim que o relâmpago não cause mais dano. Não é desviá-lo que eu quero: ele deve aprender a — trabalhar para mim.

Minha sabedoria já há muito se acumula, igual a uma nuvem, ela se torna mais quieta e mais escura. Assim faz toda sabedoria que um dia deve parir um *relâmpago*.

Para estes homens de hoje não quero ser *luz* nem chamar-me luz. Esses — eu quero cegar: relâmpago de minha sabedoria! Vaza-lhes os olhos!

[...]

A CANÇÃO BÊBADA

3

Ó homens superiores, vem vindo a meia-noite: então quero dizer-vos algo nos ouvidos, como aquele velho sino o está dizendo em meu ouvido—

— tão secretamente, tão pavorosamente, tão de coração, como o diz a mim aquele sino de meia-noite, ele que viveu mais coisas do que *um* homem:

— que já contou as batidas de coração e de dor de vossos pais — ai! ai! como ela suspira! como ela ri em sonho! a velha, profunda, profunda meia-noite!

Quietos! quietos! Já se ouve muita coisa, que de dia não pode dizer-se em voz alta; mas agora, com o vento fresco, quando também todo o barulho de vossos corações se aquietou—

— agora isso fala, agora isso se ouve, agora isso se esgueira em noturnas almas vigilantes: ai! ai! como ela suspira! como ela ri em sonho!

— não ouves tu, como ela secretamente, pavorosamente, de coração, *fala contigo*, a velha, profunda, profunda meia-noite?

Ó humano, presta atenção!

4

Ai de mim! Para onde foi o tempo? Não afundei em poços profundos? O mundo está dormindo.

Ai! Ai! O cão uiva, a lua brilha. Prefiro morrer, morrer do que vos dizer o que está pensando meu coração de meia-noite.

Agora já morri. Tudo acabou. Aranha, o que emaranhas em torno de mim? Queres sangue? Ai! Ai! O orvalho está caindo, a hora está chegando—

— a hora em que gelo e me enregelo, que pergunta e pergunta e pergunta: "Quem tem coração bastante para isso?

— quem deve ser senhor da terra? Quem quer dizer: assim deveis correr, ó grandes e pequenos rios!"

— a hora se aproxima: ó homem, tu, homem superior, presta atenção! esta fala é para ouvidos finos, para teus ouvidos — *o que fala a profunda meia-noite?*

5
Ela me transporta, minha alma dança. Tarefa diária! Tarefa diária! Quem deve ser senhor da terra?

A lua está fresca, o vento se cala. Ai! Ai! Já não voastes bastante alto? Dançais: mas uma perna não é uma asa.

Ó bons dançarinos, agora todo prazer passou: o vinho se tornou borra, todas as canecas se tornaram frágeis, as covas balbuciam.

Não voastes bastante alto: agora as covas balbuciam: "Redimi então os mortos! Por que é noite há tanto tempo? Não nos embebeda a lua?".

Ó homens superiores, redimi então as covas, acordai os cadáveres! Ai! o que cava ainda o verme? Está perto, está perto a hora—

— o sino grunhe, range ainda o coração, cava ainda o verme da madeira, o verme do coração. Ai! Ai! *O mundo é profundo!*

6
Doce lira! Doce lira! Amo teu som, teu bêbado som coaxante! — de quanto tempo, de quanta distância vem a mim teu som, de tão longe, dos charcos do amor!

Tu, velho sino, tu, doce lira! Cada dor te rasga o coração, dor de pai, dor de ancestrais, dor de primeiros pais; tua fala está madura—

— madura igual a outono e tarde de ouro, igual a meu coração de ermitão — agora tu falas; o próprio mundo ficou maduro, o cacho se amorena—

— agora ele quer morrer, morrer de felicidade. Vós, homens superiores, não sentis o aroma? Sobe secretamente um aroma—

— um perfume e aroma de eternidade, um róseo, venturoso, moreno aroma de ouro e vinho de velha felicidade,

— de bêbada felicidade de morrer à meia-noite, que canta: o mundo é profundo, *e mais profundo do que o dia pensava!*

7
Deixa-me! Deixa-me! Sou puro demais para ti. Não me toques! Meu mundo não acaba de se consumar?

Minha pele é pura demais para tuas mãos. Deixa-me, tu, estúpido, bronco, desbotado dia! A meia-noite não é mais clara?

Os mais puros devem ser senhores da terra, os mais desconhecidos, os mais fortes, as almas de meia-noite, que são mais claras e profundas do que qualquer dia.

Ó dia, tateias em meu encalço? Tateias atrás de minha felicidade? Sou para ti rico, solitário, uma caverna de tesouro, um cofre de ouro?

Ó mundo, tu me queres? Sou para ti mundano? Sou para ti espiritual? Sou para ti divino?[17] Mas, dia e mundo, sois desajeitados demais —

— tende mãos mais espertas, tentai apanhar felicidade mais profunda, tentai apanhar algum Deus, não tenteis me apanhar:

— minha infelicidade, minha felicidade é profunda, ó estranho dia, mas não sou nenhum Deus, nenhum inferno de Deus: *profunda é sua dor.*

8

A dor de Deus é mais profunda, ó estranho mundo! Tenta apanhar a dor de Deus, não a mim! Que sou eu? Uma bêbada, doce lira, —

— uma lira de meia-noite, um coaxar de sino, que ninguém entende, mas que *precisa* falar diante de surdos, ó homens superiores! Pois vós não me entendeis!

Adeus! Adeus! Ó juventude! Ó meio-dia! Ó tarde! Agora veio o anoitecer e a noite e a meia-noite — o cão uiva, o vento:

— não é o vento um cão? Ele gane, ele late, ele uiva. Ai! Ai! como ela suspira, como ela ri, como ela estertora e arqueja, a meia-noite!

Como ela fala sobriamente, essa poetisa bêbada! será que passou além de sua bebedeira?[18] tornou-se ultravigilante? está ruminando?

— sua dor ela rumina em sonho, a velha, profunda meia-noite, e mais ainda seu prazer. Pois o prazer, mesmo se a dor é profunda: *o prazer é mais profundo ainda do que o sofrimento do coração.*

9

Ó videira! Por que me louvas? E no entanto eu te podei! Eu sou cruel, tu sangras —: o que quer teu louvor, de minha bêbada crueldade?

"O que se tornou perfeito, tudo o que está maduro — quer morrer!" as-

---

17 "Mundano", "espiritual", por *weltlich*, *geistlich*; o *sentido* é esse, como está no texto; mas o jogo de palavras se refere ainda ao *uso*, que é o da oposição "profano" e "religioso" (ou "eclesiástico"). Daí a gradação: *weltlich*, *geistlich*, *gottlich*: profano, religioso, divino. (N.T.)

18 O verbo do texto é *übertrinken*, que daria algo como "sobrebeber" ou "transbeber"; o equivalente é impossível, mas a ideia é clara: superou, no beber, a bebedeira, ou ultrapassou-a. Isso é confirmado pelo emprego, logo em seguida, da palavra *überwach*, "sobreacordado" ou "mais que acordado", que tem o sentido de "excitado e tenso". A tradução por "vigilante" leva em conta a alusão ao verbete *überwachen* (vigiar, supervisionar). (N.T.)

sim falas tu. Abençoada, abençoada seja a foice do vinhateiro! Mas tudo o que é imaturo quer viver: ai dele!

A dor fala: "Passa! Fora, ó dor!". Mas tudo o que sofre quer viver, para ficar maduro, e ávido e nostálgico,

— nostálgico do mais distante, mais alto, mais claro. "Eu quero herdeiros", assim fala tudo o que sofre, "eu quero filhos, eu não *me* quero" —

— o prazer, porém, não quer herdeiros, não quer filhos — o prazer quer a si próprio, quer retorno, quer tudo-eternamente-igual-a-si.

A dor fala: "Quebra, sangra, coração! Anda, perna! Asa, voa! Em frente! Para o alto! dor!". Pois bem! Vamos! Ó meu velho coração: *A dor fala: "Passa!"*.

10

Ó homens superiores, que vos parece? Sou um adivinho? Um sonhador? Bêbado? Um decifrador de sonho? Um sino de meia-noite?

Uma gota de orvalho? Um vapor e perfume de eternidade? Não ouvis? Não sentis o aroma? Meu mundo acaba de se consumar, meia-noite é também meio-dia—

— a dor é também prazer, a maldição é também uma bênção, a noite é também um sol—ide embora ou aprendei: um sábio é também um parvo.

Dissestes alguma vez sim a um prazer? Oh, meus amigos, então dissestes sim também a *toda* dor. Todas as coisas estão encadeadas, enoveladas, enamoradas,—

— quisestes alguma vez *uma* vez duas vezes, falastes alguma vez "tu me agradas, felicidade! Vem! instante!", então quisestes *tudo* de volta!

— Tudo de novo, tudo eternamente, tudo encadeado, enovelado, enamorado, oh, então *amastes* o mundo—

— vós, eternos, o amais eternamente e todo o tempo: e também à dor vós falais: passa, mas retorna! *Pois todo prazer quer — eternidade!*

11

Todo prazer quer de todas as coisas a eternidade, quer mel, quer borra, quer bêbada meia-noite, quer covas, quer consolo de lágrimas das covas, quer dourado ocaso—

— *o que* não quer o prazer! ele é mais sequioso, tem mais coração, é mais faminto, mais pavoroso, mais secreto do que toda dor, ele *se* quer, ele morde em *si*, nele se anela a vontade de anel—

— ele quer amor, ele quer ódio, ele é riquíssimo, dá, atira fora, mendiga que alguém o tome, agradece ao que toma, ele gostaria de ser odiado—

— tão rico é o prazer, que tem sede de dor, de inferno, de ódio, de injúria, de aleijado, de *mundo* — pois este mundo, oh, vós o conheceis, sim!

Ó homens superiores, por vós ele anseia, o prazer, o irrefreado, venturoso — por vossa dor, ó malogrados! Pelo malogrado anseia todo prazer eterno.

Pois todo prazer quer a si próprio; por isso quer também sofrimento de coração! Ó felicidade, ó dor! Ó, quebra, coração! Vós, homens superiores, aprendei, pois, o prazer quer eternidade —

— o prazer quer de *todas* as coisas a eternidade, *quer profunda, profunda eternidade!* [...]

PARA ALÉM DE BEM E MAL
PRELÚDIO DE UMA FILOSOFIA DO PORVIR

1885-1886

CAPÍTULO I
DOS PRECONCEITOS DOS FILÓSOFOS

2

"Como *poderia* algo nascer de seu oposto? Por exemplo, a verdade, do erro? Ou a vontade de verdade, da vontade de engano? Ou a ação não egoísta, do egoísmo? Ou a pura, solar contemplação do sábio, da concupiscência? Tal gênese é impossível: quem sonha com ela é um parvo, e mesmo pior que isso: as coisas de supremo valor têm de ter uma outra origem, uma origem *própria*—desse mundo perecível, aliciante, enganoso, mesquinho, desse emaranhado de ilusão e apetite, é impossível deduzi-las! Pelo contrário, é no seio do ser, no imperecível, no Deus escondido, na 'coisa em si'—é *ali* que tem de estar seu fundamento, ou em nenhuma outra parte!"—Esse modo de julgar constitui o típico preconceito pelo qual se reconhecem os metafísicos de todos os tempos; esse modo de estimativas de valor está por trás de todas as suas procedencia lógicas; a partir dessa sua "crença", eles se atarefam em torno de seu "saber", em torno de algo que, no final, é solenemente batizado como "a verdade". A crença fundamental dos metafísicos é *a crença nas oposições dos valores*. Nem sequer aos mais cautelosos dentre eles ocorreu duvidar já aqui no limiar, onde no entanto era mais necessário: mesmo quando se juramentaram "*de omnibus dubitandum*". Pode-se, com efeito, duvidar, em primeiro lugar, se há em geral oposições e, em segundo lugar, se aquelas vulgares estimativas e oposições de valor sobre as quais os metafísicos imprimiram seu selo não seriam talvez apenas estimativas de fachada, apenas perspectivas provisórias, talvez, além do mais, a partir de um ângulo, talvez de baixo para cima, perspectivas de rã, por assim dizer, para emprestar uma expressão que é corrente entre os pintores? Com todo o valor que possa caber ao verdadeiro, ao verídico, ao não egoísta: seria possível que tivesse de ser atribuído à aparência, à vontade de engano, ao egoísmo e ao apetite um valor mais alto e mais fundamental para toda a vida. Seria até mesmo possível, ainda, que *o que* constitui o valor daquelas boas e veneradas coisas consistisse precisamente em estar, da maneira mais capciosa, aparentadas, vinculadas, enredadas com aquelas coisas ruins, aparentemente opostas, e talvez mesmo em lhes serem iguais em essência. Talvez!—Mas quem tem vontade de se afligir com tão perigosos *talvez*! Para isso, já é preciso esperar pela chegada de uma nova espécie de filósofos, que tenham algum outro gosto e propensão, inverso ao dos que houve até agora—filósofos do perigoso *talvez* em todos os sentidos.—E, dito com toda seriedade: eu vejo tais novos filósofos surgindo.

4

A falsidade de um juízo ainda não é para nós nenhuma objeção contra esse juízo: é nisso, talvez, que nossa língua nova soa mais estrangeira. A pergunta é até que ponto é propiciador da vida, conservador da vida, conservador da espécie, talvez mesmo aprimorador da espécie; e estamos inclinados por princípio a afirmar que os mais falsos dos juízos (entre os quais estão os juízos sintéticos *a priori*) são para nós os mais indispensáveis, que sem um deixar-valer[1] as ficções lógicas, sem um medir a efetividade pelo mundo puramente inventado do incondicionado, do igual-a-si-mesmo, sem uma constante falsificação do mundo pelo número, o homem não poderia viver — que renunciar a falsos juízos seria uma renúncia a viver, uma negação da vida. Admitir a inverdade como condição de vida: isto significa, sem dúvida, opor resistência, de uma maneira perigosa, aos sentimentos de valor habituais; e uma filosofia que se atreve a fazê-lo se coloca, simplesmente com isso, para além de bem e mal.

11

[...] É tempo, afinal, de substituir a pergunta kantiana "Como são possíveis juízos sintéticos *a priori?*" por uma outra pergunta: "Por que a crença em tais juízos é *necessária?*"[2] — ou seja, de conceber que para fins de conservação da essência de nossa espécie tais juízos têm de ser *acreditados* como verdadeiros; com o que, naturalmente, poderiam ainda ser juízos *falsos*! Ou, para dizê-lo mais claramente, e de um modo mais grosseiro e radical: juízos sintéticos *a priori* não deveriam, de modo algum, "ser possíveis":[3] não temos nenhum direito a eles, em nossa boca são puros juízos falsos. Só que, certamente, a crença em sua verdade é necessária, como uma crença de fachada e uma aparência que faz parte da ótica-de-perspectivas da vida. — Para, por último, pensar ainda no descomunal efeito que "a filosofia alemã" — entende-se, ao que espero, seu direito às aspas? — exerceu na Europa inteira, não se duvide de que uma certa *virtus dormitiva*[4] teve par-

---

1 "*Das Geltenlassen*" — substantivação da locução *gelten lassen*, *gelten* no sentido de "viger", "ter vigência"; portanto, "aceitar como válido". A tradução mais frouxa seria "a admissão"; um equivalente aproximado que se poderia tentar, na medida da tolerância do contexto, seria o nosso "fazer de conta". (N.T.)

2 "Necessário" — *nötig*; não confundir, sobretudo, com a necessidade lógica ou transcendental (*Notwendigkeit*), que é justamente o que está sendo questionado aqui. Melhor seria traduzir-se deste jeito: "Por que *é preciso* a crença em tais juízos?" — o adjetivo *nötig*, aqui, se prende muito mais ao substantivo *Not*, que, se se traduzisse por *necessidade*, seria no sentido de "indigência", "carência", como em "*passar necessidade*", "*atado de necessidade*". (N.T.)

3 *Möglich* — aqui, com alusão ao sentido especial de "tolerável". (N.T.)

4 Referência à citação do *Le Malade imaginaire*, de Molière, feita logo acima, em que o impostor, para responder à pergunta: "Como o ópio faz dormir?", recita em latim macarrônico: "*Quia est*

ticipação nisso: estavam embevecidos, entre os nobres ociosos, virtuosos, místicos, artistas, cristãos de três quartos e obscurantistas políticos de todas as nações, de terem, graças à filosofia alemã, um antídoto contra o ainda prepotente sensualismo, que transbordava do século anterior para este, em suma— *"sensus assoupire"*...

13
Os fisiólogos deveriam prestar mais atenção ao estabelecer o impulso de autoconservação como impulso cardinal de um ser orgânico. Antes de tudo, o vivente quer *dar vazão* a sua força— a própria vida é vontade de potência—: a autoconservação é somente uma das consequências indiretas e mais frequentes disso. — Em suma, aqui, como por toda parte, cuidado com princípios teleológicos supérfluos! — tais como o impulso de autoconservação (que se deve à inconsequência de Espinosa—). Assim, com efeito, o ordena o método, que tem de ser essencialmente parcimônia de princípios.

16
Há ainda inofensivos observadores de si, que acreditam que há "certezas imediatas", por exemplo, "eu penso", ou, como era a superstição de Schopenhauer, "eu quero": como se aqui o conhecer recebesse seu objeto puro e nu para captar, como "coisa em si", e nem do lado do sujeito nem do lado do objeto tivesse lugar uma falsificação. Que, porém, "certeza imediata", assim como "conhecimento absoluto" e "coisa em si", encerra uma *contradictio in adjecto,* eu repetirei uma centena de vezes: deveríamos, afinal, desvencilhar-nos da sedução das palavras! O povo que acredite que conhecer é um conhecer-final; o filósofo tem de dizer a si mesmo: se eu decomponho o processo que está expresso na proposição "eu penso", obtenho uma série de afirmações temerárias, cuja fundamentação é difícil, talvez impossível—, por exemplo, que sou *eu* quem pensa, que em geral tem de haver algo que pensa, que pensar é uma atividade e um efeito da parte de uma essência que é pensada como causa, que há um "eu", e, enfim, que já está estabelecido firmemente o que se deve designar como pensar— que eu *sei* o que é pensar. Pois, se eu já não tivesse decidido sobre isso comigo mesmo, em que me basearia para distinguir se o que acaba de acontecer não é, talvez, "querer" ou "sentir"? Basta dizer que aquele "eu penso" pressupõe que eu *compare* meu estado no instante com outros estados que conheço em

---

in eo virtus dormitiva/ cujus est natura sensus assoupire ("porque há nele uma faculdade dormitiva/ cuja natureza é entorpecer os sentidos"; *assoupire* é a pseudolatinização cômica do francês *assoupir*). Nietzsche compara com esta a resposta kantiana à questão dos juízos sintéticos *a priori.* A referência final entra nessa mesma linha. (N.T.)

mim, para assim estabelecer o que ele é: dada essa remetência a um "saber" de outra procedência, ele não tem para mim, em todo caso, nenhuma certeza imediata. — Em lugar daquela "certeza imediata", em que, no caso dado, o povo pode acreditar, o filósofo recebe nas mãos uma série de questões da metafísica, bem propriamente questões de consciência do intelecto, que são: "De onde tiro o conceito de pensar? Por que acredito em causa e efeito? O que me dá o direito de falar de um eu, e até mesmo de um eu como causa e, afinal, ainda de um eu como causa de pensamentos?". Quem, fazendo apelo a uma espécie de *intuição* do conhecimento, se aventura a responder prontamente a essas perguntas metafísicas, como faz aquele que diz: "Eu penso e sei que pelo menos isso é verdadeiro, efetivo, certo" — esse encontrará hoje, em um filósofo, um sorriso e dois pontos de interrogação. "Prezado senhor", dar-lhe-á talvez a entender o filósofo, "é inverossímil que o senhor não esteja em erro: mas, também, por que sempre verdade?"

22
Perdoem este velho filólogo, que não pode resistir à maldade de pôr o dedo sobre artes-de-interpretação ruins: mas aquela "legalidade da natureza", de que vós físicos falais com tanto orgulho, como se... — só subsiste graças a vossa interpretação e "filologia" ruim — não é nenhum estado de coisas, nenhum "texto", mas somente um arranjo ingenuamente humanitário e uma distorção de sentido, com que dais plena satisfação aos instintos democráticos da alma moderna! "Por toda parte igualdade diante da lei — nisso a natureza não está de outro modo nem melhor do que nós": um maneiroso pensamento oculto, em que mais uma vez está disfarçada a plebeia hostilidade contra tudo o que é privilegiado e senhor de si, do mesmo modo que um segundo e mais refinado ateísmo. "*Ni dieu, ni maître*" — assim quereis vós também: e, por isso, "viva a lei natural!" — não é verdade? Mas, como foi dito, isso é interpretação, não texto; e poderia vir alguém que, com a intenção e a arte de interpretação opostas, soubesse, na mesma natureza e tendo em vista os mesmos fenômenos, decifrar precisamente a imposição tiranicamente irreverente e inexorável de reivindicações de potência — um intérprete que vos colocasse diante dos olhos a falta de exceção e a incondicionalidade que há em toda "vontade de potência", em tal medida que quase toda palavra, e mesmo a palavra "tirania", se mostrasse, no fim das contas, inutilizável, ou já como metáfora enfraquecedora e atenuante — por demasiado humana; e que, contudo, terminasse por afirmar desse mundo o mesmo que vós afirmais, ou seja, que tem um decurso "necessário" e "calculável", mas *não* porque nele reinam leis, mas porque absolutamente *faltam* as leis, e cada potência, a cada instante, tira sua última consequência.

Suposto que também isto seja somente interpretação — e sereis bastante zelosos para fazer essa objeção? —, ora, tanto melhor!

CAPÍTULO II
O ESPÍRITO LIVRE

34
Seja qual for o ponto de vista da filosofia em que hoje tomemos posição: visto a partir de cada posição, o caráter *errôneo* do mundo em que acreditamos viver é o que de mais seguro e mais firme nosso olho pode captar: encontramos fundamentos e mais fundamentos, em compensação, que poderiam induzir-nos a suposições de que há um princípio enganoso na "essência das coisas". Quem, porém, faz de nosso próprio pensar, e portanto "do espírito", o responsável pela falsidade do mundo — uma honrosa saída, adotada por todo consciente ou inconsciente *advocatus dei*—, quem toma esse mundo, juntamente com espaço, tempo, forma, movimento, como falsamente *inferido*: este teria pelo menos um bom ensejo para aprender, afinal, a desconfiar do pensar mesmo e de todo pensar: não nos teria ele, até agora, pregado a maior de todas as peças?, e que garantia daria de que não continuará a fazer o que sempre fez? Com toda seriedade: a inocência dos pensadores tem algo de tocante e que infunde respeito, ao lhes permitir colocarem-se ainda hoje diante da consciência, com o pedido de que ela lhes dê respostas *honestas*: por exemplo, se ela é "real", e por que propriamente ela se descarta com tanta resolução do mundo exterior, e o que mais houver de semelhantes perguntas. A crença em "certezas imediatas" é uma ingenuidade *moral*, que nos honra, a nós filósofos: mas por uma vez não devemos ser homens *somente* morais! Pode ser que na vida burguesa a desconfiança sempre alerta valha como signo de "mau caráter", e consequentemente faça parte das imprudências: aqui entre nós, para além do mundo burguês e de seus sins e nãos — o que deveria impedir-nos de ser imprudentes e de dizer: o filósofo adquiriu aos poucos um *direito* ao "mau caráter",[5] como o ser que até agora sobre a terra foi sempre o melhor ludibriado — ele tem hoje o *dever* da desconfiança, do mais maldoso olhar de viés vindo de todos os abismos da suspeita. — Perdoem-me o gracejo deste sombrio esgar e trejeito, pois eu pró-

---

[5] Também aqui não é inútil notar o extremo cuidado e acuidade no tratamento da palavra: *bürgerliches Leben*, que significaria "vida em sociedade", "vida civil ou burguesa", pode querer dizer também "vida *das garantias*" — o eco dessa leitura já está linhas acima na palavra *Bürgschaft* ("garantia"), usada no mesmo contexto; daí a incompatibilidade essencial dessa "vida burguesa" com a *desconfiança*: a "burguesia" não é, justamente como diz seu nome, "aquela que confia em títulos de *crédito*"? E o que pedem os pensadores à consciência, senão um *avalista*? (N.T.)

prio há muito tempo aprendi a pensar de outro modo sobre enganar e ser enganado, a estimar de outro modo, e tenho pelo menos um par de cotoveladas prontas para o cego furor com que os filósofos se rebelam contra serem enganados. Por que *não*? Não passa de um preconceito moral, que verdade tem mais valor do que aparência; é até mesmo a admissão mais mal demonstrada que há no mundo. Confesse-se pelo menos isto: nenhuma vida teria subsistido se não fosse sobre o fundamento de estimativas perspectivistas e aparências; e se se quisesse, com a virtuosa inspiração e rudeza de tantos filósofos, abolir inteiramente o "mundo aparente", então, suposto que *vós* o pudésseis—, pelo menos, com isso, nada mais restaria também de vossa "verdade"! Sim, o que vos obriga, em geral, a admitir uma oposição essencial entre "verdadeiro" e "falso"? Não basta admitir graus de aparência e como que sombras mais claras e mais escuras e tonalidades gerais da aparência—diferentes *valeurs*, para falar a linguagem dos pintores? Por que o mundo, *que nos diz respeito*, não seria uma ficção? E a quem pergunta: "Mas à ficção não pertence um autor?"—não se poderia responder redondamente: *Por quê?* Não pertence esse "pertence", talvez, à ficção? Então não é permitido, para com o sujeito, assim como para com o predicado e o objeto, tornar-se com o tempo um pouco irônico? Não poderia o filósofo elevar-se acima da credulidade na gramática? Todo respeito pelas governantas: mas não seria tempo, para a filosofia, de abster-se da crença de governantas?

36
Suposto que nada outro está "dado" como real, a não ser nosso mundo dos apetites e paixões, que não podemos descer ou subir a nenhuma outra "realidade", a não ser precisamente à realidade de nossos impulsos—pois pensar é apenas uma proporção desses impulsos entre si—: não é permitido fazer o ensaio e perguntar a pergunta, se esse "dado" não *basta* para, a partir de seu semelhante, entender também o assim chamado mundo mecânico (ou "material")? Não quero dizer [entendê-lo] como uma ilusão, uma "aparência", uma "representação" (no sentido berkeleiano ou schopenhaueriano), mas sim como algo da mesma ordem de realidade que nossa própria emoção—, como uma forma mais primitiva do mundo das emoções, em que ainda está encerrado em poderosa unidade tudo aquilo que, em seguida, no processo orgânico, se ramifica e se configura (e também, como é justo, se atenua e se enfraquece—), como uma espécie de vida de impulsos, em que ainda todas as funções orgânicas, como autorregulação, assimilação, nutrição, secreção, metabolismo, estão sinteticamente ligadas umas às outras, — [entendê-lo, enfim,] como uma *pré-forma* da vida? — Por último, não é somente permitido fazer esse ensaio: a partir da consciência do *método*, isso é exigido. Não

admitir várias espécies de causalidade, enquanto o ensaio de bastar-se com uma única não tiver sido levado até seu limite extremo (— até a insensatez, com perdão da palavra): esta é uma moral do método, a que hoje não é possível esquivar-se; segue-se "por definição", como diria um matemático. A pergunta é, por último, se reconhecemos efetivamente a vontade como *eficiente*, se acreditamos na causalidade da vontade: se o fazemos — e, no fundo, a crença nisso é justamente nossa crença na própria causalidade —, temos de fazer o ensaio de pôr hipoteticamente a causalidade da vontade como a única. "Vontade", naturalmente, só pode fazer efeito sobre "vontade" — e não sobre "matéria" (não sobre "nervos", por exemplo): é quanto basta, para termos de arriscar a hipótese, se por toda parte onde são reconhecidos "efeitos" não é vontade que faz efeito sobre vontade — e se todo acontecer mecânico, na medida em que uma força é ativa nele, não é justamente força de vontade, efeito de vontade. — Suposto, enfim, que desse certo explicar toda a nossa vida de impulsos como a conformação e a ramificação de *uma* forma fundamental da vontade — ou seja, da vontade de potência, como é *minha* proposição —; suposto que se pudessem reconduzir todas as funções orgânicas a essa vontade de potência e nela também se encontrasse a solução do problema da geração e da nutrição — isto é *um* problema —, com isso se teria adquirido o direito de determinar *toda* força eficiente univocamente como: *vontade de potência*. O mundo visto de dentro, o mundo determinado e designado por seu "caráter inteligível" — seria justamente "vontade de potência", e nada além disso.

44

Preciso ainda, depois de tudo isso, dizer expressamente que também eles serão espíritos livres, *muito* livres, esses filósofos do futuro — assim como também não serão meramente espíritos livres, mas algo mais, mais alto, maior e fundamentalmente outro, que não quer ser equivocado e confundido? Mas, ao dizer isso, sinto quase tanto para com eles quanto para conosco, nós que somos seus arautos e precursores, nós, espíritos livres! — a *obrigação* de varrer para longe de nós um velho e estúpido preconceito e mal-entendido, que por demasiado tempo, como uma neblina, tornou opaco o conceito de "espírito livre". Em todos os países da Europa, e igualmente na América, há agora algo que abusa desse nome, uma muito estreita, aprisionada, acorrentada espécie de espíritos, que querem mais ou menos o contrário daquilo que está em nossos propósitos e instintos — para não dizer que, em vista daqueles *novos* filósofos que estão surgindo, eles têm de ser janelas bem fechadas e portas aferrolhadas. Não passam, em suma, de *niveladores*, esses falsamente chamados "espíritos livres" — escravos loquazes e escrevinhadores do gosto democrático e de suas "ideias modernas"; todos eles homens sem solidão, sem solidão própria, bravos rapazes desajeitados, aos quais não se deve negar coragem nem costumes respeitáveis, só que são, justamente, não livres e ridiculamente superficiais, sobretudo com sua propensão fundamental a ver nas formas da velha sociedade que existiu até agora mais ou menos a causa de *toda* miséria e fracasso dos homens: com o que a verdade, comicamente, vem a ficar de ponta-cabeça! O que gostariam de perseguir com todas as forças é a universal felicidade do rebanho em pasto verde, com segurança, ausência de periculosidade, comodidade, facilitamento da vida para todos; suas duas cantigas e doutrinas mais fartamente cantadas se chamam "igualdade dos direitos" e "simpatia por tudo o que sofre" — e o próprio sofrer é tomado por eles como algo que é preciso *abolir*. Nós, os seus inversos, que abrimos um olho e uma consciência para a pergunta: onde e como até agora a planta "homem" cresceu mais vigorosamente em altura, pensamos que isso aconteceu, toda vez, sob as condições inversas, que, para isso, a periculosidade de sua situação tinha antes de crescer até o descomunal, sua força de invenção e de disfarce (seu "espírito"...) desenvolver-se sob longa pressão e coação até o refinado e temerário, sua vontade de vida ser intensificada até a incondicionada vontade de potência: — nós pensamos que dureza, violência, escravidão, perigo na rua e no coração, ocultamento, estoicismo, artimanha e diabolismo de toda espécie, que tudo o que há de mau, terrível, tirânico, tudo o que *há* de animal de rapina e de serpente no homem serve tão bem à elevação da espécie "homem" quanto seu oposto: — nem sequer dizemos o bastante, quando dizemos somente isso, e em todo caso nos encontramos, com nosso falar e calar neste ponto, no *outro* extremo de toda ideologia e anseios de rebanho: como seus antípodas, talvez? O que há de admirar se nós, "espíritos livres", não somos exatamente os espíritos mais comunicativos?, se não desejamos, sob todos os aspectos, denunciar *que* um espírito livre pode tornar-se livre e *para onde*, talvez, ele será levado então? E, no que diz respeito à perigosa fórmula "para além de bem e mal", com que nós pelo menos nos guardamos de ser confundidos: *somos* algo outro do que "*libres penseurs*", "*liberi pensatori*", "livres-pensadores", ou como todos esses bravos porta-vozes das "ideias modernas" gostam de se denominar. Tendo estado em casa, ou pelo menos como hóspedes, em muitos países do espírito; sempre escapando de novo dos esmaecidos recantos agradáveis, em que predileção e preconceito,[6] juventude, ascendência, o acaso de homens e

---

6 O texto traz: "*Vorliebe und Vorhass*"; literalmente: "pré-amor" e "pré-ódio", ou seja, ódio e amor preconcebidos. "Predileção" é tradução exata, mas pessimista é a língua que chama de "pré--conceito" a predisposição ao ódio. Mais abaixo, "preconceito" está em seu sentido etimológico exato (no texto: *Vorurteil*, literalmente: "juízo prévio", "pré-juízo", outra palavra que em português se distorceu). (N.T.)

livros, ou mesmo os cansaços da andança pareciam confinar-nos; cheios de maldade contra os engodos da dependência que estão escondidos em honras, ou dinheiro, ou funções ou entusiasmos dos sentidos; até mesmo gratos para com a desgraça e a doença rica de mudanças, porque sempre nos desvencilharam de alguma regra e de seu "preconceito", gratos para com Deus, diabo, ovelha e verme em nós, curiosos até o vício, inquisidores até a crueldade, com dedos inescrupulosos para o intangível, com dentes e estômago para o mais indigesto, prontos para todo ofício que exija acuidade de sentido e sentidos aguçados, prontos para todo risco, graças a um excedente de "vontade livre", com almas de frente e de fundo, nas quais ninguém vê facilmente os últimos propósitos, com fachadas e bastidores que nenhum pé poderia percorrer até o fim, escondidos sob os mantos da luz, conquistadores, mesmo se parecemos iguais a herdeiros e esbanjadores, ordenadores e colecionadores desde a manhã até o anoitecer, avarentos de nossa riqueza e de nossas gavetas abarrotadas, econômicos no aprender e esquecer, inventivos em esquemas, às vezes orgulhosos de tábuas de categorias, às vezes pedantes, às vezes corujas do trabalho também no dia claro: e mesmo, quando é preciso, até mesmo espantalhos — e hoje *é* preciso: ou seja, na medida em que nós somos os amigos natos, jurados, ciumentos, da *solidão*, de nossa própria, *mais* profunda solidão, mais da meia-noite, mais do meio-dia: — tal espécie de homens somos nós, nós, espíritos livres!, e sois, talvez, também *vós* algo disso, vós, vindouros?, vós, *novos* filósofos?

CAPÍTULO III
A RELIGIOSIDADE

56
Quem, igual a mim, com algum enigmático apetite, se esforçou longamente em pensar o pessimismo em suas profundezas e redimi-lo da estreiteza e da simplicidade meio cristã, meio alemã, com que ele se apresentou por último neste século, ou seja, sob a forma da filosofia de Schopenhauer; quem efetivamente penetrou com um olho asiático e mais que asiático na mais negadora-do-mundo de todas as maneiras de pensar possíveis, "e foi até o fundo — para além de bem e mal, e não mais, como Buda e Schopenhauer, dentro do domínio da ilusão da moral —, esse, talvez, justamente por isso, sem que o quisesse propriamente, abriu os olhos para o ideal inverso: para o ideal do homem mais desenvolto, mais vivo e mais afirmador-do-mundo, que não somente aprendeu a se contentar e a pactuar com aquilo que foi e é, mas quer tê-lo outra vez *tal como foi e é*, por toda a eternidade, clamando

insaciavelmente *da capo*, não somente a si, mas à inteira peça e espetáculo, e não somente a um espetáculo, mas no fundo àquilo que tem necessidade precisamente desse espetáculo — e o torna necessário: porque sempre de novo tem necessidade de si — e se torna necessário. — Como? E isto não seria — *circulus vitiosus* deus?

59

Quem olhou em profundidade para dentro do mundo, adivinha bem que sabedoria há em que os homens sejam superficiais. É seu instinto de conservação que os ensina a ser fugazes, leves e falsos. Encontra-se, aqui e ali, uma apaixonada e exagerada adoração das "formas puras" em filósofos como em artistas: que ninguém duvide de que quem *necessita* dessa forma do culto da superfície fez alguma vez uma incursão infeliz *por baixo* dela. Talvez, para essas crianças escaldadas, os artistas natos, que só encontram ainda a fruição da vida no propósito de *falsear* sua imagem (como que em uma vingança contra a vida —), haja até mesmo uma ordenação hierárquica: poder-se-ia calcular o grau de seu desgosto pela vida considerando até que ponto desejam ver sua imagem falsificada, rarefeita, alienada no além, divinizada — poder-se-ia contar os *homines religiosi* entre os artistas, como uma categoria *mais alta*. É o profundo medo premonitório de um pessimismo incurável que força milênios inteiros a se aferrar com unhas e dentes a uma interpretação religiosa da existência: o medo daquele instinto que pressente que se poderia chegar à posse da verdade *cedo* demais, antes que o homem se tenha tornado forte o bastante, duro o bastante, artista o bastante. A devoção, a "vida em Deus", considerada com este olhar, apareceria como o mais refinado e último rebento do *medo* da verdade, como adoração e embriaguez de artista diante da mais consequente de todas as falsificações, como a vontade de inversão da verdade, de inverdade a todo preço. Talvez, até agora, não houve nenhum meio mais forte para embelezar o próprio homem do que justamente a devoção: com ela, o homem se torna arte, superfície, jogo de cores, bondade, a tal ponto que não se sofre mais à sua vista.

CAPÍTULO IV
SENTENÇAS E INTERLÚDIOS

154

A objeção, o saltar-para-o-lado, a alegre desconfiança, o gosto pela zombaria são sinais de saúde: todo incondicionado pertence à patologia. [...]

CAPÍTULO V
PARA A HISTÓRIA NATURAL DA MORAL

186

[...] Em toda "ciência da moral", até agora, *faltou*, por estranho que isso possa soar, o próprio problema da moral: faltou a suspeita de que aqui há algo de problemático. O que os filósofos denominavam "fundamentação da moral" e exigiam de si era, visto à luz correta, somente uma forma erudita da *boa-fé*[7] na moral dominante, um novo meio de sua *expressão*, portanto um estado de coisas[8] no interior de uma determinada moralidade e, até mesmo, no último fundamento, uma espécie de negação de que essa moral possa ser captada como problema:—e, em todo caso, o reverso de um exame, uma decomposição, uma dúvida, uma vivissecção dessa mesma crença! Ouça-se, por exemplo, com que quase venerável inocência ainda Schopenhauer se propõe sua própria tarefa, e tirem-se as conclusões sobre a cientificidade de uma "ciência" cujos últimos mestres falam ainda como as crianças e as velhotas:[9]—"O princípio", diz ele (p. 137 dos *Problemas fundamentais da ética*),[10] "a proposição fundamental sobre cujo conteúdo todos os éticos estão *propriamente* de acordo: *Neminem laede, immo omnes, quantum potes, juva*[11]—essa é *propriamente* a proposição que todos os doutrinadores dos costumes se esforçam para fundamentar [...], *propriamente* o fundamento da ética, que, como a pedra filosofal, se procura há milênios". — A dificuldade de fundamentar a citada proposição pode, sem dúvida, ser grande—sabe-se, que também Schopenhauer, não foi afortunado nisso—; e quem uma vez sentiu a fundo quão insipidamente falsa e sentimental é essa proposição, em um mundo cuja essência é vontade de potência—que se lembre que Schopenhauer, embora pessimista, *propriamente*—tocava flauta... Diariamente, à sobremesa: leia-se, sobre isso, seus biógrafos. E, perguntado de passagem: um pessimista, um negador de Deus e do mundo, que diante da moral se *detém*—que à moral diz sim e toca flauta, à moral do *laede neminem*: como? é isso propriamente—um pessimista?

---

7 *Des guten Glaubens*—traduzimos sistematicamente *Glauben* por "crença", em parte para evitar as conotações exclusivamente religiosas da palavra "fé", em parte para manter a referência ao verbo *glauben* ("crer", "acreditar"); aqui, como o contexto não permite manter essa solução, convém lembrar que em alemão se trata de uma única palavra. (N.T.)

8 *Tatbestand* (não confundir com *Sachverhalt*)— aqui, o sentido é "dado", "elemento", embora guarde a conotação de seu emprego na expressão "corpo de delito". (N.T.)

9 Literalmente: "velhas mulherzinhas" (*alte Weibchen*); uso pejorativo do diminutivo, que significa também "fêmea" (dos animais); cf. o francês *femelle*, inicialmente também um diminutivo. (N.T.)

10 *Grundprobleme der Ethik*. O texto de Schopenhauer é *Die Beiden Grundprobleme der Ethik* (*Os dois problemas fundamentais da ética*), que contém as duas dissertações apresentadas à Academia de Ciências de Drontheim. (N.T.)

11 "Não faças mal a ninguém, mas ajuda a todos o quanto podes." (N.E.)

188

Toda moral é, em oposição ao *laisser aller*, uma parte de tirania contra a "natureza" e também contra a "razão": isso, porém, não é ainda uma objeção contra ela, senão já se teria de decretar outra vez, a partir de alguma moral, que toda espécie de tirania e irrazão não é permitida. O essencial e inestimável em toda moral é que ela é uma longa coação: para entender o estoicismo, ou Port-Royal ou o puritanismo, convém lembrar-se da coação sob a qual até agora toda linguagem chegou à força e à liberdade — da coação métrica, da tirania de rima e ritmo. Quanta dificuldade criaram para si, em todos os povos, os poetas e os oradores! — não excetuando alguns prosadores de hoje, em cujo ouvido mora uma consciência inexorável — "por uma tolice", como dizem broncos utilitários, que com isso se pretendem espertos — "por submissão a leis arbitrárias", como dizem os anarquistas, que com isso se julgam "livres", e mesmo de espírito livre. O curioso estado de coisas, porém, é que tudo o que há ou houve de liberdade, refinamento, ousadia, dança e segurança magistral sobre a terra, seja no próprio pensar, ou no governar ou no falar e persuadir, nas artes assim como nas eticidades, só se desenvolveu em virtude da "tirania de tais leis arbitrárias"; e, com toda seriedade, não é pequena a verossimilhança de que precisamente isso seja "natureza" e "natural" — e *não* aquele *laisser aller*! [...]

192

[...] — Do mesmo modo que um leitor de hoje não lê todas as palavras (ou muito menos sílabas) de uma página — em vez disso tira, de vinte palavras, mais ou menos cinco ao acaso, e "adivinha" o sentido que supostamente compete a essas cinco palavras —, tampouco vemos uma árvore exata e completamente, tendo em vista folhas, ramos, cor, figura; é-nos tão mais fácil fantasiar um mais ou menos de árvore. Mesmo em meio às mais raras vivências, fazemos ainda o mesmo: inventamos a maior parte da vivência e dificilmente somos coagidos a *não* contemplar como "inventores" algum evento. Isso tudo quer dizer: estamos, desde o fundamento, desde antiguidades — *habituados a mentir*. Ou, para exprimi-lo de modo mais virtuoso e hipócrita, em suma, mais agradável: somos mais artistas do que sabemos. [...]

199

[...] A estranha limitação do desenvolvimento humano, o que há nele de adiamento, demora, muitas vezes retrocesso e rodeio, repousa em que o instinto de rebanho da obediência é o que melhor se transmite hereditariamente, e às custas da arte de mandar. Se se pensa esse instinto indo até suas últimas extravagâncias, acabam por faltar os próprios detentores do mando e os independentes; ou então eles sofrem interiormente de má consciência e têm necessidade de impingir a si mesmos uma ilusão para poder mandar: ou seja, como se eles também só obedecessem.

Esse estado existe hoje de fato na Europa: denomino-o a hipocrisia moral dos que mandam. Não sabem proteger-se de sua má consciência, a não ser portando-se como executores de mais antigos e mais altos mandos (dos antepassados, da Constituição, do direito, da lei ou até de Deus), ou mesmo emprestando da maneira de pensar do rebanho máximas de rebanho, sendo, por exemplo, "primeiros servidores de seu povo" ou "instrumentos do bem geral". [...]

202
Digamos logo, mais uma vez, o que já dissemos uma centena de vezes: pois hoje os ouvidos, para tais verdades — para *nossas* verdades —, não têm boa vontade. Sabemos, já o bastante, como soa ofensivo quando, em geral, alguém inclui o homem, sem cosméticos e sem alegoria, entre os animais; mas é quase como *culpa* que nos é imputado que, precisamente em referência aos homens das "ideias modernas", usamos constantemente as expressões "rebanho", "instintos de rebanho" e semelhantes. De que adianta! Não podemos fazer de outro modo: pois precisamente nisso consiste nossa nova visão. Descobrimos que em todos os juízos-mestres da moral a Europa se tornou unânime, inclusive os países onde domina a influência da Europa: *sabe-se*, pelo visto, na Europa, o que Sócrates pensava não saber e o que aquela velha e célebre serpente prometeu certa vez ensinar — "sabe-se" hoje o que é bom e mau. Ora, tem de soar duro e ruim aos ouvidos, se sempre insistimos de novo nisto: o que se acredita saber aqui, o que se glorifica aqui com seu louvor e censura e se declara bom é o instinto do animal-de-rebanho homem: instinto que chegou e chega cada vez mais à irrupção, à preponderância, ao predomínio sobre outros instintos, à medida da crescente aproximação e assimilação fisiológica de que ele é sintoma. *Moral é hoje, na Europa, moral de animal-de-rebanho*: portanto, como entendemos as coisas, somente *uma* espécie de moral humana, ao lado da qual, antes da qual, depois da qual, muitas outras morais e, antes de tudo, morais *superiores* são possíveis, *ou deveriam ser*. Contra tal "possibilidade", contra tal "deveriam", defende-se, porém, essa moral, com todas as forças: ela diz teimosa e inexoravelmente: "Eu sou a moral mesma, e nada além disso é moral!" — aliás, com o auxílio de uma religião que fazia a vontade dos mais sublimes apetites de animal-de-rebanho, e os adulava, chegou o ponto em que, mesmo nas instituições políticas e sociais, encontramos uma expressão cada vez mais visível dessa moral: o movimento *democrático* é o

herdeiro do cristão. Que, porém, sua cadência, para os mais impacientes, para os doentes e maníacos do citado instinto, ainda é muito lenta e sonolenta, disso testemunha o clamor que se torna cada vez mais furioso, o cada vez menos oculto arreganhar de dentes dos cães anarquistas, que agora vagueiam pelos becos da civilização europeia: aparentemente em oposição aos pacífico-laboriosos democratas e ideólogos da revolução, e mais ainda aos broncos filosofastros e fanáticos de irmandade que se denominam socialistas e querem a "sociedade livre"; em verdade, porém, unânimes com todos eles na fundamental e instintiva hostilidade contra toda outra forma de sociedade que não a do rebanho *autônomo* (chegando até a própria rejeição dos conceitos "senhor" e "servo" — *ni dieu, ni maitre*, diz uma fórmula socialista—); unânimes na tenaz resistência contra toda pretensão particular, todo direito particular e privilégio (isto é, no último fundamento, contra *todo* direito: pois, quando todos são iguais, ninguém mais precisa de "direitos" —); unânimes na desconfiança contra a justiça penal[12] (como se ela fosse uma violência contra o mais fraco, uma injustiça contra a consequência *necessária* de toda a sociedade anterior—); mas igualmente unânimes na religião da compaixão, na simpatia que se estende a tudo que sente, vive, sofre (descendo até o animal, subindo até "Deus": — a extravagância de uma "compaixão por Deus" faz parte de uma época democrática); unânimes todos eles na gritaria e na impaciência da compaixão, no ódio mortal contra o sofrimento em geral, na quase feminina inaptidão para permanecer espectador, para *deixar* sofrer; unânimes no involuntário ensombrecimento e abrandamento, sob cujo anátema a Europa parece ameaçada de um novo budismo; unânimes na crença na moral da compaixão *em comum*, como se ela fosse a moral em si, fosse a altura, a altura *alcançada* do homem, a única esperança do futuro, o meio de consolação dos presentes, a grande remissão de toda culpa desde sempre: — unânimes, todos eles, na crença em uma comunidade como *redentora*, no rebanho, portanto, em "si"...

203
Nós, que somos de uma outra crença — nós, para quem o movimento democrático não é meramente uma forma de degradação da organização política, mas uma forma de degradação, ou seja, de apequenamento do homem, sua mediocrização e rebaixamento de valor: para onde temos *nós* de apontar nossas esperanças? — Para *novos filósofos*, não resta escolha; para espíritos fortes e originais o bastante para dar os primeiros impulsos a es-

---

12 *Die strafende Gerechtigkeit*; literalmente, "a justiça que castiga" (ou "que pune"), e assim foi traduzida no § 78 de *Aurora*, que leva esse título e trata da questão. (N.T.)

timativas de valor opostos e para transvalorar, inverter "valores eternos"; para homens do futuro, que atem no presente a coação e o nó que coage a vontade de milênios a *novas* trilhas. Ensinar ao homem o futuro do homem como sua *vontade*, como dependente de uma vontade de homem, e preparar grandes riscos e ensaios coletivos de disciplina e aprimoramento, para com isso pôr termo àquela horrível dominação da insensatez e do acaso que até agora se chamou "história"—a insensatez do "maior número" é apenas sua última forma—: para isso, será algum dia necessária uma nova espécie de filósofos e detentores do mando, a cuja imagem tudo o que existiu sobre a terra de espíritos ocultos, terríveis e benévolos poderia se tornar pálido e anão. A imagem de tais guias é aquilo que paira diante de *nossos* olhos:—posso dizê-lo em voz alta, ó espíritos livres? As circunstâncias para seu surgimento, que se teriam em parte de criar, em parte de utilizar; os presumíveis caminhos e provas, graças aos quais uma alma cresceria a tal altura e poder, a ponto de sentir a *coação* a essas tarefas; uma transvaloração dos valores, sob cuja nova pressão e martelo uma consciência seria acerada, um coração transformado em bronze, para suportar o peso de tal responsabilidade; por outro lado, a necessidade de tais guias, o apavorante perigo de poderem deixar de vir, ou não dar certo, ou degenerar—esses são propriamente nossos cuidados e ensombrecimentos, vós o sabeis, ó espíritos livres? esses são os pesados, longínquos pensamentos e tempestades que passam pelo céu de *nossa* vida. Há poucas dores tão sensíveis quanto ter visto uma vez, adivinhado, sentido, como um homem extraordinário se extraviou de seu caminho e degenerou: mas quem tem o raro olho para o perigo geral, de que "o homem" mesmo *degenere*, quem, igual a nós, conheceu a descomunal contingência que até agora, em vista do futuro do homem, jogou seu jogo—um jogo em que nenhuma mão e nem sequer um "dedo de Deus" tomava parte!—, quem adivinha a fatalidade que se esconde na imbecil inadvertência e venturosa confiança das "ideias modernas", e mais ainda em toda a moral cristã-europeia: esse sofre de uma angústia com que nenhuma outra pode ser comparada—pois capta com *um* olhar tudo aquilo que ainda, no caso de uma favorável reunião e intensificação de forças e tarefas, se poderia aprimorar a partir do homem, sabe, com todo o saber de sua consciência, como o homem ainda está inesgotado para as maiores possibilidades e quantas vezes já o tipo homem se postou diante de misteriosas decisões e novos caminhos—sabe ainda melhor, com sua mais dolorosa lembrança, em que deploráveis coisas algo de primeira ordem vindo a ser até agora se quebrou, alquebrou, afundou, tornou-se deplorável. *A degeneração geral do homem*, até chegar àquilo que hoje aparece aos broncos e às cabeças rasas do socialismo como seu "homem do futuro", como seu ideal! — essa degeneração e apequenamento do homem em completo animal-de-rebanho (ou, como eles dizem, em homem da "sociedade livre"), essa animalização do homem em animal anão dos direitos e pretensões iguais é *possível*, não há dúvida nenhuma! Quem pensou uma vez essa possibilidade até o fim, conhece um nojo a mais do que os outros homens — e talvez também uma nova *tarefa*!

CAPÍTULO VI
NÓS, ERUDITOS

208
[...] Nossa Europa de hoje, palco de uma tentativa insensatamente súbita de radical mistura de classes e, *consequentemente*, de raças, é por isso cética de alto a baixo, ora com aquela móvel *skepsis* que salta impaciente e ávida de um galho para outro, ora turva como uma nuvem sobrecarregada de pontos de interrogação — e, de sua vontade, muitas vezes farta até morrer! Paralisia da vontade: onde hoje não se encontra sentado esse aleijado! E muitas vezes, ainda, tão enfeitado! Tão sedutoramente engalanado! Há as mais belas vestes de pompa e mentira para essa doença; por exemplo, a maioria daquilo que hoje, como "objetividade", "cientificidade", "*l'art pour l'art*", "puro conhecer isento de vontade", se põe nas vitrinas, é somente *skepsis* e paralisia de vontade, enfeitadas — por esse diagnóstico da doença europeia quero ser eu o responsável. — [...]

211
Insisto em que se deixe, afinal, de confundir os trabalhadores filosóficos e em geral os homens científicos com os filósofos — que precisamente aqui se dê com rigor "a cada um o que é seu", e não demais àqueles, e não demasiado pouco a estes. Pode ser necessário para a educação do filósofo efetivo que ele próprio tenha também estado em todos esses graus, nos quais seus servidores, os trabalhadores científicos da filosofia, se detêm — *têm de* se deter; ele próprio, talvez, tem de ter sido crítico e cético e dogmático e historiador e, além disso, poeta e colecionador e viajante e decifrador de enigmas e moralista e visionário e "espírito livre" e quase tudo, para percorrer o circuito de valores e de sentimentos de valor humanos e, com múltiplos olhos e consciências, poder olhar, da altura para toda distância, da profundeza para toda altura, do canto para toda amplidão. Mas isso tudo é somente condição prévia de sua tarefa: essa tarefa mesma quer algo outro — reclama que ele *crie valores*. Aqueles trabalhadores filosóficos segun-

do o nobre modelo de Kant e Hegel têm um vasto corpo[13] de estimativas de valor — o que significa antigas *posições* de valor, criações de valor, que se tornaram dominantes e, por um tempo, foram denominadas "verdades" — para estabelecer e encaixar dentro de fórmulas, seja no reino do *lógico*, ou do *político* (moral) ou do *artístico*. A esses pesquisadores compete tornar todo o acontecido e estimado até agora visível em conjunto, pensável em conjunto, captável, manuseável, encurtar tudo o que é longo, até mesmo "o tempo", e *dominar* todo o passado: uma descomunal e maravilhosa tarefa, a serviço da qual, seguramente, todo refinado orgulho, toda tenaz vontade pode satisfazer-se. *Os filósofos propriamente ditos, porém, são comandantes e legisladores*: eles dizem "Assim *deve* ser!"; são eles que determinam o Para onde? e o Para quê? do homem e, para isso, têm a seu dispor o trabalho prévio de todos os trabalhadores filosóficos, de todos os dominadores do passado — estendem sua mão criadora em direção ao futuro, e tudo o que é e foi se torna para eles meio, instrumento, martelo. Seu "conhecer" é *criar*, seu criar é uma legislação, sua vontade de verdade é — *vontade de potência*. — Há hoje tais filósofos? Houve já tais filósofos? Não *é preciso haver* tais filósofos?...

CAPÍTULO VII
NOSSAS VIRTUDES

225
Seja hedonismo, seja pessimismo, seja utilitarismo, seja eudemonismo: todas essas maneiras de pensar, que se baseiam em *prazer* e *dor*, isto é, em estados anexos e em acessórios, para medir o valor das coisas, são maneiras de pensar de fachada, e ingenuidades, para as quais todo aquele que tem consciência de forças *afiguradoras* e de uma consciência[14] de artista olhará de cima, não sem zombaria, e também não sem compaixão. Compaixão por

---

13 *Tatbestand*; o termo já foi traduzido antes por "estado de coisas", no sentido de "dado", "corpo"; aqui, se usa no sentido em que se diz "*corpo* de delito". Decompondo e parafraseando a palavra, teríamos: *Tat* ("feito", "ato") e *Bestand* ("consistência", "permanência", "persistência"); portanto, o resíduo (persistência) de um ato. (N.T.)
14 Aqui, pela proximidade, é preciso discernir. Enquanto o português usa indiferentemente "consciência", o alemão tem duas palavras, ambas formadas a partir do verbo *wissen* ("saber"), uma de conotação ética (*Gewissen*), como nas expressões "consciência culpada", "má consciência", "consciência tranquila" etc.; e outra em sentido cognitivo, como em "tomar consciência", "consciência-de-si" etc. (*Bewusstsein*). No nível do adjetivo, talvez a diferença se marque um pouco em português: "consciencioso" (ou "cônscio") e "consciente". Isso permite entender, por exemplo, a originalidade, quando Nietzsche, criticando a pretensa "voz da consciência" dos moralistas, lhe opõe uma "consciência intelectual" (*intellektuelles Gewissen*). (N.T.)

vós! — esta não é, sem dúvida, a compaixão como vós a entendeis: não é compaixão pela "miséria social", pela "sociedade" e seus doentes e desafortunados, por viciosos e alquebrados desde o começo, tais como jazem no chão em torno de nós; e menos ainda compaixão por resmungadoras, oprimidas, sediciosas camadas de escravos, que anseiam por dominação — e a denominam "liberdade". *Nossa* compaixão é uma compaixão superior, que enxerga mais longe: — nós vemos como *o homem* se apequenou, como vós o apequenastes! — e há instantes em que é precisamente *vossa* compaixão que vemos com uma indescritível angústia, em que nos defendemos contra essa compaixão — em que achamos vossa seriedade mais perigosa do que qualquer leviandade. Quereis, onde possível — e não há nenhum "onde possível" mais maluco —, *abolir o sofrimento*; e nós? — parece, precisamente, que *nós* o preferimos ainda superior e pior do que jamais foi! Bem-estar, como vós o entendeis — isso nem sequer é um alvo, para nós parece-nos o *fim*! Um estado que logo torna os homens ridículos e desprezíveis — que faz *desejar* que sucumbam! A disciplina do sofrimento, do *grande* sofrimento — não sabeis que somente essa disciplina criou todas as elevações do homem até agora? Aquela tensão da alma na infelicidade, que faz crescer sua força, seu arrepio à vista do grande ir-ao-fundo, sua inventividade e bravura no carregar, aguentar, decifrar, utilizar a infelicidade, e tudo o que jamais lhe foi dado de profundeza, de segredo, de máscara, de espírito, de ardil, de grandeza: — não lhe foi dado sob sofrimentos, sob a disciplina do grande sofrimento? No homem, *criatura* e *criador* estão unificados: no homem, há matéria, fragmento, excedente, argila, lodo, insensatez, caos: mas, no homem, há também criador, formador, dureza de martelo, divindade de espectador e sétimo dia — entendeis vós essa oposição? E que vossa compaixão é pela "criatura no homem", por aquilo que tem de ser formado, quebrado, moldado, dilacerado, queimado, abrasado, depurado — por aquilo que necessariamente tem de sofrer e *deve* sofrer?[15] E *nossa* compaixão — não compreendeis por quem é nossa compaixão *inversa*, se ela se defende contra vossa compaixão como o pior dos atenuantes e fraquezas? — Compaixão, pois, *contra* compaixão! — Mas, dito mais uma vez, há problemas mais altos do que todos os problemas de prazer e sofrimento e compaixão;[16] e toda filosofia que se esgota nestes é uma ingenuidade.

---

15 *Leiden* ("sofrer", "padecer") tem o sentido, remoto em português, de "sofrer uma ação", isto é, de *passividade*; o texto opõe aqui uma parte ativa (*tätig*) a uma parte *passiva* (*leidend*), com a qual, justamente, a *compaixão* é com*passiva*. (N.T.)
16 Sofrimento (*Leid*) e compaixão (*Mitleid*), isto é, "o ato de sofrer-com". Onde dizemos "compaixão por" a regência alemã é justamente: *Mitleid mit* ("compaixão com"). Cf. nota acima. (N.T.)

230

Talvez não se entenda sem mais o que eu disse aqui de uma "vontade fundamental do espírito"; permitam-me uma ilustração. — Esse algo imperioso, que o povo denomina o "espírito", quer, em si e em torno de si, ser senhor e sentir-se como senhor: ele tem a vontade de passar da pluralidade à simplicidade, uma vontade que constringe, que doma, sequiosa de dominação e efetivamente dominadora.[17] Suas necessidades e faculdades, aqui, são as mesmas que os fisiólogos estabelecem para tudo o que vive, cresce e se multiplica. A força do espírito em apropriar-se do que é alheio revela-se em uma forte propensão a assimilar o novo ao velho, simplificar o diverso, passar por alto o inteiramente contraditório ou descartá-lo: assim como arbitrariamente sublinha mais forte, destaca, falsifica para seu uso determinados traços e linhas no que é alheio, em cada pedaço de "mundo exterior". Seu propósito, nisso, é a incorporação de novas "experiências", a inserção de novas coisas em velhas séries—crescimento, portanto; mais determinadamente ainda, o *sentimento* de crescimento, o sentimento da força aumentada. A serviço dessa mesma vontade, está um impulso do espírito, aparentemente oposto, uma decisão, que irrompe subitamente, de ignorância, de exclusão arbitrária, um fechar suas janelas, um íntimo dizer-não a esta ou aquela coisa, um não-deixar-aproximar, uma espécie de estado de defesa contra muito do que se poderia saber, uma satisfação com o escuro, com o horizonte exclusivo, um dizer-sim e uma aprovação à ignorância: tudo isso necessário segundo o grau de sua força de apropriação, de sua "força digestiva", para falar em imagem—e efetivamente o "espírito" ainda se assemelha ao máximo a um estômago. Do mesmo modo, entra aqui a ocasional vontade do espírito de se deixar enganar, talvez com um malicioso pressentimento de que *não* é assim e assim, de que justamente só se faz de conta que é assim e assim, um gosto por toda insegurança e plurivocidade, uma regozijante fruição íntima da arbitrária estreiteza e clandestinidade de um canto, do demasiado próximo, da fachada, do ampliado, diminuído, deslocado, embelezado, uma fruição íntima da arbitrariedade de todas essas manifestações de potência. Enfim, entra aqui aquela prontidão do espírito, que não deixa de ser inquietante, para enganar outros espíritos e disfarçar-se diante deles, aquela constante pressão e aquele ímpeto de uma força criadora, formadora, transmutadora: nisso o espírito frui de sua multiplicidade de máscaras e de sua astúcia, frui também do sentimento de sua segurança—precisamente por suas artes de Proteu ele é, aliás, protegido e escondido da melhor maneira!—*Contra essa*

---

17 Os derivados da palavra "senhor" ficaram presos à palavra latina *dominus*, em alemão: *Herr* ("senhor"), *herrschen* ("dominar"), *Herrschaft* ("dominação") etc. (N.T.)

vontade de aparência, de simplificação, de máscara, de manto, em suma, de superfície — pois toda superfície é um manto —, é que atua aquela sublime propensão do conhecedor, que toma e *quer* tomar as coisas em profundidade, em multiplicidade, pelo fundamento: como uma espécie de crueldade da consciência intelectual e do gosto, que todo bravo pensador reconhecerá em si, suposto que ele, como convém, tenha endurecido e afiado bastante longamente seu olho para se ver e esteja habituado a uma disciplina rigorosa, e também a palavras rigorosas. Ele dirá, "há algo de cruel na propensão de meu espírito": — por mais que os virtuosos e amáveis procurem dissuadi--lo! De fato, soaria mais maneiroso se, em vez da crueldade, imputassem a nós, murmurassem de nós, celebrassem em nós,[18] digamos, uma "extravagante lealdade", em nós, espíritos livres, *muito* livres: — e assim efetivamente soará talvez, algum dia, nossa — celebridade? Por enquanto — pois até lá tem tempo —, seríamos nós os menos inclinados a nos enfeitar com as lantejoulas e franjas de tais palavras morais: todo o nosso trabalho até agora tira-nos precisamente esse gosto e sua jovial exuberância. São belas, reluzentes, tilintantes, solenes palavras: lealdade, amor à verdade, amor à sabedoria, sacrifício pelo conhecimento, heroísmo do verídico — há algo nisso que faz transbordar o orgulho. Mas nós, ermitões e marmotas, há muito que nos persuadíamos, em toda a clandestinidade de uma consciência de ermitão, de que também essa digna pompa de palavras faz parte do velho enfeite, quinquilharia e pó dourado de mentiras da inconsciente vaidade humana, e de que também sob essas aduladoras cores e camadas de pintura tem de ser reconhecido outra vez o pavoroso texto fundamental *homo natura*. Ou seja, reconverter o homem para a natureza; triunfar sobre as muitas interpretações e os segundos sentidos vaidosos e delirantes que até agora foram rabiscados e pintados sobre aquele eterno texto fundamental *homo natura*; fazer com que o homem, doravante, fique diante do homem como já hoje, endurecido na disciplina da ciência, ele fica diante da *outra* natureza, com intrépidos olhos de Édipo e tapados ouvidos de Odisseu, surdo aos engodos dos velhos passarinheiros metafísicos, que por demasiado tempo lhe flautaram ao ouvido: "Tu és mais! tu és superior! tu és de outra ascendência!" — pode ser uma tarefa estranha e maluca, mas é uma *tarefa* — quem

---

18 Outro exemplo de vivacidade de estilo, praticamente intraduzível: "*wenn man uns* [...] *eine 'ausschweifende Redlichkeit' nachsagte, nachraunte, nachrühmte*". Nachsagen — "dizer algo (de modo geral, injurioso) de alguém" — é o verbo que convém à frase e lhe serve de guia; mas sobre seu modelo — o prefixo *nach-* (*pós-*) e o verbo *sagen* ("dizer") — são construídos mais dois verbos analógicos, um à base de *raunen* ("falar baixinho", "segredar"), outro à base de *rühmen* ("fazer alarde", "elogiar", "decantar"). Mas, logo em seguida, essa linha associativa é quebrada pela recordação de que o verbo *nachrühmen* tem também seu sentido próprio, que se prende ao substantivo *Nachruhm* ("glória póstuma"), aqui traduzido por "celebridade". (N.T.)

haveria de negá-lo! Por que a escolhemos, essa tarefa maluca? Ou, perguntado de outro modo: "Por que em geral conhecimento?"— Cada qual o perguntará a nós. E nós, premidos dessa forma, nós que já uma centena de vezes nos perguntamos o mesmo, não encontramos e não encontraremos nenhuma resposta melhor...

CAPÍTULO VIII
POVOS E PÁTRIAS

251

[...] Por exemplo, sobre os judeus: ouçam.— Ainda não encontrei nenhum alemão que tivesse tido afeição pelos judeus; e, por mais incondicional que possa ser o repúdio ao antissemitismo propriamente dito da parte de todos os cautelosos e políticos, essa cautela e essa política não se dirigem, no entanto, contra o gênero do próprio sentimento, mas somente contra seu perigoso descomedimento, em particular contra a repugnante e vergonhosa expressão desse sentimento descomedido — sobre isso não nos podemos iludir. Que a Alemanha tem judeus mais que o *bastante*, que o estômago alemão, o sangue alemão tem dificuldade (e ainda por muito tempo terá dificuldade) para dar conta desse *quantum* de "judeu"— como deram conta o italiano, o francês, o inglês, graças a uma digestão mais vigorosa—: tal é o claro enunciado e linguagem de um instinto geral, ao qual é preciso dar ouvidos, pelo qual é preciso agir. "Não deixar entrar novos judeus! E em especial ao Oriente (e mesmo à Áustria)[19] aferrolhar os portões!"— assim ordena o instinto de um povo cuja espécie ainda é fraca e indeterminada, de modo que poderia facilmente apagar-se, poderia facilmente ser extinta por uma raça mais forte. E os judeus são, sem dúvida nenhuma, a raça mais forte, mais tenaz e mais pura que vive agora na Europa; eles sabem impor-se, mesmo sob as piores condições (e até mesmo melhor do que sob as favoráveis), graças a algumas virtudes que hoje em dia se prefere taxar de vícios — graças, antes de tudo, a uma resoluta crença, que não precisa envergonhar-se diante das "ideias modernas"; eles só se modificam, *quando* se modificam, do mesmo modo que o império russo faz suas conquistas — como um império, que tem tempo e não é de ontem —: ou seja, segundo o princípio: "o mais lentamente possível!". Um pensador, que tem na consciência o futuro da Europa, contará, em todos os projetos que faz

---

19 "Oriente"— *Ost*; *Österreich* (Áustria) quer dizer propriamente "império oriental": traz sua posição geográfica inscrita no nome. (N.T.)

consigo sobre esse futuro, com os judeus assim como com os russos, como os fatores que, de imediato, se apresentam como os mais seguros e prováveis no grande jogo e no combate das forças. [...]

CAPÍTULO IX
O QUE É NOBRE?

260
Em uma perambulação através das muitas morais, mais refinadas e mais grosseiras, que até agora dominaram sobre a terra ou ainda dominam, encontrei certos traços retornando juntos regulamente e ligados um ao outro; até que, por fim, dois tipos fundamentais se denunciaram a mim, e ressaltou uma diferença fundamental. Há *moral de senhores* e *moral de escravos*: acrescento desde logo que, em todas as civilizações superiores e mais mistas, entram também em cena ensaios de mediação entre ambas as morais, e, ainda mais frequentemente, a mescla de ambas e recíproco mal-entendido, e até mesmo, às vezes, seu duro lado a lado — até no mesmo homem, no interior de uma única alma. As diferenciações morais de valor nasceram, seja sob uma espécie dominante, que se sentia bem ao tomar consciência de sua diferença em relação à dominada — ou entre os dominados, os escravos e dependentes de todo grau. No primeiro caso, quando são os dominantes que determinam o conceito "bom", são os estados de alma elevados, orgulhosos, que são sentidos como o distintivo e determinante da hierarquia. O homem nobre aparta de si os seres em que o contrário de tais estados orgulhosos e elevados chega à expressão: ele os despreza. Note-se desde já que, nessa primeira espécie de moral, a oposição "bom" e *"ruim"* significa o mesmo que "nobre" e "desprezível": — a oposição "bom" e *"mau"* é de outra origem. Desprezado é o covarde, o medroso, o mesquinho, o que pensa na estreita utilidade; assim como o desconfiado, com seu olhar sem liberdade, o que se rebaixa, a espécie canina de homem, que se deixa maltratar, o adulador que mendiga, antes de tudo, o mentiroso: — é uma crença fundamental de todos os aristocratas que o povo comum é mentiroso. "Nós, verídicos" — assim se denominavam os nobres na Grécia antiga. Está claro, como sobre a palma da mão, que as designações morais de valor, por toda parte, foram aplicadas primeiramente a *homens* e, somente mais tarde, por derivações, a *ações*: por isso é um grave equívoco[20] quando historiadores

---

20 *Fehlgriff*, literalmente: "golpe de mão falhado". Note-se a insistência em sublinhar o caráter metafórico de *toda* linguagem, acentuando desse modo a "metáfora", aparentemente casual, usa-

da moral partem de perguntas como: "Por que as ações compassivas foram louvadas?". O homem de espécie nobre *se* sente como determinante de valor, não tem necessidade de ser declarado bom, julga: "O que é pernicioso para mim *é* pernicioso em si", sabe-se o único que empresta honra às coisas, *é criador de valores*. Tudo o que ele conhece em si, ele honra: uma tal moral é glorificação de si. No primeiro plano, está o sentimento da plenitude, da potência que quer transbordar, a felicidade da alta tensão, a consciência de uma riqueza que gostaria de dar e prodigalizar:—também o homem nobre ajuda o infeliz, mas não, ou quase não, por compaixão, mais por um ímpeto gerado pelo excedente de potência. O homem nobre honra em si o poderoso, e também aquele que tem potência sobre si mesmo, que sabe falar e calar, que tem prazer em exercer rigor e dureza contra si e veneração diante de todo rigor e dureza. "Foi um coração duro que Wotan me pôs no peito", diz uma antiga saga escandinava: esse é o poema que brota da alma de um orgulhoso *viking*. Um homem de tal espécie se orgulha, justamente, de *não* ser feito para a compaixão: por isso, o herói da saga acrescenta a advertência: "Quem em jovem já não tem um coração duro, seu coração nunca se tornará duro". Nobres e bravos, que assim pensam, estão à máxima distância daquela moral que vê, precisamente na compaixão ou no agir por outros ou no *désintéressement*, o signo da moral; a crença em si mesmo, o orgulho de si mesmo, uma hostilidade fundamental, e ironia, contra o "altruísmo", por exemplo, faz parte da moral nobre de modo tão determinado quanto uma leve depreciação e cautela diante dos sentimentos simpáticos e do "coração caloroso".—São os poderosos que *entendem* de honrar, essa é a sua arte, seu reino de invenção. A profunda veneração pela idade e pela tradição—o direito inteiro está contido nessa dupla veneração—, a crença e o preconceito em favor dos antepassados e em desfavor dos vindouros são típicos da moral dos poderosos; e se, inversamente, os homens das "ideias modernas" acreditam quase instintivamente no "progresso" e no "futuro" e carecem cada vez mais do respeito pela idade, com isso já se denuncia suficientemente a origem não nobre dessas "ideias". Mais que tudo, porém, uma moral de dominantes é alheia e penosa ao gosto presente, no rigor de seu princípio fundamental, de que somente para com seu igual se tem deveres; de que, para como os seres de categoria inferior, para com tudo o que é alheio, se pode agir ao bel-prazer ou "como o coração quiser" e, em todo caso, "para além de bem e mal"—: aqui pode entrar compaixão e coisas semelhantes.

---

da acima. Não é, pois, por descuido que está no texto a corriqueira locução *es liegt auf der Hand* (literalmente: "está na palma da mão"), de sentido equivalente (mas de uso mais tolerado) à gíria "está na cara" e que, em qualquer outro texto, se traduziria simplesmente, sem hesitação, por "é claro". (N.T.)

A aptidão e o dever de longa gratidão e longa vingança — ambas somente entre semelhantes —, a finura na represália, o refinamento conceitual na amizade, uma certa necessidade de ter inimigos (como para que servirem de valas de despejo para as emoções de inveja, agressividade, petulância — no fundo, para poder ser *amigos* bem): tudo isso são sinais típicos da moral nobre que, como foi indicado, não é a moral das "ideias modernas" e, por isso, é hoje difícil de assimilar, e também difícil de desenterrar e descobrir. — É diferente com o segundo tipo de moral, a *moral de escravos*. Suposto que os violentados, oprimidos, sofredores, não livres, incertos de si mesmos e cansados moralizem: o que haverá de homogêneo em suas estimativas morais de valor? É verossímil que uma suspeita pessimista contra a inteira situação do homem chegue à expressão, e talvez a uma condenação do homem, juntamente com sua situação. O olhar do escravo é desfavorável às virtudes do poderoso: ele tem *skepsis* e desconfiança, tem *refinamento* de desconfiança contra todo o "bom" que é honrado ali — gostaria de persuadir-se de que, ali, a própria felicidade não é genuína. Inversamente, são postas em relevo e banhadas de luz as propriedades que servem para facilitar a existência dos que sofrem: aqui fica em lugar de honra a compaixão, a complacente mão pronta para ajudar, o coração caloroso, a paciência, a diligência, a humildade, a amabilidade —: pois estas são aqui as propriedades mais úteis e quase os únicos meios para tolerar a pressão da existência. A moral de escravos é essencialmente moral utilitária. Aqui está o foco[21] para o nascimento daquela célebre oposição "bom" e "mau" — no mal, é sentida a potência e periculosidade, algo de terrível, refinado e forte, que não deixa lugar para o desprezo. Segundo a moral de escravos, portanto, o "mau" desperta medo; segundo a moral de senhores, é precisamente o "bom" que desperta medo e quer despertá-lo, enquanto o homem "ruim" é sentido como o desprezível. A oposição chega a seu auge quando, de acordo com a consequência da moral de escravos, também aos "bons" dessa moral acaba por prender-se um bafejo de menosprezo — pode ser leve e benevolente —, porque o bom, dentro da maneira de pensar dos escravos, tem de ser, em todo caso, o homem *não perigoso*: ele é bondoso, fácil de enganar, um pouquinho estúpido talvez, é um *bonhomme*. Por toda parte onde a moral de escravos chega à preponderância, a linguagem mostra uma inclinação a aproximar as palavras "bom" e "estúpido". — Uma última diferença fundamental: o anseio por *liberdade*, o instinto para a felicidade e os refinamentos do sentimento

---

21 Talvez não seja por acaso que a palavra alemã usada aqui, *Herd*, tem tanta semelhança com *Herde* ("rebanho"). O equivalente exato seria a palavra francesa *foyer* ("fogão", "lareira", "lar" e, por extensão, "foco"). A tradução não se refere, naturalmente, ao fenômeno luminoso, mas alude ao sentido, presente ao texto, de "foco" infeccioso. (N.T.)

de liberdade fazem parte da moral e da moralidade de escravos tão necessariamente quanto a arte e o delírio na veneração, no abandono, é o sintoma regular de um modo aristocrático de pensar e valorar.—A partir disso, pode-se entender sem mais por que o amor como *paixão*—ele é nossa especialidade europeia—tem de ser incondicionalmente de origem nobre: sabe-se que sua invenção cabe aos poetas-cavaleiros provençais, aqueles esplêndidos homens inventivos do *"gai saber"*, aos quais a Europa deve tanto, e quase a si mesma.

285
Os maiores acontecimentos e pensamentos—mas os maiores pensamentos são os maiores acontecimentos—são os que mais tardiamente são compreendidos: as gerações que lhes são contemporâneas não *vivem* tais acontecimentos—sua vida passa por eles. Aqui acontece algo como no reino das estrelas. A luz das estrelas mais distantes é a que mais tardiamente chega aos homens; e, antes que chegue, o homem *nega* que ali—haja estrelas. "De quantos séculos precisa um espírito para ser compreendido?"—esta é também uma medida, com ela se cria também uma hierarquia e uma etiqueta, como é preciso: para espírito e estrela.

289
Ouve-se sempre nos escritos de um ermitão algo também do eco do ermo, algo do tom sussurrado e da arisca circunspecção da solidão; em suas palavras mais fortes, mesmo em seu grito, soa ainda uma nova e mais perigosa espécie de calar, de silenciar. Quem, entra ano, sai ano, e de dia e de noite, sentou-se a sós com sua alma em confidencial duelo e diálogo, quem em sua caverna—pode ser um labirinto, mas também uma jazida de ouro—se tornou urso de cavernas ou cavador de tesouro ou vigia de tesouro e dragão: seus próprios conceitos acabam por conter uma cor própria de lusco-fusco, um odor de profundeza como de mofo, algo de incomunicável e renitente, que sopra frio em todo aquele que passa. O ermitão não acredita que um filósofo—suposto que um filósofo sempre foi primeiro um ermitão—tenha jamais expresso suas próprias e últimas opiniões em livros: não se escrevem livros, precisamente, para resguardar o que se guarda em si?—ele até duvidará se um filósofo *pode*, em geral, ter opiniões "últimas e próprias", se nele, por trás de cada caverna, não jaz, não tem de jazer uma caverna ainda mais profunda, um modo mais vasto, mais alheio, mais rico, além de uma superfície, um sem-fundo por trás de cada fundo, por trás de cada "fundamento". Cada filosofia é uma filosofia de fachada—eis um juízo ermitão: "Há algo de arbitrário se *aqui* ele se deteve, olhou para trás,

olhou em torno de si, se *aqui* ele não cavou mais fundo e pôs de lado a enxada — há também algo de desconfiado nisso".

Cada filosofia *esconde* também uma filosofia; cada opinião é também um esconderijo, cada palavra também uma máscara.

PARA A GENEALOGIA DA MORAL
UM ESCRITO POLÊMICO
EM ADENDO A
PARA ALÉM DE BEM E MAL
COMO COMPLEMENTO
E ILUSTRAÇÃO

1887

PREFÁCIO

2

Meus pensamentos sobre a *procedência* de nossos preconceitos morais — pois disso se trata neste escrito polêmico — receberam sua primeira, parcimoniosa e provisória expressão naquela coletânea de aforismos que leva o título *Humano, demasiado humano: um livro para espíritos livres*, e cuja redação foi começada em Sorrento, durante um inverno, que me permitiu fazer alto, como um andarilho faz alto, e abarcar com o olhar o vasto e perigoso país através do qual meu espírito até então fizera sua andança. Isso aconteceu no inverno de 1876-77; os pensamentos mesmos são mais velhos. Eram, no principal, já os mesmos pensamentos que retomo nas presentes dissertações: — esperemos que o longo intervalo lhes tenha feito bem, que eles se tenham tornado mais maduros, mais claros, mais fortes, mais perfeitos! *Que* eu, porém, ainda hoje estou firmado neles, que eles próprios desde então se firmaram cada vez mais entre si, e até mesmo cresceram juntos e se entrelaçaram, é o que fortalece em mim a alegre confiança de que poderiam, desde o começo, não ter nascido em mim isolados, nem arbitrariamente, nem esporadicamente, mas sim a partir de uma raiz comum, de algo que dita ordens em profundeza, que fala cada vez com mais determinação, que reclama algo cada vez mais determinado: de uma *vontade fundamental* de conhecimento. Pois somente assim convém a um filósofo. Não temos nenhum direito de estar, onde quer que seja, *isolados*: não podemos nem errar isolados, nem isolados encontrar a verdade. Pelo contrário, com a mesma necessidade com que uma árvore dá seus frutos, crescem em nós nossos pensamentos, nossos valores, nossos sins e nãos e quandos e ses — aparentados e referidos todos eles entre si e testemunhas de uma única vontade, de uma única saúde, de um único terreno, de um único sol. — Se agradam ao *vosso* paladar, *esses* nossos frutos! — Mas que importa isso às árvores! Que importa isso a *nós*, a nós filósofos!...

3

Por um escrúpulo que me é próprio, e que confesso de mau grado — refere-se, com efeito, à *moral*, àquilo que até agora sobre a terra foi celebrado como moral —, por um escrúpulo que apareceu tão cedo, tão sem ser chamado, tão incontível, tão em contradição com ambiente, idade, exemplo, procedência, que eu quase teria o direito de denominá-lo meu *"a priori"* — teve minha curiosidade assim como minha suspeita, de fazer alto, temporariamente, diante da pergunta: *que origem* tem propriamente nosso bom e mau. De fato, já quando rapaz de treze anos, o problema da origem do mal me perseguia:

foi a ele que, em uma idade em que se tem "metade brinquedos de criança, metade Deus no coração"[1] dediquei meu primeiro brinquedo literário, meu primeiro exercício filosófico de escrita — e, no tocante à minha "solução" do problema daquela vez, dei a Deus, como é justo, a honra, e fiz dele o *pai* do mal. Assim precisamente queria o "*a priori*" que era meu? aquele novo, imoral, pelo menos imoralista, "*a priori*", e o que falava a partir dele, ai! esse tão antikantiano, tão enigmático "imperativo categórico", a que desde então dei cada vez mais ouvidos, e não somente ouvidos?... Felizmente aprendi a tempo a separar o preconceito teológico do moral, e não procurei mais a origem do mal atrás do mundo. Algo de escolaridade histórica e filológica, inclusive um inato sentido seletivo em vista de questões psicológicas em geral, transmudou em breve meu problema neste outro: sob que condições inventou-se o homem aqueles juízos de valor, bom e mau? e que valor têm eles mesmos? Obstruíram ou favoreceram até agora o prosperar da humanidade? São um signo de estado de indigência, de empobrecimento, de degeneração da vida? Ou, inversamente, denuncia-se neles a plenitude, a força, a vontade de vida, seu ânimo, sua confiança, seu futuro? — Sobre isso encontrei e aventurei comigo mesmo muitas sortes de resposta, distingui tempos, povos, graus hierárquicos dos indivíduos, especializei meu problema, das respostas vieram novas perguntas, pesquisas, suposições, verossimilhanças: até que, por fim, eu tinha um país próprio, um solo próprio, um mundo inteiro crescendo calado, como que jardins secretos, dos quais ninguém poderia pressentir algo... Oh, como somos *felizes*, nós os que conhecemos, pressuposto somente que saibamos calar por tempo suficiente!...

Sils-Maria, Alta Engandina, julho de 1887

PRIMEIRA DISSERTAÇÃO
"BOM E MAU", "BOM E RUIM"

2

Todo o respeito, pois, pelos bons espíritos que possam reinar nesses historiadores da moral! Mas o que é certo, infelizmente, é que o próprio *espírito histórico* lhes falta, que eles foram desamparados precisamente por todos os *bons* espíritos da história! Todos eles pensam, como já é velho uso de filósofos, de modo *essencialmente* a-histórico: disso não há dúvida nenhuma. A incompetência de sua genealogia da moral vem à luz logo no início, quando se

---

[1] "*Halb Kinderspiele, halb Gott in Herzen*" — são versos do *Fausto*, de Goethe; alusão ao fato de que estes versos são ditos à inocente Gretchen, pelo espírito maligno, na Catedral. (N.T.)

trata de averiguar a proveniência do conceito e do juízo "bom". "Temos na origem" — assim decretam eles — "ações não egoístas, louvadas e denominadas boas por parte daqueles a quem foram demonstradas, portanto a quem foram *úteis*; mais tarde, temos essa origem do louvor *esquecida*, e as ações não egoístas, simplesmente porque *habitualmente* eram louvadas como boas, sentidas também como boas — como se fossem em si algo de bom". Vê-se logo: essa primeira derivação contém já todos os traços típicos da idiossincrasia inglesa de psicólogos — temos "a utilidade", "o esquecimento", "o hábito" e, em conclusão, "o erro", tudo como alicerce de uma estimativa de valor da qual o homem superior tem-se orgulhado até agora como de uma espécie de prerrogativa do homem em geral. Esse orgulho *deve* ser humilhado, essa estimativa de valor desvalorizada: isso foi alcançado?... Ora, para mim está na palma da mão, primeiramente, que essa teoria procura o foco próprio de surgimento do conceito "bom" no lugar errado, e ali o põe: o juízo "bom" *não* provém daqueles a quem foi demonstrada "bondade"! Foram antes "os bons", eles próprios, isto é, os nobres, poderosos, mais altamente situados e de altos sentimentos, que sentiram e puseram a si mesmos e a seu próprio fazer como bons, ou seja, de primeira ordem, por oposição a tudo o que é inferior, de sentimentos inferiores, comum e plebeu. Desse *páthos da distância* é que tomaram para si o direito de criar valores, de cunhar nomes dos valores: que lhes importava a utilidade! O ponto de vista da utilidade, precisamente em referência a esse quente jorrar de juízos de valor supremos, que ordenam e destacam na hierarquia, é tão alheio e inadequado quanto possível: aqui precisamente o sentimento chega a uma oposição àquele grau inferior de calor, que toda prudência calculista, todo cálculo utilitário, pressupõe — e não por uma vez, não por uma hora de exceção, mas duradouramente. O *páthos* da nobreza e da distância, como foi dito, o duradouro e dominante sentimento global e fundamental de uma espécie superior de senhores, posta em proporção com uma espécie inferior, com um "abaixo" — essa é a origem da oposição "bom" e "mau". (O direito dos senhores, de dar nomes, vai tão longe, que se poderia permitir-se captar a origem da linguagem mesma como exteriorização de potência dos dominantes: eles dizem, "isto *é* isto e isto", eles selam cada coisa e acontecimento com um som e, com isso, como que tomam posse dele.) Deve-se a essa origem que a palavra "bom", de antemão, *não* se prende necessariamente a ações "não egoístas": como é a superstição daqueles genealogistas da moral. Em vez disso, somente com um *declínio* de juízos de valor aristocráticos acontece que essa oposição "egoísta"-"não egoísta" se imponha mais e mais à consciência humana — é, para me servir de minha linguagem, o *instinto de rebanho* que, com ela, afinal, toma a palavra (e também as *palavras*). E mesmo assim ainda demora muito para que esse instinto se torne senhor em tal medida que a estimativa moral de valor fique diretamente presa e entalada nessa oposição (como é o caso, por exemplo, na Europa do presente: hoje domina o preconceito que toma "moral", "não egoísta", "*désintéressé*", como conceitos de igual valor, já com a violência de uma "ideia fixa" e doença da cabeça).

9

— "Mas o que você vem falar ainda de ideais *mais nobres*! Adaptemo-nos aos fatos: o povo venceu — ou 'os escravos', ou 'a plebe' ou o rebanho', ou como queira denominá-lo —; se isso aconteceu através dos judeus, pois bem! nunca um povo teve uma tal missão histórica. 'Os senhores' foram abolidos; a moral do homem comum venceu. Pode-se, ao mesmo tempo, tomar essa vitória como um envenenamento de sangue (ela misturou as raças entre si) — eu não contradigo; indubitavelmente, porém, essa intoxicação *teve êxito*. A 'redenção' do gênero humano (ou seja, sua redenção dos 'senhores') está muito bem encaminhada; tudo se judaíza ou cristianiza ou plebeíza a olhos vistos (que importam as palavras!). A marcha desse envenenamento, através do corpo inteiro da humanidade, parece incontível, sua cadência e passo, de agora em diante, pode até mesmo ser cada vez mais lenta, mais refinada, mais inaudível, mais atenta — pois há tempo... Não cabe hoje à Igreja, nesse propósito, ainda uma tarefa *necessária* e, em geral, ainda um direito à existência? Ou se poderia dispensá-la? *Quaeritur*. Parece que ela antes obstrui e retém essa marcha, em lugar de acelerá-la? Ora, justamente essa poderia ser sua utilidade... Seguramente ela se tornou aos poucos algo de grosseiro e rústico, que repugna a uma inteligência mais delicada, a um gosto propriamente moderno. Não deveria ela, ao menos, refinar-se um pouco?... Hoje ela mais estranha do que seduziria... Quem de nós seria livre-espírito se não fosse a Igreja? É a Igreja que nos repugna, *não* seu veneno... Sem a Igreja, também nós amamos o veneno..." — Eis o epílogo de um "livre-espírito" à minha fala, de um honrado animal, como fartamente denunciou, e além disso de um democrata; ele me havia escutado até então, e não aguentou me ouvir calar. Pois, para mim, há nesta passagem muito o que calar.

10

— O levante dos escravos na moral começa quando o ressentimento mesmo se torna criador e pare valores: o ressentimento de seres tais, aos quais está vedada a reação propriamente dita, o ato, e que somente por uma vingança imaginária ficam quites. Enquanto toda moral nobre brota de um triunfante dizer-sim a si próprio, a moral de escravos diz não, logo de início, a um "fora", a um "outro", a um "não mesmo":[2] e *esse* "não" é seu ato criador. Essa inversão do olhar que põe valores — essa direção *necessária* para fora, em vez de voltar-se para si próprio — pertence, justamente, ao ressentimento: a moral de escravos precisa sempre, para surgir, de um mundo oposto e exterior, precisa, dito fisiologicamente, de estímulos externos para em geral agir — sua ação é, desde o fundamento, por reação. O inverso é o caso da maneira nobre de valoração: ela age e cresce espontânea, procura por seu oposto somente para, ainda com mais gratidão, ainda com mais júbilo dizer sim a si própria — seu conceito negativo de "baixo", "comum", "ruim" é apenas uma pálida imagem-contraste, nascida depois, em proporção com seu conceito fundamental positivo, transpassado e embebido de vida e de paixão, "nós nobres, nós bons, nós belos, nós felizes!". Se a maneira nobre de valoração se equivoca e peca contra a realidade, isso acontece em referência à esfera que *não* lhe é suficientemente conhecida; aliás, é contra seu conhecer efetivo que ela se põe ariscamente na defensiva: desconhece, em certas circunstâncias, a esfera desprezada por ela, a do homem comum, do povo inferior; por outro lado, pondere-se que, em todo caso, a emoção do desprezo, do olhar para baixo, do olhar de cima, suposto que *falseie* a imagem do desprezado, ficará muito atrás da falsificação com que o ódio recolhido, a vingança do impotente, atentará contra[3] seu adversário — *in effigie*, naturalmente. De fato, há no desprezo demasiada negligência, demasiada leviandade, demasiado desviar o olhar e impaciência misturados, e até mesmo demasiado sentimento de contentamento próprio, para que ele estivesse em condição de transmudar seu objeto em caricatura e espantalho propriamente ditos. Que não se deixe de ouvir, de fato, as *nuances* quase benevolentes que, por exemplo, a nobreza grega põe em todas as palavras com as quais afasta de si o povo inferior; ouça-se como constantemente uma espécie de lástima, consideração, indulgência se mistura a elas e as açucara, até o extremo de quase todas as palavras, que cabem ao homem comum, terem ficado finalmente como expressões para "infeliz", "digno de lástima" (compare-se *deilós, deílaios, ponerós, mokhtherós,* estas duas últimas propriamente designativas do homem comum como escravo do trabalho e animal de carga) — e como, por outro lado, "ruim", "baixo", "infeliz" nunca mais

---

2 *"Nicht-selbst"* — evoca a oposição filosófica "mesmo" e "outro", mas também o conceito idealista do "não eu" (*Nicht-Ich*), pois em linguagem comum a palavra *Selbst*, substantivada ("o si mesmo"), tem o sentido de "o eu". (N.T.)

3 Notar o refinamento do jogo de palavras: o período se inicia e se encerra com o mesmo verbo (*sich vergreifen*), que nessa passagem (da valoração nobre à valoração escrava) *muda* de sentido. O que era, no começo, um simples "equivocar-se" vai transformar-se em um "atentar contra". Não se poderia entender esse trecho, também, como uma explicação *filológica* no sentido mais rigoroso: demonstrando e *mostrando* como se formam os dois sentidos que a palavra tem efetivamente na língua? (N.T.)

deixaram de soar, para o ouvido grego, em um só tom, com uma coloração sonora em que "infeliz" prepondera: isso como herança da antiga maneira, mais nobre, aristocrática, de valoração, que mesmo no desprezar não se renega (— aos filólogos, recordemos em que sentido *oixyrós*, *ánolbos*, *tlémôn*, *dystykheĩn*, *xymphorá* são usados). Os "bem-nascidos" *sentiam-se*, justamente, como os "felizes"; não precisavam construir sua felicidade artificialmente, por um olhar a seus inimigos, e, em certas circunstâncias, persuadir-se dela, *menti-la* a si (como costumam fazer todos os homens do ressentimento); e, do mesmo modo, como homens plenos, sobrecarregados de força e, em consequência, *necessariamente* ativos, não sabiam separar da felicidade o agir— o estar em atividade é por eles incluído e computado, com necessidade, na felicidade (de onde o *eũ práttein* tira sua origem), tudo muito em oposição à "felicidade" ao nível dos impotentes, oprimidos, ulcerados de sentimentos venenosos e hostis, nos quais ela aparece essencialmente como narcose, ensurdecimento, tranquilidade, paz, *"sabbat"*, distensão da mente e extensão dos membros, em suma, *passivamente*. Enquanto o homem nobre vive diante de si mesmo com confiança e abertura (*gennaĩos*, "de nobre nascimento", sublinha a *nuance* "franco", e também "ingênuo"), o homem do ressentimento não é nem franco nem ingênuo, nem mesmo honesto e direto consigo mesmo. Sua alma se *envíesa*: seu espírito gosta de escaninhos, vias dissimuladas e portas dos fundos, tudo o que é escondido lhe apraz como *seu* mundo, *sua* segurança, *seu* refrigério; ele entende de calar, de não esquecer, de esperar, de provisoriamente apequenar-se, humilhar-se. Uma raça de tais homens do ressentimento se torna necessariamente, por fim, *mais esperta* do que qualquer raça nobre, e também honrará a esperteza em uma medida inteiramente outra: ou seja, como uma condição de existência de primeira ordem, enquanto a esperteza, em homens nobres, tem facilmente um fino ressaibo acessório de luxo e refinamento:— justamente aqui ela está longe de ser tão essencial quanto a perfeita segurança funcional dos instintos reguladores *inconscientes*, ou mesmo uma certa imprudência,[4] eventualmente o bravo precipitar-se, seja ao perigo, seja ao inimigo, ou aquela exaltada subitaneidade de ira, amor, veneração, gratidão e vingança, em que em todos os tempos as almas nobres se reconheceram. O próprio ressentimento do homem nobre, quando aparece nele, cumpre-se e esgota-se, com efeito, em uma reação de imediato, por isso não *envenena*:

---

4 A palavra *klug* tem os dois sentidos: "esperto" e "prudente", que em português necessitam de duas palavras diferentes. Como o texto joga com os dois sentidos, foi necessário traduzir *Unklugheit* por "imprudência", deixando em segundo plano o sentido de "falta de esperteza". Esses problemas de tradução são inevitáveis (e significativos), em especial em um texto como esse, em que o rigor e a paixão filológica são acentuados ao extremo. (N.T.)

por outro lado, não aparece em inúmeros casos em que, em todos os fracos e impotentes, é inevitável. Não poder levar a sério por muito tempo seus inimigos, seus acidentes, mesmo seus *malefícios*[5] — é um signo de naturezas fortes, plenas, em que há um excedente de força plástica, conformadora, regeneradora, e que também faz esquecer (um bom exemplo disso, no mundo moderno, é Mirabeau, que não tinha memória para insultos e infâmias que cometiam contra ele, e que só não podia perdoar porque — esquecia). Um tal homem sacode de si, de um só safanão, muitos vermes que nos outros se enterram; e também somente aqui é possível, suposto que em geral seja possível sobre a terra — o *"amor* a seus inimigos", no sentido próprio. Quanto de veneração por seu inimigo já tem um homem nobre! — e tal veneração já é uma ponte para o amor... Ele reclama para si seu inimigo como sua distinção, e mesmo não tolera nenhum outro inimigo, a não ser aquele em que não há nada que desprezar e *muitíssimo* que honrar! Em contrapartida, represente-se "o inimigo" tal como o concebe o homem do ressentimento — e aqui precisamente está seu feito, sua criação: ele concebeu "o inimigo mau", "o mau", e aliás como conceito fundamental, a partir do qual ele excogita também para si, como decalque e reverso, ainda um "bom" — ele mesmo!...

12

— Nesta passagem, não reprimo um suspiro e uma última confidência. O que é, precisamente para mim, totalmente insuportável? A única coisa de que eu não dou conta, que me faz sufocar e desfalecer? Ar ruim! Ar ruim! Que algo malogrado chegue perto de mim; ter de cheirar as vísceras de uma alma malograda!... O que não se aguenta, de resto, de miséria, privação, mau tempo, enfermidade, cansaço, isolamento? No fundo, damos conta de todo o resto, nascidos que somos para uma existência subterrânea e combatente; chega-se sempre mais uma vez à luz, vive-se sempre outra vez sua hora de ouro da vitória — e então se está ali, tal como se nasceu, inquebrantável, tenso, pronto para o novo, para o ainda mais difícil, mais distante, como um arco que toda miséria somente retesa ainda mais. — Mas de tempo em tempo concedei-me — suposto que haja celestes concessoras para além de bem e mal — um olhar, concedei-me um olhar somente, a algo perfeito, logrado até o fim, feliz, poderoso, triunfante, em que haja

---

5 "Acidentes", "malefícios": *Unfällen, Untaten*. As duas palavras são aproximadas pelo prefixo negativo *un-*: assim, *Unfall* com seu sentido primeiro de "falta de sorte, mau caso"; *Untat* com o sentido de "mau ato", mas também com alusão a "não ato" (*untätig*, inativo): o que não pode deixar de ter relevância, tratando-se de quem encontra no *ato* (*Tat*), na *atividade* (*Tätigkeit*), um dos matizes de "felicidade". (N.T.)

ainda algo que temer! A um homem que justifique o homem, a um caso feliz de homem, complementar e redentor, para que em função dele se possa manter firme a crença no homem!... Pois assim está: o apequenamento e igualamento do homem europeu aninha *nosso* maior perigo, pois essa visão cansa... Não vemos hoje nada que queira se tornar maior, pressentimos que tudo vai cada vez mais para trás, para trás, para o mais diluído, mais chinês, mais cristão — o homem, sem dúvida nenhuma, se torna cada vez "melhor"... Aqui justamente está a fatalidade da Europa — com o medo ao homem perdemos também o amor a ele, a veneração por ele, a esperança nele e até mesmo a vontade dele. A visão do homem agora cansa — o que é hoje niilismo, se não é *isso*?... Estamos cansados do homem...

SEGUNDA DISSERTAÇÃO
"CULPA", "MÁ CONSCIÊNCIA" E COMPANHIA

3
Sua consciência?... Adivinha-se de antemão que o conceito "consciência", que aqui encontramos em sua mais alta e quase surpreendente configuração, já tem uma longa história e transmutação de forma atrás de si. Poder responder por si,[6] e com orgulho, e portanto *poder* também *dizer sim* a si — é, como foi dito, um fruto maduro, mas também um fruto *tardio*: por quanto tempo precisou esse fruto, ácido e azedo, pender da árvore! E por um tempo ainda mais longo não se via nada de um tal fruto — ninguém teria podido prometê-lo, por mais certo que fosse que tudo na árvore estava preparado e crescendo direto em sua direção! — "Como se faz no animal-homem uma memória? Como se imprime algo a esse em parte embotado, em parte estouvado entendimento-de-instante, a essa viva aptidão de esquecimento, de modo que permaneça presente?"... Como se pode pensar, não foi precisamente com respostas e meios delicados que esse antiquíssimo problema foi solucionado; talvez mesmo não haja nada mais terrível e monstruoso em toda a pré-história do homem do que sua *mnemotécnica*. "Imprime-se algo a fogo para que permaneça na memória: somente o que não cessa *de fazer mal* permanece na memória" — eis uma posição-mestra da mais antiga (infelizmente também da mais prolongada) de todas as psicologias sobre a terra. Poderíamos mesmo dizer que, por toda parte onde

---

6 O sentido de "responder por si", que se prende à noção de "responsabilidade" e à "consciência" como *Gewissen*, de que se trata aqui, vem dado, em alemão, pelo verbo *gutsagen*, formado das palavras *gut* (bom) e *sagen* (dizer): "oferecer garantia", "dar a palavra de que algo é bom". É improvável que o autor não tenha tido em mente essa etimologia. (N.T.)

agora sobre a terra há ainda solenidade, seriedade, segredo, cores sombrias na vida de homem e povo, *persiste* algo do *efeito* da terribilidade com que outrora, por toda parte sobre a terra, se prometeu, empenhou, jurou: o passado, o mais longo, mais profundo, mais duro dos passados, nos bafeja com seu sopro e ressurge em nós quando ficamos "sérios". Nunca nada se passou sem sangue, martírio, sacrifício, quando o homem achou necessário se fazer uma memória; os mais arrepiantes sacrifícios e penhores (entre os quais o sacrifício do primogênito), as mais repugnantes mutilações (por exemplo, as castrações), as mais cruéis formas rituais de todos os cultos religiosos (e todas as religiões são, em seu fundamento último, sistemas de crueldade) — tudo isso tem sua origem naquele instinto que adivinha na dor o mais poderoso meio auxiliar da mnemônica. Em certo sentido, entra aqui a ascética inteira: umas tantas ideias devem ser tornadas inextinguíveis, onipresentes, inesquecíveis, "fixas", para fins de hipnotização do inteiro sistema nervoso e intelectual por essas "ideias fixas" — e as procedimentos ascéticas e suas formas de vida são o meio para livrar essas ideias da concorrência com todas as demais ideias, para fazê-las "inesquecíveis". Quanto pior "de memória" era a humanidade, mais terrível é sempre o aspecto de seus usos; a dureza das leis penais dá, em particular, uma medida de quanto esforço ela teve de fazer para chegar à vitória sobre o esquecimento e manter umas tantas exigências primitivas do convívio social, para esses escravos-de-instante da emoção e do apetite, *presentes*. [...]

8

O sentimento da culpa,[7] da obrigação pessoal, para retomar a marcha de nossa investigação, teve sua origem, como vimos, na mais antiga e mais originária relação pessoal que há, na relação entre comprador e vendedor, credor e devedor: aqui entrou pela primeira vez pessoa contra pessoa, aqui se *mediu* pela primeira vez pessoa a pessoa. Ainda não se encontrou nenhum grau de civilização tão baixo em que já não se notasse algo dessa relação. Fazer preços, medir valores, inventar equivalentes, trocar — isso preocupou o primeiríssimo pensar do homem em uma medida tal que, em certo sentido, é *o* pensar: aqui foi cultivada a mais antiga espécie de perspicácia, aqui se

---

7 É essencial para o entendimento de todo o texto assinalar que em alemão esta palavra, *Schuld*, significa indiferentemente "culpa" e "dívida" — e não por acaso, dirá o filólogo. *Schuldner é* o "devedor", e o texto mantém constantemente esse duplo sentido com base no que está dito em seu §4: "Será que esses genealogistas da moral até agora sonharam sequer de longe que, por exemplo, aquele conceito moral capital de 'culpa' (*Schuld*) tirou sua origem do conceito muito material de 'ter uma dívida' (*Schulden*)?" E também não foi por inocência que a Igreja pós-conciliar, também às voltas com esse problema de tradução, mudou o texto do Pai-nosso, de: "perdoai as nossas dívidas", para: "perdoai as nossas ofensas". (N.T.)

poderia supor, do mesmo modo, o primeiro germe do orgulho humano, de seu sentimento de prioridade sobre os outros animais. Talvez exprima ainda nossa palavra *"Mensch"* (*manas*)[8] algo, precisamente, *desse* sentimento de si: o homem se designou como o ser que mede valores, que valora e mede, como o "animal estimador em si". Compra e venda, com todo o seu aparato psicológico, são mais antigos do que os próprios inícios de quaisquer formas de organização e ligas sociais: foi, pelo contrário, da mais rudimentar das formas do direito das pessoas que o sentimento germinante de troca, contrato, dívida, direito, obrigação, quitação, foi *transposto* para os mais grosseiros e incipientes complexos comunitários (em sua relação com complexos similares), ao mesmo tempo que o hábito de comparar potência com potência, medi-las, calculá-las. O olho estava agora preparado para essa perspectiva: e, com aquela grotesca consequência[9] que é peculiar ao pensar da antiga humanidade, que é difícil de pôr em movimento, mas que em seguida prossegue inexoravelmente na mesma direção, logo se chegou, com grande generalização, ao "cada coisa tem seu preço; *tudo* pode ser pago"[10] — o mais antigo e mais ingênuo cânon moral da *justiça*, o início de toda "bondade", de toda "equidade", de toda "boa vontade", de toda "objetividade" sobre a terra. Justiça, nesse primeiro grau, é a boa vontade, entre os que têm potência mais ou menos igual, de se acomodarem uns aos outros, de, por meio de um igualamento,[11] voltarem a se "entender" — e, em referência aos que têm menor potência, *coagi-los*, abaixo de si, a um igualamento.

9

Sempre medido pela medida do tempo pré-histórico (tempo este que, de resto, está aí em todos os tempos, ou é possível outra vez): também a comunidade está para seus membros naquela importante relação fundamental, a do credor para seus devedores. Vive-se em uma comunidade, frui-se das vantagens de uma comunidade (e que vantagens! hoje nós o subestimamos às vezes), mora-se protegido, poupado, em paz e confiança, des-

---

8 Esta etimologia, que só se encontra em Nietzsche, aparece também no *Zaratustra*, parte I, "Dois mil e um alvos". Notar que *Mensch* se traduz por "homem" apenas no sentido de "ser humano" e que, se esta etimologia é constante, há aqui uma pista para a interpretação da problemática palavra *Übermensch*, que aparece na obra citada: não seria ele o "transvalorador", e seu nome não o designaria como tal? (N.T.)

9 Aqui, "consequência" (*Konsequenz*) significa unicamente "a qualidade do que é *consequente*"; talvez o sentido aproximado pudesse ser dado pela palavra "coerência", como costuma ser usada coloquialmente. (N.T.)

10 Aqui é a língua portuguesa que leva vantagem sobre a alemã, com a palavra "pagar", que enfeixa os dois sentidos de *abzahlen* (fazer um pagamento), que está no texto, e também *vergelten* (prestar uma compensação ou ser objeto de vingança), como *em* "Deus lhe pague" ou "você me paga!" (N.T.)

11 Foi mantida a referência ao sentido de "igualdade" e de "medição" da palavra *Ausgleich*. O sentido mais imediato é de "conciliação", "compromisso". (N.T.)

cuidado quanto a certos danos e hostilidades aos quais o homem *de fora*, *o* "sem-paz",[12] está exposto — um alemão entende o que *"Elend"* (*êlend*)[13] quer dizer, na origem —, assim como, precisamente em vista desses danos e hostilidades, se está empenhado e obrigado com a comunidade. O que acontecerá no *outro caso?* A comunidade, o credor enganado, se fará pagar do melhor modo que puder, com isso se pode contar. O de que menos se trata aqui é o dano imediato causado pelo danificador: ainda sem considerá-lo, o infrator é antes de tudo um "quebrador",[14] alguém que quebra contrato e palavra, *para com o todo*, no que se refere a todos os bens e comodidades da vida em comum, de que até então participava. O infrator é um devedor, que não somente não pagou pelas vantagens e adiantamentos que lhe foram demonstrados, mas até mesmo atenta contra seu credor; por isso, de agora em diante, não somente perde, como é justo, todos esses bens e vantagens — mas é agora recordado *do quanto valem esses bens*. A ira do credor lesado, da comunidade, o devolve ao estado selvagem e fora da lei[15] de que ele até então estivera guardado: lança-o fora de si — e agora se pode dar vazão a toda espécie de hostilidade contra ele. O "castigo", nesse grau de aquisição de costumes,[16] é simplesmente a imagem, a *mímica* do procedimento normal que se tem contra o inimigo odiado, tornado indefeso, derrubado, que não perdeu somente todo o direito e proteção, mas também toda clemência; portanto, o direito de guerra e a festa de vitória do *Vae victis*! em toda a sua impiedade e crueldade: — o que explica que foi a guerra mesma (incluído o culto sacrificial guerreiro) que forneceu todas as *formas* sob as quais o castigo[17] entra em cena na história.

---

12 *Friedlos*, que se costuma traduzir por "proscrito" ou "fora da lei", e tem efetivamente esse uso, é usado no texto com insistência sobre seu sentido literal: para indicar *quem* é, visto de dentro, esse "forasteiro". (N.T.)
13 A palavra *Elend*, "miséria", "calamidade", tem esse sentido ao término de uma evolução semântica que começa com o vocábulo *elend*, do velho alto-alemão, na significação de *Ausland* (país estrangeiro), para onde vai o banido, o proscrito. A raiz é a mesma do latim *alius*, "outro". (N.T.)
14 *Verbrecher*, "criminoso", e *Brecher*, "quebrador": o mesmo jogo de palavras usado no *Zaratustra*. A palavra "infrator", do latim *infringo* (quebrar), vai no mesmo sentido. (N.T.)
15 A palavra alemã para o "fora da lei", com toda a sua conotação agressiva, é no entanto bem mais figurada: *Vogelfrei*, ou seja, literalmente, "livre como um pássaro". (N.T.)
16 A palavra é *Gesittung*, mantida aqui em sua literalidade para não perder a conotação essencial com *Sitte* (costume) e *Sittlichkeit* (eticidade). Mas convém notar que *gesittet* se diz do homem "civilizado", isto é, "polido", "de bons costumes". (N.T.)
17 Este é outro duplo sentido, fundamental para o texto: a palavra *Strafe*, que concentra os significados de "castigo" e "pena" (judicial). A tradução preferiu manter o termo mais amplo, que atende melhor a todos os casos em que ocorre, mas é preciso não esquecer que o autor tem em vista aqui toda a problemática da justiça penal; há esse sentido em português (cf. a expressão: "crime e castigo"). (N.T.)

12

Aqui, uma palavra ainda sobre origem e finalidade do castigo — dois problemas que caem um fora do outro, ou deveriam cair: infelizmente costuma-se lançá-los em um só. Como procedem neste caso os genealogistas da moral até agora? Ingenuamente, como sempre procederam —: descobrem alguma "finalidade" no castigo, por exemplo, vingança ou intimidação, em seguida, sem suspeitar de nada, põem essa finalidade no início, como *causa fiendi* do castigo, e — pronto. A "finalidade no direito",[18] porém, é a última coisa a ser empregada na história genética do direito; em vez disso, para toda espécie de história, não há nenhuma proposição mais importante do que aquela, que com tanto esforço foi conquistada, mas também *deveria ser* efetivamente conquistada — ou seja, que a causa do surgimento de uma coisa e sua utilidade final, seu emprego e ordenação de fato em um sistema de fins, estão *toto coelo* um fora do outro; que algo de existente, algo que de algum modo se instituiu, é sempre interpretado outra vez por uma potência que lhe é superior para novos propósitos, requisitado de modo novo, transformado e transposto para uma nova utilidade; que todo acontecer no mundo orgânico é um *sobrepujar*, um tornar-se *senhor*, e que, por sua vez, todo sobrepujar e tornar-se senhor é um interpretar de modo novo, um ajustamento, no qual o "sentido" e "fim" de até agora tem de ser necessariamente obscurecido ou inteiramente extinto. Mesmo quando se concebeu muito bem a *utilidade* de algum órgão fisiológico (ou também de uma instituição legal, de um costume social, de um uso político, de uma forma nas artes ou no culto religioso), ainda não se concebeu nada no tocante a seu surgimento: por mais incômodo e desagradável que isto possa soar a ouvidos mais velhos — pois desde antiguidades se havia acreditado que no fim demonstrável, na utilidade de uma coisa, de uma forma, de um dispositivo, se concebia também sua razão de surgimento, o olho como feito *para* ver, a mão como feita *para* pegar. Assim representou-se também o castigo como inventado *para* castigar. Mas todos os fins, todas as utilidades, são apenas sinais de que uma vontade de potência se tornou senhora de algo menos poderoso e, a partir de si, imprimiu-lhe o sentido de uma função; e a história inteira de uma "coisa", de um órgão, de um uso, pode ser, dessa forma, uma continuada série de signos de sempre novas interpretações e ajustamentos, cujas causas mesmas não precisam estar em conexão entre si, mas, antes, em certas circunstâncias, se seguem e se revezam de um modo meramente contingente.

---

18 Referência alusiva ao livro *Der Zweck im Recht* (*A finalidade no Direito*), de Rudolf von Ihering, cujos primeiros volumes haviam sido publicados em 1877 e 1883. Traduzimos *Zweck* por "finalidade" ou "fim", alternativamente, para atender à clareza do texto. (N.T.)

"Desenvolvimento" de uma coisa, de um uso, de um órgão, nessa medida, pode ser tudo menos seu *progressus* em direção a um alvo, e menos ainda um *progressus* lógico e curtíssimo, alcançado com o mínimo dispêndio de força e custos — é, pelo contrário, a sucessão de processos mais ou menos profundos, mais ou menos independentes um do outro, de subjugamento, que se desenrolam nela, e inclusive as resistências aplicadas a cada vez contra eles, as transmutações de forma ensaiadas para fins de defesa e reação, e também os resultados de ações reativas bem-sucedidas. A forma é fluida, mas o "sentido" é mais ainda... Mesmo no interior de cada organismo singular não é de outro modo: a cada crescimento essencial do todo, desloca-se também o sentido dos órgãos singulares — em certas circunstâncias, sua parcial destruição, sua diminuição em número (por exemplo, pelo aniquilamento dos membros intermediários), pode ser um signo de força e perfeição crescentes. Eu quis dizer: também o parcial *tornar-se inútil*, o enfezar e degenerar, a perda de sentido e finalidade, em suma, a morte, faz parte das condições do *progressus* efetivo: o qual sempre aparece na figura de uma vontade e caminho para *maior potência* e é sempre imposto às custas de numerosas potências inferiores. A grandeza de um "progresso" *mede-se*, até mesmo, pela massa, pela massa de tudo aquilo que teve de ser *sacrificado* a ele; a humanidade como massa sacrificada à prosperidade de uma única espécie *mais forte* de ser humano — isso *seria* um progresso... Destaco esse ponto de vista capital da metódica histórica, tanto mais que, no fundo, ele vai contra o instinto precisamente dominante e o gosto do tempo, que preferiria ainda pactuar com a absoluta contingência, e mesmo insensatez mecânica de todo acontecer, do que com a teoria de uma *vontade-de-potência* desenrolando-se em todo acontecer. A idiossincrasia democrática contra tudo o que domina e quer dominar, o moderno *misarquismo* (para formar uma palavra ruim para uma coisa ruim), pouco a pouco se transpôs e travestiu em tal medida em espiritual, espiritualíssimo, que hoje, passo a passo, já penetra, já *pode* penetrar nas mais rigorosas, aparentemente mais objetivas das ciências; aliás, parece-me já ter-se tornado senhor sobre a inteira fisiologia e doutrina da vida, para seu dano, como se entende por si, pois um conceito-fundamental, o da *atividade* propriamente dita, ele lhe escamoteou. Em contrapartida, sob a pressão dessa idiossincrasia, põe-se em primeiro plano a "adaptação", isto é, uma atividade de segunda ordem, uma mera reatividade, e chegou-se a definir a vida mesma como uma cada vez mais adequada[19] adaptação interna

---

19 O texto usa, não por acaso, a palavra *zweckmässig*, cuja tradução literal seria "conforme-a-fim", "conveniente-a-um-fim". Retorna aqui, portanto, a crítica à teologia iniciada na primeira parte do texto. (N.T.)

a circunstâncias externas (Herbert Spencer). Com isso, porém, a essência da vida é equivocada: sua *vontade de potência*; com isso, é ignorada a supremacia que têm, por princípio, as forças espontâneas, agressivas, invasoras, criadoras de novas interpretações, de novas direções e de formas, a cujo efeito, somente, se segue a "adaptação"; com isso, é negado no organismo mesmo o papel dominador dos supremos funcionários, nos quais a vontade de vida aparece como ativa e conformadora. Recorde-se o que Huxley censurou a Spencer — seu "niilismo administrativo": mas trata-se de ainda *mais* do que "administrar"...

13

— Portanto, para voltar ao assunto, ou seja, ao *castigo*, temos de distinguir nele duas coisas: primeiro, o que é relativamente *duradouro* nele, o uso, o ato, o "drama", uma certa sequência rigorosa de procedimentos, por outro lado, o que é fluido nele, o sentido, o fim, a expectativa que se vincula à execução de tais procedimentos. Aqui é pressuposto sem mais, *per analogiam*, conforme o ponto de vista capital da metódica histórica que acaba de ser desenvolvido, que a procedura mesma será algo mais velho, mais antigo, do que sua utilização para o castigo, que esta última foi somente introduzida como interpretação na procedura (já há muito existente, mas usada em outro sentido), em suma, que *não* é como admitiram até agora nossos ingênuos genealogistas da moral e do direito, que pensavam, todos eles, a procedura *inventada* para fins de castigo, assim como outrora se pensava a mão inventada para fins de pegar. E no tocante àquele outro elemento do castigo, o fluido, seu "sentido": em um estado muito tardio da civilização (por exemplo, na Europa de hoje), o conceito "castigo" nem sequer representa mais um único sentido, mas toda uma síntese de "sentidos": a história do castigo em geral até agora, a história de sua utilização para os mais diversos fins, cristaliza-se por último em uma espécie de unidade, que é difícil de dissociar, difícil de analisar e, o que é preciso destacar, totalmente *indefinível*. (Hoje é *impossível* dizer com determinação *por que* propriamente se castiga: todos os conceitos, nos quais se colige semioticamente um processo inteiro, esquivam-se à definição: definível é somente aquilo que não tem história.) Em um estádio anterior, em contrapartida, aquela síntese de "sentidos" aparece ainda dissociável, e também ainda deslocável; pode-se ainda perceber como, para cada caso singular, os elementos da síntese alteram sua valência e, em conformidade com isso, mudam de ordem, de tal modo que ora este, ora aquele elemento, às custas dos demais, se destaca e domina, e até mesmo, em certas circunstâncias, um único elemento (eventualmente, a finalidade de intimidação) parece suprimir todo o resto dos elementos.

Para pelo menos dar uma representação de quão inseguro, quão acessório, quão acidental é "o sentido" do castigo, e de como uma mesma procedura pode ser utilizada, interpretada, ajustada, para propósitos fundamentalmente diferentes: fique aqui o esquema a que eu mesmo cheguei, com fundamento em um material relativamente pequeno e contingente. Castigo como tornar-inofensivo, como impedimento de novo dano. Castigo como pagamento do dano a quem sofreu o dano, sob qualquer forma (também sob a forma de uma compensação afetiva). Castigo como isolamento de uma perturbação do equilíbrio, para impedir a propagação da perturbação. Castigo como meio de infundir medo diante daqueles que determinam e executam o castigo. Castigo como uma espécie de quitação pelas vantagens de que o infrator gozou até então (por exemplo, se ele é utilizado como escravo em minas). Castigo como segregação de um elemento degenerante (em certas circunstâncias, de um ramo inteiro, como no direito chinês: portanto, como meio de manter pura a raça ou de manter firme um tipo social). Castigo como festa, ou seja, como violentação e escarnecimento de um inimigo afinal abatido. Castigo como um fazer-memória, seja para aquele que sofre o castigo — a assim chamada "melhoria", seja para as testemunhas da execução. Castigo como pagamento de um honorário, estipulado por parte da potência que protege o malfeitor contra as extravagâncias da vingança. Castigo como compromisso com o estado-de-natureza da vingança, na medida em que este último é ainda mantido em pé por estirpes poderosas, e reivindicado como privilégio. Castigo como declaração de guerra e medida de guerra contra um inimigo da paz, da lei, da ordem, da autoridade, que, como perigoso para a comunidade, como violador de pacto no que se refere a seus pressupostos, como um rebelde, traidor e quebrador da paz, se combate com os mesmos meios que a guerra proporciona.

16

[...] Todos os instintos que não se descarregam para fora *voltam-se para dentro* — é isto que eu denomino a *interiorização* do homem: é somente com isso que cresce no homem aquilo que mais tarde se denomina sua "alma". O inteiro mundo interior, originariamente delgado como algo retesado entre duas peles, separou-se e aumentou, adquiriu profundeza, largura, altura, na medida em que a descarga do homem para fora foi *obstruída*. Aqueles terríveis baluartes com que a organização estatal se protegia contra os velhos instintos da liberdade — os castigos fazem parte, antes de tudo, desses baluartes — acarretaram que todos aqueles instintos do homem selvagem, livre, errante, se voltassem para trás, *contra o homem mesmo*. A hostilidade, a crueldade, o gosto pela perseguição, pelo assalto, pela mudança, pela destruição — tudo isso se voltando contra os possuidores de tais instintos: *essa* é a origem da "má consciência". O homem que, por falta de inimigos e resistências externas, encerrado à força em uma opressiva estreiteza e regularidade dos costumes, dilacerava, perseguia, roía, espreitava, maltratava impacientemente a si mesmo, esse animal batendo-se e ferindo-se contra as barras de sua jaula, e que se quer "amansar", esse animal passando privação e devorado pela saudade do deserto, que de si mesmo tinha de fazer uma aventura, uma câmara de suplício, uma insegura e perigosa selva, esse parvo, esse nostálgico e desesperado prisioneiro, foi o inventor da "má consciência". Com ela, porém, foi introduzido o maior e mais inquietante adoecimento, do qual a humanidade até hoje não convalesceu, o sofrimento do homem *com o homem, consigo mesmo*: como a consequência de uma violenta separação do passado animal, de um salto e mergulho, por assim dizer, em novas condições de existência, de uma declaração de guerra contra os velhos instintos sobre os quais, até então, repousara sua força, prazer e terribilidade. Acrescentemos logo que, por outro lado, com o fato de uma alma animal voltada contra si mesma, tomando partido contra si mesma, deu-se sobre a terra algo tão novo, profundo, inaudito, enigmático, contraditório *e repleto de futuro*, que, com isso, o aspecto da terra se alterou essencialmente. De fato, seria preciso espectadores divinos para dar valor ao espetáculo que começou com isso e cujo fim é ainda impossível de ver — um espetáculo refinado demais, maravilhoso demais, paradoxal demais, para que pudesse desenrolar-se insensatamente despercebido sobre algum astro ridículo! O homem conta desde então *entre* os mais inesperados e emocionantes lances de dados que a "grande criança" de Heráclito, chame-se Zeus ou Acaso, joga — ele desperta um interesse por si, uma tensão, uma esperança, quase uma certeza, como se com ele se anunciasse algo, se preparasse algo, como se o homem não fosse um alvo, mas somente um caminho, um episódio, uma ponte, uma grande promessa...

24

Concluo com três pontos de interrogação, bem se vê. "Aqui é propriamente edificado ou demolido um ideal?", assim me perguntam, talvez... Mas não perguntastes alguma vez o bastante a vós próprios quão caro se fez pagar sobre a terra a edificação de *todo* ideal? Quanto de efetividade teve sempre de ser caluniada e equivocada para isso, quanto de mentira santificada, quanto de consciência transtornada, quanto de "Deus" sacrificado a cada vez? Para que possa ser edificado um santuário, *é preciso derrubar um santuário*: essa é a lei — que me mostrem o caso em que ela não foi cumprida!... Nós, homens modernos, somos os herdeiros da vivissecção de consciência e autossevícia[20] de milênios: nisso temos nosso mais longo exercício, nossa aptidão artística talvez, em todo caso, nosso refinamento, nossa perversão de gosto. O homem considerou por demasiado tempo suas propensões naturais com "maus olhos", de tal modo que, nele, elas se irmanaram finalmente com a "má consciência". Um ensaio inverso seria *em si* possível — mas quem é forte bastante para isso? —, ou seja, irmanar as propensões *desnaturadas*, todas aquelas aspirações ao além, contrário aos sentidos, contrário ao instinto, contrário à natureza, contrário ao animal, em suma, todos os ideais até agora, que são, todos eles, ideais hostis à vida, caluniadores do mundo com a má consciência. A quem se dirigir hoje com *tais* esperanças e pretensões?... Precisamente os homens *bons* teríamos, com isso, contra nós, e além disso, como é justo, os comodistas, os reconciliados, os vaidosos, os delirantes, os cansados... O que ofende mais profundamente, o que separa mais radicalmente do que deixar notar algo do rigor e elevação com que se trata a si mesmo? E inversamente — que complacente, que amoroso se mostra o mundo todo para conosco, tão logo fazemos como todo o mundo e nos "deixamos ir" como todo o mundo!... Seria necessária, para aquele alvo, uma *outra* espécie de espíritos, do que, precisamente neste século, são verossímeis: espíritos fortalecidos por guerras e vitórias, aos quais a conquista, a aventura, o perigo, até mesmo a dor, se tornaram necessidade; para isso, seria necessário o hábito do ar cortante das alturas, de andanças de inverno, de gelo e montanhas em todos os sentidos; para isso, seria necessária uma espécie de sublime maldade mesmo, uma última malícia do conhecimento, muito segura de si, que faz parte da grande saúde; seria necessária, em suma, e é *pena*, justamente essa *grande saúde*... Isso, precisamente hoje, é sequer possível?... Mas algum dia, em um tempo mais forte do que este presente podre, que duvida de si mesmo, ele tem de vir, a nós, o homem *redentor* do grande amor e do grande desprezo, o espírito criador, cuja força propulsora o leva sempre outra vez para longe de todo à-parte e de todo além, cuja solidão é mal-entendida pelo povo, como se fosse uma fuga da efetividade —: enquanto é apenas seu mergulhar, enterrar-se, aprofundar-se na efetividade, para um dia, quando ele outra vez vier à luz, trazer de lá a *redenção* dessa efetividade: redimi-la da maldição que o ideal até agora depôs sobre ela. Esse homem do futuro, que nos redimirá, tanto do ideal até agora, quanto daquilo *que teve de crescer dele*, do grande nojo, da vontade do nada, do niilismo, esse bater de sino do meio-dia e da grande decisão, que torna a vontade outra vez livre,

---

20 *Selbst-Tierquälerei*: a composição é impossível de reproduzir integralmente. *Tierquälerei* (de *Tier* e *quälen*) significa "maus-tratos contra animais" (título, até, de crime previsto pelo Código Penal). A este sentido, o texto acrescenta o de *Selbst*, dando-lhe sentido reflexivo: "mau-tratamento-de-animais-contra-si-mesmo" ou "maus-tratos-do-homem-contra-o-que-é-animal-em si-mesmo". (N.T.)

que devolve à terra seu alvo e ao homem sua esperança, esse anticristo e antiniilista, esse vencedor de Deus e do nada — *ele tem de vir um dia...*

TERCEIRA DISSERTAÇÃO
O QUE SIGNIFICAM IDEAIS ASCÉTICOS?

> Descuidados, zombeteiros, violentos — assim nos quer a sabedoria: ela é mulher, ela ama sempre somente um guerreiro.
> ASSIM FALOU ZARATUSTRA[21]

11
Somente agora, depois que avistamos o *padre ascético*, avançamos seriamente ao corpo de nosso problema: o que significa o ideal ascético? — somente agora o caso é "sério": temos agora o próprio *representante da seriedade* em geral à nossa frente. "O que significa toda seriedade?" — esta pergunta ainda mais fundamental já se coloca talvez, aqui, sobre nossos lábios: uma pergunta para fisiólogos, como é justo, da qual, porém, por enquanto nos esquivamos. O padre ascético tem naquele ideal não somente sua crença, mas também sua vontade, sua potência, seu interesse. Seu *direito* à existência permanece e perece com aquele ideal: o que é de admirar, se aqui topamos com um adversário terrível, ou seja, suposto que fôssemos os adversários desse ideal? um adversário tal, que combate por sua existência contra os negadores desse ideal?... Por outro lado, não é verossímil, de antemão, que uma posição tão interessada diante de nosso problema possa ser particularmente útil a este: o padre ascético dificilmente passará sequer pelo defensor mais afortunado de seu ideal, pela mesma razão pela qual uma mulher costuma fracassar quando quer defender "a mulher em si" — para não falar de serem os mais objetivos julgadores e juízes da controvérsia aqui levantada. Portanto, teremos ainda de auxiliá-lo — isso já está claro como a palma da mão — a se defender bem contra nós, antes de termos de temer ser refutados bem demais por ele... O pensamento, acerca do qual se combate aqui, é a

---

21 Primeira parte, "Do ler e escrever". No Prefácio (§ 8) de *Para a genealogia da moral*, o autor dá a seguinte indicação: "Um aforismo, legitimamente cunhado e moldado, pelo fato de ter sido lido, ainda não está 'decifrado'; em vez disso, somente agora pode começar sua *interpretação (Auslegung)*, que requer uma arte de interpretação. Na terceira dissertação deste livro, ofereço um modelo daquilo que, em tal caso, denomino 'interpretação': essa dissertação é precedida por um aforismo, ela mesma *é* comentário dele. Sem dúvida, para exercitar dessa forma o ler como *arte*, é preciso antes de tudo algo que hoje em dia foi precisamente o que melhor se desaprendeu — e por isso tem tempo ainda, até a 'legibilidade' de meus escritos — e para o qual se tem de ser quase vaca, em todo caso, *não* 'homem moderno': o *ruminar*...". (N.T.)

valoração de vossa vida por parte do padre ascético: ela (juntamente com aquilo de que ela faz parte, "natureza", "mundo", a esfera inteira do vir--a-ser e da transitoriedade) é posta por eles em referência a uma existência inteiramente outra, com a qual ela está em uma relação de oposição e exclusão, *a não ser que* eventualmente se volte contra si própria, *negue a si mesma*: neste caso, no caso de uma vida ascética, a vida vale como uma ponte para aquela outra existência. O asceta trata a vida como um caminho errado, que por fim é preciso desandar, voltando para onde ele começa; ou como um erro, que se refuta—que se *deve* refutar—pelo ato; pois ele *exige* que se vá com ele, ele impõe onde pode sua *valoração* da existência. O que significa isso? Uma tal monstruosa maneira de valorar não está inscrita como um caso de exceção e curiosidade na história do homem: é um dos mais amplos e longos fatos que há. Lida a partir de um astro longínquo, essa escrita em maiúsculas de nossa existência terrestre induziria talvez à conclusão de que a terra é propriamente a *estrela ascética*, um rincão de criaturas descontentes, presunçosas e repugnantes, que de um profundo fastio por si, pela terra, por toda vida, não se desvencilhariam nunca e a si próprias fariam tanto mal quanto possível, pelo contentamento de fazer mal:—provavelmente seu único contentamento. Ponderemos, no entanto, com que regularidade, com que universalidade, com que rapidez, em todos os tempos, o padre ascético faz sua aparição; ele não pertence a nenhuma raça singular; prospera por toda parte; cresce de todas as classes. Não que ele, eventualmente, aprimorasse sua maneira de valoração por hereditariedade, e a procriasse: o contrário é o caso—um profundo instinto lhe proíbe, em vez disso, *grosso modo*, a procriação. Tem de ser uma necessidade de primeira ordem, a que faz essa espécie *hostil à vida* sempre crescer e prosperar outra vez—tem de ser até um *interesse da vida* mesma, que um tal tipo de autocontradição não se extinga. Pois uma vida ascética é uma autocontradição; aqui domina um ressentimento raro, o de um insaciado instinto e vontade de potência, que gostaria de se tornar senhor, não sobre algo na vida, mas sobre a própria vida, sobre suas mais profundas, mais fortes, mais básicas condições; aqui é feito um ensaio de usar a força para estancar as fontes da força; aqui se dirige o olhar, verde e maligno, contra o próprio prosperar fisiológico, em particular contra sua expressão, a beleza, a alegria; enquanto no malograr, no enfezar, na dor, no desastre, no feio, na penitência voluntária, na negação de si, na autoflagelação, no autossacrifício, uma satisfação é sentida e *procurada*. Isso tudo é paradoxal no mais alto grau: estamos, aqui, diante de uma cisão que se *quer* cindida, que *frui* de si mesma nesse sofrimento, e até mesmo se torna cada vez mais certa de si e triunfante à medida que seu próprio pressuposto, a aptidão fisiológica de vida, *diminui*. "O triunfo, precisamente na última agonia": sob esse signo superlativo combateu desde sempre o ideal ascético; nesse enigma de sedução, nessa imagem de delícia e tormento, reconheceu ele sua mais clara luz, sua salvação, sua vitória final. *Crux, lux, nux*—nele isso faz parte de um só.

13

Mas voltemos atrás. Uma autocontradição tal como parece apresentar-se no asceta, "vida *contra* vida", é—isto pelo menos já está claro como a palma da mão—, considerada fisiologicamente, e não mais psicologicamente, simplesmente insensatez. Só pode ser *aparente*; tem de ser uma espécie de expressão provisória, uma interpretação, fórmula, ajustamento, um mal-entendido psicológico de algo cuja natureza própria há muito não pode ser entendida, *há* muito não pode ser designada *em si*—uma mera palavra encaixada em uma velha *lacuna* do conhecimento humano. E, para contrapor-lhe concisamente o fato: *o ideal ascético brota do instinto de proteção e de cura de uma vida em degeneração*, que por todos os meios procura manter-se e combate por sua existência; é indício de uma parcial obstrução fisiológica e cansaço, contra os quais os mais profundos instintos da vida, que permaneceram intactos, combatem sem descanso com novos meios e invenções. O ideal ascético é um tal meio: é, pois, precisamente o inverso do que pensam os que veneram esse ideal—a vida luta nele e por ele com a morte e *contra* a morte, o ideal ascético é um artifício da *conservação* da vida. Se este foi capaz, na medida em que a história o ensina, de reinar sobre o homem e de adquirir poder sobre ele, em particular por toda parte onde a civilização e o amansamento do homem foram levados a cabo, nisto se exprime um grande fato: o caráter *doentio* do tipo de homem que houve até agora, pelo menos do homem amansado, a luta fisiológica do homem com a morte (mais exatamente: com o fastio pela vida, com o cansaço, com o desejo do "fim"). O padre ascético é o desejo encarnado de um ser-de--outro-modo, estar-em-outra-parte, e aliás o grau mais alto desse desejo, seu próprio ardor e paixão: mas justamente a *potência* de seu desejar é a cadeia que o prende; justamente com isso ele se torna instrumento, que tem de trabalhar para criar condições mais favoráveis para o estar-aqui e o ser-homem—justamente com essa *potência* ele mantém o inteiro rebanho dos malogrados, desajustados, enjeitados, desafortunados, sofredores de si de toda espécie, firme na existência, ao precedê-lo instintivamente como pastor. Já me entendem: esse padre ascético, esse aparente inimigo da vida, esse *negador*—faz parte, precisamente, das grandíssimas forças *conservadoras* e *criadoras-de-sim* da vida... [...]

15

[...] O padre ascético tem de valer para nós como o predestinado salvador, pastor e advogado do rebanho doente: somente assim entendemos sua descomunal missão histórica. *A dominação sobre sofredores* é seu reino, a ela o encaminha seu instinto, nela ele tem sua arte mais própria, sua maestria, sua espécie de felicidade. Ele próprio tem de ser doente, tem de ser aparentado desde o fundamento aos doentes e enjeitados, para entendê-los — para se entender com eles; mas tem também de ser forte, mais senhor ainda sobre si do que sobre os outros, ileso, em especial, em sua vontade de potência, para ter a confiança e o medo dos doentes, para poder ser para eles amparo, resistência, esteio, coação, mestre de disciplina, tirano, Deus. Tem de defendê-lo, ao seu rebanho — contra quem? Contra os sadios, não há dúvida nenhuma, e também contra a inveja aos sadios; tem de ser o oponente e *desdenhador* de toda tosca, tempestuosa, desenfreada, dura, violenta saúde e potencialidade de animal de rapina. O padre é a primeira forma do animal *mais delicado*, que ainda mais facilmente despreza do que odeia. Não lhe será poupado fazer guerra aos animais de rapina, uma guerra mais de ardil (de "espírito") do que de violência, como se entende por si — para isso, ele necessitará, em certas circunstâncias, quase de formar em si um novo tipo de animal de rapina, ou pelo menos de *significá-lo* — uma nova terribilidade animal, na qual o urso polar, o flexível, frio, expectante gato selvagem, e não menos a raposa, aparecem ligados em uma unidade tão atraente quanto amedrontadora. Suposto que a necessidade o force, ele bem que aparece então com uma seriedade de urso, respeitável, esperto, frio, enganadoramente-superior, como arauto e porta-voz de poderes mais misteriosos, em meio à outra espécie de animais de rapina, decidido a semear, sobre este chão, sofrimento, discórdia, autocontradição, onde puder, e, seguro até demais de sua arte, tornar-se toda vez senhor sobre *sofredores*. Ele traz unguento e bálsamo consigo, não há dúvida nenhuma; mas primeiro necessita ferir para depois ser médico; quando, em seguida, aquieta a dor que a ferida causa, *ele envenena ao mesmo tempo a ferida* — pois disso sobretudo ele entende, esse feiticeiro e domador de animais de rapina, ao redor do qual todo sadio se torna necessariamente doente e todo doente necessariamente manso. [...]

23

O ideal ascético não corrompeu somente a saúde e o gosto, corrompeu ainda uma terceira coisa, uma quarta e uma quinta, uma sexta — eu me guardarei de dizer tudo *o quê* (quando chegaria ao fim!). Não é o que esse ideal *efetuou* que deve aqui ser posto à luz por mim; mas única e exclusivamente o que ele *significa*, o que ele deixa adivinhar, o que, por trás dele, sob ele, nele, está escondido, aquilo de que ele é a provisória, indistinta expressão, carregada de pontos de interrogação e de mal-entendidos. E somente em vista *deste* fim eu não podia poupar a meus leitores um olhar à monstruosidade de seus efeitos, mesmo de seus efeitos fatais: ou seja, para prepará-los para o último e mais terrível aspecto que a pergunta pela significação desse ideal tem para mim. O que significa justamente a *potência* desse ideal, a *monstruosidade* de sua potência? Por que lhe foi dado espaço nessa medida? por que não lhe foi oposta melhor resistência? O ideal ascético exprime uma vontade: *onde* está a vontade adversária, em que se exprimiria um *ideal adversário*? O ideal ascético tem um *alvo* — este é universal o bastante para que todos os demais interesses da existência humana, medidos a ele, apareçam mesquinhos e estreitos; ele interpreta tempos, povos, homens, inexoravelmente em direção a esse alvo único, não deixa valer nenhuma outra interpretação, nenhum outro alvo, reprova, renega, afirma, confirma somente no sentido de *sua* interpretação (— houve alguma vez um sistema de interpretação mais pensado até o fim?); ele não se submete a nenhuma potência, acredita, em vez disso, em sua prerrogativa diante de toda potência, em sua incondicional *distância hierárquica* em vista de toda potência — acredita que nada de potência sobre a terra está aí que não tenha primeiro de receber dele um sentido, um direito a estar-aí, um valor, como instrumento para *sua* obra, como caminho e meio para *seu* alvo, para um alvo único... Onde está o *reverso* desse sistema fechado de vontade, alvo e interpretação? Por que *falta o* reverso? Onde está o *outro* "alvo único"?... Mas me dizem que este *não* falta, que ele não somente combateu um longo e feliz combate com esse ideal, mas, muito mais, que em todas as coisas principais já se tornou senhor sobre esse ideal: nossa inteira *ciência* moderna é o testemunho disso — essa ciência moderna que, sendo propriamente uma filosofia-da-efetividade, pelo visto acredita somente em si própria, pelo visto possui a coragem de ser ela mesma, a vontade de ser ela mesma, e se saiu bastante bem até agora sem Deus, sem além e sem virtudes negadoras. No entanto, com tal alarido e tagarelice de agitadores não se consegue nada comigo: esses corneteiros da efetividade são maus musicistas, suas vozes, bastante audivelmente, *não* vêm da profundeza, neles *não* fala o abismo da consciência científica — pois hoje a consciência científica é um abismo —, a palavra "ciência", nessas bocarras de corneteiro, é simplesmente uma indisciplina, um abuso, uma sem-vergonhice. Precisamente o contrário do que é afirmado aqui é a verdade: a ciência não tem hoje simplesmente *nenhuma* crença em si, sem falar de um ideal *sobre* si — e onde ela é ainda, em geral, paixão, amor, brasa, *sofrimento*, ali ela não é o oposto daquele ideal ascético, mas antes *sua própria forma mais jovem e mais nobre*. Isso vos soa estranho?... Há, decerto, bastante povo bravo e modesto de trabalhadores, também entre os eruditos de hoje, que gosta de seu cantinho e que, porque gosta de estar ali, às vezes eleva a voz um pouco imodestamente, com a exigência de que, em geral, se *deva* hoje estar satisfeito — haveria ali, precisamente, tanto de útil para fazer. Eu não contradigo; o que eu menos gostaria seria de corromper o prazer desses honrados trabalhadores com seu ofício: pois eu me alegro com seu trabalho. Mas, se agora na ciência se trabalha com rigor, e se há trabalhadores satisfeitos, com isso *não* está provado de modo nenhum que a ciência como todo tenha hoje um alvo, uma vontade, um ideal, uma paixão da grande crença. O contrário, como foi dito, é o caso: onde ela não é o mais jovem fenômeno do ideal ascético — trata-se então de casos raros, nobres, seletos demais, para que com isso o juízo pudesse ser vergado —, a ciência é hoje um *esconderijo* para toda espécie de desânimo, descrença, verme corrosivo, *despectio sui*, má consciência — ela é a própria *intranquilidade* da ausência de ideal, o sofrimento com a *falta* do grande amor, a insatisfação de uma *involuntária* frugalidade.[22] Oh, tudo o que não esconde hoje a ciência! quanto, pelo menos, deve ela esconder! A competência de nossos melhores eruditos, sua irrefletida diligência, sua cabeça dia e noite fumegante, sua própria maestria do ofício — quantas vezes tudo isso tem seu sentido próprio em tornar invisível para si mesmo alguma coisa! A ciência como meio de autoensurdecimento: *conheceis isso?*... Nós a magoamos — todo aquele que anda com eruditos o experimenta — às vezes com uma inofensiva palavra, até os ossos, nós exasperamos nossos amigos eruditos contra nós, no instante em que pensamos honrá-los, nós os tiramos de sua compostura, meramente porque somos grosseiros demais para adivinhar com quem propriamente estamos tratando, com *sofredores*, que não querem confessar a si mesmos o que são, com ensurdecidos e irrefletidos, que só temem uma coisa: *chegar à consciência*.

24

E agora vejamos, em contrapartida, aqueles casos mais raros de que falei, os últimos idealistas que há hoje entre filósofos e eruditos: temos neles, talvez, os *adversários* procurados do ideal ascético, seus *contraidealistas?* De fato, eles se *acreditam* como tais, esses "descrentes" (pois isso todos eles são); parece precisamente que isso é seu último pedaço de crença, serem adversários desse ideal, de tão sérios que são nesse ponto, de tão apaixonada que se torna, precisamente ali, sua palavra, seus gestos: — precisaria por isso já ser *verdadeiro* o que eles acreditam?... Nós "conhecedores" ficamos com o tempo desconfiados de toda espécie de crentes; nossa desconfiança

---

22 "Insatisfação", "frugalidade": *Ungenügen, Genugsamkeit*. Ambas as palavras formadas a partir de *genug* (bastante), por uma diferenciação curiosa de sentido: por um lado, o "não bastar", a insuficiência, e, por extensão, o descontentamento; por outro, "o que se basta com pouco" (*genugsam*), o fácil de contentar, o frugal, e, qualidade dele, sua *Genugsamkeit*. (N.T.)

pouco a pouco nos exercitou em concluir o inverso do que desde sempre se concluiu; ou seja, por toda parte onde a força de uma crença aparece muito em primeiro plano, concluir por uma certa fraqueza da demonstrabilidade, por *inverossimilhança* mesmo do acreditado. Também não negamos que a crença "torna venturoso":[23] *justamente por isso* negamos que a crença *demonstre* algo — uma crença mais forte, que torna venturoso, é uma suspeição contra aquilo em que ela acredita, não funda "verdade", funda uma certa verossimilhança — do *engano*. Como é, então, neste caso? — Esses negadores e apóstatas de hoje, esses incondicionais em uma única coisa, na pretensão a asseio intelectual, esses duros, rigorosos, continentes, heroicos espíritos, que constituem a honra de nosso tempo, todos esses pálidos ateístas, anticristos, imoralistas, niilistas, esses céticos, efécticos, *hécticos* do espírito (isto são todos eles, em conjunto e em particular, em algum sentido), estes últimos idealistas do conhecimento, somente nos quais a consciência intelectual hoje mora e tomou corpo — acreditam-se, de fato, tão livrados quanto possível do ideal ascético, esses "espíritos livres, *muito* livres": e, no entanto, que eu lhes denuncie o que eles mesmos não podem ver — pois estão perto demais —: esse ideal é precisamente também *seu* ideal, eles mesmos o representam hoje, e mais ninguém talvez, eles mesmos são seu rebento espiritualizado, seu mais avançado carro guerreiro e anunciador, sua mais cativante, mais delicada, mais impalpável forma de sedução: — se em algum ponto sou decifrador de enigmas, quero sê-lo com *essa* proposição!... Esses ainda estão longe de serem espíritos *livres*: *pois acreditam ainda na verdade*... Quando os cruzados cristãos, no Oriente, toparam com aquela invencível Ordem dos Assassinos,[24] aquela ordem de espíritos livres *par excellence*, cujos graus mais baixos viviam em uma obediência tal, como nenhuma ordem monástica alcançou igual, receberam por alguma via também um indício sobre aquele símbolo e aquela palavra-escudo que somente nos graus superiores, como seu *secretum*, era conservada: "Nada é verdadeiro, tudo é permitido"... Pois bem, *isso* era *liberdade* de espírito, com isso, à verdade mesma era *retirada* a crença... Será que já alguma vez um livre--espírito europeu, cristão, se perdeu nessa proposição e em suas labirínticas consequências? conhece ele o Minotauro dessa caverna *por experiência*?... Duvido; mais ainda, sei que é de outro modo: — nada, para esses incon-

---

23 *Selig machen* — referência à "bem-aventurança" da doutrina cristã, mas também duplo sentido com a expressão usada para significar "embevecer", "abobalhar": mesma raiz do inglês *silly*. (N.T.)
24 Assassinos ou Ismailianos, ordem ou seita muçulmana fundada na Pérsia, por volta do ano 1000, por Hassam-ibn-Sabbat ("o Velho da Montanha"), e célebre na época das cruzadas: os membros subordinados, ao menor aceno dos chefes, apunhalavam as vítimas que haviam sido previamente marcadas. Agiam, supostamente, sob o efeito do haxixe ou *haschischi*; daí seu nome, inicialmente, *haschischin*. (N.T.)

dicionais em uma única coisa, para esses *assim chamados* "espíritos livres", é mais estrangeiro do que liberdade e desacorrentamento naquele sentido, em nenhum aspecto estão mais firmemente ligados; na crença na verdade, precisamente, eles são firmes e incondicionais, como ninguém mais. Conheço isso tudo, talvez demasiado de perto: aquela respeitável continência de filósofos, a que uma tal crença obriga, aquele estoicismo do intelecto, que por último se proíbe o não com o mesmo rigor que o sim, aquele *querer* deter-se diante do fatual, do *factum brutum*, aquele fatalismo dos *"petits faits"* (*ce petit faitalisme*, como eu o chamo), em que a ciência francesa procura agora uma espécie de prioridade moral sobre a alemã, aquela renúncia à interpretação em geral (ao violentar, ajustar, encurtar, deixar de lado, inflar, ficcionar, falsear e tudo o mais que pertence à *essência* de todo interpretar) — exprime, *grosso modo*, o ascetismo da virtude, tão bem quanto qualquer negação da sensibilidade (é, no fundo, apenas uma modalidade dessa negação). O que, porém, *coage* a isso, àquela incondicional vontade de verdade, é a *crença no próprio ideal ascético*, mesmo que como seu imperativo inconsciente, que ninguém se iluda sobre isso — é a crença em um valor *metafísico*, em um valor *em si da verdade*, tal como somente naquele ideal está garantida e credenciada (permanece e parece com aquele ideal). Não há, a julgar rigorosamente, nenhuma ciência "sem pressuposto", o pensamento de uma tal ciência é impensável, é paralógico: uma filosofia, uma "crença", tem sempre antes de estar aí, para que, a partir dela, a ciência ganhe uma direção, um sentido, um limite, um método, um *direito* a estar aí, à existência. (Quem o entende inversamente, quem, por exemplo, se propõe a pôr a filosofia "sobre rigoroso fundamento científico", precisa antes pôr, não somente a filosofia, mas também a própria verdade de *cabeça para baixo*: o mais grave atentado à decência que se pode cometer contra duas tão respeitáveis donzelas!) Sim, não há dúvida nenhuma — e, com isso, passo a palavra a minha *A gaia ciência*, cf. seu Livro V, aforismo 344: — "O verídico, naquele sentido temerário e último, como o pressupõe a crença na ciência, *afirma com isso um outro mundo* do que o da vida, da natureza e da história; e, na medida em que afirma esse 'outro mundo', como? não precisa justamente com isso... negar seu reverso, este mundo, o *nosso* mundo?... [...] É sempre ainda sobre uma *crença metafísica* que repousa nossa crença na ciência — [...] também nós, conhecedores de hoje, nós os sem-Deus e os antimetafísicos, também nosso fogo, nós o tiramos ainda da fogueira que uma crença milenar acendeu, aquela crença cristã, que era também a crença de Platão, de que Deus é a verdade, de que a verdade é *divina*... Mas, e se precisamente isso se tornar cada vez mais desacreditado, se nada mais se demonstrar como divino, que não seja o erro, a cegueira, a mentira — se

Deus mesmo se demonstrar como nossa *mais longa mentira*?"[25] — Nesta passagem, é preciso fazer alto e meditar longamente. A própria ciência *precisa* doravante de uma justificação (com isso, nem sequer é dito ainda que há para ela uma tal justificação). Vejam-se, quanto a essa pergunta, as mais antigas e as mais jovens filosofias: em todas elas falta uma consciência sobre em que medida a vontade de verdade mesma precisa antes de uma justificação; aqui *há* uma lacuna em cada filosofia — de onde vem isso? É que o ideal ascético foi até agora *senhor* sobre toda filosofia, é que a verdade foi posta como ser, como Deus, como instância mais alta mesmo, é que a verdade não *podia* de modo nenhum ser problema. Entende-se este "podia"? — Desde o instante em que a crença no Deus do ideal ascético é negada, *há também um novo problema*: o do *valor* da verdade. — A vontade de verdade precisa de uma crítica — determinemos com isso nossa própria tarefa —, o valor da verdade deve alguma vez, experimentalmente, ser *posto em questão*... (A quem isto parece dito com demasiada concisão, seja recomendado reler aquele capítulo de *A gaia ciência* que leva o título: "Em que medida nós também somos devotos ainda", aforismo 344, ou, melhor ainda, todo o Livro V da obra citada, assim como o Prefácio da *Aurora*.)

25
Não! Que ninguém me venha com a ciência quando eu procuro pelo antagonista natural do ideal ascético, quando eu pergunto: "onde está a vontade adversária, em que se exprime seu *ideal adversário*?". Para isso, a ciência está longe de repousar o bastante sobre si mesma, precisa antes, sob todos os aspectos, de um ideal de valor, de uma potência criadora de valores, a *serviço* da qual ela *pode acreditar* em si própria — ela mesma nunca é criadora de valores. Sua relação com o ideal ascético, em si, não é ainda, de modo nenhum, antagonística; ela chega a representar ainda, no principal, a força propulsora de sua configuração interna. Sua contradição e combate não se referem, examinados mais finamente, de modo nenhum ao ideal mesmo, mas somente a seus contrafortes, revestimento, jogo de máscaras, a seu ocasional endurecimento, petrificação, dogmatização — ela torna a vida que está nele outra vez livre, ao negar nele o exotérico. Ambos, ciência e ideal ascético, pisam, aliás, sobre um único chão — já o dei a entender —: ou seja, sobre a mesma superestimação da verdade (mais corretamente: sobre a mesma crença na *in*estimabilidade, *in*criticabilidade da verdade), justamente por isso são *necessariamente* aliados — de tal modo que, suposto que

---

25 O aforismo citado está nesta coletânea. Como de hábito, o texto é transcrito com ligeiras alterações, em pontos acessórios. (N.T.)

são combatidos, só podem sempre ser combatidos e postos em questão em comum. Uma avaliação do ideal ascético traz inevitavelmente consigo uma avaliação da ciência: para isso, tenham-se a tempo os olhos acesos, as orelhas em pé! (A *arte*, para dizê-lo de antemão, pois voltarei alguma vez mais longamente sobre isso — a arte, em que precisamente a *mentira* se santifica, a *vontade de engano* tem a boa consciência do seu lado, contrapõe-se muito mais fundamentalmente ao ideal ascético do que a ciência: assim o sentiu o instinto de Platão, esse grande inimigo da arte, o maior que a Europa até hoje produziu. Platão *contra* Homero: eis o inteiro, o genuíno antagonismo — de um lado, o "partidário do além"[26] de melhor vontade, o grande caluniador da vida, do outro, o involuntário divinizador da vida, a natureza *de ouro*. Uma servilidade de artista a serviço do ideal ascético é, por isso, a mais própria *corrupção* do artista que pode haver, infelizmente uma das mais comuns: pois nada é mais corruptível do que um artista.) Também do ponto de vista fisiológico, a ciência repousa sobre o mesmo chão que o ideal ascético: um certo *empobrecimento da vida* é, aqui como lá, o pressuposto — as emoções tornadas frias, o tempo tornado lento, a dialética no lugar do instinto, a *seriedade* impressa nos rostos e gestos (a seriedade, esse sinal inconfundível do metabolismo mais laborioso, da vida que luta, que trabalha mais pesado). Vejam-se os tempos de um povo em que o erudito passa ao primeiro plano: são tempos de cansaço, muitas vezes de anoitecer, de ocaso — a força transbordante, a certeza de vida, a certeza de *futuro* se foram. A preponderância do mandarim nunca significa algo de bom: como tampouco o surto da democracia, do tribunal de paz em lugar da guerra, da igualdade de direito das mulheres, da religião da compaixão e de tudo o mais que há de sintomas de vida que afunda. (Ciência tomada como problema; o que significa ciência? — cf. sobre isso o Prefácio de *O nascimento da tragédia*.) — Não! essa "ciência moderna" — basta abrir vossos olhos! — é por enquanto a *melhor* aliada do ideal ascético, e precisamente por ser a mais inconsciente, a mais involuntária, a mais secreta e subterrânea! Até agora jogaram um único jogo os "pobres de espírito" e os oponentes científicos desse ideal (guardemo-nos, dito de passagem, de pensar que são seu oposto, algo como os *ricos* de espírito: — isso eles *não* são, eu os denominei os hécticos do espírito). Essas célebres *vitórias* destes últimos: indubitavelmente, são vitórias — mas sobre o quê? O ideal ascético de modo nenhum foi vencido nelas, antes se tornou mais forte, ou seja, mais impalpável, mais

---

26 Substantivando o adjetivo *jenseitig* ("que está do outro lado", "referente ao além"), Nietzsche cria aqui a expressão *der "Jenseitige"*, para referir-se a Platão. A alusão é clara, seja a uma adesão partidária, ou mesmo a um título de cidadania, vinculado ao Além (*jenseits*). (N.T.)

espiritual, mais cativante, pois sempre uma muralha, um contraforte que se edificara diante dele e tornava *grosseiro* seu aspecto, era outra vez, por parte da ciência, impiedosamente desfeito, destroçado. Pensa-se, de fato, que porventura a derrubada da astrologia teológica signifique uma derrubada daquele ideal?... Quem sabe o homem ficou *menos necessitado* de uma solução no além para seu enigma da existência porque essa existência aparece desde então ainda mais arbitrária, mais confinada, mais dispensável na ordem *visível* das coisas? Não *está* precisamente o autoapequenamento do homem, sua *vontade* de autoapequenamento, desde Copérnico, em um incessante progresso? Ai, a crença em sua dignidade, unicidade, insubstituibilidade na hierarquia dos seres se foi—ele se tornou *animal*, animal sem alegoria, restrição e reserva, ele que, em sua crença anterior, era quase Deus ("filho de Deus", "homem-Deus")... Desde Copérnico, o homem parece ter caído em um plano inclinado—agora rola cada vez mais depressa, afastando-se do centro—para onde? para o nada? para o *"perfurante* sentimento de seu nada"?... Pois bem! Esse justamente seria o caminho reto—para o *velho* ideal?... *Toda* ciência (e de modo nenhum somente a astronomia, sobre cujo humilhante e rebaixador efeito Kant fez uma confissão digna de nota, "ela anula minha importância"...²⁷), toda ciência, tanto a natural quanto a *desnaturada*—chamo assim a autocrítica do conhecimento—, tende hoje a dissuadir o homem do apreço²⁸ que teve até agora por si, como se este nada mais tivesse sido do que uma bizarra vaidade; poder-se-ia até mesmo dizer que ele tem seu próprio orgulho, sua própria forma acre de ataraxia estoica, esse laboriosamente conquistado *autodesprezo* do homem, como sua última, mais séria pretensão de manter em pé o apreço por si mesmo (com razão, de fato: pois aquele que despreza é sempre alguém que "não desaprendeu o prezar"...). Com isso, propriamente, se *trabalha contra* o ideal ascético? Pensa-se ainda efetivamente, com toda seriedade (como os teólogos imaginam por um certo tempo), que porventura a vitória de Kant sobre a dogmática conceitual da teologia ("Deus", "alma", "liberdade", "imortalidade") tenha feito dano àquele ideal? — quanto a isto, por enquanto, não deve nos importar se o próprio Kant sequer tinha em mente semelhante propósito. O

---

27 Referência ao célebre texto com que Kant concluiu a *Crítica da razão prática*: "Duas coisas enchem a mente de admiração e veneração, quanto maior a frequência e a aplicação com que a reflexão se ocupa com elas: *o céu estrelado* sobre *mim e a lei moral em mim*. [...] O primeiro espetáculo, de uma inumerável multidão de mundos, como que anula minha importância de *criatura animal* que tem de devolver ao planeta (um mero ponto no universo) a matéria de que foi feita, depois de ter sido dotada por um curto tempo (não se sabe como) de força vital". (N.T.)

28 *Achtung*, que habitualmente se traduz por "respeito", "consideração" (mas também pode significar: "atenção!", "cuidado!"). A tradução escolhida visa a manter o paralelismo com *Verachtung* ("desprezo"), e acentuar sua origem comum no verbo *achten* ("prezar"). (N.T.)

certo é que os transcendentalistas de toda espécie, desde Kant, ganharam outra vez o jogo — estão emancipados dos teólogos: que felicidade! —, ele lhes denunciou aquele caminho dissimulado, pelo qual doravante podem seguir de próprio punho e com a melhor decência científica os "desejos de seu coração". Do mesmo modo: quem poderia doravante censurar os agnósticos se eles, como os veneradores do desconhecido e misterioso em si, adoram agora *o ponto de interrogação mesmo* como Deus? (Xaver Doudan[29] fala uma vez dos *ravages* que "*l'habitude d'*admirer *l'inintelligible au lieu de rester tout simplement dans l'inconnu*"[30] provocou; ele é de opinião que os antigos teriam prescindido disso.) Suposto que tudo o que o homem "conhece" não satisfaça a seus desejos, mas antes os contradiga e provoque arrepio, que divino refúgio poder procurar pela culpa disso, não no "desejar", mas no "conhecer"!... "Não há nenhum conhecer: *consequentemente* — há um Deus": que nova *elegantia syllogismi*! que *triunfo* do ideal ascético!

27

— Basta! Basta! Deixemos essas curiosidades e complexidades do espírito moderníssimo, em que há tanta matéria para o riso quanto para o dissabor: precisamente *nosso* problema pode prescindir delas, o problema da *significação* do ideal ascético — o que tem ele a ver com ontem e hoje! Aquelas coisas serão abordadas por mim em um outro contexto com mais radicalidade e dureza (sob o título "Para a história do niilismo europeu"; remeto, para isso, a uma obra que estou preparando: *"A vontade de potência". Ensaio de uma transvaloração de todos os valores*). O que somente me interessa ter indicado aqui é isto: o ideal ascético, mesmo na esfera mais espiritual, continua tendo, por enquanto, apenas uma única espécie de efetivos inimigos e *danificadores*: são os comediantes desse ideal — pois despertam desconfiança. Por toda parte, de resto, onde o espírito está hoje em obra, com rigor, com potências e sem falsificação de moeda, ele se abstém agora de ideal em geral — a expressão popular para essa abstinência é "ateísmo" —: isso *sem contar sua vontade de verdade*. Essa vontade, porém, esse *resíduo* de ideal, é, se me quiserem acreditar, aquele ideal mesmo, em sua mais rigorosa, mais espiritual formulação, esotérica de cabo a rabo, despida de todo contraforte e, com isso, não tanto seu resíduo quanto sua medula. O incondicional, leal ateísmo (— e é somente *seu* ar que *nós* respiramos, nós, os homens mais espirituais desta época!) *não* está em oposição àquele ideal na medida em

---

29 Escritor francês (1800-1872), autor de *Mélanges et lettres*. (N.T.)
30 *Ravages*: destruições, devastações. "O hábito de admirar o ininteligível em vez de permanecer simplesmente no desconhecido". (N.E.)

que parece; é, em vez disso, somente uma de suas últimas fases de desenvolvimento, uma de suas formas de concluir e coerências internas — é a catástrofe,[31] que impõe respeito e temor, de uma disciplina de dois milênios para a verdade, que em conclusão se proíbe a mentira da *crença em Deus*. (A mesma marcha de desenvolvimento nas Índias, em completa independência e, por isso mesmo, demonstrando algo; o mesmo ideal coagindo a igual conclusão; o ponto decisivo alcançado cinco séculos antes da contagem de tempo europeia, com Buda e, mais exatamente: já com a filosofia *sankhya*,[32] esta em seguida popularizada por Buda e convertida em religião). *O que*, perguntado em todo rigor, *triunfou* propriamente sobre o Deus cristão? A resposta está em minha *A gaia ciência*, aforismo 357: "A própria moralidade cristã, o conceito de veracidade, tomado cada vez mais rigorosamente, o refinamento de confessores da consciência cristã, traduzido e sublimado em consciência científica, em asseio intelectual a qualquer preço. Considerar a natureza como se ela fosse uma prova da bondade e custódia de Deus; interpretar a história em honra de uma razão divina, como constante testemunho de uma ordenação ética do mundo com intenções finais éticas; interpretar as próprias vivências, como a interpretavam há bastante tempo homens devotos, como se tudo fosse providência, tudo fosse aviso, tudo fosse inventado e ajustado por amor da salvação da alma: isso agora *passou*, isso tem *contra* si a consciência, isso, para toda consciência mais refinada, passa por indecoroso, desonesto, por mentira, efeminamento, fraqueza, covardia — é por esse rigor, se é que é por alguma coisa, que somos justamente *bons europeus* e herdeiros da mais longa e mais corajosa autossuperação da Europa".[33] [...] Todas as grandes coisas vão ao fundo por si mesmas, por um ato de autossupressão: assim o quer a lei da vida, a lei da *necessária* autossuperação que está na essência da vida — sempre este chamado alcança por último o próprio legislador: *patere legem, quam ipse tulisti*.[34] Dessa forma, o cristianismo *como dogma* foi ao fundo por sua própria moral; dessa forma, também o cristianismo *como moral* tem ainda de ir ao fundo — estamos no limiar *desse* acontecimento. Depois que a veracidade cristã tirou uma conclusão depois da outra, ela tira, no fim, sua *mais forte conclusão*, sua conclusão *contra* si mesma; isso, porém, acontece quando ela coloca a questão

---

31 Nietzsche, que foi tão longe na filologia grega, toma aqui como óbvio o sentido original que tem em grego a palavra "catástrofe", ou seja, *reviravolta*. No Prefácio da *Aurora*, é à figura do *escorpião encalacrado* que Nietzsche recorre ainda para falar dessa "catastrófica" autodestruição. (N.T.)
32 A referência histórica é exata. Foi Kapila o fundador da filosofia *sankhya*, um dos seis sistemas da filosofia bramânica, tido como "materialista". (N.T.)
33 O aforismo citado também está incluído, parcialmente, nessa coletânea. A única modificação é que, onde está "*bons europeus*", somente a palavra "*bons*" vinha grifada no original. (N.T.)
34 "Aguenta a lei que tu mesmo fizeste." (N.E.)

"*o que significa toda vontade de verdade?*"... E aqui toco outra vez em meu problema, em nosso problema, meus amigos *desconhecidos* (— pois ainda não *sei* de nenhum amigo); que sentido teria nosso ser inteiro, se não o de que, em nós, aquela vontade de verdade teria tomado consciência de si mesma *como problema*?... Nesse tomar-consciência-de-si da vontade de verdade vai de agora em diante — disso não há dúvida nenhuma — a moral *ao fundo*: aquele grande espetáculo em cem atos, que está reservado para os próximos dois séculos da Europa, o mais terrível, mais problemático e, talvez, também o mais rico de esperanças de todos os espetáculos...

28

Que se desconte o ideal ascético: e o homem, o *animal* homem, não teve, até agora, nenhum sentido. Sua existência sobre a terra *não* conteve nenhum alvo: "para que em geral homem?" — era uma pergunta sem resposta; a *vontade* de homem e terra faltava; por trás de cada grande destino humano soava como refrão um ainda maior "Em vão!". *Isto* justamente significa o ideal ascético: que algo *faltava*, que uma descomunal *lacuna* circundava o homem — ele *não* sabia justificar a si mesmo, explicar-se, afirmar-se, ele *sofria* do problema de seu sentido. Ele sofria também do resto, ele era, no principal, um animal *doente*: mas *não* era o sofrer mesmo seu problema, e sim faltar-lhe resposta para o grito da pergunta: *"para que* sofrer?". O homem, o mais bravo e mais habituado ao sofrimento dentre os animais, *não* nega em si o sofrer; ele o *quer*, ele o procura mesmo, pressuposto que lhe indiquem um *sentido* para isso, um *para-quê* do sofrimento. A ausência de sentido do sofrer, *não* o sofrer, era a maldição que até agora esteve estendida sobre a humanidade — e *o ideal ascético lhe ofereceu um sentido*! Foi até agora o único sentido; qualquer sentido é melhor do que nenhum sentido; o ideal ascético era, sob todos os aspectos, o "*faute de mieux*" *par excellence* que houve até agora. Nele o sofrimento era *interpretado*; o descomunal vazio parecia preenchido; a porta se fechava a todo niilismo suicida. A interpretação — não há dúvida nenhuma — trouxe novo sofrimento consigo, mais profundo, mais íntimo, mais corrosivo da vida: pôs todo sofrimento sob a perspectiva da *culpa*... Mas a despeito disso tudo — o homem estava *salvo*, tinha um *sentido*, não era mais, daí em diante, como uma folha ao vento, uma bola jogada pela insensatez, pelo "sem-sentido", podia doravante *querer* algo — e era indiferente, de imediato, para onde, para quê, com quê ele queria: *a vontade mesma estava salva*. Simplesmente *não* é possível esconder *o que* propriamente exprime esse querer inteiro, que recebeu do ideal ascético sua orientação: esse ódio contra o humano, mais ainda contra o animal, mais ainda contra o material, essa repulsa aos sentidos, à razão mesma, o medo da felicidade e da beleza, esse anseio por afastar-se de toda aparência, mudança, vir-a-ser, morte, desejo, anseio mesmo — tudo isso significa, ousemos compreendê-lo, uma *vontade de nada*, uma má-vontade contra a vida, uma rebelião contra os mais fundamentais pressupostos da vida, mas é e permanece uma *vontade*!... E, para ainda em conclusão dizer aquilo que eu dizia no início: o homem prefere ainda querer o *nada* a *não* querer...

CREPÚSCULO DOS ÍDOLOS*
OU COMO FILOSOFAR COM O MARTELO
1888

---

*O título é uma paródia e um trocadilho. Wagner encenara a ópera *Götterdämmerung* (Crepúsculo dos deuses), que Nietzsche distorce e caricatura, pela simples troca de duas letras: *Götzen-Dämmerung*. Os deuses mesmo, já dissera Zaratustra, não passaram por um crepúsculo: morreram de rir (III parte, "Dos renegados"). O sentido latente de *Götzen-Hämmerung*, levando mais longe o jogo de palavras (ou seja: *martelamento dos ídolos*), não é improvável: na correspondência, Nietzsche sugere a um provável tradutor francês a fórmula *Marteau des idoles*. (N.T.)

O PROBLEMA DE SÓCRATES

2

A mim mesmo, essa irreverência de pensar que os grandes sábios são *tipos de declínio* ocorreu pela primeira vez precisamente em um caso em que mais fortemente os preconceitos erudito e não erudito se contrapõem a ela: reconheci Sócrates e Platão como sintomas de caducidade, como instrumentos da dissolução grega, como pseudogregos, como antigregos (*Nascimento da tragédia*, 1872). Aquele *consensus sapientium*—isto eu compreendia cada vez melhor—é o que menos prova que tinham razão naquilo sobre o que concordavam: prova, muito mais, que eles próprios, esses sábios dos sábios, concordavam *fisiologicamente* em algum ponto, para, de igual maneira, se colocarem negativamente ante a vida, e *terem de* se colocar assim. Juízos, juízos de valor sobre a vida, pró ou contra, nunca podem, em definitivo, ser verdadeiros: só têm valor como sintomas, só como sintomas entram em consideração—em si, tais juízos são estupidez. É preciso estender os dedos, completamente, nessa direção e fazer o ensaio de captar essa assombrosa *finesse*—*de que o valor da vida não pode ser avaliado*. Por um vivente não, porque este é parte interessada, e até mesmo objeto de litígio, e não juiz; por um morto não, por uma outra razão. — Da parte de um filósofo, ver no *valor* da vida um problema permanece, dessa forma, até mesmo uma objeção contra ele, um ponto de interrogação diante de sua sabedoria, uma falta de sabedoria.— Como? e todos esses grandes sábios—não seriam apenas *décadents*, não teriam sequer sido sábios?—Mas volto ao problema de Sócrates.

7

— É a ironia de Sócrates uma expressão de revolta? De ressentimento plebeu? Frui ele, como oprimido, de sua própria ferocidade nas facadas do silogismo? *Vinga-se* dos nobres, que ele fascina?—Tem-se, quando se é dialético, um impiedoso instrumento na mão; pode-se, com ele, fazer-se tirano; põe-se a nu aqueles que se vence. O dialético deixa para seu adversário o ônus de provar que não é um idiota: enfurece, e ao mesmo tempo desampara. O dialético *despotencia* o intelecto de seu adversário.
— Como? É a dialética apenas uma forma de *vingança*, em Sócrates?

9

Mas Sócrates adivinhou mais ainda. Viu o que estava *por trás* de seus atenienses nobres; compreendeu que *seu* caso, a idiossincrasia de seu caso, já não era mais um caso excepcional. A mesma espécie de degenerescência se preparava por toda parte em silêncio: a velha Atenas caminhava para o fim.—E

Sócrates entendeu que todo o mundo *necessitava* dele — de seu remédio,[1] sua cura, seu artifício pessoal de autoconservação... Por toda parte, os instintos em anarquia; por toda parte, se estava a cinco passos do excesso: o *monstrum in animo* era o perigo geral. "Os impulsos querem fazer-se tiranos; temos de inventar um *contratirano* que seja mais forte..." Quando aquele fisionomista[2] revelara a Sócrates quem ele era, um antro de maus apetites, o grande ironista deixou escapar uma palavra, que dá a chave para entendê-lo. "Isso é verdade", disse ele, "mas eu me tornei senhor sobre todos eles."[3] Como se tornou Sócrates senhor sobre *si*? — Seu caso era, no fundo, apenas o caso extremo, aquele que mais saltava aos olhos, *daquilo* que naquele tempo começava a se tornar a indigência geral: que ninguém mais era senhor sobre si, que os instintos se voltavam uns *contra* os outros. Ele fascinava por ser este caso extremo — sua amedrontadora feiura enunciava esse caso para cada olho: ele fascinava ainda mais fortemente, como é fácil entender, como resposta, como solução, como aparência de *cura* para esse caso.

11

Dei a entender com o que Sócrates fascinava: ele parecia ser um médico, um salvador. É necessário indicar ainda o erro que havia em sua crença na "racionalidade a todo preço"? — É um autoengano dos filósofos e moralistas pensar que já saem da *décadence* ao fazer guerra contra ela. O sair está fora de sua força: mesmo aquilo que escolhem como remédio, como salvação, é apenas, outra vez, uma expressão de *décadence* — eles *alteram* sua expressão, não a eliminam propriamente. Sócrates foi um mal-entendido; a *inteira moral-da-melhoria, também a cristã, foi um mal-entendido...*

A luz do dia mais crua, a racionalidade a todo preço, a vida clara, fria, cautelosa, consciente, sem instinto, oferecendo resistência aos instintos era, ela mesma, apenas uma doença, uma outra doença — e de modo nenhum um caminho de retorno à "virtude", à "saúde", à felicidade... *Ter de* combater os instintos — eis a fórmula para a *décadence*: enquanto a vida se intensifica, felicidade é igual a instinto.

---

1 Traduzimos *Mittel* ("meio", "expediente", "recurso") por "remédio" (quando se trata de drogas medicinais, a tradução que o texto requer é: "medicamento"). A palavra latina *remedium* é de igual formação (*medium*); o sentido também se mantém, quando se fala em remediar. (N.T.)
2 O trácio Zópiro, tido como inventor dos métodos fisionômicos. (N.T.)
3 Referência ao episódio contado por Cícero (*Tusculanas*, IV, 37, 80): "Em uma reunião, tendo Zópiro, que se vangloriava de conhecer a natureza de cada um por seus traços fisionômicos, atribuído a Sócrates muitos vícios, como se rissem os outros, que não haviam notado em Sócrates tais vícios, foi este mesmo que o defendeu, dizendo que tais vícios eram inatos nele, mas que os havia vencido graças à razão". Segundo o mesmo Cícero (*De destino*, V, 10), esses vícios eram "estúpido", "idiota" e "mulherengo". (N.T.)

A "RAZÃO" NA FILOSOFIA

5

— Contraponhamos a isso, afinal, de que modo diferente *nós* (— digo nós por cortesia...) captamos no olho o problema do erro e da aparência. Outrora se tomava a alteração, a mudança, o vir-a-ser em geral como prova de aparência, como signo de que tem de haver algo que nos induz ao erro. Hoje, inversamente, na exata medida em que o preconceito da razão nos coage a pôr unidade, identidade, duração, substância, causa, coisidade, ser, vemo-nos, de certo modo, enredados no erro, *necessitados* ao erro; tão seguros estamos, com fundamento em um cômputo rigoroso dentro de nós, *de que* aqui está o erro. Com isso, não é de outro modo, do que com os movimentos dos grandes astros — neles o erro tem nosso olho, aqui nossa *linguagem*, como constante advogado. A linguagem pertence, por sua origem, ao tempo da mais rudimentar forma de psicologia: entramos em um grosseiro fetichismo quando trazemos à consciência as pressuposições fundamentais da metafísica da linguagem, ou, dito em alemão, da razão. *Esse* vê por toda parte agente e ato: esse acredita em vontade como causa em geral; esse acredita no "eu", no eu como ser, no eu como substância, e *projeta* a crença da substância-eu sobre todas as coisas — somente com isso *cria* o conceito "coisa"... O ser é por toda parte pensado-junto, *introduzido sub-repticiamente*; somente da concepção "eu" se segue, como derivado, o conceito "ser"... No início, está a grande fatalidade do erro, de que a vontade é algo que *faz efeito* — de que a vontade é uma faculdade... Hoje sabemos que é meramente uma palavra... Muito mais tarde, em um mundo mil vezes mais esclarecido, a *segurança*, a *certeza* subjetiva na manipulação das categorias da razão, chegou, com surpresa, à consciência dos filósofos: concluíram que elas não poderiam provir da empiria — a empiria inteira, mesmo, está em contradição com elas. *De onde então provêm?*— E nas Índias como na Grécia se fez o igual equívoco: "É preciso que já alguma vez tenhamos habitado um mundo superior (— em lugar de: *um mundo inferior,* o que teria sido a verdade!) é preciso que tenhamos sido divinos, pois temos a razão!"... De fato, nada até agora teve uma *mais* ingênua força persuasiva do que o erro do ser, tal como foi, por exemplo, formulado pelos eleatas: pois esse erro tem a seu favor cada palavra, cada proposição que nós falamos! — Até mesmo os adversários dos eleatas sucumbiram à sedução de seu conceito-de-ser: Demócrito entre outros, quando inventou seu *átomo*... A "razão" na linguagem: oh, que velha, enganadora personagem feminina! Temo que não nos desvencilharemos de Deus, porque ainda acreditamos na gramática...

6

Vão me ficar agradecidos se eu condensar uma tão essencial, tão nova perspectiva em quatro teses: com isso, facilito o entendimento, com isso, promovo a contradição.

Primeira proposição. Os fundamentos, em vista dos quais "este" mundo foi designado como aparente, fundam, em vez disso, sua realidade — uma *outra* espécie de realidade é absolutamente indemonstrável.

Segunda proposição. Os signos característicos que se deram ao "verdadeiro ser" das coisas são os signos característicos do não ser, do *nada* — edificou-se o "verdadeiro mundo" a partir da contradição com o mundo efetivo: um mundo aparente de fato, na medida em que é uma ilusão *de ótica e de ética*.

Terceira proposição. Fabular sobre um "outro" mundo, que não este, não tem nenhum sentido, pressupondo que um instinto de calúnia, apequenamento, suspeição contra a vida, não tenha potência em nós: neste último caso, *vingamo-nos* da vida com a fantasmagoria de uma "outra" vida, de uma vida "melhor".

Quarta proposição. Dividir o mundo em um "verdadeiro" e um "aparente", seja ao modo do cristianismo, seja ao modo de Kant (de um cristão *capcioso*, em última instância —) é somente uma sugestão da *décadence* — um sintoma de vida *declinante*... Que o artista estime a aparência mais alto do que a realidade não é uma objeção contra esta proposição. Pois "a aparência" significa aqui a realidade *mais uma vez, só que selecionada, fortalecida, corrigida*... O artista trágico *não* é um pessimista — diz precisamente *sim*, até mesmo, a todo problemático e terrível, é *dionisíaco*...

COMO O "VERDADEIRO MUNDO" ACABOU POR SE TORNAR EM FÁBULA

História de um erro

1. O verdadeiro mundo, alcançável ao sábio, ao devoto, ao virtuoso — eles vivem nele, *são ele*.
   (*Forma mais antiga da Ideia, relativamente esperta, singela, convincente. Transcrição da proposição "eu, Platão, sou a verdade".*)
2. O verdadeiro mundo, inalcançável por ora, mas prometido ao sábio, ao devoto, ao virtuoso ("ao pecador que faz penitência").
   (*Progresso da Ideia: ela se torna mais refinada, mais cativante, mais impalpável* — ela vira mulher, *ela se torna cristã*...)
3. O verdadeiro mundo, inalcançável, indemonstrável, imprometível, mas já, ao ser pensado, um consolo, uma obrigação, um imperativo.
   (*O velho sol ao fundo, mas através de neblina e* sképsis: *a Ideia tornada sublime, desbotada, nórdica, königsberguiana.*)

4. O verdadeiro mundo — inalcançável? Em todo caso, inalcançado. E como inalcançado também *desconhecido*. Consequentemente, também não consolador, redentor, obrigatório: a que poderia algo desconhecido *nos* obrigar?...
(*Cinzenta manhã. Primeiro bocejo da razão. Canta o galo do positivismo.*)

5. O "verdadeiro" mundo — uma Ideia que não é útil para mais nada, que não é mais nem sequer obrigatória — uma Ideia que se tornou inútil, supérflua, *consequentemente* uma Ideia refutada: expulsemo-la!
(*Dia claro; café da manhã; retorno do* bon sens *e da serenidade; rubor de vergonha em Platão; alarido dos demônios em todos os espíritos livres.*)

6. O verdadeiro mundo, nós o expulsamos: que mundo resta? O aparente, talvez?... Mas não! *Com o verdadeiro mundo expulsamos também o aparente!*
(*Meio-dia; instante da mais curta sombra; fim do mais longo erro; ponto alto da humanidade;* INCIPIT ZARATUSTRA.)

MORAL COMO CONTRANATUREZA

2

O mesmo remédio: castração, extirpação, é instintivamente escolhido no combate a um apetite por Aqueles que são demasiado fracos de vontade, degenerados demais, para poderem se impor uma medida: por aquelas naturezas que necessitam de *la Trappe*[4] para falar em alegoria (e sem alegoria—), de alguma definitiva declaração de hostilidade, de um *abismo* entre si e uma paixão. Os remédios radicais são indispensáveis somente aos degenerados; a fraqueza da vontade ou, dito com mais determinação, a inaptidão a *não* reagir a um estímulo, é ela mesma meramente uma outra forma de degenerescência. A radical hostilidade, a inimizade mortal contra a sensibilidade continua a ser um sintoma que dá o que pensar: com ela, se está autorizado a fazer suposições sobre o estado geral de quem é excessivo dessa forma. — Aquela hostilidade, aquele ódio, de resto, só chega a seu ápice quando, mesmo para a cura radical, para a renúncia a seu "diabo", tais naturezas não têm firmeza bastante. Veja-se a inteira história dos padres e filósofos, inclusive dos artistas: o mais venenoso contra os sentidos *não* é dito pelos impotentes, e também *não* pelos ascetas, mas pelos ascetas impossíveis, por aqueles que necessitariam ser ascetas...

---

4 Ou "a Trapa", ordem religiosa com sede em La Trappe, ou conventos dessa ordem, dos monges "trapistas", reformada dentro de rigor extremo por Armand Jean de Rancé (1626-1700), ele próprio em busca de cura por seus anteriores excessos eróticos. (N.T.)

5

Suposto que se tenha compreendido o que há de sacrílego em uma rebelião contra a vida, tal como na moral cristã se tornou quase sacrossanta, então, com isso, por felicidade, também se compreendeu algo outro: o que há de inútil, aparente, absurdo, *mentiroso*, em tal rebelião. Uma condenação da vida por parte do vivente continua a ser, em última instância, apenas o sintoma de uma determinada espécie de vida: a pergunta, se ela é justa, se ela é injusta, nem sequer é levantada com isso. Seria preciso ter uma posição *fora* da vida e, por outro lado, conhecê-la tão bem quanto um, quanto muitos, quanto todos, que a viveram, para poder em geral tocar o problema do *valor* da vida: razões bastantes para se compreender que este problema é um problema inacessível a nós. Se falamos de valores, falamos sob a inspiração, sob a ótica da vida: a vida mesma nos coage a instituir valores; a vida mesma valora através de nós, *quando* instituímos valores... Disto se segue também essa *contranatureza de moral*, que capta Deus como contraconceito e condenação da vida, é apenas um juízo de valor da vida — *de que* vida? *De que* espécie de vida? — Mas eu já dei a resposta: da vida declinante, da vida enfraquecida, cansada, condenada. Moral, como foi entendida até agora — como ultimamente foi ainda formulada por Schopenhauer, como "negação da vontade de vida"—, é o próprio *instinto de décadence*, que faz de si um imperativo: ela diz: *"Vai ao fundo!"* — ela é o juízo dos condenados...[5]

6

Ponderemos ainda, por fim, que ingenuidade é em geral dizer: "assim-e--assim deveria ser o homem!". A efetividade nos mostra uma embevecedora riqueza de tipos, a exuberância de um perdulário jogo e mudança de formas: e algum pobre moralista que fica em seu canto vem dizer a isso: "Não! o homem deveria ser de *outro* modo"?... Ele sabe até mesmo como *ele deveria ser, esse gabola e carola*;[6] ele se pinta na parede e diz *"ecce homo!"*... Mas, mesmo quando o moralista se dirige meramente ao indivíduo e lhe diz: "Assim-e-assim *tu* deverias ser!", ele não deixa de cair no ridículo. O indivíduo, visto de frente ou de costas, é um pedaço de fado, uma lei a mais, uma

---

[5] *"Das Urteil Verurteilter"* — o jogo de palavras não tem equivalente em português; entende-se: *O juízo dos que foram julgados e condenados (pela vida)"*. (N.T.)

[6] O jogo de palavras é entre *Schlucker* e *Mucker*. A tradução é *quase literal*. *Mucker* significa, ao mesmo tempo, "taciturno" e "hipócrita", alguém ao mesmo tempo "rabugento" e "que afeta devoção": era o apelido que se dava aos pietistas. *Schlucker*, que aliás só se usa na expressão composta: *ein armer Schlucker* ("um pobre coitado", "um gato-pingado"), vem do verbo *schlucken* ("engolir"); sentido presuntivo: "Alguém que tem de engolir tudo" ou "que por necessidade tem de engolir o que lhe oferecem". Mas, isolado, parece significar algo como "guloso" ou "pretensioso"; é, pelo menos, o que sugere o contexto. (N.T.)

necessidade a mais para tudo o que vem e será. A ele dizer: "Modifica-te!" significa desejar que tudo se modifique, até mesmo o que ficou para trás... E efetivamente houve moralistas consequentes; eles queriam o homem de outro modo, ou seja, virtuoso, eles o queriam à sua imagem, ou seja, carolas: para isso *negaram* o mundo! Tolice nada pequena! Espécie nada modesta de modéstia!... A moral, na medida em que *condena* em si, e *não* a partir de referências, deferências, preferências[7] da vida, é um erro específico, com que não se deve ter nenhuma compaixão, uma *idiossincrasia de degenerados*, que provocou danos incontáveis!... Nós outros, nós, imoralistas, temos, ao inverso, nosso coração escancarado para toda espécie de entender, compreender, *chamar de bom*. Não negamos facilmente, procuramos a nossa honra em ser *afirmativos*. Cada vez mais se abriu em nós o olho para aquela economia, que ainda usa, e sabe utilizar até o fim, tudo aquilo que a santa demência do padre, da razão *doente* do padre, rejeita, para aquela economia que está na lei da vida, e que mesmo da espécie mais repugnante de carola, do padre, do virtuoso, tira sua vantagem — *qual* vantagem? — Mas nós mesmos, nós, imoralistas, somos aqui a resposta...

OS QUATRO GRANDES ERROS

8
Qual pode ser *nosso* único ensinamento? — que ao homem ninguém *dá* suas propriedades, nem Deus, nem a sociedade, nem seus pais e antepassados, nem *ele mesmo* (— a insensatez da representação aqui recusada em último lugar foi ensinada, como "liberdade inteligível", por Kant, talvez já por Platão também). *Ninguém* é responsável por em geral estar aí, por ser assim e assim, por estar sob essas circunstâncias, nesse meio. A *fatalidade* de seu ser não é dissociável da fatalidade de tudo aquilo que foi e será. Ele *não* é a consequência de um propósito próprio, de uma vontade, de um fim, com ele *não* é feito o ensaio de alcançar um "ideal de homem" ou um "ideal de felicidade" ou um "ideal de moralidade" — é absurdo querer *arremessar* sua essência em direção a algum fim. *Nós* inventamos o conceito "fim": na realidade, *falta* o fim... É-se necessariamente, é-se um pedaço de fatalidade, pertence-se ao todo, *é-se* no todo — não há *nada* que pudesse julgar, medir, comparar, condenar nosso ser, pois isso significaria julgar, medir, comparar, condenar o todo... *Mas não há nada fora do todo!* — Que ninguém mais

---

7 *Hinsichten, Rücksichten, Absichten* — literalmente, como tem sido usado quando não é tão patente a intenção de jogar com a aliteração, a tradução seria: "vistas, considerações, propósitos". (N.T.)

seja responsabilizado, que o modo de ser não possa ser reconduzido a uma *causa prima*, que o mundo, nem como *sensorium*, nem como "espírito", seja uma unidade, isto *somente é a grande libertação*—com isto somente é restabelecida a *inocência* do vir-a-ser... O conceito "Deus" foi até agora a máxima *objeção* contra a existência... Nós negamos Deus, negamos a responsabilidade em Deus: *com isto* somente redimimos o mundo.

OS "MELHORADORES" DA HUMANIDADE

2

Um primeiro exemplo, e bem provisoriamente. Em todos os tempos se quis "melhorar" o homem: a isto sobretudo se chamou moral. Mas sob a mesma palavra se escondem as mais diferentes tendências. Tanto o *amansamento* da besta homem quanto o *aprimoramento* de um determinado gênero de homens é denominado "melhoria": somente estes termos zoológicos exprimem realidades—realidades, sem dúvida, das quais o típico "melhorador", o padre, não sabe nada—nem *quer* saber... Denominar o amansamento de um animal sua "melhoria" é, a nossos ouvidos, quase uma piada. Quem sabe o que acontece nas *ménageries*[8] duvida de que ali a besta seja "melhorada". Ela é enfraquecida, tornada menos danosa, torna-se, pelo sentimento depressivo do medo, pelas feridas, pela fome, uma besta *doentia*.—Não é diferente com o homem amansado, que o padre "melhorou". Na antiga Idade Média, quando de fato a Igreja era antes de tudo uma *ménagerie*, se dava caça por toda parte aos mais belos exemplares da "besta loira"—"melhoraram", por exemplo, os nobres germanos. Mas qual foi, posteriormente, o aspecto de tal germano "melhorado", sedutoramente conduzido ao claustro? Uma caricatura de homem, como um aborto: ele se tornou em "pecador", ele estava na jaula, haviam-no trancado entre puros conceitos apavorantes... Ali jazia ele, doente, enfezado, malévolo contra si mesmo: cheio de ódio contra os impulsos à vida, cheio de suspeita contra tudo o que era ainda forte e feliz. Em suma, um "cristão"... Para falar fisiologicamente: no combate com a besta, o tornar-doente *pode* ser o único remédio para enfraquecê-la. Isso a Igreja entendeu: *corrompeu* o homem, enfraqueceu-o—mas teve a pretensão de tê-lo "melhorado"...

---

8 Mantivemos em francês a palavra, que também em alemão é adotiva, por falta de equivalente da mesma generalidade, que englobasse, como ela: o circo de animais, o parque de animais, o estábulo, a reserva de caça etc., em suma, todos os lugares em que o homem "civiliza" animais. Mas o sentido, no texto, é mais que claro. (N.T.)

INCURSÕES DE UM EXTEMPORÂNEO

14

Anti-Darwin. — No tocante ao célebre "combate pela *vida*", ele me parece às vezes mais afirmado que provado. Ocorre, mas como exceção; o aspecto global da vida *não é* a situação de indigência, a situação de fome, mas antes a riqueza, a exuberância, e até mesmo o absurdo esbanjamento — onde se combate, combate-se por *potência*... Não devemos confundir Malthus com a natureza. — Suposto, porém, que haja esse combate — e de fato ele ocorre —, ele termina, infelizmente, ao inverso do que a escola de Darwin deseja, do que, talvez, *seria lícito* desejar com ela: ou seja, em desfavor dos fortes, dos privilegiados, das exceções felizes. As espécies *não* crescem em perfeição: os fracos se tornam sempre de novo senhores sobre os fortes — é que são o grande número, e são também *mais espertos*... Darwin esqueceu o espírito (— isso é bem inglês!), *os fracos têm mais espírito*... É preciso necessitar de espírito para adquirir espírito — perde-o quem não necessita mais dele. Quem tem a força desembaraça-se do espírito. (— "Deixa!" — pensa-se hoje na Alemanha — "com o *Reich* havemos de ficar...").[9] Entendo por espírito, como se vê, a cautela, a paciência, o ardil, o disfarce, o grande autodomínio, e tudo o que é *mimicry* (nesta última, se inclui uma grande parte da assim chamada virtude).

21

Schopenhauer. — Schopenhauer, o último alemão que merece entrar em consideração (— que é um acontecimento *europeu*, igual a Goethe, igual a Hegel, igual a Heinrich Heine, e *não meramente* um acontecimento local, "nacional"), é para um psicólogo um caso de primeira ordem: ou seja, como um ensaio maldosamente genial de pôr em campo, em favor de uma global desvaloração niilista da vida, precisamente as instâncias opostas, as grandes autoafirmações da "vontade de vida", as formas de exuberância da vida. Ele interpretou, nesta ordem, a *arte*, o heroísmo, o gênio, a beleza, a grande simpatia, o conhecimento, a vontade de verdade, a tragédia, como fenômenos derivados da "negação" ou da necessidade de negação da "vontade" — a maior falsificação psicológica de moedas que, descontando o cristianismo, há na história. Considerado com mais precisão, ele é, nisso, meramente o herdeiro da interpretação cristã: só que soube também apro-

---

9 *Reich*, "reino, império", referindo-se ao *Reich* alemão, enquanto as palavras "*das Reich muss uns doch bleiben*" são do difundido hino luterano *Ein' feste Burg ist unser Gott* ("Uma firme fortaleza é nosso Deus"), que se refere, obviamente, ao "reino de Deus". O efeito cômico seria o equivalente a dizer-se: "Venha a nós o nosso *Reich*". (N.T.)

var o *recusado* pelo cristianismo, os grandes fatos culturais da humanidade, e ainda *chamá-los de bons* em um sentido cristão, isto é, niilista (— ou seja, como caminhos para a "redenção", como pré-formas da "redenção", como estimulantes da necessidade de "redenção"...)

24

L'art pour l'art. — O combate contra a finalidade *na* arte é sempre o combate contra a tendência *moralizante* na arte, contra sua subordinação à moral. *L'art pour l'art* significa "que o diabo leve a moral!" — Mas mesmo essa hostilidade denuncia ainda a prepotência do preconceito. Depois que a finalidade de pregar moral e de melhorar a humanidade foi excluída da arte, ainda está longe de se seguir que a arte é, em geral, sem finalidade, sem alvo, sem sentido, em suma, *l'art pour l'art* — um verme que se morde o rabo. "Antes nenhum fim do que um fim moral!" — assim fala a mera paixão. Um psicólogo pergunta, em contrapartida: o que faz toda arte? não louva? não glorifica? não elege? não prefere? Com tudo isso, *fortalece* ou *enfraquece* certas estimativas de valor... Isso é somente um acessório? um acaso? Algo de que o instinto do artista não teria participado? Ou então: isso não é pressuposto para que o artista possa...?[10] Seu instinto mais básico visa à arte, ou não visaria antes ao sentido da arte, à *vida?* Uma *desejabilidade de vida?* — A arte é o grande estimulante a viver, como se poderia entendê-la sem finalidade, sem alvo, como *l'art pour l'art?* — Resta uma pergunta: a arte traz também muito do que há na vida de feio, duro, problemático, à aparição — não parece com isso tirar o gosto pela vida? — E, de fato, houve filósofos que lhe emprestaram esse sentido: "livrar-se da vontade", ensinava Schopenhauer como propósito geral da arte, "dispor à resignação", honrava ele como a grande utilidade da tragédia. Mas isso — já o dei a entender — é ótica de pessimista e "olho mau" —: é preciso apelar para os artistas mesmos. *O que o artista trágico comunica de si?* Não é precisamente o estado *sem* medo diante do temível e problemático que ele mostra? — Esse estado mesmo é uma alta desejabilidade;[11] quem o conhece, honra-o com as mais altas honras. Ele o comunica, *tem de* comunicá-lo, pressuposto que é um artista, um gênio da comunicação. A bravura e a liberdade do sentimento diante de um inimigo poderoso, diante de um sublime

---

10 *Kunst* ("arte") é a forma substantiva abstrata do verbo *können* ("poder"), do mesmo modo que a forma *kunft*, que aparece em *Auskunft* ("saída"), *Zukunft* ("porvir") etc., deriva do verbo *kommen*. Daí o parentesco etimológico que liga diretamente o verbo *können* ao *Künstler* ("artista"). (N.T.)

11 *Wünschbarkeit* — qualidade do que é desejável, ou o próprio desejável. "Ideal", no sentido mais comum da palavra, seria uma tradução menos rebarbativa, embora apagando toda conotação relativa a *wüschen* ("desejar"), que adquire muita importância a partir do §32 deste mesmo capítulo. Basta, entretanto, a leitura do parágrafo citado para tornar claro o sentido da palavra, e a tradução mais plausível. (N.T.)

desassossego, diante de um problema que desperta horror — esse estado *vitorioso* é aquilo que o artista trágico elege, que ele glorifica. Diante da tragédia, o que há de guerreiro em nossa alma celebra suas Saturnais; quem está habituado ao sofrimento, quem procura por sofrimento, o homem *heroico*, louva com a tragédia sua existência — a ele somente o artista trágico dá de beber essa dulcíssima crueldade.

26

Não nos estimamos mais o bastante quando nos comunicamos. Nossas vivências mais próprias não são nada tagarelas. Não poderiam comunicar-se, se quisessem. É que lhes falta a palavra. Quando temos palavras para algo, também já o ultrapassamos. Em todo falar há um grão de desprezo. A fala, ao que parece, só foi inventada para o corte transversal, o mediano, o comunicativo.[12] Com a fala, já se *vulgariza* o falante. — De uma moral para surdos-mudos e outros filósofos.

32

O imoralista fala. — A um filósofo, nada contraria *mais* o gosto do que o homem *na medida em que deseja*... Se vê o homem somente em seu fazer, se vê esse mais bravo, mais ardiloso, mais resistente dos animais, mesmo perdido em labirínticas situações de indigência, que digno de admiração lhe aparece o homem! Ele ainda o anima... Mas o filósofo despreza o homem desejante, e também o homem "desejável" — e em geral todas as desejabilidades, todos os *ideais* do homem. Se um filósofo pudesse ser niilista, ele o seria porque encontra o nada por trás de todos os ideais do homem. Ou ainda, nem sequer o nada — mas somente o indigno, o absurdo, o doente, o covarde, o cansado, toda espécie de borra da caneca de sua vida, *bebida até o fundo*... O homem, que como realidade é tão digno de veneração, como é que não merece nenhum apreço na medida em que deseja? Tem de pagar por ser tão excelente como realidade? Tem de compensar seu fazer, a tensão de cabeça e de vontade que há em todo fazer, com um relaxamento de membros no imaginário e no absurdo? — A história de suas desejabilidades foi até agora a *partie honteuse* do homem: devemos guardar-nos de ler por muito tempo nela. O que justifica o homem é sua realidade — ela o justificará eternamente. Quão mais valioso é o homem efetivo, comparado com algum homem meramente desejado, sonhado, deslavadamente falso? com algum homem *ideal*? E somente o homem ideal contraria o gosto do filósofo.

---

12 *Mittleres, Mitteilsames* — falsa etimologia, por simples assonância. *Mittleres* vem de *Mittel* ("meio"); *mitteilen* ("comunicar") vem de *mit* ("com") + *teilen* ("dividir", "partilhar"). (N.T.)

34

Cristão e anarquista. — Quando o anarquista, como porta-voz das camadas *declinantes* da sociedade, reclama com bela indignação por "direito", "justiça", "direitos iguais", com isso ele está apenas sob a pressão de sua incultura, que não sabe conceber *por que* propriamente ele sofre — *de que* ele é pobre, de vida... Um impulso causal tem potência sobre ele: alguém tem de ser o culpado por ele se sentir mal... Também a própria "bela indignação" já lhe faz bem, para todos os pobres-diabos é um contentamento xingar — dá uma pequena embriaguez de potência. Já o lamento, o lamentar-se, pode dar à vida um atrativo, por amor do qual ela é suportada: *há* uma refinada dose de *vingança* em cada lamento, lança-se seu mal-estar, e mesmo, em certas circunstâncias, sua má-qualidade,[13] ao rosto daqueles que são de outro modo, como uma injustiça, como um privilégio *ilícito*. "Se eu sou uma *canaille*, tu também deverias ser": com essa lógica se faz revolução. O lamentar em nenhum caso presta para algo: provém da fraqueza. Imputar seu mal-estar a outros ou *a si próprio* — como fazem, respectivamente, o socialista e o cristão — não faz propriamente nenhuma diferença. O que há em comum, e dizemos, também, o que há de *indigno* nisso, é que alguém tem de ser *culpado* de que se sofra — em suma, que o sofredor se receita, contra seu sofrer, o mel da vingança. Os objetos dessa necessidade de vingança como necessidade de *prazer* são causas ocasionais: o sofredor encontra por toda parte causas para esfriar sua pequena vingança — se é cristão, dito mais uma vez, encontra-as em si... O cristão e o anarquista — são ambos *décadents*. — Mas também quando o cristão condena, calunia, conspurca o "mundo", ele o faz pelo mesmo instinto pelo qual o trabalhador socialista condena, calunia, conspurca a *sociedade*: mesmo o "Juízo Final" é ainda o doce consolo da vingança — a revolução, tal como a espera também o trabalhador socialista, só que pensada um pouco mais longe... Mesmo o "além" — para que um além, se não fosse um meio de conspurcar o aquém?

37

Se nos tornamos mais morais. — [...] A diminuição dos instintos hostis e que despertam desconfiança — e esse seria, aliás, nosso "progresso" — representa somente uma das consequências da diminuição geral de *vitalidade*: custa cem vezes mais cansaço, mais cautela, levar avante uma existência tão

---

13 *Schlechtigkeit*. Esta palavra, assim como *Schlecht-Befinden* ("mal-estar"), refere-se a *schlecht* ("mau, ruim"), em sua oposição a *böse* ("mau"), feita na primeira dissertação da *Genealogia da moral* — aqui foi impossível manter a tradução por "ruim", pois *ruindade*, em português, não tem esse sentido de "má qualidade", mas antes o inverso, de *Bösheit*, isto é, "maldade" ou mesmo "malvadez". (N.T.)

condicionada, tão tardia. Ali ajudam-se uns aos outros, ali cada um é, até certo grau, doente, e cada um é enfermeiro. Isso se chama, então, "virtude":—entre homens que conhecessem a vida de outro modo ainda, mais plena, mais perdulária, mais transbordante, isso teria recebido um outro nome, "covardia" talvez, "miséria", "moral de velhas mulheres"... Nosso abrandamento de costumes—essa é minha proposição, essa é, se quiserem, minha *inovação*—é uma consequência do declínio; a dureza e a terribilidade dos costumes pode ser, ao inverso, uma consequência do excedente de vida. Pois então se pode também muito arriscar, muito exigir, muito também *desperdiçar*. O que outrora foi tempero da vida, para nós seria *veneno*... Para sermos indiferentes—isso também é uma forma de força—, somos, do mesmo modo, velhos demais, tardios demais: nossa moral da simpatia, contra a qual fui o primeiro a advertir, aquilo que se poderia denominar *l'impressionisme morale*, é uma expressão a mais da superexcitabilidade fisiológica que é própria a tudo o que é *décadent*. Aquele movimento que Schopenhauer, com a *moral da compaixão*, tentou levar avante cientificamente—uma tentativa muito infeliz!—é propriamente o movimento de *décadence* na moral, e como tal profundamente aparentado com a moral cristã. Os tempos fortes, as civilizações *nobres*, veem na compaixão, no "amor ao próximo", na ausência de um si-mesmo e de um sentimento de si-mesmo, algo de desprezível.—Os tempos se medem por suas *forças positivas*—e com isso se verifica que aquele tempo tão perdulário e rico de fatalidade do Renascimento é o último *grande* tempo e que nós, nós, modernos, com nosso angustiado cuidado por nós mesmos e nosso amor ao próximo, com nossas virtudes do trabalho, da despretensão, da legitimidade, da cientificidade—colecionadores, econômicos, maquinais—, somos um tempo *fraco*... Nossas virtudes são condicionadas, *exigidas* por nossa fraqueza... A "igualdade", uma certa assimilação de fato, que na teoria dos "direitos iguais" apenas chega à expressão, pertence essencialmente ao declínio: o abismo entre homem e homem, entre classe e classe, a pluralidade de tipos, a vontade de ser si mesmo, de se destacar.—Aquilo que eu denomino *páthos da distância* é próprio de todo tempo *forte*. A força de tensão, o arco de tensão entre os extremos, se torna hoje cada vez menor—os próprios extremos se esfumam afinal até a semelhança... Todas as nossas teorias políticas e constituições estatais, sem excluir de modo nenhum o *"Reich* alemão", são decorrências, decorrências necessárias do declínio; o efeito inconsciente da *décadence* tornou-se senhor até nos ideais de ciências particulares. Minha objeção contra a inteira sociologia na Inglaterra e França continua a ser que ela só conhece por experiência formações sociais *de caducidade* e, na mais perfeita inocência, toma seus próprios instintos de caducidade como *norma* do juízo de valor sociológico. A vida *declinante*, a diminuição de toda força organizadora, isto é, que separa, que rasga abismos, que subordina e sobreordena, formula-se na sociedade de hoje em *ideal*... Nossos socialistas são *décadents*, mas também o senhor Herbert Spencer é um *décadent*—vê na vitória do altruísmo algo digno de ser desejado!...

38

Meu conceito de liberdade.— O valor de uma coisa não está às vezes naquilo que se alcança com ela, mas naquilo que por ela se paga—no que ela nos *custa*. Dou um exemplo. As instituições liberais deixam de ser liberais tão logo são alcançadas: mais tarde, não há piores e mais radicais danificadores da liberdade do que instituições liberais. Sabe-se, até, *o que* elas conseguem: minam a vontade de potência, são a nivelação de montanha e vale transformada em moral, tornam pequeno, covarde e guloso—com elas triunfa toda vez o animal de rebanho. Liberalismo: dito em alemão, *animalização em rebanho*... Essas mesmas instituições, enquanto ainda são combatidas, produzem efeitos inteiramente outros; propiciam de fato, então, a liberdade, de uma maneira poderosa. Vista com mais precisão, é a guerra que produz esses efeitos, a guerra *por* instituições liberais, que, como guerra, faz perdurar os instintos *iliberais*. E a guerra educa para a liberdade. Pois o que é liberdade? Ter a vontade de responsabilidade própria. Manter firme a distância que nos separa. Tornar-se indiferente a cansaço, dureza, privação, e mesmo à vida. Estar pronto a sacrificar à sua causa seres humanos, sem excluir a si próprio. Liberdade significa que os instintos viris, que se alegram com a guerra e a vitória, têm domínio sobre outros instintos, por exemplo, sobre o da "felicidade". O homem *que se tornou livre*, e ainda mais o *espírito* que se tornou livre, calca sob os pés a desprezível espécie de bem-estar com que sonham merceeiros, cristãos, vacas, mulheres, ingleses e outros democratas. O homem livre é um *guerreiro*.— Segundo o que se mede a liberdade, em indivíduos como em povos? Segundo a resistência que tem de ser superada, segundo o esforço que custa permanecer *acima*. O tipo mais alto de homens livres teria de ser procurado ali onde constantemente é superada a mais alta resistência: a cinco passos da tirania, rente ao limiar do perigo da servidão. Isso é psicologicamente verdadeiro se aqui, por "tiranos", se entendem instintos inexoráveis e terríveis, que exigem contra si o máximo de autoridade e disciplina—tipo mais belo, Júlio César—; isso é também politicamente verdadeiro, basta dar seu passeio através da história. Os povos que valeram algo, que *adquiriram* valor, não o adquiriram sob instituições liberais: o *grande perigo* fez deles algo digno de veneração, o perigo, o único que nos ensina a conhecer nossos recursos, nossas virtudes, nossa defesa e armas, nosso *espírito*—que nos *coage* a ser fortes. *Primeiro* princípio: é preciso ter necessidade de ser forte: senão nunca se chega a isso.—Aquelas grandes estufas para a espécie forte, para a mais forte espécie de homem que houve até agora, as comunidades aristocráticas ao modo de Roma e Veneza, entendiam liberdade exatamente no sentido em que eu entendo a palavra liberdade: como algo que se tem e *não* se tem, que se *quer*, e que se *conquista*...

41

"*Liberdade, que não me és cara...*"[14]—Em tempos tais como hoje, estar abandonado a seus instintos é uma fatalidade a mais. Esses instintos se contradizem, se estorvam, se destroem uns aos outros; já defini o *moderno* como a autocontradição fisiológica. A razão da educação quereria que, sob uma férrea pressão, pelo menos um desses sistemas de instintos fosse *paralisado*, para permitir a um outro criar forças, tornar-se forte, tornar-se senhor. Hoje seria preciso, primeiro, tornar possível o indivíduo, *amputando-o*; possível, isto é, *inteiro*... O inverso acontece: a pretensão à independência, ao livre desenvolvimento, ao *laisser aller*, é mais ardente precisamente da parte daqueles para quem nenhum freio *seria rigoroso demais*—isso vale *in politicis*, isso vale na arte. Mas é um sintoma da *décadence*: nosso moderno conceito "liberdade" é uma prova a mais de degeneração dos instintos.

43

Dito ao ouvido dos conservadores.—O que antes não se sabia, o que hoje se sabe, se poderia saber—nenhuma *involução*, nenhuma volta atrás, em qualquer sentido e grau, é possível. Nós fisiólogos, pelo menos, o sabemos. Mas todos os padres e moralistas acreditaram nisso—*quiseram* levar a humanidade de volta a uma medida *anterior* de virtude, quiseram fazê-la *dar voltas para trás* como um parafuso. Moral sempre foi um leito de Procusto. Mesmo os políticos imitaram nisso os pregadores de virtude: há ainda hoje partidos que sonham como alvo a *marcha de caranguejo* de todas as coisas. Mas ninguém está livre para ser caranguejo. De nada ajuda: *é necessário* ir para diante, quer dizer, *avançar passo a passo na décadence* (—eis minha definição do "progresso" moderno...). Pode-se *obstruir* esse desenvolvimento e, por obstrução, represar, acumular a própria degeneração, torná-la mais veemente e mais *súbita*: mais que isso não se pode fazer.

---

14 O poema "Freiheit", de Max von Schenkendorf (1783-1817), muito conhecido na Alemanha, começa com o verso: *Freiheit, die ich meine* ("Liberdade, que me és cara"), caso raro em que o verbo *meinen* ("querer, dizer, pensar, opinar") tem esse sentido de apreço. Por ambiguidade, o texto de Nietzsche pode também significar, portanto: "a liberdade a que *não* me refiro...". (N.T.)

O QUE DEVO AOS ANTIGOS

2

Aos gregos não devo nenhuma impressão de semelhante força; e, para dizê-lo diretamente, eles não *podem* ser para nós o que são os romanos. Não se *aprende* com os gregos — seu modo é estrangeiro demais, e também fluido demais para ter um efeito de imperativo, de "clássico". Quem jamais teria aprendido a escrever com um grego! Quem jamais o teria aprendido *sem* os romanos!... E não me objetem com Platão. Em relação a Platão, sou um cético radical e nunca fui capaz de fazer coro com a admiração pelo *artista* Platão, que é tradicional entre eruditos. Por último, tenho aqui os mais refinados juízes de gosto dentre os antigos de meu lado. Platão entremeia, ao que me parece, todas as formas de estilo; com isso, ele é o *primeiro décadent* do estilo: tem na consciência algo semelhante aos cínicos, que inventaram a *satura Menippea*.[15] Para que o diálogo platônico, essa espécie de dialética assustadoramente autocomplacente e infantil, possa ter um efeito de atrativo, é preciso nunca ter lido bons franceses — Fontenelle, por exemplo. Platão é enfadonho. — Por último, minha desconfiança, com Platão, vai até o fundo: acho-o tão extraviado de todos os instintos fundamentais dos helenos, tão moralizado, tão preexistentemente cristão — ele já tem o conceito "bom" como conceito supremo —, que, sobre o inteiro fenômeno Platão, eu usaria antes a dura palavra "alta trapaça" ou, se preferem ouvir, idealismo — do que qualquer outra. Pagou-se caro por esse ateniense ter ido à escola dos egípcios (— ou dos judeus no Egito?...). Na grande fatalidade do cristianismo, Platão é aquela ambiguidade e fascinação chamada "ideal", que tornou possível às naturezas mais nobres da Antiguidade o mal-entendido sobre si mesmas e o primeiro passo na *ponte* que conduzia à "cruz"... E quanto de Platão há ainda no conceito "Igreja", no edifício, no sistema, na praxe da Igreja! — Minha recreação, minha predileção, minha *cura* de todo platonismo foi, a todo tempo, *Tucídides*. Tucídides e, talvez, o *Príncipe* de Maquiavel são aparentados ao máximo a mim próprio pela vontade incondicionada de não se simular nada e ver a razão na *realidade* — e não na "razão", e menos ainda na "moral"... Do deplorável embelezamento dos gregos com o colorido do ideal, que o jovem "de formação clássica" obtém como recompensa por seu adestramento ginasiano para a vida, nada cura tão radicalmente quanto Tucídides. É preciso de vez em quando virá-lo no

---

[15] *Saturae Menippeae* ("sátira menipeia") é o título do livro de sátiras de Varrão, em que este imita as "diatribes" de Menipeu de Gádara; este gênero de composição poética, apreciado pelos cínicos, caracteriza-se pela mescla desordenada de estilos. (N.T.)

avesso e ler seus subentendidos tão claramente quanto suas palavras: há poucos pensadores tão ricos em subentendidos. Nele, a *civilização dos sofistas*, quer dizer, a *civilização dos realistas*, chega a sua expressão consumada: esse inestimável movimento em meio à trapaça da moral e do ideal das escolas socráticas, que começava a irromper por toda parte. A filosofia grega como a *décadence* do instinto grego; Tucídides como a grande suma, a grande revelação daquela forte, rigorosa, dura fatualidade que estava no instinto dos helenos antigos. O *ânimo* diante da realidade distingue em última instância naturezas tais como Tucídides e Platão: Platão é um covarde diante da realidade — *consequentemente*, refugia-se no ideal; Tucídides se tem em seu poder — consequentemente, tem também as coisas em seu poder...

3

Aventar nos gregos "belas almas",[16] "áureas mediocridades" e outras perfeições, eventualmente admirar neles a tranquilidade na grandeza, os sentimentos ideais, a elevada simplicidade[17] — dessa "elevada simplicidade", de uma *niaiserie allemande*, em última instância, fui resguardado pelo psicólogo que eu trazia em mim. Eu vi seu instinto mais forte, a vontade de potência, eu os vi estremecerem diante do irrefreado poder desse impulso — eu vi todas as suas instituições brotarem de medidas preventivas, para se pôr em segurança, *uns* diante dos outros, contra sua *matéria explosiva* interior. A descomunal tensão de dentro se descarregou então em terrível e irreverente hostilidade para fora: as cidades se trucidavam entre si, para que os cidadãos de cada uma delas encontrassem tranquilidade diante de si mesmos. Tinha-se necessidade de ser forte: o perigo estava perto — espreitava por toda parte. A esplêndida flexibilidade corporal, o temerário realismo e imoralismo, que é próprio dos helenos, era uma *necessidade*, não uma "natureza". Foi somente uma consequência, não estava ali desde o começo. E com festas e artes também não se queria nada outro do que sentir-se *acima*, *mostrar-se* acima: são meios para glorificar a si próprio, em certas circunstâncias para provocar medo de si... Julgar os gregos, à maneira alemã, por seus filósofos, utilizar eventualmente a bonomia das escolas socráticas para vislumbres sobre *o que* seja, no fundo, helênico!... Os filósofos são, isso

---

16 A expressão *schöne Seele* tornou-se usual na Alemanha com o *Wilhelm Meister*, de Goethe (capítulo VI — "Confissões de uma bela alma"), mas já a partir da *Fenomenologia do espírito*, de Hegel, seu sentido irônico é quase pejorativo. (N.T.)
17 A expressão *"edle Einfalt und stille Grosse"* ("elevada simplicidade e tranquila grandeza") torna-se quase um epíteto dos gregos com os estudos de Winckelmann (1755) sobre a arte grega. *Einfalt*, entretanto, significa "ingenuidade", "tolice", como quando se fala de um "simplório"; nesse sentido, "simplicidade" é também *niaiserie*. (N.T.)

sim, os *décadents* da helenidade, o movimento de oposição ao gosto antigo, ao gosto nobre (— ao instinto agonal, à pólis, ao valor da raça, à autoridade da tradição). As virtudes socráticas foram pregadas *porque* os gregos as tinham perdido: excitáveis, medrosos, inconstantes, comediantes todos eles, tinham umas tantas razões de sobra para se deixar pregar moral. Não que isso tivesse ajudado em algo: mas grandes palavras e atitudes ficam tão bem aos *décadents*...

4

[...] *Consequentemente Goethe não entendeu os gregos.* Pois somente nos mistérios dionisíacos, na psicologia do estado dionisíaco, enuncia-se o *fato fundamental* do instinto helênico — sua "vontade de vida". O que o heleno garantia a si mesmo com esses mistérios? A vida *eterna*, o eterno retorno da vida; o futuro prometido e consagrado no passado; o triunfante sim à vida, para além da morte e da mudança; a *verdadeira* vida como sobrevivência coletiva pela geração, pelos mistérios da sexualidade. Para os gregos, por isso, o símbolo *sexual* era o símbolo venerável em si, o verdadeiro sentido profundo dentro da inteira religiosidade antiga. Toda particularidade do ato de geração, da gravidez, do nascimento, despertava os mais altos e solenes sentimentos. Na doutrina dos Mistérios, a *dor* é declarada santa: as "dores da parturiente" santificam a dor em geral — todo vir-a-ser e crescer, tudo o que garante futuro *condiciona* a dor... Para que haja o eterno prazer de criar, para que a vontade de vida afirme eternamente a si mesma, *é preciso* também que haja eternamente o "tormento da parturiente"... Isso tudo significa a palavra Dioniso: não conheço nenhum simbolismo mais alto do que esse simbolismo grego, o das Dionísias. Nele, o mais profundo instinto da vida, o do futuro da vida, da eternidade da vida, é sentido religiosamente — o caminho mesmo para a vida, a geração, como o caminho *santo*... Somente o cristianismo, com seu ressentimento *contra* a vida no fundamento, fez da sexualidade algo impuro: lançou *lodo* sobre o começo, sobre o pressuposto de nossa vida...

O ANTICRISTO*
ENSAIO DE UMA CRÍTICA
DO CRISTIANISMO
1888

---

* Este texto consta, na edição Kröner, como *primeiro livro* da *Transvaloração de todos os valores*, ao lado do seguinte plano para a referida obra, que Nietzsche não escreveu:
PRIMEIRO LIVRO: O Anticristo — Ensaio de uma crítica do cristianismo.
SEGUNDO LIVRO: O espírito livre — Crítica da filosofia como movimento niilista.
TERCEIRO LIVRO: O imoralista — Crítica da mais fatal espécie de ignorância, a moral.
QUARTO LIVRO: Dioniso — Filosofia do eterno retorno.
A palavra *Antichrist*, em alemão, pode significar também "anticristão". (N.T.)

6

É um doloroso, um arrepiante espetáculo, que despontou para mim: abri a cortina da *corrupção* do homem. Essa palavra, em minha boca, está protegida ao menos contra uma suspeita: de conter uma acusação moral ao homem. É entendida — gostaria de sublinhá-lo mais uma vez — *isenta de moralina*: e isso em tal grau que essa corrupção é sentida por mim mais fortemente ali onde até agora mais conscientemente se aspirou a "virtude", a "divindade". Entendo corrupção, já se adivinha, no sentido de *décadence*: minha afirmação é que todos os valores nos quais a humanidade enfeixa agora sua mais alta desejabilidade são valores de *décadence*.

Denomino corrompido um animal, uma espécie, um indivíduo, quando perde seus instintos, quando escolhe, quando *prefere* o que lhe *é* pernicioso. Uma história dos "sentimentos superiores", dos "ideais da humanidade" — e é possível que eu precise narrá-la — seria quase que também a explicação de *por que* o homem é tão corrompido. A vida mesma vale para mim como instinto de crescimento, de duração, de acumulação de forças, de *potência*: onde falta a vontade de potência, há declínio. Minha afirmação é que a todos os valores mais altos da humanidade *falta* essa vontade — que valores de declínio, valores *niilistas*, sob os mais santos nomes, exercem o domínio.

7

Denomina-se o cristianismo a religião da *compaixão*. — A compaixão está em oposição às emoções tônicas, que elevam a energia do sentimento vital: tem efeito depressivo. Perde-se força quando se compadece. Com a compaixão, aumenta e multiplica-se ainda o desgaste de força, que já em si o padecimento[1] traz à vida. O padecer mesmo se torna, com a compaixão, contagioso; em certas circunstâncias, com ela, pode ser alcançado um total de desgaste de vida e de energia vital, que fica em uma proporção absurda com o *quantum* da causa (— o caso da morte do Nazareno). Esse é o primeiro ponto de vista; mas há ainda um mais importante. Suposto que se meça a compaixão segundo o valor das reações que costuma produzir, seu caráter perigoso para a vida aparece em uma luz ainda muito mais clara. A compaixão, em toda extensão, cruza a lei do desenvolvimento, que é a lei da *seleção*. Conserva o que está maduro para sucumbir, arma-se em favor dos deserdados e condenados da vida e, pela multidão de malogrados de toda espécie que *mantém firmes* na vida, dá à vida mesma um aspecto sombrio e proble-

---

[1] A palavra *Leiden* tem sido traduzida por "sofrer", "sofrimento", embora etimologicamente seja mais equivalente ao latim *patere* ou ao francês *pâtir*. Daí, neste contexto, a preferência por "padecer", destacando-se a *passividade* e o parentesco com "compaixão" (*Mitleiden*) e "paixão" (*Leidenschaft*). (N.T.)

mático. Ousou-se denominar a compaixão uma virtude (— em toda moral *nobre* ela vale como fraqueza); foi-se mais longe, fez-se dela *a* virtude, o chão e a origem de todas as virtudes—só que, sem dúvida, e isso é preciso ter sempre em vista, do ponto de vista de uma filosofia que era niilista, que inscrevia a *negação da vida* sobre seu escudo. Schopenhauer estava certo: com a compaixão, a vida é negada, tornada *mais digna de negação*—a compaixão é a *praxe* do niilismo. Dito ainda uma vez: esse instinto depressivo e contagioso cruza aqueles instintos que visam à conservação e à elevação de valor da vida: tanto como *multiplicador* da miséria quanto como *conservador* de todo miserável, ele é um instrumento capital para a intensificação da *décadence*—compaixão persuade ao *nada*!... Não se diz "nada": diz-se, em vez disso, "além"; ou "Deus"; ou "a *verdadeira* vida"; ou Nirvana, redenção, bem-aventurança... Essa inocente retórica saída do reino da idiossincrasia moral-religiosa aparece desde logo *muito menos inocente*, quando se concebe *que* tendência se enrola aqui no manto de palavras sublimes: a tendência *hostil à vida*. Schopenhauer era hostil à vida: *por isso*, a compaixão, para ele, se tornou virtude... Aristóteles, como se sabe, via na compaixão um estado doentio e perigoso, que seria bom tratar, aqui e ali, com um purgativo: entendia a tragédia como purgativo. Seria preciso de fato, a partir do instinto da vida, diante de uma doentia e perigosa acumulação de compaixão, tal como se apresenta no caso de Schopenhauer (e infelizmente também em toda a nossa *décadence* literária e artística, de São Petersburgo a Paris, de Tolstói a Wagner), procurar um meio de lhe aplicar uma alfinetada: para que ela *estoure*... Nada é mais insalubre, em meio a nossa insalubre modernidade, do que a compaixão cristã. *Aqui* ser médico, *aqui* ser inexorável, *aqui* usar a faca—isso pertence a *nós*, esse é nosso modo de amor ao homem, com isso *nós* somos filósofos, nós, hiperbóreos!

8

É necessário dizer *quem* nós sentimos como nosso oposto:—os teólogos e tudo o que tem sangue de teólogo no corpo—nossa inteira filosofia... É preciso ter visto de perto a fatalidade; melhor ainda, é preciso tê-la vivido em si, é preciso quase ter ido ao fundo com ela, para não entender aqui mais nenhuma brincadeira (o livre-pensamento dos senhores nossos naturalistas e fisiólogos é a meus olhos uma *brincadeira*—falta-lhes a paixão nessas coisas, o *padecer* com elas—). Aquele envenenamento atinge muito mais longe do que se pensa: reencontrei o instinto de petulância dos teólogos por toda parte onde hoje alguém se sente "idealista" — onde, em virtude de uma ascendência superior, se reivindica um direito de olhar a efetividade de cima e como estrangeiro... O idealista, exatamente como o padre, tem todos os grandes conceitos na mão (— e não somente na mão!), joga-os com um benevolente desprezo contra o "entendimento", os "sentidos", as "honras", o "bem-viver", a "ciência", vê tais coisas *abaixo* de si, como forças perniciosas e sedutoras, sobre as quais "o espírito" paira em pura *para-siez*:[2] — como se humildade, castidade, pobreza, *santidade*, em uma palavra, não tivessem feito, até agora, indizivelmente mais danos à vida do que quaisquer terribilidades e vícios... O puro espírito é a pura mentira... Enquanto o padre vale ainda como uma espécie *superior* de homem, esse negador, caluniador, envenenador da vida por *profissão*, não há nenhuma resposta para a pergunta: o que é verdade? Já se tem a verdade de ponta-cabeça quando o advogado consciente do nada e da negação vale como representante da "verdade"...

15

Nem a moral nem a religião, no cristianismo, têm algum ponto de contato com a efetividade. Somente *causas* imaginárias ("Deus", "alma", "eu", "espírito", "a vontade livre" — ou ainda a "não livre"); somente *efeitos* imaginários ("pecado", "redenção", "clemência", "castigo", "remissão dos pecados"). Uma transação entre *seres* imaginários ("Deus", "espíritos", "almas"); uma ciência imaginária da *natureza* (antropocêntrica; total ausência do conceito de causas naturais); uma *psicologia* imaginária (somente mal-entendidos sobre si, interpretações de sentimentos gerais agradáveis ou desagradáveis, por exemplo, os estados do *nervus sympathicus*, com auxílio da linguagem simbólica da idiossincrasia moral-religiosa — "arrependimento", "remorso de consciência", "tentação do diabo", "a proximidade de Deus"); uma *teleologia* imaginária ("o reino de Deus", "o Juízo Final", "a vida eterna"). — Esse puro *mundo de ficções* distingue-se, muito em seu desfavor, do mundo dos sonhos, por este último *espelhar* a efetividade, enquanto *ele* falsifica, desvaloriza, nega a efetividade. Depois que o conceito "natureza" foi inventado como contraconceito para "Deus", "natural" tinha de ser a palavra para "reprovável" — aquele inteiro mundo de ficções tem sua raiz no *ódio* contra o natural (— a efetividade! —), é a expressão de um profundo mal-estar com o efetivo... *Mas com isso está tudo explicado.* Quem é que tem razões para se *mentir para fora* da efetividade? Quem *sofre* com ela. Mas sofrer com a efetividade significa ser uma efetividade *malograda*... A preponderância dos sentidos de desprazer sobre os sentimentos de prazer é a *causa* daquela fictícia moral e religião: uma tal preponderância, porém, fornece a *fórmula* para a *décadence*...

---

[2] Em alemão: *Für-sich-heit*. (N.E.)

16

À mesma conclusão nos obriga uma crítica do *conceito cristão de deus*. — Um povo que ainda acredita em si mesmo ainda tem, também, seu próprio deus. Nele venera as condições pelas quais está acima, suas virtudes — projeta o prazer que tem consigo mesmo, seu sentimento de potência, em um ser a que pode agradecer por elas. Quem é rico, quer despender; um povo orgulhoso precisa de um deus, para *oferecer sacrifícios*... Religião, dentro de tais pressupostos, é uma forma de gratidão. É-se grato por si mesmo: para isso, se precisa de um deus. — Um tal deus tem de poder ser útil e pernicioso, tem de poder ser amigo e inimigo — é admirado no bom como no ruim. A castração *antinatural* de um deus em um deus meramente do bem seria aqui totalmente indesejável. Tem-se tanta necessidade do deus mau quanto do bom; aliás, não é precisamente à tolerância, à amizade aos humanos, que se deve a própria existência... De que serviria um deus que não conhecesse ira, vingança, inveja, escárnio, ardil, violência? que talvez nem sequer tivesse conhecimento das deliciosas *ardeurs* da vitória e do aniquilamento? Um tal deus ninguém entenderia: para que se haveria de tê-lo? — Sem dúvida: quando um povo sucumbe; quando sente desaparecer definitivamente sua crença no futuro, sua esperança de liberdade; quando a submissão como primeira utilidade, as virtudes do submisso como condições de conservação lhe entram na consciência, então *é preciso* alterar também seu deus. Ele se torna agora furtivo, temeroso, modesto, convida à "paz da alma", ao não-mais-odiar, à indulgência, ao "amor" mesmo, para com amigo e inimigo. Moraliza constantemente, esgueira-se na caverna de toda virtude privada, torna-se deus para todos, torna-se homem privado, torna-se cosmopolita... Outrora representava um povo, a força de um povo, toda a agressividade e sede de potência da alma de um povo: agora é meramente o bom deus... De fato, não há outra alternativa para deuses: *ou* são a vontade de potência — e então serão deuses de povos — *ou senão* a impotência de potência — e então se tornam necessariamente bons...

17

Onde, sob qualquer forma, a vontade de potência declina, há também, toda vez, uma regressão fisiológica, uma *décadence*. A divindade da *décadence*, amputada de suas virtudes e impulsos mais viris, torna-se agora necessariamente em deus dos fisiologicamente regredidos, dos fracos. *Não* chamam a si mesmos fracos, chamam-se "os bons"... Entende-se, sem que fosse preciso ainda uma indicação, em que instantes da história, somente, é possível a ficção dualista de um bom e de um mau deus. Com o mesmo instinto com que os submissos rebaixam seu deus a "bem em si", eles cancelam no deus de seus vencedores as boas propriedades; tomam vingança de seus senhores, *demoni-*

zando seu deus. — O *bom* deus, assim como o diabo: ambos rebentos da *décadence*. — Como se pode ainda hoje conceder tanto à simplicidade de teólogos cristãos, para decretar com eles que o desenvolvimento do conceito de deus, do "deus de Israel", do deus do povo, ao deus cristão, somatória de todo o bem, seja um *progresso*? Mas até mesmo Renan[3] o faz. Como se Renan tivesse direito à simplicidade! O contrário, no entanto, salta aos olhos. Se os pressupostos da vida *ascendente*, se tudo o que é forte, bravo, senhorial, orgulhoso é eliminado do conceito de deus, se passo a passo ele afunda em símbolo de um bordão para cansados, de uma tábua de salvação para todos os que se afogam, se ele se torna deus dos pobres, deus dos pecadores, deus dos doentes *par excellence*, e o predicado "salvador", "redentor", como que *resta* como predicado divino em geral: *de que* fala uma tal transmutação? uma tal *redução* do divino? — Sem dúvida: com isso "o reino de Deus" se tornou maior. Outrora, ele *tinha* somente seu povo, seu povo "eleito". Nesse meio tempo, ele foi, exatamente como seu próprio povo, para o estrangeiro, em andança, desde então nunca mais se sentou quieto: até que afinal estava por toda parte em casa, esse grande cosmopolita — até que ganhou "o grande número" e a metade da terra para seu lado. Mas o deus do "grande número", o democrata dentre os deuses, não se tornou, a despeito disso, nenhum orgulhoso deus de pagãos: permaneceu judeu, permaneceu o deus do rincão, o deus de todas as esquinas e lugares escuros, de todos os quarteirões insalubres do mundo inteiro!... Seu reino deste mundo é, antes como depois, um reino de submundo, um hospital, um reino *souterrain*, um reino-*ghetto*... E ele mesmo, tão pálido, tão fraco, tão *décadent*... Mesmo os mais pálidos dos pálidos ainda se tornaram senhores sobre ele, os senhores metafísicos, os albinos do conceito. Estes urdiram por tanto tempo à sua volta, até que ele, hipnotizado por seus movimentos, se tornou ele mesmo aranha, ele mesmo *metaphysicus*. Então ele urdiu outra vez o mundo a partir de si — *sub specie Spinozae*[4] —, então transfigurou-se em algo cada vez mais ralo e mais pálido, tornou-se "ideal", tornou-se "puro espírito", tornou-se "Absoluto", tornou-se "coisa em si"... *Degradação de um deus*; Deus se tornou "coisa em si"...

30

O ódio instintivo contra a realidade: consequência de uma extrema suscetibilidade ao sofrimento e à excitação, que simplesmente não quer mais ser "tocada", porque sente cada toque demasiado profundamente.

---

3 O filólogo e historiador Ernest Renan (1823-1892), que dera a um dos volumes de sua obra-mestra, *Les origines du christianisme*, precisamente o título *L'Antéchrist*. O volume continha uma história das heresias. (N.T.)
4 Jogo de palavras urdido entre *spinnen* ("urdir"), *Spinne* ("aranha") e *Spinoza*, o filósofo Espinosa, que cunhou a expressão *sub specie aeternitatis*, parodiada aqui. (N.T.)

A exclusão instintiva de toda aversão, de toda hostilidade, de todos os limites e distâncias no sentimento: consequência de uma extrema suscetibilidade ao sofrimento e à excitação, que sente cada resistência, cada ter-de-resistir já como insuportável *desprazer* (isto é, como *pernicioso*, como *desaconselhado* pelo instinto de autoconservação) e só conhece a bem-aventurança (o prazer) em não mais, a ninguém mais, nem ao mal nem ao mau, opor resistência — o amor como única, como *última* possibilidade de vida...
  Eis as duas *realidades fisiológicas* sobre as quais, das quais a doutrina da redenção cresceu. Denomino-as um sublime prolongamento e continuação do hedonismo sobre bases inteiramente mórbidas. Seu parente mais próximo, se bem que com grande subsídio de vitalidade e nervo gregos, é ainda o epicurismo, a doutrina-de-redenção do paganismo. Epicuro, um *típico décadent*: que eu fui o primeiro a reconhecer como tal. — O medo da dor, mesmo do que é infinitamente pequeno na dor — *não pode* terminar de nenhum outro modo, senão em uma *religião do amor*...

42

Vê-se *o que* chegou ao fim com a morte na cruz: um novo esboço, inteiramente original, de movimento de paz budista, de uma efetiva, *não* meramente prometida, *felicidade sobre a terra*. Pois esta continua a ser — já o ressaltei — a diferença fundamental entre ambas as religiões da *décadence*: o budismo não promete, mas cumpre, o cristianismo promete tudo, mas *não cumpre nada*. — A "boa notícia"[5] foi seguida rente aos calcanhares pela *pior de todas*: a de Paulo. Em Paulo, toma corpo o tipo oposto ao "portador da boa notícia", o gênio no ódio, na visão do ódio, na inexorável lógica do ódio. *O que* esse disangelista não ofereceu em sacrifício ao ódio! Antes de tudo, o redentor: ele o pregou em *sua* cruz. A vida, o exemplo, o ensinamento, a morte, e o sentido e o direito do Evangelho inteiro — nada mais existia, quando esse moedeiro falso por ódio lançou mão somente daquilo que podia aproveitar. *Não* a realidade, *não* a verdade histórica!... E mais uma vez o instinto de padre do judeu cometeu o mesmo grande crime contra a história — simplesmente riscou o ontem, o anteontem do cristianismo, *inventou para seu uso uma história do primeiro cristianismo*. Mais ainda: falsificou a história de Israel mais uma vez, para fazê-la aparecer como pré-história de *seu* feito: todos os profetas falaram de *seu* "redentor"... A Igreja falsificou mais tarde até mesmo a história da humanidade em pré-história do cristianismo... O tipo do

---

5 Referência ao sentido original grego da palavra *evangelho* ("boa nova", "boa mensagem"). Nesse sentido, Paulo, o "portador da má notícia", é o contrário de um "evangelista", é um angélico "disangelista". (N.T.)

redentor, o ensinamento, a prática, a morte, o sentido da morte, mesmo o depois da morte — nada ficou intacto, nada ficou sequer semelhante à efetividade. Paulo simplesmente deslocou o centro de gravidade daquela inteira existência *para trás* desta existência — na *mentira* do Jesus "ressuscitado". No fundo, simplesmente não podia aproveitar a vida do redentor — ele necessitava da morte na cruz *e* de algo mais ainda... Considerar um Paulo, que tem sua pátria na sede da ilustração estoica, como honesto, quando ele arranja, a partir de uma alucinação, a *prova* do viver-ainda do redentor, ou sequer dar crédito à sua narrativa *de que* teve essa alucinação, seria uma verdadeira *niaiserie* da parte de um psicólogo; Paulo queria o fim; *consequentemente*, queria também os meios... Se ele mesmo não acreditava, os idiotas entre os quais lançou *seu* ensinamento acreditaram nisso. — *Sua* necessidade era a *potência*; com Paulo, queria o padre, mais uma vez, chegar à potência — só podia aproveitar conceitos, ensinamentos, símbolos, com os quais se tiranizam massas, se formam rebanhos. *O que*, somente, Maomé emprestou do cristianismo, mais tarde? A invenção de Paulo, seu meio para a tirania de padres, para a formação de rebanhos: a crença na imortalidade — isto é, a *doutrina do "Julgamento"*...

43
Se se põe o centro de gravidade da vida *não* na vida, mas no "além" — *no nada* —, tirou-se da vida toda gravidade. A grande mentira da imortalidade pessoal destrói toda razão, toda natureza que há no instinto — *tudo* o que é benéfico nos instintos, que propicia a vida, que garante futuro, desperta agora desconfiança. Viver *de tal modo*, que não tem mais nenhum *sentido* viver, *esse* se torna agora o "sentido" da vida... Para que senso comum, para que gratidão ainda pela ascendência e pelos antepassados, para que cooperar, confiar, propiciar algum bem geral e tê-lo em vista?... Outras tantas "tentações", outros tantos extravios do *"bom caminho"* — *"uma* coisa é necessária"... Que cada um, como "alma imortal", seja de igual ordem que o outro, que na totalidade de todos os seres a "salvação" de *cada um* possa reivindicar uma eterna importância, que pequenos carolas e desequilibrados de três quartos possam imaginar que por amor deles as leis da natureza são constantemente *infringidas* — uma tal intensificação de toda espécie de amor-próprio até o infinito, até o *desavergonhado, não há* desprezo bastante para estigmatizá-la. E no entanto o cristianismo deve a *essa* deplorável bajulação da vaidade pessoal sua *vitória* — precisamente tudo o que é malogrado, sedicioso, enjeitado, o vômito e a escória da humanidade, ele persuadiu com isso a seu favor. A "salvação da alma" — ou, em alemão: "o mundo gira em torno de *mim*"... O veneno da doutrina "direitos *iguais*

para todos" — foi o cristianismo que mais fundamentalmente o disseminou; a todo sentimento de veneração e de distância entre homem e homem, isto é, ao *pressuposto* de toda elevação, de todo crescimento de civilização, o cristianismo fez uma guerra de morte, a partir dos mais secretos escaninhos dos instintos ruins — a partir do *ressentiment* das massas, ele forjou para si a *principal arma* que tem contra *nós*, contra tudo o que é nobre, alegre, magnânimo sobre a terra, contra nossa felicidade sobre a terra... A "imortalidade" concedida a cada Pedro e Paulo foi até agora o maior, o mais maldoso, atentado contra a humanidade *nobre*. — *E* não subestimemos a fatalidade que, a partir do cristianismo, se infiltrou até na política! Ninguém hoje tem mais a coragem de ter direitos particulares, de ter direitos de domínio, de ter um sentimento de veneração por si e por seus iguais, de ter um *páthos da distância*... Nossa política está *doente* dessa falta de coragem! — O aristocratismo dos sentimentos foi solapado da maneira mais subterrânea pela mentira da igualdade das almas; e se a crença no "privilégio da maioria" faz revoluções e as *fará* — é o cristianismo, que ninguém duvide, são os juízos de valor *cristãos* que traduzem toda revolução meramente em sangue e crime! O cristianismo é um levante de tudo o que rasteja no chão contra Aquilo que tem *altura*: o Evangelho dos "baixos" *torna* baixo...

44

— Os Evangelhos são inestimáveis como testemunho da corrupção já incontível *no interior* da primeira comunidade. O que Paulo, mais tarde, com o cinismo lógico de um rabino, levou até o fim, era, a despeito disso, meramente o processo de degradação que começou com a morte do redentor. — Esses Evangelhos, nenhuma precaução é bastante para lê-los; eles têm suas dificuldades por trás de cada palavra. Confesso, ninguém me levará a mal, que justamente por isso são para um psicólogo um contentamento de primeira ordem — como o *oposto* de toda corrupção ingênua, como o refinamento *par excellence*, como arte de corrupção psicológica. Os Evangelhos estão sozinhos. A Bíblia em geral não tolera nenhuma comparação. Estamos entre judeus: *primeiro* ponto de vista, para aqui não perder totalmente os fios. O disfarçar-se de "santo", que aqui se torna francamente gênio, nunca alcançado nem de perto entre outros livros e homens, essa falsificação de moedas na palavra e nos gestos, como *arte*, não é o acaso de algum talento singular, de alguma natureza excepcional. Isso requer *raça*. No cristianismo, como arte de mentir santamente, o judaísmo inteiro, um mais que centenário e mais que sério exercício propedêutico e técnica judaicos, chega à sua última maestria. O cristão, essa *ultima ratio* da mentira, é o judeu mais uma vez — *três vezes*, até... A vontade fundamental de empregar somente conceitos, símbolos, atitudes, que estão comprovados na praxe do padre, a recusa instintiva de toda *outra praxe*, de toda *outra* espécie de perspectiva de valor e de utilidade — isso não é somente tradição, isso é *herança*: somente como herança faz efeito de natureza. A humanidade inteira, até mesmo as melhores cabeças dos melhores tempos (com exceção de uma, que talvez seja meramente um monstro inumano —), deixou-se enganar. Leram o Evangelho como o *livro da inocência*... nenhuma pequena indicação sobre a maestria com que foi representado esse espetáculo. — Sem dúvida: se nos fosse dado *vê-los*, ainda que só de passagem, todos esses maravilhosos carolas e santos artificiais, seria o fim — e exatamente porque *eu* não leio nenhuma palavra sem ver gestos, *eu lhes dou fim*... Não suporto neles um certo modo de arregalar os olhos. — Felizmente, os livros, em sua maioria, são mera *literatura*... — É preciso não se deixar induzir em erro: "Não julgueis!", dizem eles, mas mandam para o inferno tudo o que fica em seu caminho. Ao fazerem Deus julgar, julgam eles próprios; ao glorificarem a Deus, glorificam a si próprios; ao *exigirem* precisamente as virtudes para as quais são aptos — mais ainda, das quais necessitam, simplesmente para permanecerem acima, dão a grande aparência de uma luta pela virtude, de um combate pelo predomínio da virtude. "Vivemos, morremos, sacrificamo-nos *pelo bem*" (— "a verdade", "a luz", "o reino de Deus"): na verdade, fazem o que não podem deixar de fazer. Ao se encolherem à maneira de furtivos, ao se sentarem no canto, ao viverem na sombra como sombras, eles fazem disso seu *dever*: é como dever que aparece sua vida de humildade, e, como humildade, é uma prova a mais de devoção... Ah, essa humilde, casta, misericordiosa espécie de mendacidade! "Em nosso favor, deve a virtude mesma testemunhar." — Leiam-se os Evangelhos como livros de sedução pela *moral*: a moral é confiscada por essa gente pequena — eles sabem o quanto vale a moral! A melhor maneira de *conduzir pelo nariz* a humanidade é com a moral! — A realidade é que aqui a mais consciente *vaidade de eleitos* faz o jogo da modéstia: colocaram de uma vez por todas *a si mesmos*, a "comunidade", os "bons e justos", de *um* lado, do lado da "verdade" — e o resto, "o mundo", do outro... Essa foi a espécie mais fatal de mania de grandeza que até agora existiu sobre a terra: uns pequenos abortos de carolas e mentirosos começam a reivindicar para si os conceitos "Deus", "verdade", "luz", "espírito", "amor", "sabedoria", "vida", como se fossem sinônimos de si, para com isso delimitar o "mundo" contra si; pequenos judeus superlativos, maduros para toda espécie de hospício, desviram os valores em geral à sua imagem, como se somente "o cristão" fosse o sentido, o sal, a medida, e também o *Juízo último* de todo o resto... Essa inteira fatalidade só foi possibilitada por já estar no mundo uma mania de grandeza aparentada, aparentada pela raça, a *judaica*: tão logo o abismo entre judeus e judeus cristãos se rasgou, não restou a estes últimos nenhuma escolha, a não ser empregar as mesmas procedimentos de autoconservação que o instinto judeu aconselhava, *contra* os próprios judeus, enquanto os judeus até então as haviam empregado meramente contra todo o *não* judaico. O cristão é apenas um judeu de confissão "*mais livre*".

47

— Não é isso que *nos* destaca, não encontrarmos nenhum deus, nem na história, nem na natureza, nem por trás da natureza — mas sim sentirmos aquilo que foi venerado como Deus, não como "divino", mas como digno de lástima, como absurdo, como pernicioso, não somente como erro, mas como *crime* contra a *vida*... Negamos Deus como deus... Se nos *provassem* esse deus dos cristãos, saberíamos ainda menos acreditar nele. Numa fórmula: *deus qualem Paulus creavit, dei negatio*.[6] — Uma religião como o cristianismo, que não tem nenhum ponto de contato com a efetividade, que desmorona tão logo a realidade, em um ponto sequer, adquira seus direitos, tem, como é justo, de ser inimiga mortal da "sabedoria do mundo", quer dizer, *da ciência* — achará bons todos os meios, com os quais a disciplina do espírito, o esmero e rigor nas questões de consciência do espírito, a nobre frieza e liberdade de espírito, pode ser envenenada, caluniada, *difamada*. A "crença" como imperativo é o *veto* contra a ciência — *in praxi* a mentira a todo preço... Paulo *compreendeu* que a mentira — que "a crença" era necessária; a Igreja, mais tarde, compreendeu, por sua vez, Paulo. — Aquele "Deus" que Paulo inventou para si, um deus "que envergonha a sabedoria do mundo" (ou, no sentido estrito, as duas grandes adversárias de toda superstição, a filologia e a medicina), é na verdade somente a resoluta *decisão* de Paulo a: chamar de "Deus" sua própria vontade, *torah*,[7] isso é arquijudaico. Paulo *quer* envergonhar "a sabedoria do mundo": seus inimigos são os *bons* filólogos e médicos de escola alexandrina — a eles ele faz guerra. De fato, *não* se é filólogo e médico sem ser também, ao mesmo tempo, *anticristão*. Pois quem é filólogo lê *atrás* dos "livros santos", quem é médico, *atrás* da depravação fisiológica do cristão típico. O médico diz "incurável", o filólogo, "trapaça"...

50

— Não me dispenso nesta passagem de uma psicologia da "crença", dos "crentes", para uso, como é justo, precisamente dos "crentes". Se hoje ainda não faltam aqueles que não sabem em que medida é *indecente* ser crente — ou um sinal de *décadence*, de uma vontade de vida alquebrada —, amanhã já o

---

6 "O deus que Paulo criou é a negação de Deus." (N.E.)
7 Nome dado pelos judeus à lei mosaica e ao Pentateuco. (N.T.)

saberão. Minha voz alcança também os duros de ouvido. Parece, se é que não ouvi mal, que há entre cristãos uma espécie de critério da verdade que se denomina "prova pela força". "A crença torna venturoso: *portanto* é verdadeira."—Poderia aqui objetar-se desde logo que precisamente o tornar-venturoso não está provado, mas somente *prometido*: a bem-aventurança vinculada à condição da "crença"—*deve-se* tornar-se venturoso, *porque* se acredita... Mas que de fato ocorra o que o padre promete ao crente no "além" inacessível a todo controle, com que se prova isso?—A pretensa "prova pela força" é, pois, por sua vez, no fundo, somente uma crença em que não deixará de ocorrer o efeito que se promete da crença. Numa fórmula: "Eu acredito que a crença torna venturoso—; *consequentemente*, ela é verdadeira". Mas com isso já chegamos ao fim. Esse "consequentemente" seria o *absurdum* mesmo como critério da verdade.—Suponhamos, porém, com alguma condescendência, que o tornar-venturoso pela crença esteja provado (— *não* somente desejado, *não* somente prometido pela boca algo suspeita de um padre): seria a bem-aventurança—tecnicamente falando, o *prazer*—alguma vez uma prova da verdade? Tão pouco, que quase nos é dada a prova oposta, em todo caso a mais alta suspeita contra a "verdade", quando sensações de prazer tomam a palavra sobre a pergunta "o que é verdadeiro?" A prova de "prazer" é uma prova *de* "prazer"—nada mais; a partir de que, por tudo o que há no mundo, estaria afirmado que precisamente os juízos *verdadeiros* produziriam mais contentamento do que os falsos e, em conformidade com uma harmonia preestabelecida, acarretariam necessariamente sentimentos agradáveis?—A experiência de todos os espíritos rigorosos, de feitio profundo, ensina o *inverso*. Foi preciso conquistar pela luta cada passo de verdade, por ela foi preciso abrir mão de quase tudo a que se prende o coração, a que se prende nosso amor, nossa confiança na vida. É necessário grandeza de alma para isso: o serviço da verdade é o mais duro dos serviços.—O que significa então ser *honesto* em coisas espirituais? Ser rigoroso com seu coração, desprezar os "belos sentimentos", fazer de cada sim e não uma consciência!—— A crença torna venturoso, *consequentemente*, é mentirosa...

53

— Que *mártires* provem algo pela verdade de uma causa, é tão pouco verdadeiro que eu negaria que jamais um mártir teve em geral algo que ver com a verdade. No tom com que um mártir lança à cara do mundo sua certeza-de-verdade,[8] já se exprime um grau tão baixo de honestidade intelectual, um

---

8 *Für-wahr-halten*, literalmente, "ter-por-verdadeiro"; traduz-se, em sentido técnico-lógico, por "assentimento". Escreve-se também, em uma palavra só, *Fürwahrhalten*, e designa o genérico da

tal *embotamento* para a questão da "verdade", que nunca é preciso refutar um mártir. A verdade não é algo que um teria e outro não teria: no máximo, podem pensar assim sobre a verdade camponeses ou apóstolos de camponeses, ao modo de Lutero. Pode-se estar seguro de que, conforme o grau de consciência em coisas do espírito, a modéstia, a *moderação* neste ponto se torna cada vez maior. De cinco assuntos *saber*, e com mão delicada escusar-se de saber *do resto*... "Verdade", como é entendida a palavra por todo profeta, todo sectário, todo livre-espírito, todo socialista, todo homem de Igreja, é uma perfeita prova de que ainda nem sequer se deu início àquela disciplina do espírito e da superação de si, que é necessária para achar qualquer pequena verdade, por menor que seja — As mortes de mártires, dito de passagem, foram uma grande infelicidade na história: *seduziram*... A conclusão de todos os idiotas, mulher e povo inclusive, de que em uma causa pela qual alguém vai à morte (ou que até mesmo, como o primeiro cristianismo, engendra epidemias sequiosas de morte) tem de haver algo — essa conclusão se tornou, para o exame, para o espírito de exame e cautela, um indizível entrave. Os mártires *causaram dano* à verdade... Ainda hoje, basta uma crueza da perseguição para proporcionar um sectarismo, por mais indiferente que seja em si um nome *honrado*. — Como? Altera-se algo no valor de uma causa se alguém por ela deixa sua vida? — Um erro que se torna honrado é um erro que possui uma sedução a mais: acreditais que nós vos daríamos ensejo, senhores teólogos, de vos fazerdes mártires por vossa mentira? — Refuta-se uma causa colocando-a respeitosamente no gelo — do mesmo modo também se refutam teólogos... Precisamente isso foi a estupidez histórico-universal de todos os perseguidores, terem dado à causa adversária a aparência de honrada — terem-lhe dado de presente a fascinação do martírio... A mulher, ainda hoje, está de joelhos diante de um erro, porque lhe disseram que por ele alguém morreu na cruz. *Então a cruz é um argumen-to?* — — Mas sobre todas essas coisas somente um único disse a palavra de que há milênios se tinha necessidade — foi *Zaratustra*:

Signos de sangue escreveram eles sobre o caminho que seguiam, e seu disparate ensinava que com sangue se prova a verdade.

Mas sangue é a pior testemunha da verdade; sangue envenena ainda o mais puro ensinamento, em delírio e ódio dos corações.

E se alguém passou através do fogo por seu ensinamento — o que prova isso! Mais vale, em verdade, que de seu próprio incêndio saia sua própria doutrina.[9]

---

postura subjetiva diante da proposição, englobando os vários modos de assentimento: crença, convicção, certeza. Aqui importava sublinhar a relação com a "verdade" ou "veracidade" no enunciado da convicção. (N.T.)
9 *Assim falou Zaratustra*, vol. II, "Dos sacerdotes". (N.E.)

54

Que ninguém se deixe induzir em erro: grandes espíritos são céticos. Zaratustra é um cético. A força, a *liberdade* que vem da força e da sobreforça do espírito prova-se pela *skepsis*. Homens de convicção, em tudo o que é fundamental quanto a valor e desvalor, nem entram em consideração. Convicções são prisões. E algo que não vê longe o bastante, que não vê *abaixo* de si: mas para poder tomar a palavra sobre valor e desvalor, é preciso ver quinhentas convicções *abaixo* de si—*atrás* de si... Um espírito que quer algo grande, que quer também os meios para isso, é necessariamente cético. A liberdade diante de toda espécie de convicções *pertence* à força, o poder-olhar-livremente... A grande paixão, fundamento e potência de seu ser, ainda mais esclarecida, ainda mais despótica do que ele mesmo, toma seu intelecto inteiro a seu serviço; torna inescrupuloso; encoraja-o até mesmo a meios sacrílegos; *concede-lhe*, em certas circunstâncias, convicções. A convicção como *meio*: muito só se alcança por meio de uma convicção. A grande paixão usa, consome convicções, não se submete a elas—sabe-se soberana.—Ao inverso, a necessidade de crença, de um incondicionado, de sim e não, de carlylismo, se me permitem essa palavra, é uma necessidade da *fraqueza*. O homem da crença, o "crente" de toda espécie, é necessariamente um homem dependente—um homem que não é capaz de *se* propor como fim, que em geral não é capaz de propor fins a partir de si. O "crente" não se pertence, só pode ser meio, tem de ser *consumido*, necessita de quem o consuma. Seu instinto dá a mais alta honra a uma moral da privação de si: a esta o persuade tudo, sua esperteza, sua experiência, sua vaidade. Toda espécie de crença é em si mesma uma expressão de privação de si, de estranhamento de si... Que se pondere quão necessário é, para a maioria, um regulativo que a ligue e firme de fora, o quanto a coação ou, em um sentido superior, a *escravidão*, é a única e última condição, sob a qual o ser humano fraco de vontade, sobretudo a mulher, prospera: assim se entende também a convicção, a "crença". O homem da convicção tem nela sua espinha dorsal. Muitas coisas *não* ver, em nenhum ponto ser imparcial, ser partidário de ponta a ponta, ter uma ótica rigorosa e necessária em todos os valores—somente isso condiciona que uma tal espécie de homem subsista em geral. Mas com isso ela é o oposto, o *antagonista* do verídico—da verdade... O crente não está livre para ter em geral uma consciência para a questão "verdadeiro" e "não verdadeiro": ser honesto *nesse* ponto seria desde logo sua ruína. O condicionamento patológico de sua ótica faz do convicto o fanático—Savonarola, Lutero, Rousseau, Robespierre, Saint-Simon—, o tipo oposto ao espírito forte, tornado *livre*. Mas a grande atitude desses espíritos *doentes*, desses epiléticos do conceito, faz efeito sobre a grande massa—os fanáticos são pitorescos, a humanidade prefere ver gestos do que ouvir *razões*...

58

De fato, faz uma grande diferença com que finalidade se mente: se com isso se conserva ou *destrói*. Pode-se estabelecer entre *cristão* e *anarquista* uma perfeita equação: sua finalidade, seu instinto, visa somente à destruição. A prova dessa proposição, basta lê-la na história: esta a contém com assustadora clareza. Se acabamos de travar conhecimento com uma legislação religiosa cuja finalidade era "eternizar" a suprema condição para que a vida *prospere*, uma grande organização da sociedade — o cristianismo encontrou sua missão em dar fim a uma tal organização, justamente *porque nela a vida prospera*. Ali, o rendimento em razão de longos anos de experimento e de insegurança deveria ser aplicado em utilidades mais distantes, e ser tão grande a colheita, tão rica, tão completa quanto possível: aqui, ao contrário, da noite para o dia, a colheita foi *envenenada*... Aquilo que se erguia *aere perennius*, o *imperium Romanum*, a mais grandiosa forma de organização sob condições difíceis que até agora foi alcançada, em comparação à qual todo o antes, todo o depois, é fragmento, remendo, diletantismo — aqueles santos anarquistas se fizeram uma "devoção", de destruir "o mundo", *isto é, o imperium Romanum*, até que não restasse pedra sobre pedra — até que mesmo os germanos e outros rústicos puderam tornar-se senhores sobre ele... O cristão e o anarquista: ambos *décadents*, ambos ineptos a atuar de outro modo, a não ser dissolvendo, envenenando, enfezando, *sugando sangue*, ambos o instinto do *ódio mortal* contra tudo o que está em pé, tem estatura, tem duração, promete futuro à vida... O cristianismo foi o vampiro do *imperium Romanum* — o descomunal feito dos romanos, conquistar o chão para uma grande civilização, *que tem tempo*, ele o desfez da noite para o dia. — Ainda não se entende isso? O *imperium Romanum* que conhecemos, que a história da província romana nos ensina a conhecer cada vez melhor, essa admirável obra de arte do grande estilo, foi um início, seu edifício estava calculado para se *comprovar* com os milênios — até hoje nunca se edificou assim, nunca sequer se sonhou edificar em tal medida *sub specie aeterni!* — Essa organização era firme o bastante para suportar maus césares: o acaso das pessoas não pode fazer nada em tais coisas —, *primeiro* princípio de toda grande arquitetura. Mas não era firme o bastante contra a *mais corrupta* espécie de corrupção, contra o *cristão*... Esse verme secreto que à noite, na neblina e na ambiguidade, se aproximava sorrateiro de todos os indivíduos e sugava de cada indivíduo a seriedade para coisas *verdadeiras* e, em geral, o instinto para *realidades*, esse bando covarde, feminino e açucarado, passo a passo afastou as "almas" desse descomunal edifício — aquelas valiosas, aquelas virilmente nobres naturezas, que sentiam na causa de Roma sua própria causa, sua própria seriedade, seu próprio *orgulho*. A tortuosidade de carolas, a clandestinidade de conventículos, conceitos sombrios como inferno, como sacrifício dos inocentes, como *unio mystica* no beber sangue, antes de tudo o fogo lentamente atiçado da vingança, da vingança de chandala — *isso* se tornou senhor sobre Roma, a mesma espécie de religião a cuja forma preexistente já Epicuro havia feito guerra. Leia-se Lucrécio para compreender o que Epicuro combateu, *não* o paganismo, mas "o cristianismo", quer dizer, a corrupção das almas pelo conceito de culpa, pelo conceito de castigo e de imortalidade. — Combateu os cultos *subterrâneos*, o escorregadio cristianismo latente — negar a imortalidade era, já naquele tempo, uma efetiva *redenção*. — E Epicuro teria vencido, todo espírito respeitável no império romano era epicurista: *então apareceu Paulo*... Paulo, o ódio-de-chandala feito carne, feito gênio, contra Roma, contra "o mundo", o judeu, o judeu *eterno par excellence*... *O que* ele adivinhou foi como, com o auxílio do pequeno e sectário movimento cristão, à margem do judaísmo, se pode acender um "incêndio do mundo", como, com o símbolo "Deus na cruz", se pode somar tudo o que está por baixo, tudo o que é secretamente sedicioso, a inteira herança de agitações anarquistas dentro do império, em uma potência descomunal. "A salvação vem dos judeus." — O cristianismo como fórmula para suplantar os cultos subterrâneos de toda espécie, o de Osíris, da Grande Mãe, de Mithra, por exemplo — *e* somá-los; nessa intuição consiste o gênio de Paulo. Seu instinto estava tão seguro nisso, que as representações, com as quais aquelas religiões de chandala fascinavam, ele as pôs, com impiedosa violência contra a verdade, na boca daquele "salvador", de sua invenção, e não somente na boca — que, deste, ele *fez* algo que também um padre de Mithra podia entender... Esse foi seu instante de Damasco: ele compreendeu que tinha *necessidade* da crença na imortalidade para desvalorar "o mundo", que o conceito "inferno" ainda se tornaria senhor sobre Roma — que com o "além" se *mata a vida*... *Nihilist und Christ*, niilista e cristão: isso rima, isso não rima apenas...

61

Aqui é necessário tocar em uma recordação ainda cem vezes mais penosa para alemães. Os alemães privaram a Europa da última grande colheita de civilização que houve para a Europa — a do *Renascimento*. Entende-se afinal, *quer-se entender, o que* foi o Renascimento? *A transvaloração dos valores cristãos*, o ensaio, empreendido com todos os meios, com todos os instintos, com todo o gênio, de levar os valores *opostos*, os valores *nobres*, à vitória... Até agora houve apenas *essa* grande guerra, até agora não houve nenhum questionamento mais decisivo que o do Renascimento — *minha* questão é sua questão —: também nunca houve uma forma mais fundamental, mais direta, mais rigorosamente desencadeada em toda a frente e em pleno centro, de *assalto*!

Tomar de assalto a posição decisiva, a própria sede do cristianismo, aqui levar os valores *nobres* ao trono, quer dizer, *infiltrá-los* nos instintos, nas mais profundas necessidades e apetites daqueles que estavam sentados ali... Vejo diante de mim uma *possibilidade*, de um perfeito feitiço e colorido extraterreno: — parece-me que ela resplandece com todos os arrepios de refinada beleza, que nela está em obra uma arte tão divina, tão diabolicamente divina, que em vão se rebuscam milênios em busca de uma segunda possibilidade semelhante; vejo um espetáculo tão rico de sentido, tão maravilhosamente paradoxal ao mesmo tempo, que todas as divindades do Olimpo teriam tido ensejo para uma imortal gargalhada — *César Bórgia como Papa...* Entendem-me?... Pois bem, *isso* teria sido uma vitória, pela qual, *eu*, hoje, reclamo sozinho —: com isso o cristianismo estaria *abolido!*... E o que aconteceu? Um monge alemão, Lutero, veio para Roma. Esse monge, trazendo no corpo todos os instintos vingativos de um padre malogrado, revoltou-se em Roma *contra* o Renascimento... Em vez de, com a mais profunda gratidão, entender o descomunal que havia acontecido, a superação do cristianismo em sua *sede* — entendeu seu ódio tirar desse espetáculo somente seu alimento. Um homem religioso só pensa em si — Lutero viu a *corrupção* do Papado, enquanto era precisamente o contrário que se podia pegar com as mãos: a velha corrupção, o *peccatum originale*, o cristianismo *não* estava mais sentado na cadeira do Papa! Mas sim a vida! Mas sim o triunfo da vida! Mas sim o grande Sim a todas as altas, belas, temerárias coisas!... E Lutero *restabeleceu a Igreja*: tomou-a de assalto... O Renascimento — um acontecimento sem sentido, um grande *em-vão!* — Ah, esses alemães, o que eles já nos custaram! Em vão — isso foi sempre obra dos alemães. — A Reforma; Leibniz; Kant e a assim chamada filosofia alemã; as guerras de "liberdade"; o *Reich* — cada vez um em-vão para algo que já estava aí, para algo *irrecuperável*... São *meus* inimigos, eu o confesso, esses alemães; desprezo neles toda espécie de falta de higiene em conceito e valor, de *covardia* diante de todo honesto sim e não. Há um milênio, enredam e confundem tudo o que tocam com seus dedos, têm na consciência todas as meias-medidas — os três oitavos de medida! — de que a Europa está doente — têm também na consciência a mais anti-higiênica espécie de cristianismo que há, a mais incurável, a mais irrefutável, o protestantismo... Se não pudermos dar cabo do cristianismo, a culpa será dos *alemães*...

ECCE HOMO
COMO SE TORNAR O QUE SE É
1888

PRÓLOGO

1

Na antevisão de que dentro em breve terei de me apresentar à humanidade com a mais difícil exigência que jamais lhe foi feita, parece-me indispensável dizer *quem sou eu*. No fundo se poderia sabê-lo, pois não me "deixei sem testemunho". A desproporção, porém, entre a grandeza de minha tarefa e a pequeneza de meus contemporâneos alcançou sua expressão no fato de que nem me ouviram, nem sequer me viram. Vivo de meu próprio crédito, e quem sabe é um mero preconceito dizer que vivo?... Basta falar com algum homem "culto" que vem no verão à Alta Engandina, para me convencer de que *não* vivo... Nessas circunstâncias, há um dever contra o qual se revolta, no fundo, meu hábito, e mais ainda o orgulho de meus instintos, ou seja, de dizer: *Ouçam! pois eu sou tal e tal. Não me confundam, sobretudo!*

2

Não sou, por exemplo, nenhum bicho-papão, nenhum monstro de moral — sou até mesmo uma natureza oposta à espécie de homem que até agora se venerou como virtuosa. Entre nós, parece-me que precisamente Isso faz parte de meu orgulho. Sou um discípulo do filósofo Dioniso, *preferiria* antes ser um sátiro do que um santo. Mas simplesmente leia-se este escrito. Talvez eu tenha conseguido, talvez este escrito não tenha tido nenhum outro sentido do que trazer à expressão essa oposição, de uma maneira serena e humanitária. A última coisa que eu me prometeria seria "melhorar" a humanidade. Por mim não são erigidos novos ídolos; os velhos que aprendam o que é ter pernas de argila. *Derrubar ídolos* (minha palavra para "ideais") — isso sim, já faz parte de meu ofício. Privou-se a realidade de seu valor, de seu sentido, de sua veracidade, no mesmo grau em que se *mentiu* um mundo ideal... O "verdadeiro mundo" e o "mundo aparente" — em alemão: o *mundo mentido* e a *realidade*... A mentira do ideal foi até agora a maldição sobre a realidade, com ela a humanidade mesma se tornou, até em seus mais profundos instintos, mentirosa e falsa — até chegar à adoração dos valores *inversos* àqueles com os quais, somente, lhe estaria garantido o prosperar, o futuro, o elevado direito a futuro.

3

— Quem sabe respirar o ar de meus escritos sabe que é um ar da altitude, um ar *forte*. É preciso ser feito para ele, senão o perigo de se resfriar não é pequeno. O gelo está perto, a solidão é descomunal — mas com que tranquilidade estão todas as coisas à luz! com que liberdade se respira! quanto se sente *abaixo* de si!—filosofia, tal como até agora a entendi e vivi, é a vida voluntária em gelo e altas montanhas—a procura por tudo o que é estrangeiro e problemático na existência, por tudo aquilo que até agora foi exilado pela moral. De uma longa experiência que me foi dada por tal andança *pelo proibido*, aprendi a considerar as causas pelas quais até agora se moralizou e idealizou, de modo muito diferente do que seria desejável: a história *escondida* dos filósofos, a psicologia de seus grandes nomes, veio à luz para mim.—Quanto de verdade *suporta*, quanto de verdade *ousa* um espírito? isso se tornou para mim, cada vez mais, o autêntico medidor de valor. Erro (—a crença no ideal—) não é cegueira, erro é *covardia*... Cada conquista, cada passo avante no conhecimento *decorre* do ânimo, da dureza contra si, do asseio para consigo... Não refuto os ideais, apenas calço luvas diante deles... *Nitimur in vetitum*:[1] neste signo vencerá um dia minha filosofia, pois até agora o que se proibiu sempre, por princípio, foi somente a verdade.

4

— Dentro de meus escritos, meu Zaratustra está sozinho. Com ele, fiz à humanidade o maior presente que até agora lhe foi feito. Esse livro, com uma voz que passa por sobre milênios, não é somente o livro mais alto que há, o autêntico livro do ar das alturas—o inteiro fato homem está a uma descomunal distância *abaixo* dele—; é também o *mais profundo*, o nascido da mais íntima riqueza de verdade, um poço inesgotável, em que não desce nenhum balde sem voltar cheio de ouro e bondade. Aqui não fala nenhum "profeta", nenhum daqueles arrepiantes híbridos de doença e vontade de potência que são chamados fundadores de religiões. É preciso mais que tudo saber *ouvir* corretamente o tom que vem dessa boca, esse tom alciônico, para não fazer uma injustiça deplorável ao sentido de sua sabedoria. "As palavras mais quietas são as que trazem a tempestade, pensamentos que vêm com pés de pomba dirigem o mundo.—"

> Os figos caem das árvores, eles são bons e doces: e ao caírem rasga-se sua casca vermelha. Um vento do norte sou eu, para figos maduros.
> Assim, iguais a figos, vos caem estes ensinamentos, meus amigos, bebei seu suco e sua doce polpa! É outono ao redor, e puro céu e depois do meio-dia.

---

[1] "Esforçamo-nos sempre pelo proibido", Ovídio, *Arte de amar*, I, 249. (N.E.)

Aqui não fala nenhum fanático, aqui não se "prega", aqui não se exige *crença*: de uma infinita plenitude de luz e profundeza de felicidade cai gota por gota, palavra por palavra — uma delicada lentidão é a cadência desse falar. Algo assim só chega aos mais seletos: é um privilegio sem igual ser ouvinte aqui: ninguém está livre para ter ouvidos para Zaratustra... Não será Zaratustra, com tudo isso, um *sedutor?* Mas o que diz ele mesmo, quando pela primeira vez retorna para sua solidão? Exatamente o contrário daquilo que algum "sábio", "santo", "redentor do mundo" e outro *décadent* diria em tal caso... Ele não somente fala de outro modo, ele é também de outro modo...

>Sozinho vou agora, meus discípulos! Também vós, ide embora, e sozinhos! Assim quero eu.
>Afastai-vos de mim e defendei-vos de Zaratustra! E, melhor ainda: envergonhai-vos dele! Talvez vos tenha enganado.
>O homem do conhecimento não precisa somente amar seus inimigos, precisa também poder odiar seus amigos.
>Paga-se mal a um mestre quando se continua sempre a ser apenas o aluno. E por que não quereis arrancar minha coroa de louros?
>Vós me venerais, mas, e se um dia vossa veneração *desmoronar?* Guardai-vos de que não vos esmague uma estátua!
>Dizeis que acreditais em Zaratustra? Mas que importa Zaratustra! Sois meus crentes, mas que importam todos os crentes!
>Ainda não vos havíeis procurado: então me encontrastes. Assim fazem todos os crentes; por isso importa tão pouco toda crença.
>Agora vos mando me perderdes e vos encontrardes; e somente *quando me tiverdes todos renegado* eu retornarei a vós...
>FRIEDRICH NIETZSCHE

*

Neste dia perfeito, em que tudo amadurece e não é somente o cacho que se amorena, acaba de cair um raio de sol sobre minha vida: olhei para trás, olhei para a frente, nunca vi tantas e tão boas coisas de uma vez. Não foi em vão que enterrei hoje meu quadragésimo quarto ano, eu *podia* enterrá-lo — o que nele era vida está salvo, é imortal. O primeiro livro da *Transvaloração de todos os valores, as canções de Zaratustra,* o *Crepúsculo dos ídolos,* meu ensaio de filosofar com o martelo — tudo isso são presentes deste ano e, aliás, de seu último trimestre! *Como não haveria eu de estar grato a minha vida inteira?* — E por isso me conto minha vida.

POR QUE SOU TÃO SÁBIO

1

A felicidade de minha existência, sua singularidade, talvez, está em sua fatalidade: para exprimi-lo em forma de enigma, eu, como meu pai, já estou morto, como minha mãe, vivo ainda e envelheço. Essa dupla ascendência, como que do mais alto e do mais baixo degrau da escada da vida, ao mesmo tempo *décadent* e *começo* — é isso, se é que é alguma coisa, que explica aquela neutralidade, aquela liberdade de partido em relação ao problema global da vida que, talvez, me caracteriza. Tenho para os sintomas de ascensão e declínio um faro mais refinado do que jamais teve um homem, sou o mestre *par excellence* nisso — conheço a ambos, sou ambos. — Meu pai morreu com trinta e seis anos: era delicado, amável e mórbido, como um ser destinado apenas à passagem — antes uma bondosa recordação da vida, do que a vida mesma. No mesmo ano em que sua vida decaiu, decaiu também a minha: no trigésimo sexto ano de vida, cheguei ao ponto mais baixo de minha vitalidade — vivo ainda, mas sem enxergar a três passos diante de mim. Naquele tempo — era 1879 —, abandonei meu professorado em Basileia, vivi o verão como uma sombra em St. Moritz e o inverno seguinte, o mais pobre de sol de minha vida, *como* sombra em Naumburg. Esse foi meu *minimum*: *O andarilho e sua sombra* nasceu enquanto isso. Indubitavelmente, naquele tempo eu entendi de sombras... No outro inverno, meu primeiro inverno genovês, esse adoçamento e essa espiritualização, quase condicionados por uma extrema pobreza de sangue e músculos, produziram a *Aurora*. A perfeita clareza e serenidade, e mesmo exuberância de espírito, que a obra citada espelha, pactua em mim não somente com a mais profunda fraqueza fisiológica, mas até mesmo com um excesso de dor. Em meio aos martírios que trazem consigo uma ininterrupta dor de cabeça de três dias, acompanhada de cansativo vômito catarral — eu possuía uma clareza de dialético *par excellence*, e pensava, até o fim, com muito sangue-frio, coisas para as quais, em condições mais sadias, não sou alpinista, nem refinado, nem *frio* o bastante. Meus leitores sabem, talvez, em que medida considero a dialética como sintoma de *décadence*, por exemplo, no mais célebre de todos os casos: no de Sócrates. — Todas as perturbações doentias do intelecto, mesmo aquele semientorpecimento que a febre tem como decorrência, permanecem para mim, até hoje, coisas totalmente estrangeiras, sobre cuja natureza e frequência só pude me informar por via erudita. Meu sangue corre lentamente. Ninguém jamais conseguiu constatar febre em mim. Um médico, que longamente me tratou como doente dos nervos, disse finalmente: "Não! Não há nada com seus nervos, eu próprio é que sou nervoso". Simplesmente indemonstrável qualquer degeneração local; nenhuma dor de estômago organicamente condicionada, por mais que, sempre, como consequência do esgotamento geral, a mais profunda fraqueza do sistema gástrico. Também a doença dos olhos, às vezes aproximando-se perigosamente da cegueira, apenas decorrência, não causa: de modo que, com cada aumento de força vital, também a visão aumentou outra vez. — Uma longa, demasiado longa série de anos significa para mim convalescença — também significa, infelizmente, regressão, degradação, periodicidade de uma espécie de *décadence*. Preciso dizer, depois de tudo isso, que em questões de *décadence* sou *experiente*? Soletrei-a de trás para a frente e de frente para trás. Mesmo aquela arte de filigrana do captar e conceber[2] em geral, aqueles dedos para *nuances*, aquela psicologia do "ver-atrás-da-esquina" e tudo o mais que me é próprio foi aprendido somente naquele tempo, é propriamente o presente daquele tempo, em que tudo em mim se refinava, a observação mesma como todos os órgãos de observação. A partir da ótica de doente, olhar para os conceitos e valores *mais sadios* e, inversamente, da plenitude e da certeza da vida *rica*, olhar para baixo e ver o secreto trabalho do instinto de *décadence* — esse foi meu mais longo exercício, minha experiência propriamente dita, e, se é que em algo, foi nisso que me tornei mestre. Está agora em minha mão — tenho mão para isso — *transtrocar perspectivas*: primeira razão pela qual para mim somente, talvez, é possível em geral uma "transvaloração dos valores".

2

Pois, sem contar que sou um *décadent*, sou também seu oposto. Minha prova disso é, entre outras, que instintivamente, contra os estados ruins, escolhi sempre os remédios *certos*: enquanto o *décadent* em si escolhe sempre os remédios que lhe são prejudiciais. Como *summa summarum* eu era sadio; como ângulo, como especialidade, eu era *décadent*. Aquela energia para isolar-me e dissociar-me absolutamente de condições habituais, a coação contra mim, de não mais me deixar cuidar, servir, *medicar* — denuncia a incondicional certeza instintiva sobre *o que*, naquele tempo, era necessário mais que tudo. Tomei-me em mãos, curei a mim próprio: a condição para isso — todo fisiólogo o admitirá — é *ser sadio no fundamento*. Um ser tipicamente mórbido não pode sarar, e menos ainda curar a si mesmo; para alguém tipicamente sadio, ao inverso, o estar-doente pode até mesmo ser um enérgico estimulante à vida, à mais-vida. Assim, de fato, me aparece

---

2 *Des Greifens und Begreifens* — jogo com o sentido concreto das palavras: *greifen*, no sentido de "pegar", "apanhar com a mão"; *begreifen*, no sentido de "conceber", "compreender", "captar". Ao risco de tornar pedante um texto que não é, traduziríamos: "Aquela arte de filigrana da preensão e compreensão". (N.T.)

agora aquele longo tempo de doença: descobri a vida como que de novo, inclusive a mim próprio, saboreei todas as boas e mesmo as pequenas coisas, como não seria fácil a outros saboreá-las — fiz de minha vontade de saúde, de *vida*, minha filosofia... Pois prestem atenção a isto: os anos de minha mais baixa vitalidade foram aqueles em que eu *deixei* de ser pessimista: o instinto do autorrestabelecimento *proibiu-me* uma filosofia da pobreza e do desânimo... E como se reconhece, no fundo, uma índole *bem lograda*? Um homem bem logrado faz bem a nossos sentidos: é talhado em uma madeira que é dura, delicada e bem cheirosa ao mesmo tempo. Só encontra sabor naquilo que lhe é compatível; seu agrado, seu prazer cessa, onde a medida do compatível é ultrapassada. Adivinha meios de cura contra danos, utiliza acasos ruins em sua vantagem; o que não o derruba, torna-o mais forte. Ele faz instintivamente, de tudo aquilo que vê, ouve, vive, *uma* soma: ele é um princípio seletivo, muito ele deixa de lado. Está sempre em *sua* companhia, quer esteja com livros, homens, ou paisagens: honra ao *escolher*, ao *abandonar*, ao *confiar*. Reage a todos os estímulos lentamente, com aquela lentidão que uma longa cautela e um orgulho proposital aprimoraram nele — examina o estímulo que se aproxima dele, está longe de ir ao seu encontro. Não acredita nem em "infelicidade" nem em "culpa": fica quite consigo, com outros, sabe *esquecer* — é forte o bastante para que tudo *tenha* de lhe sair da melhor maneira. — Pois bem, eu sou o *reverso* de um *décadent*: pois acabo de *me* descrever.

POR QUE SOU TÃO ESPERTO

5
Aqui, onde falo das recreações de minha vida, preciso de uma palavra para exprimir minha gratidão por aquilo que nela foi, de longe, o que mais profundamente e mais de coração me recreou. Foi, sem dúvida nenhuma, o trato mais íntimo com Richard Wagner. Deixo barato o resto de minhas relações humanas; por nenhum preço eu cederia, de minha vida, os dias de Tribschen, dias da confiança, da serenidade, dos sublimes acasos — dos instantes *profundos*... Não sei o que outros viveram com Wagner; por sobre *nosso* céu nunca passou uma nuvem. — E com isso, mais uma vez, volto à França — não tenho razões, tenho apenas um ricto de desdém nos lábios contra os wagnerianos e os *hoc genus omne*, que acreditam honrar Wagner achando-o semelhante a *si*... Assim como sou, em meus mais profundos instintos, estrangeiro a tudo o que é alemão, a tal ponto que já a proximidade de um alemão atrasa minha digestão, assim o primeiro con-

tato com Wagner foi também a primeira vez em minha vida em que pude respirar: senti que o venerava como *país estrangeiro*, como oposto, como o protesto encarnado contra todas as "virtudes alemãs". — Nós, que fomos crianças no ar pantanoso dos anos cinquenta, somos necessariamente pessimistas quanto ao conceito de "alemão"; não podemos ser senão revolucionários — não admitiremos nenhum estado das coisas, em que *o carola* esteja por cima. Para mim, é perfeitamente indiferente que ele hoje use outras cores, que se vista de escarlate e envergue uniformes de hussardo... Pois bem! Wagner era revolucionário — fugia dos alemães... Como artista, não se tem nenhuma pátria na Europa fora Paris: a *délicatesse* de todos os cinco sentidos artísticos, que a arte de Wagner pressupõe, os dedos para *nuances*, a morbidez psicológica encontram-se somente em Paris. Em nenhum outro lugar se tem essa paixão em questões da forma; essa seriedade na *mise--en-scène* — é a seriedade francesa *par excellence*. Na Alemanha, não se tem nenhum conceito da descomunal ambição que vive na alma de um artista parisiense. O alemão é bonachão — Wagner não era nada bonachão... Mas já enunciei suficientemente (em *Para além de bem e mal*, aforismo 256) onde é o lugar de Wagner, em que ele tem seus parentes mais próximos: é o romantismo francês da última fase, aquela espécie de artistas de alto voo e alto arrebatamento, como Delacroix, como Berlioz, com um *fond* de doença, de incurabilidade em seu ser, puros fanáticos da *expressão*, virtuoses de ponta a ponta... Quem foi o primeiro adepto *intelligent* de Wagner? Charles Baudelaire, o mesmo que foi o primeiro a entender Delacroix, esse típico *décadent*, em quem uma geração inteira de artistas se reconheceu — ele foi também, talvez, o último... O que nunca perdoei a Wagner? Ter *condescendido* com *os* alemães — ter-se tornado alemão do *Reich*... Até onde a Alemanha alcança,[3] ela *corrompe* a civilização.

6

Pesando tudo, eu não teria tolerado minha juventude sem música wagneriana. Pois eu estava *condenado* aos alemães. Quem quer desvencilhar-se de uma pressão insuportável tem necessidade de haxixe. Pois bem, eu tinha necessidade de Wagner, Wagner é o contraveneno contra tudo o que é alemão, *par excellence* —, um veneno, não o contesto... Desde o instante em que houve uma partitura para piano do *Tristan* — meus cumprimentos, Senhor Von Bülow! —, eu era wagneriano. As obras mais antigas de

---

[3] O adjetivo *reichsdeutsch* ("alemão do Reich") refere-se ao *Reich* alemão no período de 1871-1938, com suas conotações políticas e ideológicas: não bastaria, portanto, traduzir simplesmente por "cidadão da Alemanha". — "Até onde a Alemanha alcança" (*So weit Deutschland reicht*) é um trocadilho entre esse *Reich*, e o verbo *reichen* — "ir", "estender-se (uma região)". (N.T.)

Wagner, eu via abaixo de mim — ainda muito comuns, muito "alemãs"... Mas ainda hoje procuro por uma obra da mesma perigosa fascinação, de uma mesma arrepiante e doce infinitude, como o *Tristan* — procuro em vão em todas as artes. Todas as estranhezas de Leonardo da Vinci perdem seu feitiço ao primeiro acorde do Tristan. Essa obra é absolutamente o *non plus ultra* de Wagner; ele se recreou dela com os *Mestres Cantores* e o *Anel*. Tornar-se mais sadio — é um *retrocesso* em uma natureza como Wagner... Tomo como uma felicidade de primeira ordem ter vivido no tempo certo, e precisamente entre alemães, para estar *maduro* para essa obra: até esse ponto, chega em mim a curiosidade do psicólogo. O mundo é pobre para quem jamais foi doente o bastante para essa "volúpia do inferno": é permitido, é quase obrigatório empregar aqui uma fórmula mística. — Penso que conheço melhor do que ninguém o descomunal de que Wagner é capaz, os cinquenta mundos de delícias estrangeiras para as quais ninguém além dele teve asas: e, sendo assim como sou, forte o bastante para ainda tirar vantagem do mais problemático e perigoso e com isso tornar-me mais forte, denomino Wagner o grande benfeitor de minha vida. Aquilo em que somos aparentados, termos sofrido *mais* profundamente, também um com o outro, do que os homens deste século seriam capazes de sofrer, reunirá eternamente nossos nomes; e, se é certo que Wagner entre alemães é meramente um mal-entendido, assim é certo que também eu o sou e sempre o serei. — *Primeiro*, dois séculos de disciplina psicológica e artística, meus senhores germanos!... Mas esse atraso não se recupera.

10

— Vão-me perguntar por que, propriamente, contei todas essas coisas pequenas e, ao juízo tradicional, indiferentes: com isso prejudico a mim mesmo, ainda mais se estou destinado a grandes tarefas. Resposta: essas pequenas coisas — alimentação, lugar, clima, recreação, a inteira casuística do amor-próprio — são, para além de todos os conceitos, mais importantes do que tudo a que se deu importância até agora. Aqui precisamente é preciso começar a *reaprender*. Aquilo que até agora a humanidade ponderou seriamente nem sequer são realidades, são meras imaginações ou, dito mais rigorosamente, *mentiras* provenientes dos piores instintos de naturezas doentes, perniciosas no sentido mais profundo — todos os conceitos "Deus", "alma", "virtude", "pecado"," além", "verdade", "vida eterna"... Mas procurou-se neles a grandeza da natureza humana, sua "divindade"... Todas as questões da política, da ordem social, da educação foram falsificadas pela base e pelo fundamento por se tomarem os homens mais perniciosos por grandes homens — por aprenderem a despertar as "pequenas" coisas, quer dizer, as disposições fundamentais da própria vida... E, se me comparo com os homens que até agora foram honrados como os *primeiros* dos homens, a diferença é palpável. Nem sequer tenho esses pretensos "primeiros" em conta de homens em geral — são para mim vômito da humanidade, aborto de doença e instintos vingativos: são apenas funestos, no fundo incuráveis[4] monstros inumanos, que tomam vingança da vida... Disso quero ser o oposto: minha prerrogativa é ter a suprema finura para todos os signos de instintos sadios. Falta em mim qualquer traço doentio; mesmo nos tempos de mais grave doença, nunca me tornei doentio, é em vão que se procura em meu ser por um traço de fanatismo. Em nenhum instante de minha vida se poderá apontar um gesto pretensioso ou patético. O *páthos* das atitudes *não* pertence à grandeza; quem em geral necessita de atitudes é *falso*... Cuidado com os homens pitorescos! — A vida se tornou para mim leve, levíssima, quando reclamava de mim o mais pesado. Quem me viu nos setenta dias deste outono, em que eu, sem interrupção, só fiz coisas de primeira ordem, que nenhum homem pode repetir — ou imitar,[5] com uma responsabilidade por todos os milênios depois de mim, não terá percebido nenhum traço de tensão, mas antes um transbordante frescor e serenidade. Nunca comi com mais gosto, nunca dormi melhor. — Não conheço nenhum outro modo de tratar com grandes tarefas, a *não* ser o *jogo*: isso, como sinal de grandeza, é um pressuposto essencial. A mínima coação, a expressão sombria, algum tom duro na garganta, tudo isso são objeções contra um homem, quanto mais contra sua obra!... Não é permitido ter nervos... Também *sofrer* com a solidão é uma objeção — sempre sofri somente com a "multidão"... Absurdamente cedo, aos sete anos, eu já sabia que nunca me alcançaria uma palavra humana: alguém já me viu atribulado com isso? — Ainda hoje tenho a mesma afabilidade para com todos, e até mesmo trato com toda distinção os mais inferiores: em tudo isso não há um

---

4 "*Unheilvolle, im Grunde unheilbare*" — o jogo de palavras que sustenta a frase (senão, por que "no fundo"?) não encontra equivalente em português; *unheilvolle* é o que traz ou está carregado de, *Unheil*, infortúnio (*Heil* no sentido de "felicidade", "boa sorte", "salvação"); *unheilbar* é o que não pode ser *geheilt*, curado (*heilen* no sentido de "curar"). (N.T.)
5 "*Die kein Mensch mir nachmacht — oder vormacht*": aqui, o jogo de palavras fica extremamente requintado. Aparentemente uma oposição, com a qual o texto brinca: *nach* ("depois"); *vor* ("antes"). Assim, *nachmachen*, literalmente "fazer depois", isto é, "repetir ou reproduzir o já feito", sugere que *vormachen* significasse "fazer antes" ou "servir de modelo". Mas não. Usa-se *vormachen* no sentido de "fazer diante (de alguém)", isto é, "simular", "fazer visagem", "enganar". De modo que, numa síntese muito concentrada, o texto diz: *mir nachmachen*, "imitar-me", "fazer como eu fiz", e *mir vormachen*, "fazer (isso mesmo) diante de mim", "simular (e fazer-me acreditar) que o fez". (N.T.)

grão de petulância, de desprezo secreto. Quem eu desprezo *adivinha* que é desprezado por mim: revolto por minha mera existência tudo que tem sangue ruim no corpo... Minha fórmula para a grandeza no homem é *amor fati*: não querer nada de outro modo, nem para diante, nem para trás, nem em toda eternidade. Não meramente suportar o necessário, e menos ainda dissimulá-lo — todo idealismo é mendacidade diante do necessário —, mas *amá-lo*...

POR QUE ESCREVO LIVROS TÃO BONS

1

Uma coisa sou eu, outra são meus escritos. — Aqui, antes que eu fale deles próprios, seja tocada a pergunta pelo entendimento ou *não* entendimento desses escritos. Faço-o tão displicentemente quanto convém, de qualquer modo: pois essa pergunta ainda não está no tempo. Eu próprio ainda não estou no tempo, alguns nascem póstumos. — Algum dia *necessitarão* de instituições em que se viva e se ensine como eu entendo viver e ensinar; talvez mesmo sejam instituídas cátedras próprias para a interpretação de Zaratustra. Mas seria uma perfeita contradição a mim se eu já hoje esperasse encontrar ouvidos *e mãos* para *minhas* verdades: que hoje não se ouça, que hoje não se saiba tirar nada de mim, não é somente compreensível, parece-me até mesmo justo. Não quero ser confundido — isso implica que eu próprio não me confunda. — Dito mais uma vez, em minha vida há pouca "má vontade" que se pudesse apontar; mesmo de "má vontade" literária eu mal saberia enumerar um caso. Em contrapartida, quanto de *puro disparate*!... Parece-me uma das mais raras distinções que alguém pode demonstrar a si mesmo tomar um livro meu nas mãos — admito, até, que para isso descalce os sapatos — para não falar das botas... Quando o doutor Heinrich von Stein se queixou honestamente de não entender nenhuma palavra de meu Zaratustra, eu lhe disse que estava em ordem: ter entendido seis frases dele, isto é, tê-las *vivido*, eleva, entre os mortais, a um grau superior ao que homens "modernos" poderiam alcançar. Como *poderia* eu, com *esse* sentimento da distância, sequer desejar dos "modernos" que conheço — ser lido! Meu triunfo é precisamente o inverso do que foi o de Schopenhauer — eu digo: *"non legor, non legar"*.[6] — Não que eu queira subestimar o contentamento que várias vezes me trouxe a inocência no dizer-não a meus escritos. Ainda neste verão, em um tempo em que eu, talvez, com minha literatura

---

6 "Não sou lido, não serei lido". (N.E.)

de peso, de demasiado peso, fui capaz de desequilibrar todo o resto da literatura, um professor da Universidade de Berlim me deu a entender, com benevolência, que eu deveria servir-me de uma outra forma: algo assim ninguém lê. — Por último, não foi a Alemanha, mas a Suíça, que ofereceu os dois casos extremos. Um artigo do dr. V. Widmann no *Bund*, sobre *Para além de bem e mal*, sob o título: "O perigoso livro de Nietzsche", e uma notícia geral sobre todos os meus livros, da parte do senhor Karl Spitteler, igualmente no *Bund*, são um *maximum* em minha vida — guardo-me de dizer de quê... Este último tratou, por exemplo, meu Zaratustra de *exercício superior de estilo*, exprimindo o desejo de que eu pudesse, mais tarde, cuidar *também* do conteúdo; o doutor Widmann exprimiu-me seu apreço diante da coragem com que eu me esforço pela abolição de todos os sentimentos decentes. — Por uma pequena perfídia do acaso, cada proposição aqui, com uma coerência que eu admirei, era uma verdade de ponta-cabeça: no fundo, não se teria nada a fazer, a não ser "transvalorar" todos os "valores", para, de uma maneira até mesmo notável, acertar na cabeça do prego — em vez de acertar minha cabeça com um prego... Mais uma razão para que eu tente uma explicação. — Por último, ninguém pode ouvir nas coisas, inclusive nos livros, mais do que já sabe. Para aquilo a que não se tem acesso por vivência, não se tem ouvido. Pensemos então em um caso extremo: que um livro fale de puras vivências que estão inteiramente fora da possibilidade de uma experiência frequente, ou mesmo apenas rara — que seja a *primeira* linguagem para uma nova série de experiências. Nesse caso, simplesmente nada é ouvido, com a ilusão acústica de que, onde nada é ouvido, *também nada há*... Esta é, por último, minha experiência média e, se se quiser, a *originalidade* de minha experiência. Quem acreditou ter entendido algo de mim, havia ajustado algo de mim à sua imagem — não raro um oposto de mim, por exemplo, um "idealista"; quem não entendeu nada de mim, negava que eu em geral entrasse em consideração. — A palavra "*além-do-homem*"[7] como designação do tipo mais altamente bem logrado, em oposição ao homem "moderno", ao homem "bom", aos cristãos e outros niilistas — uma palavra que, na boca de um Zaratustra, do *aniquilador* da moral, se torna uma palavra que dá muito o que pensar —, foi, quase por toda parte, com total inocência, entendida no sentido daqueles valores cujo oposto foi apresentado na figura de Zaratustra: quer dizer, como tipo "idealista" de uma espécie superior de homem, meio "santo", meio "gênio"... Outro gado bovino erudito levantou contra mim, de sua parte, a suspeita de dar-

---

[7] A palavra *Übermensch*, já comentada em outras notas. Ao desvirtuamento que Nietzsche refere aqui corresponde a malfadada tradução por "*super-homem*". (N.T.)

winismo; até mesmo o "culto dos heróis", daquele grande moedeiro falso inconsciente e involuntário, Carlyle, tão maldosamente recusado por mim, foi reconhecido ali. Se eu cochichava ao ouvido de alguém que ele devia antes procurar por um César Bórgia do que por um Parsifal, ele simplesmente não acreditava em seus ouvidos. — Que eu, para discussão de meus livros, em particular em jornais, não tenho nenhuma curiosidade, terão de me perdoar. Meus amigos, meus editores sabem disso, e não me falam dessas coisas. Em um caso particular, recebi uma vez no rosto tudo o que *se pode pecar* contra um único livro — era *Para além de bem e mal*; eu teria um lindo comunicado a fazer sobre isso. Acreditariam que o *Nationalzeitung* — um jornal prussiano, esclareço, em intenção de meus leitores estrangeiros — eu mesmo, com vossa licença, só leio o *Journal des Débats* — foi capaz de entender o livro, com toda seriedade, como um "sinal dos tempos", como a bem genuína filosofia *Junker*,[8] que só *não* é a do *Kreuzzeitung* porque esse jornal não tem tanta coragem?...

---

[8] Também aqui a alusão histórica e geográfica é muito próxima para que a tradução pudesse transpor. *Junker* é, bem especificamente, o aristocrata rural prussiano, em ascensão na época, com seus valores nacionalistas e reacionários. O jornal *Kreuzzeitung*, porta-voz de suas reivindicações, era adversário político do *Nationalzeitung*, também prussiano, e burguês, que identifica Nietzsche com o inimigo. (N.T.)

SOBRE O NIILISMO
E O ETERNO RETORNO

1881-1888

NOTA

Até agora escolhi os textos com uma dupla intenção: 1º) despertar no leitor o gosto por um autor que se queria "extemporâneo"; 2º) preservá-lo dos contrassensos estúpidos de que Nietzsche tanto sofreu (antissemita, pré-nazista etc.) — A dificuldade agora é a seguinte. Nietzsche, quando foi atingido pela doença, estava preparando a obra que considerava fundamental: *A vontade de potência*. — Os editores publicaram, sob esse título, um livro contestado e, sem dúvida, contestável do ponto de vista filológico, pois os fragmentos estão agrupados sem levar em conta sua datação. Em sua edição crítica, Colli e Montinari preferiram dispersar esses textos, tão arbitrariamente selecionados, entre os fragmentos póstumos de Nietzsche. — Como aqui, repito, trata-se apenas de despertar no leitor o gosto e a curiosidade por Nietzsche, permiti-me — os eruditos me perdoem — escolher, em *A vontade de potência* e nos textos póstumos, os fragmentos referentes a dois temas que a obra publicada só aborda obliquamente: o *niilismo* e o *eterno retorno*.

Publico esses textos tais e quais, colocando-me humildemente à margem das querelas de erudição. Que esses textos são de Nietzsche, isso nunca foi contestado. O que o autor teria feito deles? Como os reelaboraria? Questões vãs.

Ao apresentar esta seleção, permito-me, pois, dar um conselho: o que vai ser lido agora que se leia como devem ser lidas todas as palavras que foram dilaceradas pelo tempo ou pelo destino — os fragmentos de Heráclito ou dos atomistas na coletânea de Diels, os fragmentos dos estoicos na coletânea de Von Arnim — e também os *Pensamentos* de Pascal. Como? Sobretudo não tentando extrair delas uma doutrina. Zaratustra não gostava dos que acreditavam nele. — Como? Detendo-se em certas palavras, analisando certas frases. E nada mais. O leitor reconhecerá talvez que Friedrich Nietzsche merece ao menos essa modesta e suprema homenagem.

GÉRARD LEBRUN

O NIILISMO

A vontade de potência, textos de 1884-1888[1]

1. O niilismo está à porta: de onde nos vem esse mais sinistro de todos os hóspedes? — Ponto de partida: é um *erro* remeter a "estados de indigência social" ou "degeneração fisiológica" ou até mesmo à corrupção, como *causa* do niilismo. Estamos no mais decente, no mais compassivo dos tempos. Indigência, indigência psíquica, física, intelectual, não é em si capaz, de modo nenhum, de produzir niilismo (isto é, a radical recusa de valor, sentido, desejabilidade). Essas indigências permitem ainda interpretações bem diferentes. Mas: em uma *interpretação bem determinada*, na interpretação moral-cristã, reside o niilismo.

2. A ruína do cristianismo — por sua moral (que é *indissociável*) —, a qual se volta contra o deus cristão (o sentido da veracidade, altamente desenvolvido pelo cristianismo, fica com *nojo* da falsidade e mendacidade de toda interpretação cristã do mundo e da história. Repercussão de "Deus é a verdade" na fanática crença "Tudo é falso". Budismo de *fato*...).

3. *Skepsis* diante da moral é o decisivo. A ruína da interpretação *moral* do mundo, que não tem mais nenhuma *sanção*, depois que tentou refugiar-se em um além: termina em niilismo. "Tudo não tem sentido" (a inexequibilidade de uma única interpretação do mundo, a que foi dedicada uma força descomunal — leva a desconfiar se *todas* as interpretações do mundo não são falsas —). Traço budista, aspiração pelo nada. (O budismo hindu *não* tem um desenvolvimento fundamentalmente moral atrás de si, por isso nele o niilismo contém somente moral não superada: existência como castigo e existência como erro combinadas, o erro, portanto, como castigo — uma estimativa moral de valor.) Os ensaios filosóficos de superar o "Deus moral" (Hegel, panteísmo). Superação dos ideais plebeus: o sábio; o santo; o poeta. Antagonismo entre "verdadeiro" e "belo" e "bom".

4. Contra a "ausência de sentido" por um lado, contra os juízos de valor morais, por outro lado: em que medida toda ciência e filosofia até agora ficou sob juízos morais? e será que não recebe a hostilidade pela ciência junto na compra? Ou a anticientificidade? Crítica do espinosismo. Os juízos de valor cristãos remanescentes por toda parte nos sistemas socialistas e positivistas. Falta uma *crítica da moral cristã*... [...]
[NF, 1885, 2 (127)]

---

[1] Os fragmentos correspondentes dos *Nachgelassene Fragmente* (edição Colli-Montinari) são indicados no final de cada trecho. (N.E.)

8

A consequência *niilista* (a crença na ausência de valor) como decorrência da estimativa moral de valor: *perdemos o gosto pelo egoístico* (mesmo depois da compreensão da impossibilidade do não egoístico); —*perdemos o gosto pelo necessário* (mesmo depois da compreensão da impossibilidade de um *liberum arbitrium* e de uma "liberdade inteligível"). Vemos que não alcançamos a esfera em que pusemos nossos valores—com isso, a outra esfera, em que vivemos, *de nenhum modo ainda* ganhou em valor: ao contrário, estamos *cansados*, porque perdemos *o estímulo principal*. *"Foi em vão até agora!"* [NF, 1886, 7 (8)]

12
QUEDA DOS VALORES COSMOLÓGICOS

A

O *niilismo* como *estado psicológico* terá de ocorrer, *primeiramente*, quando tivermos procurado em todo acontecer por um "sentido" que não está nele: de modo que, afinal, aquele que procura perde o ânimo. Niilismo é então o tomar-consciência do longo *desperdício* de força, o tormento do "em vão", a insegurança, a falta de ocasião para se recrear de algum modo, de ainda repousar sobre algo—a vergonha de si mesmo, como quem se tivesse *enganado* por demasiado tempo... Aquele sentido poderia ter sido: o "cumprimento" de um cânone ético supremo em todo acontecer, a ordenação ética do mundo; ou o aumento do amor e da harmonia no trato dos seres; ou a aproximação de um estado de felicidade universal; ou mesmo o livrar-se um estado universal de nada—um alvo é sempre um sentido ainda. O que há de comum em todos esses modos de representação é que algo deve, através do processo, mesmo, ser *alcançado*:—e agora se concebe que com o vir-a-ser *nada* é alvejado, *nada é* alcançado... Portanto, a desilusão sobre uma pretensa *finalidade do vir-a-ser* como causa do niilismo: seja em vista de um fim bem determinado, seja, universalizando, a compreensão da insuficiência de todas as hipóteses finalistas até agora, no tocante ao "desenvolvimento" inteiro (*o* homem *não mais* colaborador, quanto mais centro do vir-a-ser).

O niilismo como estado psicológico ocorre, *em segundo lugar*, quando se tiver colocado uma *totalidade*, uma *sistematização*, ou mesmo uma *organização*, em todo acontecer e debaixo de todo acontecer: de modo que na representação global de uma suprema forma de dominação e governo a alma sedenta de admiração e veneração se regala (— se é a alma de um lógico, já basta a absoluta coerência e real-dialética, para reconciliar com tudo...). Uma espécie de unidade, alguma forma de "monismo": e em decorrência dessa crença o homem em profundo sentimento de conexão e dependência diante de um todo infinitamente superior a ele, um *modus* da divindade... "O bem do universal exige o abandono do indivíduo"... mas, vede, não *há* um tal universal! No fundo, o homem perdeu a crença em seu valor, quando através dele não atua um todo infinitamente valioso: isto é, ele concebeu um tal todo, *para poder acreditar em seu valor.*

O niilismo como estado psicológico tem ainda uma *terceira e última* forma. Dadas essas duas *compreensões*, de que com o vir-a-ser nada deve ser alvejado e de que sob todo vir-a-ser não reina nenhuma grande unidade em que o indivíduo pode submergir totalmente como em um elemento de supremo valor: resta como *escapatória* condenar esse inteiro mundo do vir-a-ser como ilusão e inventar um mundo que esteja para além dele, como *verdadeiro* mundo. Tão logo, porém, o homem descobre como somente por necessidades psicológicas, esse mundo foi montado e, como não tem absolutamente nenhum direito a ele, surge a última forma do niilismo, que encerra em si a *descrença em um mundo metafísico*, que se proíbe a crença em um mundo *verdadeiro*. Desse ponto de vista, admite-se a realidade do vir-a-ser como *única* realidade, proíbe-se a si toda espécie de via dissimulada que leve a ultramundos e falsas divindades — mas *não se suporta esse mundo, que já não se pode negar...*

— O que aconteceu, no fundo? O sentimento da *ausência de valor* foi alvejado quando se compreendeu que nem com o conceito *"fim"*, nem com o conceito *"unidade"*, nem com o conceito *"verdade"* se pode interpretar o caráter global da existência. Com isso, nada é alvejado e alcançado; falta a unidade abrangente na pluralidade do acontecer: o caráter da existência não é "verdadeiro", é falso... não se tem absolutamente mais nenhum fundamento para se persuadir de um *verdadeiro* mundo... Em suma: as categorias "fim", "unidade", "ser", com as quais tínhamos imposto ao mundo um valor, foram outra vez *retiradas* por nós — e agora o mundo parece *sem valor...* [NF, 1887, 11 (99)]

B

Suposto que tenhamos conhecido em que medida o mundo não pode mais ser *interpretado* com essas três categorias, e que, depois dessa compreensão, o mundo começa a se tornar sem valor para nós: temos então de perguntar *de onde* provém nossa crença nessas três categorias — ensaiemos se não é possível retirar a elas a crença! Depois que *desvalorarmos* essas três categorias, a demonstração de sua inaplicabilidade ao todo não é mais nenhum fundamento *para desvalorarmos o todo.*

Resultado: *A crença nas categorias da razão* é a causa do *niilismo* —, medimos o valor do mundo por categorias, *que se referem a um mundo puramente fictício.*

Resultado final: todos os valores com os quais até agora procuramos tornar o mundo estimável para nós e, afinal, justamente com eles, o *desvaloramos* quando eles se demonstram inaplicáveis — todos esses valores são, do ponto de vista psicológico, resultados de determinadas perspectivas de utilidade para manutenção e intensificação de formações humanas de dominação: e apenas falsamente *projetados* na essência das coisas. É sempre ainda a *hiperbólica ingenuidade* do homem: colocar a si mesmo como sentido e medida de valor das coisas. [NF, 1887, 11 (99)]

20
A pergunta do niilismo, *"para quê?"*, vem do hábito que houve até agora, em virtude do qual o alvo parecia posto, dado, exigido *de fora* — ou seja, por alguma *autoridade sobre-humana*. Depois que se desaprendeu de acreditar nesta, procura-se no entanto, segundo o velho hábito, por uma *outra* autoridade, que *soubesse falar incondicionalmente* e *pudesse comandar* alvos e tarefas. A autoridade da *consciência* entra agora em primeira linha (quanto mais emancipada da teologia, mais imperativa se torna a *moral*), como indenização por uma autoridade *pessoal*. Ou a autoridade da *razão*. Ou o *instinto social* (o rebanho). Ou a *história* dotada de um espírito imanente tendo seu alvo em si, e à qual é possível *abandonar-se*. Gostariam de *contornar* a *vontade, o querer* um alvo, o risco de dar *a si mesmo* um alvo; gostariam de varrer a responsabilidade (— aceitariam o *fatalismo*). Enfim: *felicidade*, e com alguma tartufice, a *felicidade da maioria*.
Dizem a si mesmos:
1. um alvo determinado é totalmente desnecessário;
2. é totalmente impossível de antever.
Precisamente agora, quando a *vontade seria necessária em sua suprema força*, ela é *mais fraca e mais pusilânime. Absoluta desconfiança contra a força organi\:atória da vontade, para o todo*. [NF, 1887, 9 (43)]

53
Há um efeito profundo e completamente inconsciente da *décadence* mesma sobre os ideais da ciência: nossa inteira sociologia é a prova dessa proposição. Resta a objetar-lhe que ela só conhece por experiência as *formações de caducidade* da sociedade e inevitavelmente toma seus próprios instintos de caducidade como norma do juízo sociológico.
A vida *que afunda*, na Europa de hoje, formula neles seus ideais de sociedade: assemelham-se todos, até o equívoco, ao ideal de *velhas raças sobrevividas*...

O *instinto de rebanho*, em segundo lugar, — uma potência que agora se tornou soberana —, é algo fundamentalmente diferente do instinto de uma *sociedade aristocrática*: e tudo depende do valor das *unidades* que a soma tem para significar... Nossa inteira sociologia não conhece nenhum outro instinto senão o do rebanho, isto é, dos *zeros somados* —, onde cada zero tem "direitos iguais", onde é virtuoso ser zero...

A valoração com que hoje são julgadas as diferentes formas da sociedade é idêntica àquela que outorga à *paz* um valor mais alto que à guerra: mas esse juízo é antibiológico, é até mesmo um rebento da *décadence* da vida... A vida é uma decorrência da guerra, a sociedade mesma um meio para a guerra... O senhor Herbert Spencer, como biólogo, é um *décadent* — e também o é como moralista (vê na *vitória* do altruísmo algo digno de ser desejado!!!) [NF, 1888, 14 (40)]

55

Posições extremas não são revezadas por posições comedidas, mas outra vez por extremas, mas *inversas*. E assim a crença na absoluta imoralidade da natureza, na ausência de fim e de sentido, é a *emoção* psicologicamente necessária, quando a crença em Deus e em uma ordenação essencialmente moral não pode mais ser mantida. O niilismo aparece agora, *não* porque o desprazer pela existência fosse maior do que antes, mas porque em geral surgiu uma desconfiança contra um "sentido" do mal, e mesmo da existência. *Uma* interpretação sucumbiu: mas, porque ela valia como *a* interpretação, parece como se não houvesse nenhum sentido na existência, como se tudo fosse *em vão*.

*

Que esse "em vão!" é o caráter de nosso niilismo do presente é algo que resta a demonstrar. A desconfiança contra nossas anteriores estimativas de valor se intensifica até a pergunta: "Não são todos os 'valores' engodos com os quais a comédia se prolonga, mas nunca se aproxima de um desenlace?". A *duração*, com um "em vão", sem alvo e fim, é o *mais paralisante* dos pensamentos, especialmente ainda quando se compreende que se é burlado e, no entanto, se é impotente para não se deixar burlar.

*

Pensemos esse pensamento em sua forma mais terrível: a existência, assim como é, sem sentido e alvo, mas inevitavelmente retornando, sem um final no nada: "*o eterno retorno*".

Essa é a mais extrema forma do niilismo: o nada (o "sem sentido") eterno!

Forma europeia do budismo: a energia do saber e da força coage a uma tal crença. É a *mais científica* de todas as hipóteses possíveis. Negamos alvos finais: se a existência tivesse um, teria de estar alcançado.

*

Assim se compreende que, aqui, se tende para um oposto do panteísmo: pois "tudo perfeito, divino, eterno" *coage igualmente a uma crença no "eterno retorno"*. Pergunta: com a moral, também essa posição panteísta de sim a todas as coisas é tornada impossível? No fundo, é somente o deus moral que está superado. Tem sentido pensar-se um deus "para além de bem e mal"? Seria um panteísmo *nesse* sentido possível? Eliminamos a representação finalista do processo e afirmamos, *a despeito disso*, o processo? — Esse seria o caso, se no interior desse processo, em cada momento dele, algo fosse *alcançado* — e sempre algo igual. Espinosa ganhou uma tal posição afirmativa, na medida em que cada momento tem uma necessidade *lógica*: e triunfou com seus instintos fundamentais lógicos sobre uma *tal* índole do mundo.

*

Mas seu caso é somente um caso singular. *Cada traço característico fundamental* que está no fundamento de *cada* acontecer, que se exprime em cada acontecer, se fosse sentido por um indivíduo como *seu* traço característico fundamental, teria de impelir esse indivíduo a achar bom, triunfante, cada instante da existência universal. Isso dependeria, justamente, de sentir em si esse traço característico fundamental como bom, valioso, com prazer.

*

Ora, foi a *moral* que protegeu a vida do desespero e do salto no nada, naqueles homens e classes que foram violentados e oprimidos por *homens*: pois é a impotência contra homens, *não* a impotência contra a natureza, que gera a mais desesperada amargura contra a existência. A moral tratou os detentores do poder, os violentos, os "senhores" em geral, como inimigos, contra os quais o homem comum tem de ser defendido, *isto é, antes de tudo, encorajado, fortalecido*. Foi a moral, portanto, que ensinou mais profundamente a *odiar* e *desprezar* aquilo que é o traço característico fundamental dos dominantes: *sua vontade de potência*. Abolir, negar, decompor essa moral: seria encarar o impulso melhor odiado com uma sensação e valoração *inversas*. Se o sofredor, o oprimido, *perdesse a crença* de ter um *direito* a seu desprezo pela vontade de potência, ele entraria no estágio da desesperação sem esperança. Esse seria o caso, se esse traço da vida fosse essencial, se se verificasse que mesmo naquela vontade de moral somente essa "vontade de potência" está embuçada, que também aquele odiar e desprezar é ainda uma vontade de potência. O oprimido veria que ele está *sobre o mesmo chão* que o opressor, que ele não tem nenhuma *prerrogativa*, nenhuma *superioridade hierárquica* em relação a este.

*

Antes, *ao inverso*! Não há nada na vida que tenha valor, a não ser o grau de potência — suposto, justamente, que a vida mesma é vontade de potência.

A moral resguardava do niilismo os *enjeitados*, ao conferir a *cada um* um valor infinito, um valor metafísico, e ao inseri-lo em uma ordenação que não coincide com a da potência e da hierarquia do mundo: ensinou resignação, humildade, e assim por diante. *Suposto que a crença nessa moral sucumba*, os enjeitados não teriam mais seu consolo — *e sucumbiriam*.

*

O *sucumbir* se apresenta como um *se-fazer-sucumbir*, como uma instintiva seleção daquilo que *destrói necessariamente*. Sintomas dessa autodestruição dos enjeitados: a autovivissecção, o envenenamento, a embriaguez, o romantismo, antes de tudo a instintiva urgência para ações com as quais se fazem, dos poderosos, *inimigos mortais* (— como que aprimorando seus próprios verdugos), a *vontade de destruição* como vontade de um instinto ainda mais profundo, o instinto de autodestruição, a *vontade de cair no nada*.

*

Niilismo como sintoma de que os enjeitados não têm mais nenhum consolo: de que destroem para serem destruídos, de que, dissociados da moral, não têm mais nenhum fundamento para "se resignarem" — de que se colocam sobre o chão do princípio oposto e também de sua parte *querem potência*, ao *coagirem* os poderosos a serem seus verdugos. Eis a forma europeia do budismo, o *fazer-não*, depois que toda existência perdeu seu "sentido".

*

A "indigência" não se tornou eventualmente maior: ao contrário! "Deus, moral, resignação" eram meios de cura em graus terrivelmente profundos da miséria: o *niilismo ativo* aparece em condições que se configuram relativamente muito mais favoráveis. Já a moral ser sentida como superada pressupõe um razoável grau de civilização espiritual; esta, por sua vez, um relativo bem-viver. Um certo cansaço espiritual, levado pelo longo combate das opiniões filosóficas até a mais desesperançada *skepsis contra* a filosofia, caracteriza, igualmente, a classe de nenhum modo *inferior* desses niilistas. Pense-se na situação em que apareceu Buda. A doutrina do eterno retorno teria pressupostos *eruditos* (como os tinha a doutrina de Buda; por exemplo, conceito da causalidade, e assim por diante).

*

Que significa "enjeitado"? Antes de tudo, *fisiologicamente*: não mais politicamente. A *mais insalubre* espécie de homens na Europa (em todas as classes) é o chão desse niilismo: ela sentirá a crença no eterno retorno como uma *maldição*, e sentirá que quem é atingido por ela não recua mais diante de nenhuma ação: não extinguir-se passivamente, mas *fazer* extinguir-se tudo aquilo que é nesse grau sem sentido e alvo: se bem que haja apenas um espasmo, um cego furor na compreensão de que tudo esteve aí desde eternidades — inclusive este momento de niilismo e prazer de destruição. —

O *valor* de uma tal *crise* é que ela *purifica*, que ela condensa os elementos aparentados e os faz corromperem-se uns aos outros, que ela encaminha os homens de maneiras de pensar opostas a tarefas comuns — trazendo também à luz, entre eles, os mais fracos, mais inseguros, e assim põe em marcha uma *ordenação hierárquica das forças*, do ponto de vista da saúde: reconhecendo mandantes como mandantes, obedientes como obedientes. Naturalmente, à margem de todas as ordenações sociais vigentes.

*

Quais são os que se demonstrarão os *mais fortes*? Os mais comedidos. Aqueles que não necessitam de artigos de fé extremados. Aqueles que não somente admitem, mas amam uma boa parte de acaso, de insensatez, aqueles que podem pensar no homem com um significativo comedimento de seu valor, sem com isso tornarem-se pequenos e fracos: os mais ricos de saúde, os que estão à altura do maior dos *malheurs* e, por isso, não têm medo dos *malheurs* — seres humanos que *estão seguros de sua potência* e que representam, com consciente orgulho, a força *alcançada* do homem.

*

Como um tal homem pensaria no eterno retorno? — [NF, 1888, 5 (71)]

112
Visão *de conjunto*. — De fato, todo grande crescimento traz consigo também um descomunal *esboroamento* e *perecimento*: o sofrer, os sintomas do declínio *fazem parte* dos tempos de descomunal avanço; cada fecundo e potente movimento da humanidade *criou* ao mesmo tempo um movimento niilista. Seria, em certas circunstâncias, o sinal de um incisivo e essencialíssimo crescimento, para a passagem a novas condições de existência, que a mais *extremada* forma do pessimismo, o *niilismo* propriamente dito, viesse ao mundo. *Isso eu compreendi.* [NF, 1887, 10 (22)]

134
É o tempo do *grande meio-dia, da mais terrível claridade*: minha espécie de *pessimismo*: — grande ponto de partida.
 I. Contradição fundamental na civilização e na elevação do homem.
 II. As estimativas morais de valor como uma história da mentira e da arte de calúnia a serviço de uma vontade de potência (da vontade de *rebanho*, que se volta contra os homens mais fortes).
 III. As condições de toda elevação da civilização (a possibilidade de uma *seleção* às custas de uma multidão) são as condições de todo crescimento.
 IV. A *plurivocidade do mundo* como questão da *força*, que encara todas as coisas sob a *perspectiva de seu crescimento*. Os juízos de valor moral-

-cristãos como levante de escravos e mendacidade de escravos (contra os valores aristocráticos do mundo *antigo*). [NF, 1885, 2 (128)]

O ETERNO RETORNO [TEXTOS DE 1881]

1

A medida da força total é *determinada*, não é nada de "infinito"; guardemo-nos de tais desvios do conceito! Consequentemente, o número das situações, das alterações, das combinações e dos desenvolvimentos dessa força é, decerto, descomunalmente grande e praticamente "*imensurável*", mas, em todo caso, também determinado e não infinito. O tempo, sim, em que o todo exerce sua força é infinito, isto é, a força é eternamente igual e eternamente ativa: — até este instante, já transcorreu uma infinidade, isto é, é necessário que todos os desenvolvimentos possíveis já *tenham estado aí*. Consequentemente, o desenvolvimento deste instante tem de ser uma repetição, e também o que o gerou e o que nasce dele, e assim por diante, para a frente e para trás! Tudo esteve aí inúmeras vezes, na medida em que a situação global de todas as forças sempre retorna. Se alguma vez, *sem levar isso em conta*, algo igual esteve aí, é inteiramente indemonstrável. Parece que a situação global forma as *propriedades* de modo novo, até nas mínimas coisas, de modo que duas situações globais diferentes não podem ter nada de igual. Se em *uma* situação global pode haver algo de igual, por exemplo, *duas folhas*? Duvido: isso pressuporia que tiveram uma gênese absolutamente igual, e com isso teríamos de *admitir* que, *até em toda a eternidade para trás*, subsistiu algo de igual, a despeito de todas as alterações de situações globais e de toda criação de novas propriedades — uma admissão impossível! [NF, 1881, 11 (202)]

2

Outrora se pensava que a atividade infinita no tempo requer uma força *infinita*, que nenhum consumo esgotaria. Agora pensa-se a força constantemente igual, e ela não precisa mais tornar-se *infinitamente grande*. Ela é eternamente ativa, mas não pode mais criar infinitos casos, tem de se repetir: essa é a *minha* conclusão. [NF, 1881, 11 (269)]

7

Se *todas* as possibilidades na ordem e na relação das forças já não estivessem esgotadas, não teria passado ainda nenhuma infinidade. Justamente porque isso *tem de* ser, não há mais nenhuma possibilidade nova, e é necessário que tudo já tenha estado aí, inúmeras vezes. [NF, 1881, 11 (152)]

14
Se um equilíbrio da força tivesse sido alcançado alguma vez, duraria ainda: portanto, nunca ocorreu. O estado deste instante *contradiz* a admissão. Se se admite que houve uma vez um estado absolutamente igual ao deste instante, esta admissão não é refutada pelo estado deste instante. Entre as infinitas possibilidades, porém, *tem de* ter-se dado esse caso, pois até agora já passou uma infinidade. Se o equilíbrio fosse possível, teria de ter ocorrido. — E se o estado deste instante esteve aí, então também esteve aquele que o gerou, e seu estado prévio, e assim por diante, para trás — de onde resulta que também uma segunda, terceira, vez ele já esteve aí —, assim como uma segunda, terceira vez ele estará aí —, inúmeras vezes, para a frente e para trás. Isso significa que se move todo vir-a-ser na repetição de um número determinado de estados perfeitamente iguais. Tudo o que é *possível* não pode, sem dúvida, ser dado à cabeça humana inventar: mas, sob todas as circunstâncias, o estado presente é um estado possível, inteiramente sem levar em conta nossa aptidão ou inaptidão de julgar no tocante ao possível — pois é um estado efetivo. Então seria de dizer: *todos os estados efetivos* teriam de já ter tido *seus iguais*, pressuposto que o número dos casos não é infinito e no decurso de infinito tempo teve de aparecer somente um número finito? porque sempre, calculando-se de cada instante para trás, já passou uma infinidade? A cessação das forças, seu equilíbrio, é um caso pensável: mas não ocorreu, consequentemente, o número das possibilidades é maior que o das efetividades. — Que nada de igual retorne não poderia ser explicado pelo acaso, mas somente por uma intencionalidade posta na essência da força: pois, pressuposta uma descomunal massa de casos, o alcançamento casual do *mesmo lance de dados* é mais verossímil do que a absoluta nunca--igualdade. [NF, 1881, 11 (245)]

16
Quem não acredita em um *processo circular do todo* tem de acreditar no Deus *voluntário* — assim minha consideração se condiciona na oposição a todas as considerações teístas que houve até agora. [NF, 1881, 11 (312)]

18
Se o todo pudesse tornar-se um organismo, já se teria tornado. Temos precisamente de pensá-lo, como inteiro, tão afastado quanto possível do orgânico. Acredito que mesmo nossa afinidade e coerência químicas são talvez fenômenos tardiamente desenvolvidos, pertencentes a épocas determinadas de sistemas singulares. Acreditemos na absoluta necessidade do todo, mas guardemo-nos de afirmar de qualquer lei, mesmo que seja uma lei primi-

tivamente mecânica de nossa experiência, que esta reine nele e seja uma propriedade eterna. — *Todas* as qualidades químicas podem ter vindo a ser e perecer e retornar. Inúmeras "propriedades" podem ter-se desenvolvido, para as quais, a partir de nosso ângulo temporal e espacial, não nos é possível a observação. A *mudança* de uma qualidade química se efetua, talvez, também agora, só que em grau tão refinado que escapa a nosso mais refinado cômputo. [NF, 1881, 11 (201)]

20
Guardemo-nos de atribuir a esse curso circular qualquer *tendência*, qualquer alvo: ou de avaliá-lo, segundo nossas necessidades, como *enfadonho*, estúpido, e assim por diante. Certamente aparece nele o mais alto grau de irrazão, do mesmo modo que o contrário: mas ele não se mede por isso, racionalidade e irracionalidade *não* são predicados para o todo. — Guardemo-nos de pensar a *lei desse círculo* como algo que *veio a ser*, segundo a falsa analogia dos movimentos circulares *no interior* do anel. *Não* houve primeiro um caos, e depois gradativamente um movimento mais harmonioso e, enfim, um firme movimento circular de todas as forças: em vez disso, tudo é eterno, nada veio a ser: se houve um caos das forças, também o caos era eterno e retorna em cada anel. O *curso circular* não é nada que *veio a ser*, é uma lei originária, assim como a *quantidade da força* é a lei originária, sem exceção nem transgressão. Todo vir-a-ser está no interior do curso circular e da quantidade da força: portanto, não empregar, por falsa analogia, os cursos circulares que vêm a ser e perecem, por exemplo os astros, ou vazante e enchente, dia e noite, estações do ano, para caracterização do curso circular eterno. [NF, 1881, 11 (157)]

21
O "caos do todo" como exclusão de toda atividade finalista *não* está em contradição com o pensamento do curso circular: este último é justamente uma *necessidade irracional*, sem qualquer consideração formal, ética, estética. O arbítrio falta, no mínimo e no inteiro. [NF, 1881, 11 (225)]

25
O mundo das forças não é passível de nenhuma diminuição: pois senão, no tempo infinito, se teria tornado fraco e sucumbido. O mundo das forças não é passível de nenhuma cessação: pois senão esta teria sido alcançada, e o relógio da existência pararia. O mundo das forças, portanto, nunca chega a um equilíbrio, nunca tem um instante de repouso, sua força e seu movimento são de igual grandeza para cada tempo. Seja qual for o estado que esse mundo *possa* alcançar, ele tem de tê-lo alcançado, e não uma vez, mas inúmeras ve-

zes. Assim, este instante: ele já esteve aí uma vez e muitas vezes e igualmente retornará, todas as forças repartidas exatamente como agora: e do mesmo modo se passa com o instante que gerou este, e com o que é filho do de agora. Homem! Tua vida inteira, como uma ampulheta, será sempre desvirada outra vez e sempre se escoará outra vez — um grande minuto de tempo no intervalo, até que todas as condições, a partir das quais vieste a ser, se reúnam outra vez no curso circular do mundo. E então encontrarás cada dor e cada prazer e cada amigo e inimigo e cada esperança e cada erro e cada folha de grama e cada raio de sol outra vez, a inteira conexão de todas as coisas. Esse anel, em que és um grão, resplandece sempre outra vez. E em cada anel da existência humana em geral há sempre uma hora, em que primeiro para um, depois para muitos, depois para todos, emerge o mais poderoso dos pensamentos, o pensamento do eterno retorno de todas as coisas: — é cada vez, para a humanidade, a hora do *meio-dia*. [NF, 1881, 11 (148)]

27
A ilusão política, da qual sorrio do mesmo modo como os contemporâneos sorriem da ilusão religiosa de outros tempos, é antes de tudo *mundanização*, a crença no *mundo* e o tirar da cabeça "além" e "ultramundo". Seu alvo é o bem-estar do indivíduo *fugaz*: por isso, o socialismo é seu fruto, isto é, os *indivíduos fugazes* querem conquistar sua felicidade, por associação; não têm nenhuma razão para *esperar*, como os homens de almas eternas e de vir-a-ser eterno e futuro vir-a-ser melhor. Meu ensinamento diz: viver de tal modo que tenhas de *desejar* viver outra vez é a tarefa — pois assim será *em todo caso*! Quem encontra no esforço o mais alto sentimento, que se esforce; quem encontra no repouso o mais alto sentimento, que repouse; quem encontra em subordinar-se, seguir, obedecer, o mais alto sentimento, que obedeça. *Mas que tome consciência do que* é que lhe dá o *mais* alto sentimento, e *não receie nenhum meio*! Isso vale a *eternidade*! [NF, 1881, 11 (163)]

41
Guardemo-nos de ensinar um tal ensinamento como uma súbita religião! Ele tem de embeber lentamente, gerações inteiras têm de edificar nele, e nele tornar-se fecundas — para que ele se torne uma grande árvore, que dê sombra a toda a humanidade que ainda virá. O que são alguns milênios, nos quais o cristianismo se conservou! Para o mais poderoso dos pensamentos é preciso muitos milênios — por *muito, muito tempo* ele tem de ser pequeno e impotente. [NF, 1881, 11 (58)]

O ETERNO RETORNO
[A VONTADE DE POTÊNCIA, TEXTOS DE 1884-1888]

1019

Para o pessimismo da força. — Na economia interior da alma do homem *primitivo* prepondera o *medo* do mal. O que é o mal? Três coisas: o acaso, o incerto, o súbito. Como o homem primitivo combate o mal? — Concebe-o como razão, como potência, como pessoa mesmo. Com isso, ganha a possibilidade de entrar com ele em uma espécie de pacto e, de modo geral, atuar previamente sobre ele — preveni-lo.

— Uma outra saída é afirmar a mera aparência de sua maldade e perniciosidade: interpretam-se as consequências do acaso, do incerto, do súbito, como *bem-intencionadas*, como cheias de sentido.

— Um terceiro meio: interpreta-se, sobretudo o ruim, como "merecido"; justifica-se o mal como castigo.

— *In summa: submetem-se a ele* —: a inteira interpretação moral-religiosa é apenas uma forma de submissão ao mal. — A crença de que no mal há um bom sentido significa renunciar a combatê-lo.

Ora, a inteira história da civilização representa uma diminuição daquele *medo do acaso*, do *incerto*, do *súbito*. Civilização significa justamente aprender a *calcular*, aprender a pensar causalmente, aprender a prevenir, aprender a acreditar em necessidade. Com o crescimento da civilização, torna-se prescindível ao homem aquela forma *primitiva* de submissão ao mal (denominada religião ou moral), aquela "justificação do mal". Agora ele faz guerra ao "mal" — ele o abole. É até possível um estado de segurança, de crença em lei e calculabilidade, que chega à consciência como *fastio* —, em que o *gosto pelo acaso, pelo incerto e pelo súbito* sobressai como excitante.

Demoremo-nos um instante nesse sintoma de *altíssima* civilização —, denomino-o o *pessimismo da força*. O homem, agora, não precisa mais de uma "justificação do mal", ele abomina precisamente o "justificar": frui o mal *puro, cru*, acha o *mal sem sentido* o mais interessante. Se antes teve necessidade de um deus, delicia-o agora uma desordem do mundo, sem deus, um mundo do acaso, em que o terrível, o equívoco, o sedutor, faz parte da essência.

Em tal estado, é precisamente *o bem* que precisa de uma "justificação", isto é, tem de ter um fundo mau e perigoso ou encerrar em si uma grande estupidez: *então agrada ainda*. A animalidade, agora, não suscita *mais* horror; uma leviandade rica de espírito e feliz em favor do animal no homem é, em tais tempos, a forma mais triunfante de espiritualidade. O homem é agora forte o bastante para poder envergonhar-se de uma *crença em Deus*: — agora pode, de novo, fazer o papel do *advocatus diaboli*. Se, *in praxi*, fala em defesa da manutenção da virtude, ele o faz pelas razões que dão a conhecer na virtude um refinamento, uma astúcia, uma forma de sede de ganho, de sede de potência.

Também esse *pessimismo da força* termina com uma *teodiceia*, isto é, com um absoluto *dizer-sim* ao mundo — mas pelas mesmas razões em função das quais outrora lhe foi dito não—: e dessa forma leva à concepção deste mundo como o *mais alto ideal possível*, efetivamente *alcançado*. [NF, 1881, 10 (21)]

1038

— E quantos novos deuses são possíveis ainda! A mim próprio, em quem o instinto religioso, isto é, *formador* de deuses, às vezes adquire vida fora do tempo: quão outro, quão diferente se manifestou a mim, cada vez, o divino!... Tanto de raro já passou por mim naqueles instantes sem tempo que caem sobre a vida como que da lua, em que simplesmente não se sabe mais quão velho já se é e quão jovem ainda se será... Eu não duvidaria de que há muitas espécies de deuses... Não faltam aqueles, dos quais não se pode abstrair um certo alcionismo e ligeireza... Os pés ligeiros fazem parte, talvez, do próprio conceito "deus"... É necessário explicitar que um deus sabe, com predileção, manter-se além de toda bonomia e conformidade com a razão? para além também, dito entre nós, de bem e mal? Ele tem a visão *livre* — para falar com Goethe. — E para neste caso invocar a autoridade, nunca estimada o bastante, de Zaratustra: Zaratustra vai tão longe que chega a testemunhar de si: "Eu só acreditaria em um deus que soubesse *dançar*"...

Dito mais uma vez: quantos novos deuses são possíveis ainda! — Zaratustra mesmo, sem dúvida, não passa de um velho ateu: esse não acredita nem em velhos, nem em novos deuses. Zaratustra diz que *acreditaria* — mas Zaratustra não *acreditará*... Que o entendam bem.

Tipo de deus segundo o tipo dos espíritos criadores, dos "grandes homens". [NF, 1881, 17 (4)]

1041

Meu novo caminho para o "sim". — Filosofia, como até agora a entendi e vivi, é a voluntária procura também dos lados execrados e infames da existência. Da longa experiência, que me deu uma tal andança através de gelo e deserto, aprendi a encarar de outro modo tudo o que se filosofou até agora: — a história *escondida* da filosofia, a psicologia de seus grandes nomes, veio à luz para mim. "Quanto de verdade *suporta*, quanto de verdade *ousa* um espírito?" — isso se tornou para mim o autêntico medidor de valor. O erro é uma *covardia*... cada conquista do conhecimento *decorre* do ânimo, da dureza contra si, do asseio para consigo... Uma *filosofia experimental*, tal como eu a vivo, antecipa experimentalmente até mesmo as possibilidades do niilismo radical; sem querer dizer com isso que ela se detenha em uma negação, no não, em uma vontade de não. Ela quer, em vez disso, atravessar até ao inverso — até a um *dionisíaco dizer-sim* ao mundo, tal como é, sem desconto, exceção e seleção —, quer o eterno curso circular —: as mesmas coisas, a mesma lógica e ilógica do encadeamento. Supremo estado que um filósofo pode alcançar: estar dionisiacamente diante da existência — minha fórmula para isso é *amor fati*.

Disso faz parte compreender os lados até agora *negados* da existência, não somente como *necessários*, mas como desejáveis: e não somente como desejáveis em vista dos lados até agora afirmados (eventualmente, como seus complementos ou condições prévias), mas em função de si próprios, como os mais poderosos, mais fecundos, *mais verdadeiros*, lados da existência, nos quais sua vontade se enuncia com maior clareza.

Do mesmo modo, faz parte disso avaliar os lados unicamente *afirmados* da existência; compreender de onde provém essa valoração e quão pouco ela é obrigatória para uma medição de valor dionisíaca das coisas: eu extraí e compreendi o que propriamente diz sim aqui (o instinto dos que sofrem, em primeiro lugar, o instinto do rebanho, por outro lado, e aquele terceiro, o *instinto da maioria* contra as exceções —).

Adivinhei, com isso, em que medida uma espécie mais forte de homem teria necessariamente de pensar a elevação e a intensificação do homem em direção a um outro lado: *seres superiores*, para além de bem e mal, para além daqueles valores que não podem negar sua origem na esfera do sofrer, do rebanho e da maioria — procurei pelos esboços dessa inversa formação de ideal na história (os conceitos "pagão", "clássico", "nobre", descobertos e dispostos de modo novo —). [NF, 1888, 16 (32)]

1050

Com a palavra *"dionisíaco"* é expresso: um ímpeto à unidade, um remanejamento radical sobre pessoa, cotidiano, sociedade, realidade, sobre o abismo do perecer: o passionalmente doloroso transporte para estados mais escuros, mais plenos, mais oscilantes; o embevecido dizer-sim ao caráter global da vida como aquilo que, em toda mudança, é igual, de igual potência, de igual ventura; a grande participação panteísta em alegria e sofrimento, que aprova e santifica até mesmo as mais terríveis e problemáticas propriedades da vida; a eterna vontade de geração, de fecundidade, de retorno; o sentimento da unidade da necessidade do criar e do aniquilar.

Com a palavra *"apolíneo"* é expresso: o ímpeto ao perfeito ser-para-si, ao típico "indivíduo", a tudo o que simplifica, destaca, torna forte, claro, inequívoco, típico: a liberdade sob a lei.

Ao antagonismo desses dois poderes artístico-naturais está vinculado o desenvolvimento da arte, com a mesma necessidade que o desenvolvimento da humanidade está vinculado ao antagonismo dos sexos. A plenitude de potência e o comedimento, a suprema forma de autoafirmação em uma fria, nobre, arisca beleza: o apolinismo da vontade helênica.

Essa contrariedade do dionisíaco e do apolíneo no interior da alma grega é um dos grandes enigmas pelo qual me senti atraído, frente à essência grega. Não me esforcei, no fundo, por nada senão adivinhar por que precisamente o apolinismo grego teve de brotar de um fundo dionisíaco: o grego dionisíaco tinha necessidade de se tornar apolíneo: isso significa quebrar sua vontade de descomunal, múltiplo, incerto, assustador, em uma vontade de medida, de simplicidade, de ordenação a regra e conceito. O desmedido, o deserto, o asiático, está em seu fundamento: a bravura do grego consiste no combate com seu asiatismo: a beleza não lhe foi dada de presente, como tampouco a lógica, a naturalidade do costume — ela foi conquistada, querida, ganha em combate — ela é sua *vitória*. [NF, 1888, 14 (14)]

1052
Os dois tipos: Dioniso e o Crucificado. — Verificar: se o típico homem *religioso* é uma forma de *décadence* (os grandes inovadores são, ao todo e em particular, doentios e epiléticos); mas aqui não deixamos de fora um tipo do homem religioso, o *pagão*? Não é o culto pagão uma forma de ação de graças e de afirmação da vida? Seu mais alto representante não teria de ser uma apologia e uma divinização da vida? Tipo de um espírito bem-logrado e transbordante de enlevo! Tipo de um espírito que acolhe em si e *redime* as contradições e problematicidades da existência!

Aqui coloco o *Dioniso* dos gregos: a afirmação religiosa da vida, da vida inteira, não negada e pela metade; (típico — que o ato sexual desperta profundez, mistério, veneração).

Dioniso contra o "Crucificado": aí tendes a oposição. *Não* é uma diferença quanto ao martírio — é só que ele tem um outro sentido. A vida mesma, sua eterna fecundidade e retorno, condiciona o tormento, a destruição, a vontade de aniquilamento. No outro caso, o sofrer, o "crucificado como inocente", vale como objeção contra esta vida, como fórmula de sua condenação. — Adivinha-se: o problema é o do sentido do sofrer: se é um sentido cristão, se é um sentido pagão. No primeiro caso, deve ser o caminho para um ser que seja santo; no segundo, *o ser vale como santo o bastante* para justificar ainda uma monstruosidade de sofrimento. O homem trágico afirma ainda o mais acerbo sofrer: ele é forte, pleno, divinizante o bastante para isso; o cristão nega ainda a sorte mais feliz sobre a terra: ele é fraco, pobre, deserdado o bastante, para em cada forma ainda sofrer com a vida. O deus na cruz é uma maldição sobre a vida, um dedo apontando para redimir-se dela; — o Dioniso cortado em pedaços é uma *promessa* de vida: eternamente renascerá e voltará da destruição. [NF, 1888, 14 (89)]

1053
Minha filosofia traz o pensamento vitorioso com o qual toda outra maneira de pensar acabará por sucumbir. É o grande pensamento *aprimorador*: as raças que não o suportam estão condenadas; as que o sentem como o maior dos benefícios estão votadas à dominação. [NF, 1884, 26 (376)]

1055
Uma maneira de pensar e ensinamento pessimista, um niilismo de êxtase, pode, em certas circunstâncias, ser indispensável precisamente para o filósofo: como uma poderosa pressão e martelo, com que ele esfacela raças degenerantes e moribundas e as tira do caminho, para abrir alas para uma nova ordenação da vida ou para inspirar ao que é degenerado e quer morrer o desejo do fim. [NF, 1885, 35 (82)]

1062
Se o mundo tivesse um alvo, teria de estar alcançado. Se houvesse para ele um estado terminal não intencional, teria igualmente de estar alcançado. Se fosse em geral apto a um perseverar, tornar-se rígido, apto a um "ser", se em todo o seu vir-a-ser tivesse apenas por um único instante essa aptidão ao "ser", mais uma vez, há muito teria terminado todo vir-a-ser, e portanto também todo pensar, todo "espírito". O fato do "espírito" *como um vir-a-ser* prova que o mundo não tem nenhum alvo, nenhum estado terminal, e é inepto ao ser. — O velho hábito, porém, de pensar alvos em todo acontecer e um deus criador e dirigente no mundo é tão poderoso que o próprio pensador tem dificuldade para não pensar a ausência de alvo do mundo, mais uma vez, como intenção. Nessa ideia — de que, portanto, o mundo se *afasta* intencionalmente de um fim e até mesmo sabe evitar artificialmente o entrar em um curso circular — têm de cair todos aqueles que gostariam de impor ao mundo, por decreto, a faculdade da *eterna novidade*, isto é, de impor a uma força finita, determinada, de grandeza inalteravelmente igual, tal como é o mundo, a miraculosa aptidão à *infinita* nova configuração de suas formas e situações. O mundo, se bem que nenhum deus mais, deve no entanto ser apto à divina força criadora, à infinita força de transmutação; deve voluntariamente *defender-se* de recair em uma de suas velhas formas; deve ter, não somente a intenção, mas também os *meios* para se *garantir* contra toda repetição; deve, a cada instante, *controlar*

cada um de seus movimentos para impedir alvos, estados terminais, repetições—, e tudo o mais, que possam ser as consequências de uma tal maneira imperdoavelmente maluca de pensar e desejar. É sempre ainda a velha maneira religiosa de pensar e desejar, uma espécie de aspiração a acreditar que, *em alguma coisa*, o mundo é igual ao velho, querido, infinito deus ilimitadamente criador—que em alguma coisa "o velho deus vive ainda"—, aquela aspiração de Espinosa, que se exprime na palavra *"deus sive natura"* (ele chegava mesmo a sentir: *"natura sive deus"*—). Mas qual é então a proposição e a crença com a qual se formula com a máxima determinação a conversão decisiva, a *preponderância* agora alcançada do espírito científico sobre o espírito religioso, criador de deuses fictícios? Não é: o mundo, como força, não pode ser pensado ilimitado, pois não é possível pensá-lo assim?—proibimo-nos o conceito de uma *força infinita, por ser incompatível com o conceito "força"*. Portanto—falta também ao mundo a faculdade da eterna novidade. [NF, 1885, 36 (15)]

1065

Aquele imperador tinha constantemente presente a transitoriedade de todas as coisas, para não lhes dar demasiada *importância* e permanecer tranquilo no meio delas. A mim parece o inverso, que tudo é de demasiado valor para poder ser tão fugaz: procuro uma eternidade para cada coisa: seria permitido despejar os mais preciosos bálsamos e vinhos no mar?—Meu consolo é que tudo o que foi é eterno:—o mar os traz de volta. [NF, 1887, 11 (94)]

1066

A nova concepção do mundo.—O mundo subsiste; não é nada que vem a ser, nada que perece. Ou antes: vem a ser, perece, mas nunca começou a vir a ser e nunca cessou de perecer—, *conserva-se* em ambos... *Vive* de si próprio: seus excrementos são seu alimento.

A hipótese de um *mundo criado* não deve afligir-nos nem por um instante. O conceito "criar" é hoje perfeitamente indefinível, inexequível; meramente uma palavra ainda, rudimentar, dos tempos da superstição; com uma palavra não se explica nada. A última tentativa de conceber um mundo que *começa* foi feita recentemente, várias vezes, com o auxílio de uma procedura lógica—na maioria das vezes, como é de adivinhar, com uma segunda intenção teológica.

Recentemente, quiseram várias vezes encontrar no conceito "infinidade temporal do mundo *para trás*" (*regressus in infinitum*) uma contradição: e até mesmo a encontraram, ao preço, sem dúvida, de confundir a cabeça com a cauda. Nada me pode impedir de, calculando deste instante para trás, dizer "nunca chegarei ao fim": assim como posso calcular do mesmo instante para a frente, ao infinito. Somente se eu quisesse fazer o erro—que eu me guardarei de fazer — de equiparar esse correto conceito de um *regressus in infinitum* com o conceito *inteiramente inexequível* de um *progressus* finito até agora, somente se pusesse a *direção* (para a frente ou para trás) como logicamente indiferente, me seria dado apanhar a cabeça — este instante — como cauda: deixo isso para o senhor, meu senhor Dühring!...

Deparei com esse pensamento em pensadores anteriores: toda vez era determinado por outros pensamentos ocultos (— o mais das vezes teológicos, em favor do *creator spiritus*). Se o mundo pudesse enrijecer, secar, morrer, tornar-se *nada*, ou se pudesse alcançar um estado de equilíbrio, ou se tivesse em geral algum alvo que encerrasse em si a duração, a inalterabilidade, o de-uma-vez-por-todas (em suma, dito metafisicamente: se o vir-a-ser *pudesse* desembocar no ser ou no nada), esse estado teria de estar alcançado. Mas não está alcançado: de onde se segue... Eis nossa certeza, a única que temos nas mãos para servir de corretivo contra uma grande quantidade de mundos hipotéticos, possíveis em si. Se, por exemplo, o mecanismo não pode escapar à consequência de um estado final, que William Thomson tira dele; com isso, o mecanismo está *refutado*.

Se o mundo *pode* ser pensado como grandeza determinada de força e como número determinado de centros de força — e toda outra representação permanece indeterminada e consequentemente *inutilizável* —, disso se segue que ele tem de passar por um número calculável de combinações, no grande jogo de dados de sua existência. Em um tempo infinito, cada combinação possível estaria alguma vez alcançada; mais ainda: estaria alcançada infinitas vezes. E como entre cada combinação e seu próximo retorno todas as combinações ainda possíveis teriam de estar transcorridas e cada uma dessas combinações condiciona a sequência inteira das combinações da mesma série, com isso estaria provado um curso circular de séries absolutamente idênticas: o mundo como curso circular que infinitas vezes já se repetiu e que joga seu jogo *in infinitum*. — Essa concepção não é, sem mais, uma concepção mecanicista: pois, se fosse, não condicionaria mais um infinito retorno de casos idênticos, e sim um estado final. *Porque* o mundo não o alcançou, o mecanismo tem de valer para nós como hipótese imperfeita e apenas provisória. [NF, 1888, 14 (188)]

1067

E sabeis sequer o que é para mim "o mundo"? Devo mostrá-lo a vós em meu espelho? Este mundo: uma monstruosidade de força, sem início, sem fim, uma firme, brônzea grandeza de força, que não se torna maior, nem menor, que não se consome, mas apenas se transmuda, inalteravelmente grande em seu todo, uma economia sem despesas e perdas, mas também sem acréscimo, ou rendimentos, cercada de "nada" como de seu limite, nada de evanescente, de desperdiçado, nada de infinitamente extenso, mas como força determinada posta em um determinado espaço, e não em um espaço que em alguma parte estivesse "vazio", mas antes como força por toda parte, como jogo de forças e ondas de força ao mesmo tempo um e múltiplo, aqui acumulando-se e ao mesmo tempo ali minguando, um mar de forças tempestuando e ondulando em si próprias, eternamente mudando, eternamente recorrentes, com descomunais anos de retorno, com uma vazante e enchente de suas configurações, partindo das mais simples às mais múltiplas, do mais quieto, mais rígido, mais frio, ao mais ardente, mais selvagem, mais contraditório consigo mesmo, e depois outra vez voltando da plenitude ao simples, do jogo de contradições de volta ao prazer da consonância, afirmando ainda a si próprio, nessa igualdade de suas trilhas e anos, abençoando a si próprio como Aquilo que eternamente tem de retornar, como um vir-a-ser que não conhece nenhuma saciedade, nenhum fastio, nenhum cansaço—: esse meu mundo *dionisíaco* do eternamente-criar-a-si-próprio, do eternamente-destruir-a-si-próprio, esse mundo secreto da dupla volúpia, esse meu "para além de bem e mal", sem alvo, se na felicidade do círculo não está um alvo, sem vontade, se um anel não tem boa vontade consigo mesmo—, quereis um *nome* para esse mundo? Uma solução para todos os seus enigmas? Uma *luz* também para vós, vós, os mais escondidos, os mais fortes, os mais intrépidos, os mais da meia-noite? —*Esse mundo é a vontade de potência—e nada além disso!* E também vós próprios sois essa vontade de potência—e nada além disso! [NF, 1885, 38 (12)]

QUATRO POEMAS
1871-1888

VOCAÇÃO DE POETA

Ainda outro dia, na sonolência
De escuras árvores, eu sozinho,
Ouvi batendo, como em cadência,
Um tique, um taque, bem de mansinho...
Fiquei zangado, fechei a cara—
Mas afinal me deixei levar
E igual a um poeta, que nem repara,
Em tique-taque me ouvi falar.

E vendo o verso cair, cadente,
Sílabas, upa, saltando fora,
Tive que rir, rir, de repente,
E ri por um bom quarto de hora.
Tu, um poeta? Tu, um poeta?
Tua cabeça está assim tão mal?
— "Sim, meu senhor, sois um poeta",
E dá de ombros o pica-pau.

Por quem espero aqui nesta moita?
A quem espreito como um ladrão?
Um dito? Imagem? Mas, psiu! Afoita
Salta à garupa rima e refrão.
Algo rasteja? Ou pula? Já o espeta
Em verso o poeta, justo e por igual.
— "Sim, meu senhor, sois um poeta",
E dá de ombros o pica-pau.

Rimas, penso eu, serão como dardos?
Que rebuliços, saltos e sustos,
Se o dardo agudo vai acertar dos
Pobres lagartos os pontos justos.
Ai, ele morre à ponta da seta
Ou cambaleia, o ébrio animal!
— "Sim, meu senhor, sois um poeta",
E dá de ombros o pica-pau.

Vesgo versinho, tão apressado,
Bêbada corre cada palavrinha!
Até que tudo, tiquetaqueado,
Cai na corrente, linha após linha.
Existe laia tão cruel e abjeta
Que isto ainda — alegra? O poeta — é mau?
— "Sim, meu senhor, sois um poeta",
E dá de ombros o pica-pau.

Tu zombas, ave? Queres brincar?
Se está tão mal minha cabeça,
Meu coração pior há de estar?
Ai de ti, que minha raiva cresça! —
Mas trança rimas, sempre — o poeta,
Na raiva mesmo sempre certo e mau.
— "Sim, meu senhor, sois um poeta",
E dá de ombros o pica-pau.

Das *Canções do príncipe Livrepássaro*, poemas de 1882-1884, publicados em apêndice à *Gaia ciência*, na edição de 1886.

NO SUL

Eis-me suspenso a um galho torto
E balançando aqui meu cansaço.
Sou convidado de um passarinho
E aqui repouso, onde está seu ninho.
Mas onde estou? Ai, longe, no espaço.

O mar, tão branco, dormindo absorto,
E ali, purpúrea, vai uma vela.
Penhasco, idílios, torres e cais,
Balir de ovelhas e figueirais.
Sul da inocência, me acolhe nela!

Só a passo e passo — é como estar morto,
O pé ante pé faz o alemão pesar.
Mandei o vento levar-me ao alto,
Aprendi com pássaros leveza e salto —
Ao sul voei, por sobre o mar.

Razão! Trabalho pesado e ingrato!
Que vai ao alvo e chega tão cedo!
No voo aprendo o mal que me eiva —
Já sinto ânimo, e sangue e seiva
De nova vida e novo brinquedo...

Quem pensa a sós, de sábio eu trato,
Cantar a sós — já é para os parvos!
Estou cantando em vosso louvor:
Fazei um círculo e, ao meu redor,
Malvados pássaros, vinde sentar-vos!

Jovens, tão falsos, tão inconstantes,
Pareceis feitos bem para amantes
E em passatempos vos entreter...
No norte amei — e confesso a custo —
Uma mulher, velha de dar susto:
"Verdade", o nome dessa mulher.

Das *Canções do príncipe Livrepássaro*.

O ANDARILHO

Um andarilho vai pela noite
A passos largos;
Só curvo vale e longo desdém
São seus encargos.
A noite é linda —
Mas ele avança e não se detém.
Aonde vai seu caminho ainda?
Nem sabe bem.

Um passarinho canta na noite:
"Ai, minha ave, que me fizeste!
Que meu sentido e pé retiveste,
E escorres mágoa de coração
Tão docemente no meu ouvido,
Que ainda paro
E presto atenção? —
Por que me lanças teu *chamariz*?" —

A boa ave se cala e diz:
"Não, andarilho! Não é a ti, não,
Que chamo aqui
Com a canção —
Chamo uma fêmea de seu desdém —
Que importa isso, a ti também?
Sozinho, a noite não está linda —
Que importa a ti? Deves ainda
Seguir, andar,
E nunca, nunca, nunca parar!
Ficas ainda?
O que te fez minha flauta mansa,
Homem da andança?"

A boa ave se cala e pensa:
"O que lhe fez minha flauta mansa,
Que fica ainda? —
O pobre, pobre homem da andança!"

Dos *Poemas*, 1871-1888.

DA POBREZA DO RIQUÍSSIMO

Dez anos já —
e nenhuma gota me alcançou,
nem úmido vento nem orvalho do amor
— uma terra *sem chuva*...
Agora peço à minha sabedoria
que não se torne avara nessa aridez:
corra ela própria, goteje orvalho;
seja ela a chuva do ermo amarelado!

Um dia mandei as nuvens
embora de minhas montanhas —
um dia eu disse, "mais luz, obscuras!"
Agora as chamo, que venham:
fazei escuro ao meu redor com vossos ubres!
— quero ordenhar-vos,
vacas das alturas!
Leite quente, sabedoria, doce orvalho do amor
derramo por sobre a terra.

Fora, fora, ó verdades
de olhar sombrio!
Não quero ver em minhas montanhas
acres verdades impacientes.
Dourada de sorrisos,
de mim se acerca hoje a verdade,
adoçada de sol, bronzeada de amor —
só uma verdade *madura* eu tiro da árvore.

Hoje estendo as mãos
às seduções do acaso,
bastante esperto para guiar, tapear o acaso,
como a uma criança.
Hoje quero ser hospitaleiro
com o malvindo,
contra o destino mesmo não quero ter espinhos
— Zaratustra não é um ouriço.
Minha alma, insaciável com sua língua,
já lambeu em todas as coisas boas e ruins,

em cada profundeza já mergulhou.
Mas sempre igual à cortiça
sempre boia outra vez à tona
bruxuleia como óleo sobre os mares morenos:
por ter essa alma me chamam o Afortunado.

Quem são meu pai e mãe?
Não é meu pai o príncipe Supérfluo,
e mãe o Riso silencioso?
Não me gerou esse duplo conúbio,
eu animal de enigma,
eu monstro luminoso,
eu esbanjador de toda a sabedoria de Zaratustra?

Hoje doente de delicadeza,
um vento de orvalho,
Zaratustra está sentado, esperando, esperando, em suas montanhas —
em seu próprio suco
tornado doce e cozinhado,
embaixo de seu cume,
embaixo de seu gelo,
cansado e venturoso,
um criador em seu sétimo dia.

— Quietos!
Uma verdade passa por sobre mim
igual a uma nuvem —
com relâmpagos invisíveis ela me atinge.
Por largas lentas escadas
sobe até mim sua felicidade:
vem, vem, querida verdade!

— Quietos!
É *minha* verdade! —
De olhos esquivos,
de arrepios aveludados
me atinge seu olhar,
amável, mau, um olhar de moça...
Ela adivinha o *fundo* de minha felicidade,
ela *me* adivinha — ah! o que ela inventa? —

Purpúreo espreita um dragão
no sem-fundo de um olhar de moça.

Quietos! Minha verdade *fala*!

Ai de ti, Zaratustra!
Pareces alguém
que engoliu ouro:
ainda hão de te abrir a barriga!...

És rico demais,
corruptor de muitos!
São muitos os que tornas invejosos,
são muitos os que tornas pobres...
A mim própria tua luz faz sombra —
ela me enregela: vai embora, tu, que és rico,
vai, Zaratustra, sai de teu sol!

Queres presentear, distribuir teu supérfluo,
mas tu próprio és o mais supérfluo!
Sê esperto, tu, que és rico!
Presenteia antes a ti próprio, ó Zaratustra!

Dez anos já —
e nenhuma gota te alcançou?
Nem úmido vento? nem orvalho do amor?
Mas quem *haveria* de te amar,
ó mais que rico?
Tua felicidade faz secar em torno,
torna pobre de amor
— uma terra *sem chuva*...

Ninguém mais te agradece,
mas tu agradeces a todo aquele
que toma de ti:
nisso te reconheço,
ó mais que rico,
ó *mais pobre* de todos os ricos!
Tu te sacrificas, tua riqueza te *atormenta* —
Tu dás,

não te poupas, não te amas:
o grande tormento te força o tempo todo,
o tormento dos celeiros *saturados*, do coração *saturado* —
mas ninguém mais te agradece...

Tens de tornar-te *mais pobre*,
sábio insensato!
queres ser amado.
Ama-se somente aos sofredores,
só se dá amor aos que têm fome:
presenteia antes a ti próprio, ó Zaratustra!

— Eu sou tua verdade...

Dos *Ditirambos de Dioniso*, 1888: "Estas são as canções de Zaratustra, que ele cantava para si mesmo, para suportar sua última solidão".

NOTA

O pensamento de Nietzsche chegou muito cedo ao Brasil, por vias direitas e tortas. Mas foi em 1947, quando a difamação de Nietzsche estava em seu apogeu, especialmente nos meios de esquerda, que se levantou uma primeira voz em sua defesa (ou melhor, em defesa dos que estavam ameaçados de perder, por preconceito, o "presente feito à humanidade" com sua obra): era um jovem crítico literário de São Paulo, preocupado, já então, com a necessidade de "recuperarmos Nietzsche". Hoje, todos sabem quem é Antonio Candido. Mas poucos da nova geração tiveram oportunidade de conhecer este ensaio, publicado pela primeira vez no rodapé semanal do *Diário de São Paulo* ("Notas de crítica literária") e incluído mais tarde em *O observador literário* (São Paulo: Comissão Estadual de Cultura, 1959). Hoje, que ao menos em parte o preconceito se desfez e o trabalho filológico está trazendo a obra à sua verdadeira luz, nada mais oportuno, depois da aventura através dos textos, do que reler este estudo e reconhecer a justeza, a coragem da lucidez, sempre possível, mesmo em épocas traumatizadas. Por essa razão, com especial consentimento do autor, ele é reeditado aqui, em apêndice a estas "obras incompletas" de Nietzsche.

RUBENS RODRIGUES TORRES FILHO

O PORTADOR
ANTONIO CANDIDO

É preciso afastar, em relação a pensadores como Nietzsche, o *conceito de guerra* — propagandístico ou ingênuo —, que o encara como uma espécie de Rosenberg mais fino e procura ver no seu pensamento o precursor do nazismo. Esse antipangermanista convicto deve ser considerado o que realmente é: um dos maiores inspiradores do mundo moderno, cuja lição, longe de exaurida, pode servir de guia a muitos problemas do humanismo contemporâneo.

Mesmo rejeitando o conteúdo de suas ideias, devemos reter e ponderar a sua técnica de pensamento, como propedêutica à superação das condições individuais. "O homem é um ente que deve ser ultrapassado", disse ele; e o que propõe é ultrapassar incessantemente o ser de conjuntura, que somos num dado momento, a fim de buscar estados mais completos de humanização. Talvez pudéssemos indicar os rumos de sua propedêutica, dizendo que visa a uma expansão mais completa das energias de que somos portadores, e nesse sentido é elucidativa a preocupação de ascese, de exercício preparatório, que atravessa toda a sua obra. Por isso invoca ou sugere uma certa dureza e a abolição da autocomplacência: ver duro e cru, em si e nos outros, para ser capaz de ver justo e bom, posto que justiça e bondade repousam sobre a energia com que superamos as injunções, as normas cristalizadas, tudo enfim que tende a imobilizar o ser em posições já atingidas e esvaziadas de conteúdo vivo. O que é tacitamente aceito por nós; o que recebemos e praticamos sem atritos internos e externos, sem ter sido por nós conquistado, mas recebido de fora para dentro, é como algo que nos foi dado; são *dados* que incorporamos à rotina, reverenciamos passivamente e se tornam peias ao desenvolvimento pessoal e coletivo. Ora, para que certos princípios, como a justiça e a bondade, possam atuar e enriquecer, é preciso que surjam como algo que obtivemos ativamente a partir da superação dos *dados*. "Obtém a ti mesmo" — é o conselho nietzschiano que o velho Egeu dá ao filho, no *Teseu*, de Gide. Para essa conquista das mais lídimas virtualidades do ser é que Nietzsche ensina a combater a complacência, a mornidão das posições adquiridas, que o comodismo intitula moral, ou outra coisa bem soante. Na sua concepção, há uma luta permanente entre a vida que se afirma e a que vegeta; parecia-lhe que esta era acoroçoada pelos valores rotinizados da civilização cristã e burguesa.

Realmente, se submetermos a análise rigorosa a maneira por que damos abrigo aos valores espirituais, veremos que em nossa atitude há mais de comodismo e flacidez moral do que propriamente crença ativa e fecundante. Aceitamos por via de integração, participação submissa no grupo, tendendo a transformar os gestos em simples repetição automática. Fazemo-lo para evitar as aventuras da personalidade, as grandes cartadas da vida, julgando pôr em prática valores conquistados por nós mesmos. Ora, a obra de Nietzsche nos pretende sacudir, arrancar deste torpor, mostrando as maneiras pelas quais negamos cada vez mais a nossa humanidade, submetendo-nos em vez de nos afirmarmos. Encarada assim, a exaltação do homem *vital* e sem preconceitos vale, de um lado, como retificação do humanismo frequentemente ingênuo do século XIX: de outro, como reivindicação da complexidade do homem, contra certas versões racionalistas e simplificadoras.

Com efeito, ele afirma longamente em sua obra (de modo quase sistemático na primeira parte de *Além de bem e de mal*, por exemplo) que o homem é mais complexo do que supõem as normas e convenções. Bem antes das modernas correntes da psicologia, analisou a força e importância dos impulsos de domínio e submissão, concluindo que há em nós um animal solto que também compõe a personalidade e influi na conduta. Naquela obra, insiste sobre a presença no tecido da vida humana, dessas componentes que a moral e a convenção procuram eliminar, depois de as haverem condenado.

A sua teoria da consciência como *superfície*, afloramento de obscuridades que não se pressentem, anuncia a psicanálise, como podemos ver nas longas exposições da *Vontade de potência*. Sob esse ângulo, e apesar do desvirtuamento da expressão, o super-homem aparece como tipo superiormente humano — um ente que consegue manifestar certas forças de vida, mutiladas em outros por causa da noção parcial que a psicologia e a moral convencionais oferecem de nós. Em meio à hipocrisia, à debilidade da consciência na burguesia europeia do fim do século; ao humanitarismo manhoso com que procurava adormecer o sentimento de culpa, Nietzsche assume por vezes uma estatura de justiceiro. E um exemplo da ironia que espreita na posteridade as ideias dos filósofos é o fato de muitas dessas virtudes de dureza propedêutica terem sido encarnadas, no século XX, por uma raça de homens que ele sempre considerou progênie de escravos. Na *elite* revolucionária que implantou o socialismo na Rússia, encontravam-se, como a realização impressionante de uma profecia, as qualidades de implacável retidão que atribui em *Vontade de potência*, ao "Legislador do Futuro" — que poda sem dó a fim de favorecer a expansão plena, e cuja dureza aparente é, no fundo, amor construtivo pelos homens.

Nele, porém, esta atitude só adquire significado reposta no conjunto da obra — naquela mistura, tão sua, de fervor e irreverência, destruição raivosa e júbilo construtivo, que é a única possibilidade do nosso tempo e ele anteviu como profeta. Para a opinião dominante, a sua crítica violenta fez dele um personagem incômodo, ante o qual se fecham as portas da cidade, como as que, na parábola final de *Humano, demasiado humano*, rejeitam o peregrino para a noite do deserto. Ele vinha romper uma série de hábitos tacitamente aceitos, e mostrar que a própria filosofia não dava mais conta das obrigações para com a vida.

*

Talvez se possa dizer, com efeito, que a partir do século XVIII e até o nosso, ela cuidou mais da natureza do espírito e das condições de seu funcionamento que do seu caráter de aspecto da atividade humana total. Doutro lado, analisou de preferência tudo que condiciona o comportamento e dele resulta; raras vezes desceu às suas raízes vivas. Semelhante tarefa coube não raro à arte, cuja importância como forma de conhecimento não decresceu no mundo moderno, como se poderia pensar à primeira vista. A acuidade psicológica, por exemplo, não se confunde com a competência dos especialistas, e deve ser buscada menos neles do que em obras como as de Dostoiévski, Proust, Pirandello ou Kafka; e não é de estranhar que o maior psicólogo do nosso tempo, Freud, seja uma espécie de ponte entre o mundo da arte e o da ciência; entre os processos positivos de análise e a intuição estética.

Nietzsche se situa no universo dos psicólogos artistas, e daí decorre o significado central da sua obra. Enquanto algumas e por muitos lados melhores tendências do pensamento oitocentista procuravam resolver o problema da vida em sociedade criticando as condições de existência, ele tentou atingir diretamente o núcleo da personalidade. Se Marx ensaiava transmudar os valores sociais no que têm de coletivo, ele ensaiou uma transmutação do ângulo psicológico — do homem tomado como unidade duma *espécie*, pela qual é decisivamente marcado, sem desconhecer, é claro, todo o equipamento de civilização que intervém no processo. São atitudes que se completam, pois não basta rejeitar a herança burguesa no nível da produção e das ideologias; é preciso pesquisar o subsolo pessoal do homem moderno tomado como indivíduo, revolvendo as convenções que a ele se incorporam, e sobre as quais assenta a sua mentalidade.

Daí a consequente transmutação dos valores morais. Discípulo dos grandes analistas franceses, apaixonado de Stendhal e Dostoiévski, dando uma sentença de Pascal por toda a metafísica alemã, continua os grandes investigadores da conduta, concebida como arte. O seu objetivo é lançar as bases de uma nova ética, acessível aos homens "que se obtêm" — homens superiores que alargarão até os outros aquilo que conquistaram penosamente, cauterizando em si a herança de uma civilização desvirtuada. "É certo que todos nós temos laços e afinidades que nos ligam ao santo, assim como um parentesco espiritual nos vincula ao filósofo e ao artista" — diz numa das *Considerações extemporâneas*. Em consequência, todo progresso no sentido da realização do super-homem significa riqueza coletiva, na medida em que atuam essas afinidades secretas que, ligando-o a todos, a todos enriquecem pela comunicação da seiva.

Para favorecer o aparecimento dos homens superiores, é preciso alterar o modo de encarar a vida e o conhecimento. O ideal nietzschiano seria o pensador que passeia livremente pela vida e recusa considerar a atividade criadora uma obrigação intelectual; o homem que, para fecundar a si e aos outros, suprime o hiato existente as mais das vezes entre conhecer e viver.

No belo trecho final de *A irreligião do futuro*, Guyau chama ao filósofo — amigo do desconhecido: *cet ami de l'inconnu*. Ele é, com efeito, irmão do aventureiro, e não deve renegar o parentesco vivificante. Enquanto um se desapega da estabilidade e da rotina para obter em torno de si a mudança permanente das pessoas, lugares ou situações — o outro opera de maneira semelhante no terreno do espírito, jogando fora convicções, crenças, noções, para obter alguma coisa nova ao cabo dessas rejeições múltiplas e por vezes fatais. Ambos atiram lenha à fogueira, aquecendo-se ao calor de coisas arrancadas à sua norma de vida: fogueira da existência ou fogueira do pensamento. Em muitos casos, ambas.

Vindo após séculos de filosofia catedrática, Nietzsche se revoltou violentamente contra a mutilação do espírito de aventura pela oficialização das doutrinas. E a seu modo foi um aventureiro, não só na existência agitada e ambulante, à busca de lugares novos, emoções renovadas (como alguém que necessita atritar-se com o mundo para despedir faíscas de vida), mas também no pensamento, à busca de ângulos novos, posições inexploradas, renovando sem parar as técnicas do conhecimento. A intervenção feliz de um *gênio familiar* impediu sempre as suas tentativas de amarrar as ideias em sistemas amplos e fechados.[1] Exprimiu-se de preferência em trechos breves, aforismos e cânticos, a fim de que tudo o que borbulha não fosse canalizado pelo desenho geométrico dos tratados; e para que a filosofia não renunciasse ao privilégio da permanente aventura, a troco da estabilidade que se obtém fechando os olhos ante a fuga vertiginosa das coisas. O tipo de pensador nietzschiano é o Peregrino, o *Wanderer*, cuja sombra se projeta pelos quatro cantos e nunca vende a alma ao estável, ao tranquilo, porque deseja manter-se fiel ao desconhecido, enfrentando-o com a coragem da aventura. A mencionada página

---

[1] Hoje, após os trabalhos e a edição de Karl Schlechta, sabemos com certeza que a *Vontade de potência*, como foi publicada, sobretudo nas últimas edições, chamadas completas, não passa duma ordenação arbitrária de fragmentos que não haviam sido destinados a qualquer obra sistemática. O "sistema" e suas implicações capciosas nasceu do interesse fraudulento de sua irmã e respectivos colaboradores, ingênuos ou cúmplices conscientes. (Nota de 1959.)

final de *Humano, demasiado humano* (1ª parte) define esse repto permanente da filosofia, e é das mais belas que se escreveram sobre o destino do pensador, rejeitando a segurança ilusória de que se nutrem os homens médios, para não permanecer de olhos baixos, cego em meio à vida que estua no desconhecido, oferecendo aventuras que glorificam e consomem:

Quem atingiu dalgum modo a liberdade da razão não se pode considerar na terra outra coisa que um Peregrino, embora não um viajante rumando para uma meta final — pois esta não existe. Contemplará e terá os olhos abertos para tudo que acontece no mundo; não ligará o coração em definitivo a nada de único; deve haver nele algo erradio, pois a sua alegria está no mutável e no inconstante. Por certo cairão noites penosas sobre um homem desse — quando estiver cansado e encontrar fechadas as portas da cidade que lhe deveria dar repouso. Pode ser, ainda mais, que o deserto chegue até a elas, como no Oriente, e as feras ululem, ora perto, ora longe, e um vento forte se eleve, e os salteadores lhe roubem os animais de carga. Desce então uma noite terrível, como um segundo deserto no deserto e o Peregrino se sentirá exausto no coração. Quando o sol levantar, abrasando como a divindade da ira, abre-se a cidade, e nas faces dos habitantes ele verá talvez mais deserto, mais sujeira, mais embuste e mais insegurança do que fora de portas — e o dia será quase pior que a noite. Isso pode, na verdade, ocorrer a um Peregrino; mas depois virão, como recompensa, manhãs deleitosas, noutra paragem e noutro dia, onde, através do dilúculo, verá bandos de musas bailarem perto, na névoa das montanhas; onde, em seguida, quando passear à sombra das árvores, na serenidade da manhã, cair-lhe-ão, dentre os ramos e a folhagem, coisas boas e claras, dádivas dos espíritos livres, que se acomodam bem, como ele, nos montes, florestas e solidões, e são, como ele, de maneira ora alegre, ora pensativa, peregrinos e filósofos. Oriundos do mistério da madrugada, pensam no que pode fazer tão pura, luminosa, jovialmente transfigurada a fisionomia do dia entre a décima e a décima segunda pancada do sino: andam a buscar a *filosofia da manhã*.

Sob essa roupagem alegórica, sob a graça desse estilo a que a tradução retira o aspecto por assim dizer miraculoso, Nietzsche é eminentemente um educador. Propõe sem cessar, como aqui, uma série de técnicas libertadoras, levando-nos ao paradoxo de pensar, como Gide, nos *Pretextos*, que a sua "influência (...) importa mais que a sua obra". Talvez seja verdade, grata a quem exclamou na *Gaia ciência*: "Para que serve um livro que não for capaz de nos transportar além dos livros?". Os seus conduzem para o terreno da aventura espiritual; livros de movimento, que têm um pacto misterioso com a dança, elemento-chave do seu pensamento: "Há escritores que, pelo fato de representarem o impossível como possível, e falarem do que é moral e genial como se ambos não passassem de fantasia, capricho, provocam um sentimento de alegre liberdade, como se o homem se pusesse sobre a ponta dos pés e, graças a um júbilo interior, fosse obrigado literalmente a dançar" (*Humano, demasiado humano*).

É claro que seus livros, que ensinam a dançar, não emanam de um filósofo profissional, mas de alguém bastante acima do que nos habituamos a conceber deste modo. Como poucos, em nosso tempo, é um portador de valores, graças ao qual o conhecimento se encarna e flui no gesto de vida. "Aqui, a certeza é um jogo; dir-se-ia que o conhecimento encontrou o seu ato, e que de repente a inteligência aceita as graças espontâneas" (Valéry).

Há, com efeito, seres *portadores*, que podemos ou não encontrar, na existência cotidiana e nas leituras que subjugam o espírito. Quando isso se dá, sentimos que eles iluminam bruscamente os cantos escuros do entendimento e, unificando os sentimentos desparelhados, revelam possibilidades de uma existência mais real. Os valores que trazem, eminentemente radioativos, nos trespassam, deixam translúcidos e não raro prontos para os raros heroísmos do ato e do pensamento. Geralmente, ficamos ofuscados um instante quando os vemos e, sem força para os receber, tergiversamos e nos desviamos deles. A opacidade se refaz, então, a mediania recobra o domínio e só resta a lembrança, de efeitos variáveis. Os coevos lobrigavam chamas do inferno na barra da túnica de Dante; nos nossos olhos resta igualmente a nostalgia do reino perdido, como no soneto admirável de Antero de Quental:

E assentado entre as formas imperfeitas,
Para sempre fiquei pálido e triste.

Os *portadores*, que eletrizaram um instante, por via de participação misteriosa de que fala Nietzsche, esses continuam, como ele próprio continuava, irrequietos e irremediáveis.

Entretanto, embora nos iluminemos apenas um instante, e os *portadores* sigam, o que seria da vida e do pensamento se não houvesse oportunidades semelhantes? As ideias e valores existem ante nós como alvos inatingíveis, e o nosso destino é tender a eles. Por isso, a vida é uma tendência sem fim, excetuados os momentos de plenitude que suspendem a corrente do tempo. Não obstante, enquanto permanecermos de um lado, e os valores de outro, o esforço e a lucidez da nossa visão serão mais ou menos frouxos. Na vida, só sentimos a realidade dos valores a que tendemos, ou que pressentimos, quando nos pomos em contato com certos intermediários, cuja função é encarná-los, como portadores que são. A abstração e o sentimento adquirem vida (*la connaissance a trouvé son acte*, diria Valéry), e somos capazes de sentir plenamente, viver os valores. Ao contrário da vida, que dispersa, os portadores condensam e unificam extraordinariamente; daí se imporem como um bloco e fazerem ver a vida como um bloco, que nos afasta por um momento da mediania e impõe uma necessidade quase desesperada de vida autêntica.

"Os homens necessitam constantemente de parteiras." A teoria do super-homem é o conjunto de técnicas necessárias, segundo Nietzsche, para formar essas parteiras de que fala. A profundidade do seu desconhecido humanismo provém da decisão fundamental de nada conceber na vida se não for como encarnação de valor, corporizado na presença humana. E para encerrar estas notas sobre um dos maiores portadores do nosso tempo, nada mais oportuno que a citação de um dos seus escritos de mocidade: "Os gregos eram o oposto de todos os realistas, porque, a falar verdade, só acreditavam na realidade dos homens e dos deuses, e consideravam a natureza inteira como uma espécie de disfarce, de mascarada e metamorfose desses homens-deuses. Para eles, o homem era a verdade e a essência das coisas; o resto não passava de fenômeno e miragem". Na nossa época, ao se abrir a primeira fase da história em que será preciso reorganizar o mundo sem apelo ao divino, o que se poderia dizer de melhor para instalar o homem na sua pura humanidade?

Recuperemos Nietzsche.

Publicado originalmente sob o título de "Breve nota sobre um grande tema", em *Diário de S. Paulo*, 30.01.1947 e 06.02.1947, e recolhido em *O observador literário* (São Paulo: Comissão Estadual de Cultura, 1959). (N.E.)

SOBRE A COLEÇÃO

FÁBULA: do verbo latino *fari*, "falar", como a sugerir que a fabulação é extensão natural da fala e, assim, tão elementar e diversa e escapadiça quanto esta; donde também falatório, rumor, diz-que-diz, mas também enredo, trama completa do que se tem para contar (*acta est fabula*, diziam mais uma vez os latinos, para pôr fim a uma encenação teatral); "narração inventada e composta de sucessos que nem são verdadeiros, nem verossímeis, mas com curiosa novidade admiráveis", define o padre Bluteau em seu *Vocabulário português e latino*; história para a infância, fora da medida da verdade, mas também história de deuses, heróis, gigantes, grei desmedida por definição; história sobre animais, para boi dormir, mas mesmo então todo cuidado é pouco, pois há sempre um lobo escondido (*lupus in fabula*) e, na verdade, "é de ti que trata a fábula", como adverte Horácio; patranha, prodígio, patrimônio; conto de intenção moral, mentira deslavada ou quem sabe apenas "mentirada gentil do que me falta", suspira Mário de Andrade em "Louvação da tarde"; início, como quer Valéry ao dizer, em diapasão bíblico, que "no início era a fábula"; ou destino, como quer Cortázar ao insinuar, no *Jogo da amarelinha*, que "tudo é escritura, quer dizer, fábula"; fábula dos poetas, das crianças, dos antigos, mas também dos filósofos, como sabe o Descartes do *Discurso do método* ("uma fábula") ou o Descartes do retrato que lhe pinta J. B. Weenix em 1647, de perfil, segurando um calhamaço onde se entrelê um espantoso *Mundus est fabula*; ficção, não-ficção e assim infinitamente; prosa, poesia, pensamento.

projeto editorial SAMUEL TITAN JR. / projeto gráfico RAUL LOUREIRO

SOBRE O AUTOR

FRIEDRICH WILHELM NIETZSCHE nasceu no lugarejo de Röcken, perto de Leipzig, em 15 de outubro de 1844. Filho de um pastor luterano, ficou órfão de pai ainda criança e mudou-se com a família para Naumburg. Estudou letras clássicas na Escola de Pforta e nas universidades de Bonn e Leipzig, onde travou contato com o pensamento de Schopenhauer. Aluno brilhante, foi convidado aos 24 anos a lecionar filologia clássica na universidade de Basileia, onde permaneceu por dez anos e travou amizade com o compositor Richard Wagner. A partir dos livros *O nascimento da tragédia no espírito da música* (1872), *Sobre verdade e mentira em sentido extramoral* (1873) e *A filosofia na época trágica dos gregos* (1873), começou a tomar distância da filologia e a desenvolver uma escrita filosófica única. Ainda professor em Basileia, publicou as polêmicas *Considerações extemporâneas* (1873-1876) e a primeira parte de *Humano, demasiado humano* (1878). Em 1879, aposentou-se da universidade por motivo de saúde e, durante a década seguinte, levou vida nômade entre a Suíça, a Itália e o sul da França. Nesses anos, publicou em rápida sucessão o essencial de sua obra filosófica: *Aurora* (1881), *A gaia ciência* (1882), *Assim falou Zaratustra* (1883-1885), *Além do bem e do mal* (1886), *Genealogia da moral* (1887), *O caso Wagner* (1888), *Crepúsculo dos ídolos* (1889), além de sua autobiografia, *Ecce homo* (1888). No começo de 1889, sua saúde mental agravou-se definitivamente; Nietzsche viveu por mais onze anos sem uso da razão, aos cuidados da mãe e da irmã, que viria a cuidar de seu espólio. Friedrich Nietzsche faleceu de uma infecção pulmonar em Weimar, em 25 de agosto de 1900.

SOBRE O ORGANIZADOR

GÉRARD LEBRUN nasceu em Paris, em 1930. Estudou filosofia na Sorbonne, onde se doutorou em 1970, sob orientação de Georges Canguilhem, com teses sobre Kant (*Kant et la fin de la métaphysique*) e Hegel (*La patience du concept*). Dividiu a carreira acadêmica entre as universidades de São Paulo (a partir de 1960) e Aix-en-Provence (a partir de 1966). No Brasil, marcou gerações de estudantes, colaborou com jornais, assinou obras de divulgação, escreveu inúmeros ensaios de história da filosofia (reunidos postumamente em *A filosofia e sua história*) e, fruto de longo convívio com a obra de Nietzsche, lançou em 1988 o livro *O avesso da dialética: Hegel à luz de Nietzsche* (1988). Gérard Lebrun faleceu em Paris, em 1999.

SOBRE O TRADUTOR

RUBENS RODRIGUES TORRES FILHO nasceu em Botucatu, em 1942. Estudou filosofia na Universidade de São Paulo, onde se doutorou em 1967, com a tese *O espírito e a letra: a crítica da imaginação pura em Fichte*. Ensinou história da filosofia moderna na mesma universidade de 1965 a 1994. Como tradutor, verteu para o português autores como Kant, Fichte, Schelling, Nietzsche, Novalis e Benjamin. Seus ensaios filosóficos estão reunidos em *Ensaios de filosofia ilustrada* (1987; 2ª edição, 2004). Estreou como poeta ainda nos tempos de estudante, com o livro *Investigação do olhar*, de 1963; publicou sete volumes de poesia, reunidos no último deles, *Novolume*, de 1997.

SOBRE ESTE LIVRO *Obras incompletas*, São Paulo, Editora 34, 2014. A primeira edição destas *Obras incompletas* foi publicada em 1974 pela Editora Abril. APRESENTAÇÃO E ORGANIZAÇÃO Gérard Lebrun © Danièle Lebrun, 2014 TRADUÇÃO © Rubens Rodrigues Torres Filho POSFÁCIO © Antonio Candido, 2014 PREFÁCIO E REVISÃO TÉCNICA Márcio Suzuki PREPARAÇÃO Todotipo Editorial REVISÃO Juliana Miasso, Flávio Cintra do Amaral PROJETO GRÁFICO Raul Loureiro IMAGEM DE ORELHA AKG-Images/Latinstock ESTA EDIÇÃO © Editora 34 Ltda., São Paulo; 1ª edição, 2014; 1ª reimpressão, 2019. A reprodução de qualquer folha deste livro é ilegal e configura apropriação indevida dos direitos intelectuais e patrimoniais do autor. A grafia foi atualizada segundo o Acordo Ortográfico da Língua Portuguesa de 1990, que entrou em vigor no Brasil em 2009.

Copyright © Editora 34 Ltda., 2014
Seleção e ensaio de Gérard Lebrun © Danièle Lebrun, 2014
Tradução e notas © Rubens Rodrigues Torres Filho, 2014
Posfácio © Antonio Candido, 2014

1ª Edição – 2014, 1ª Reimpressão – 2019

CIP – BRASIL. CATALOGAÇÃO-NA-FONTE
(Sindicato Nacional dos Editores de Livros, RJ, Brasil)

Nietzsche, Friedrich, 1844-1900
Obras incompletas / Friedrich Nietzsche;
seleção e ensaio de Gérard Lebrun; tradução
e notas de Rubens Rodrigues Torres Filho;
prefácio e revisão técnica de Márcio Suzuki;
posfácio de Antonio Candido. — São Paulo:
Editora 34, 2014 (1ª Edição); 2019 (1ª Reimpressão).
432 p. (Coleção Fábula)

ISBN 978-85-7326-551-4
I. Filosofia alemã. I. Lebrun, Gérard, 1930-1999.
II. Torres Filho, Rubens Rodrigues. III. Suzuki, Márcio.
IV. Candido, Antonio. V. Título. VI. Série.

CDD 190

TIPOLOGIA Fournier PAPEL Pólen Soft 80 g/m² IMPRESSÃO Edições Loyola,
em outubro de 2019 TIRAGEM 2 000

EDITORA 34

Editora 34 Ltda. Rua Hungria, 592
Jardim Europa CEP 01455-000
São Paulo – SP Brasil
Tel/Fax (11) 3816-6777
www.editora34.com.br